Editorial

 P9-AGP-257

La France est riche, certains l'ont appris à l'occasion de la Coupe du Monde, et nos prétextes à cocoricos se sont multipliés depuis juillet dernier. Pourtant, dans les vignes, dans les caves, dans les bistrots comme dans les grands restaurants, on sait depuis longtemps que le TGV, la fusée Ariane et Zinedine Zidane ne sont pas les seuls ambassadeurs du génie français. Par-delà le vaste monde, les connaisseurs se récitent les noms des grands châteaux bordelais, on prépare pour l'an 2000 une fiesta planétaire dans un océan de champagne, et des spécialistes américains ou australiens écrivent de doctes ouvrages sur cet or rouge, rosé et blanc : le vin français.

Le domaine viticole national est bien ce trésor qui mériterait d'être classé dans son ensemble au patrimoine mondial de l'humanité. Cela ne suffirait d'ailleurs pas, car la terre et les cépages, pour aussi prodigues qu'ils soient, ne seraient rien sans la main du vigneron. Et si, pour de nombreuses tâches, de performantes machines, plus endurantes et plus précises que lui, le suppléent, il n'en reste pas moins l'âme et le maître d'œuvre de cette étonnante alchimie qui transforme le raisin en vin.

La production a rarement paru aussi richement variée qu'aujourd'hui. C'est aussi la raison pour laquelle un guide comme celui-ci devient indispensable. Car si la fabrication est extraordinairement complexe, le plaisir du vin est une sensation simple qui doit rester simple. Non, il n'est point besoin d'être œnologue, sommelier du roi ou journaliste pour en bien parler, comme la rédaction d'une fiche de dégustation regroupant métaphores et termes spécialisés ne suffit pas pour s'ériger en connaisseur. D'ailleurs, même si le dégustateur professionnel sait analyser mieux qu'un autre la structure, les qualités et les défauts du vin, chacun, à sa façon, est connaisseur dès lors qu'il exprime son opinion : si le vin vous plaît, il est bon, s'il ne vous plaît pas, il ne l'est pas. Et les consommateurs que nous sommes apprécieraient, plutôt que de longues tirades sur la météorologie et la structure chimique du breuvage, qu'on leur dise enfin comment est le vin, s'il est recommandable ou pas, le plus subjectivement du monde, bien entendu.

Aussi avons-nous cherché à restituer, dans une certaine mesure, le vin à ceux qui le boivent, et à rendre justice aux vignerons, à tous les vignerons qui, au bout de douze mois d'efforts, dans les vignes et à la cave, produisent chaque année des merveilles. Des vins à 40 F, à 30 F, à 20 F et même moins, à boire tous les jours et même le dimanche, et qui situent la vraie valeur de notre production.

Ce guide ne s'adresse donc pas à ceux qui appellent "bibine" tout ce qui coûte moins de 100 F la bouteille, qui évoquent avec émotion leur verticale de Petrus et vivent la dégustation comme un cérémonial. Le vin est une boisson merveilleuse et conviviale, il faut savoir l'apprécier tel qu'il est, sans solennité et sans abus. Tremper ses lèvres dans un verre de sauvignon ou de klevener d'Heiligenstein vaut parfois tous les montrachets…

Vous ne trouverez donc pas ici de conseils de dégustation, de description des verres indispensables ou de comparatif des millésimes des vingt dernières années ; pas même un "comment constituer sa cave" ou "les vins et les mets". Le Petit Futé des vins est avant tout un guide de plaisir du vin : nous en avons, en près d'un an testé et dégusté plus de 5 000, pour conserver ceux qui, à nos yeux, méritaient de figurer parmi les "mille meilleurs". Ce sont bien sûr ces vins - et les vignerons qui les produisent - qu'il convenait de mettre en vedette, en reliant, le plus directement possible, le producteur et le consommateur.

Marc ESQUERRÉ

N.B. : Vous êtes vigneron, propriétaire, exploitant. Vous pensez pouvoir faire partie de notre sélection "Les 1000 meilleurs vins de France à moins de 40 F". Prenez contact avec nous :

Le Petit Futé des Vins - Marc Esquerré - 18, rue des Volontaires - 75015 Paris

Edition 1999 - 2000
NOUVELLES ÉDITIONS DE L'UNIVERSITÉ© - LE PETIT FUTÉ DES VINS
Petit Futé, Petit Malin, Globe Trotter, Country Guides et City Guides
Collection des 1000 meilleurs sont des marques déposées ™®© - NEU - D. AUZIAS & Associés©
ISBN - 286 273 70 11 - Imprimé en France par Aubin Imprimeur Poitiers/Ligugé (L 57739)

Som

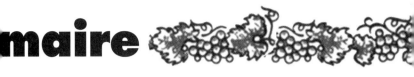

maire

Auteurs et directeurs des collections Dominique AUZIAS et Jean-Paul LABOURDETTE
Sélection et rédaction ✆ **01 53 69 70 16** Marc ESQUERRÉ et la Onzième Heure, Marc WEISSMAN,
Yann GHAFOURZADEH, Thierry LE COGUIEC et Tristan CUCHE • **Publicité** ✆ **01 53 69 70 13** Sophie MORIER
Relations publiques ✆ **01 53 69 70 08** Clotilde SIRVEN • **Montage** ✆ **01 53 69 70 08** Olivier
AUGER, Lydie DALLONGEVILLE et LC PHOTOGRAVURE • **Distribution** ✆ **01 53 69 70 06** Patrice EVENOR.

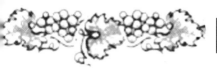

Le guide

La sélection

Grâce à notre réseau de correspondants à travers toute la France viticole, nous avons établi une première sélection de près de 3 000 viticulteurs en toutes régions. Nous avons ensuite testé et noté les échantillons que ceux-ci ont bien voulu nous adresser, à travers plus de 150 dégustations, pour extraire les meilleurs, ce millier de vins qui vous est présenté aujourd'hui.

Les dégustations

Notre intention était que ces dégustations ne soient pas réservées à un collège de spécialistes mais qu'elles soient accessibles au plus large public, afin que les véritables consommateurs prennent aussi une part active à la sélection. Outre celles qui ont eu lieu dans les locaux du Petit Futé, de nombreuses dégustations ont donc été organisées, à Paris et en province, dans des lieux variés, restaurants, hôtels, sièges d'entreprises ou même chez de simples particuliers.

Au comité de sélection officiel, composé de six membres permanents, journalistes et formateurs dans le domaine du vin se sont donc ajoutés en plusieurs occasions de très nombreux amateurs, près de 800 au total, qui ont pu ainsi donner leur avis et participer indirectement à l'élaboration de cet ouvrage.

Les notes attribuées concernent les vins tels qu'ils étaient au moment de la dégustation, sans tenir compte des éventuelles promesses qu'ils recelaient. Nous souhaitons en effet que les vins sélectionnés soient des vins "à boire", même si certains possèdent, et nous le mentionnons parfois, de bonnes qualités de garde. Ce guide a donc une utilité pratique immédiate : des bouteilles de 13 à 40 F, que l'on peut commander aussitôt et que l'on peut consommer dès réception.

Les lauréats

La sélection ayant été établie sans quota, il n'est pas étonnant que certaines régions soient mieux représentées dans cette zone de prix. Le Languedoc, dont les efforts qualitatifs sont énormes depuis quelques années, avec près de 200 représentants, mais aussi les Côtes-du-Rhône - plus de 150 - sont les lauréats de cette sélection ; la Loire, avec 150 sélectionnés, mais un territoire viticole beaucoup plus large, se montre également à son avantage. Le critère imposé n'avantage certes pas les deux régions de prestige du vignoble français : Bordeaux et Bourgogne, principalement avec leurs génériques, ont respectivement 80 et 100 représentants.

L'Alsace est bien présente, avec plus de 100 qualifiés, tout comme le Sud-Ouest. On peut attendre un peu mieux de Provence-Corse, ou de l'association Jura - Savoie, même si les vignerons savoyards ont bien répondu à notre demande.

Tous les types de vins sont représentés dans cette sélection ; il ne vous reste plus qu'à faire votre choix d'après vos goûts personnels : un chinon jeune, un alsace fruité ou un fitou charpenté ont leur spécificité dont il convient de tenir compte. On peut préférer un chardonnay à un muscadet, mais les amateurs trouveront en la matière 27 excellents représentants du "melon de bourgogne". C'est aussi là une façon de découvrir des cépages peu connus ou des vins que certains préjugés nous ont parfois fait mésestimer.

Remerciements à tous les participants des dégustations et en particulier Marc et Nicole Tellier, du restaurant l'Ecaille à Rouen, Bertrand Warin et Eric Liberge du restaurant Les Hêtres à Ingouville-sur-Mer, Véronique et Eric Buisset, du restaurant le Souper Fin à Frichemesnil, Jean-Luc Lavatine, du restaurant Pierre Gagnaire à Paris, Patrick et Marie-France Ramelet, du restaurant le Beau Lieu à Forges-les-Eaux François et Edwige Déduit, du restaurant Le Moulin-Fouret à Saint-Aubin le Vertueux, Alain et Maud Simon, du restaurant le P'tit Zinc à Rouen, Nicolas Vinatier, du restaurant la Boussole à Paris, Marc Lecarpentier et Telerama, Dominique Laporte, des caves Gambetta à Montpellier, Marco Bertossi, Daniel Roche, des caves Notre-Dame à Montpellier, Alain Martinez, Xavier Prat, Jean-Philippe Granier, Luc Poulain-Dandecy, ainsi que tous les correspondants du Petit Futé, et particulièrement Claude Doucet, Tristan Cuche, Hervé Garrido et Franck Bouvier.

des vins

Comment se servir du guide

La France viticole a été découpée en neuf régions par regroupements géographiques classiques. Un dixième chapitre accueille les "autres régions", où l'amateur pourra faire quelques trouvailles étonnantes : en Auvergne, en Poitou-Charentes, en Forez mais aussi en Franche-Comté et même en Haute-Marne. Le sommaire vous permettra de faire le tri entre les appellations, l'index recensant les différents domaines sélectionnés par ordre alphabétique.

L'ordre adopté par chapitre est le suivant : regroupement géographique par appellation, les vins de pays suivant les AOC (appellation d'origine contrôlée) dans un même département. Les blancs sont présentés avant les rosés et les rouges.

Une carte en début de chapitre vous permet de situer les appellations, avant une présentation viticole de la région. Chaque vin est présenté avec son étiquette et les renseignements utiles pour passer commande.

Pour distinguer les vins particulièrement bien notés, nous avons décerné une récompense à une quinzaine d'entre eux (ceux qui ont obtenu une moyenne égale ou supérieure à 15/20), symbolisée par une branche de laurier que vous trouverez à côté de l'étiquette. Cette distinction est évidemment indicative et subjective et chacun des mille vins qualifiés la mérite sans doute, aux yeux de tel ou tel dégustateur.

Le prix et la disponibilité

La plupart des viticulteurs se sont engagés à nous garantir la disponibilité des vins jusqu'en avril 99. Néanmoins, le marché étant fluctuant, et plutôt dans le sens de l'augmentation des ventes, et les bouteilles dans cette zone de prix faisant généralement partie d'un stock renouvelé chaque année, il est très possible qu'un changement de millésime intervienne avant votre commande. Cependant, la qualité exprimée sur l'année précédente, même si des variations sont à prévoir, permet d'aborder en confiance le nouveau millésime.

Nous avons sélectionné, comme annoncé, 1 000 vins de 13 à 40 F, le terme "à moins de 40 F" étant à prendre au sens large, 40 F compris, départ cave (ajoutez de 3 à 8 F pour le transport). Le nombre est toutefois légèrement supérieur, certaines bouteilles au-dessus de 40 F ayant été maintenues dans la sélection pour leur très bon rapport qualité-prix. Elles sont en très petit nombre (moins de 10) et signalées par un trèfle ♣.

La fiche-type

| Etiquette du vin sélectionné | Vin sélectionné, année et prix | Superficie, terroir et cépage(s) |

VIN DE PAYS DE LA
CITÉ DE CARCASSONNE
1997

Société CHÂTEAU AUZIAS-PARETLONGUE Eurl
DOMAINE DE PARETLONGUE
11610 PENNAUTIER - FRANCE
(12,5°)   (75 cl)

Le vin ▸ vin de pays de la Cité de Carcassonne. société Château Auzias - Paretlongue Eurl. Rouge 1997. Tarif départ cave 31 F.

La propriété ▸ 50 ha, âge moyen du vignoble 20 ans. Cépages : grenache, merlot et cabernet.

La dégustation ▸ Bouche plaisante, sève et terre, avec une finale soutenue. Une matière déjà bien évoluée ; très franc, avec une bonne vinification. Vin habile. Excellent rapport qualité/prix.

Autres choix ▸ cabardès.

Pour commander ▸ Château Auzias - Paretlongue 11610 Pennautier : Alain Bernard ou Adam Dakin ✆ 04 68 47 28 28 - Fax 04 68 47 92 20

| Autres vins sélectionnés à la propriété | Comment commander pour avoir le vin chez soi directement | Dégustation du vin choisi |

Collection Techniques et Ingénierie

La référence en matière de sciences et techniques du vin

Traité d'œnologie
Tome 1
**Microbiologie
du vin - Vinifications**
P. Ribéreau-Gayon
et coll.
640 pages - **850 F**

Traité d'œnologie
Tome 2
**Chimie du vin -
Stabilisation
et traitements**
P. Ribéreau-Gayon
et coll.
544 pages - **850 F**

AdGENCY 01 42 60 54 23

Travaillez avec la référence

DUNOD

ALSACE

L'Alsace doit à son initiale une position enviable dans les ouvrages consacrés au vin : elle est en effet la première dans l'ordre alphabétique.

Cette situation est loin d'être illégitime, et un guide tel que celui-ci se trouve fort avantagé d'une entame alsacienne. A moins de 40 F, les vignerons alsaciens sont très forts. Ils proposent des vins de soif, des vins pour accompagner les tartes flambées, le presskopf ou le baeckeoffe, mais aussi des vins à boire debout, dans un caveau, sans accompagnement, juste pour le plaisir de la dégustation.

Les vins d'Alsace sont issus de sept cépages : le riesling, le gewurztraminer, le tokay pinot gris, le sylvaner, le muscat, le pinot blanc et le pinot noir. Ici, c'est le cépage qui donne son nom au vin et non pas le terroir, contrairement aux usages des autres régions. De même, les cépages ne sont mélangés que pour donner l'edelzwicker, le crémant et les « gentils », que l'on trouve à nouveau chez quelques vignerons.

Sec et racé, le riesling est sans doute le plus connu des vins alsaciens. Le gewurztraminer est charpenté avec un puissant bouquet. Il jouit également d'une grande renommée. Le pinot gris, quant à lui, est à la fois capiteux et corsé. Vin blanc généralement très sec, le sylvaner possède un fruité délicat mais plus discret. Le muscat est l'expression même du raisin. Il est plus sec que ses homonymes méridionaux. Le pinot blanc est un vin simple mais fruité. Cépage bourguignon par excellence, le pinot noir est vinifié en rouge ou en rosé. S'il a en général moins de corps qu'un bourgogne, son fruité est tout à fait original.

La mention « Vin d'Alsace » apparaît sur l'étiquette en même temps que le nom du cépage et celui du vigneron, du négociant ou de la cave coopérative. Dans certains cas, l'appellation « Alsace Grand Cru » peut également figurer sur la bouteille.

Les quatre cépages « nobles » (riesling, gewurztraminer, pinot gris, muscat) peuvent en effet avoir droit à cette dénomination. Il faut que les raisins soient récoltés dans des terroirs strictement délimités, qui sont au nombre de cinquante en Alsace. Tous ces lieux-dits vont du « Steinklotz » de Marlenheim, au nord, jusqu'au « Rangen » de Thann, au Sud. Ils profitent d'une qualité de sol et d'une exposition exceptionnelles.

Dès la fin du siècle dernier, on a commencé à produire en Alsace des vins mousseux. C'est seulement depuis une vingtaine d'années qu'ils sont à nouveau à l'honneur. Issus de la méthode de vinification utilisée en Champagne, les crémants d'Alsace arrivent quelquefois à rivaliser avec leurs cousins. Ils résultent le plus souvent d'un assemblage de plusieurs cépages. Pendant la période de fermentation, les bouteilles sont tournées jour après jour sur leurs pointes. Cette opération se fait quelquefois encore manuellement.

Les vendanges tardives sont issues de raisins récoltés tard dans la saison. Elles sont concentrées, puissantes et aromatiques. Les sélections de grains nobles sont obtenues par tris successifs des grains de raisin atteints par ce qui est appelé la « pourriture noble ». Ce sont des breuvages moelleux, charpentés et puissants. Des chefs-d'œuvre qui s'apparentent à ceux du Sauternais.

Vous retrouverez au fil de ces pages tous les cépages alsaciens, hormis les assemblages d'edelzwicker, et y compris les crémants. Du choix en toutes matières, ce qui prouve également la vitalité du vignoble, qui possède quelques vedettes, mais sait encore garder la tête froide lorsqu'il 'agit, dans notre fourchette de prix, de proposer des vins fruités et enjoués qui ne manquent pas pour autant de corps et d'esprit. Quelques grands noms apparaissent (Mochel, Hugel, Muré) et, nous l'espérons, de nombreuses découvertes.

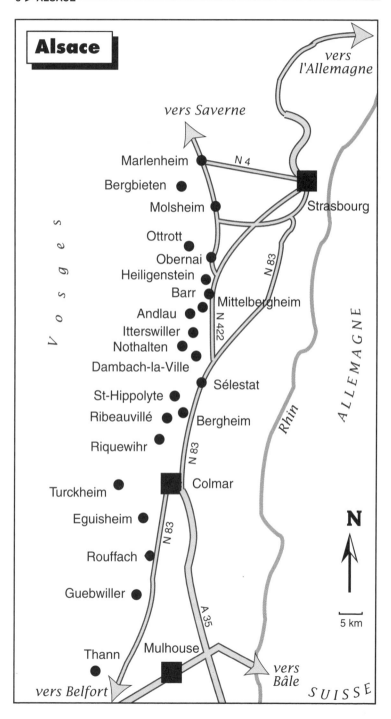

Alsace

vers l'Allemagne

vers Saverne

Marlenheim   N 4

Bergbieten

Molsheim   Strasbourg

Ottrott

Obernai   N 83

Heiligenstein

Barr   Mittelbergheim

Andlau   N 422

Itterswiller

Nothalten

Dambach-la-Ville

Sélestat

St-Hippolyte

Ribeauvillé   Bergheim

Riquewihr   N 83

Turckheim   Colmar

Eguisheim   N 83

Rouffach

Guebwiller

V o s g e s

Rhin

A L L E M A G N E

N

5 km

Thann   Mulhouse   A 35

vers Bâle

vers Belfort   *S U I S S E*

Le vin ► crémant Prince Albert - Albert Hertz. Blanc 95. Tarif départ cave 38 F.

La propriété ► Les 7 hectares du vignoble s'étendent sur un terroir argilo-calcaire exposé au sud et au sud-est. Encépagement alsacien.

La dégustation ► Fruité, bien fait, agréable, avec les qualités de la région.

Autres choix ► Un riesling grand cru 96 à 45 F ou un gewurztraminer vendanges tardives 93 à 105 F.

Pour commander ► Albert Hertz
3, rue du Riesling 68420 Eguisheim
℃ 03 89 41 30 32 - Fax 03 89 23 99 23

Le vin ► crémant d'alsace EARL Faller Henri et Luc. Tarif départ cave 36 F.

La propriété ► 8 ha. Fruehmess. Cépages : pinot noir, pinot blanc, riesling, tokay, muscat, sylvaner, gewurztraminer.

La dégustation ► Finesse et bonne structure. Assez flatteur, bien dosé, dans le style des champagnes blancs de noirs.

Autres choix ► riesling fruehmess 96 à 32 F et une gamme complète très recommandable.

Pour commander ► EARL Faller Henri et Luc
22, route du Vin 67140 Itterswiller
℃ 03 88 85 51 42 - Fax 03 88 57 83 30.

Le vin ► crémant Domaine Julien Meyer. Blanc. Tarif départ cave 38 F.

La propriété ►La propriété s'étend sur 8 ha. Terroirs Zellberg, sol argilo-calcaire ; Pierres Grandes, schistes sablo-argileux ; Fromholz, sol argilo-limoneux.

La dégustation ► Un crémant enjoué, souple et tonique, qui s'adapte à la situation.

Autres choix ► tokay pinot gris 97 à 34 F et pinot noir 97 à 32 F.

Pour commander ► Domaine Julien Meyer
14, route du Vin 67680 Nothalten
℃ 03 88 92 60 15 - Fax 03 88 92 47 75

Le vin ► crémant EARL Hebinger et Fils. Blanc 1995. Tarif départ cave 37 F.

La propriété ► 9,5 ha de vignes dont 3,7 de grands crus, Eichberg et Pfersichberg à Eguisheim, Hengst à Wintzenheim

La dégustation ► Sympathique, guilleret, avec du fruit, une légère acidité qui passe bien.

Autres choix ► une gamme complète dans les cépages classiques.

Pour commander ► EARL Hebinger et Fils
14 Grand' Rue 68420 Eguisheim
℃ 03 89 41 19 90

CREMANT

CREMANT

Le vin ► crémant d'alsace brut EARL Anstotz et Fils. Blanc 96. Tarif départ cave 38 F.

La propriété ► Le domaine, qui s'étale sur plus de 10 hectares, est abrité des vents d'ouest et bénéficie du très favorable micro-climat de Balbronn. Cépages alsaciens.

La dégustation ► Un crémant fruité, droit, de bonne composition.

Autres choix ► Un tokay pinot gris de 97 à 35F et un sylvaner de 97 à 22F.

Pour commander ► EARL Anstotz et Fils
51, rue Balbach 67310 Balbronn
✆ 03 88 50 30 55 - Fax 03 88 50 58 06

CHASSELAS

Le vin ► chasselas vieilles vignes Kientzheim Kaysersberg 1996. Tarif départ cave 23,50 F.

La propriété ► La cave regroupe 175 hectares et environ 150 propriétaires, et plusieurs grands crus dont le Kaefferkopf d'Ammerschwihr.

La dégustation ► Le raisin est présent et superbe en bouche avec une légère acidité de pomme à couteau en attaque. Belle persistance.

Autres choix ► gewurztraminer 97 à 34,50 F.

Pour commander ► Cave vinicole de Kientzheim Kaysersberg
10, rue des Vieux Moulins 68240 Kientzheim
✆ 03 89 47 13 19 - Fax 03 89 47 34 38

GEWURZTRAMINER

Le vin ► gewurztraminer vieilles vignes Pierre Kirschner. Blanc 97. Tarif départ cave 39 F.

La propriété ► 9,5 ha. Les 2/3 sur des sols sablonneux et granitiques. Tous les cépages alsaciens.

La dégustation ► Une bouteille de classe, proche d'un vendanges tardives par l'ampleur et l'arôme dégagé, de fruit mûr, de figue : des bouchées de bonheur.

Autres choix ► riesling 96 à 34 F, pinot noir 29 F.

Pour commander ► Pierre Kirschner et Fils
26, rue Théophile Bader 67650 Dambach la ville
✆ 03 88 92 40 55 - Fax 03 88 92 62 54

Le vin ► gewurztraminer réserve Lucien Albrecht. Blanc 97. Tarif départ cave 38 F.

La propriété ► Le domaine se trouve sur les collines d'Orschwihr. Le sol est composé de grès calcaire et de grès micacé. Il est encépagé en riesling, pinot blanc et gewurztraminer.

La dégustation ► De la puissance, une bouche travaillée, un peu cosmétique. Un vin bien fait, au sucre discret et finale sous-bois.

Autres choix ► riesling et pinot blanc.

Pour commander ► Domaine Lucien Albrecht
9, Grand'Rue 68500 Orschwihr
✆ 03 89 76 95 18 - Fax 03 89 76 20 22

Le vin ► gewurztraminer Kientzheim Kaysersberg. Blanc 97. Tarif départ cave 34,5 F.

La propriété ► La cave regroupe 175 hectares et environ 150 propriétaires, et plusieurs grands crus dont le Kaefferkopf d'Ammerschwihr.

La dégustation ► Séduisant et réussi, avec une attaque nette, une explosion de fruit.

Autres choix ► chasselas vieilles vignes 96 à 23,50 F, riesling 95 à 37 F.

Pour commander ► Cave vinicole de Kientzheim Kaysersberg
10, rue des Vieux Moulins 68240 Kientzheim
✆ 03 89 47 13 19 - Fax 03 89 47 34 38

Le vin ► kritt gewurztraminer Rémy Gresser. Blanc 96. Tarif départ cave 36 F.

La propriété ► 10 ha en coteaux, au pied du Mont Saint-Odile. Grands crus de riesling kastelberg, moenchberg, wibelsberg.

La dégustation ► Nez de lychee, belle bouche, bonne longueur, voluptueux, avec une finale aubépine-prunelle.

Autres choix ► andlau klevner 97, cuvée des Hospices civils de Strasbourg à 39 F.

Pour commander ► Rémy Gresser
2 rue de l'école 67140 Andlau
✆ 88 08 95 88 - Fax 88 08 55 99

Le vin ► gewurztraminer Maison René Fleck et fille. Blanc 1997. Tarif départ cave 33 F.

La propriété ► 7 ha, sur un sol argilo-calcaire, encépagés pour moitié en riesling. Autres cépages : tokay, gewurztraminer et muscat.

La dégustation ► Typique avec son nez de violette, bien structuré, de la longueur et de la vivacité. Une bouche séduisante.

Autres choix ► muscat 1997 à 33 F et riesling 1997 à 27 F.

Pour commander ► Maison René Fleck et fille
27, route d'Orschwihr 68570 Soulzmatt
✆ 03 89 47 01 20 - Fax 03 89 47 09 24

Le vin ► gewurztraminer vieilles vignes prestige Gérard Metz. Blanc 1996. Tarif départ cave 38 F.

La propriété ► 10 ha sur les contreforts vosgiens. Cuvées : tradition, prestige, réserve et les grands crus moenchberg pour les rieslings.

La dégustation ► Classique nez de litchi, bouche bien trempée, profonde et mûre, violette et rose, avec une finale épicée.

Autres choix ► Un riesling fruehmess de 96 à 38 F et un muscat tradition de 94 à 28F.

Pour commander ► Gérard Metz
23, route du Vin 67140 Itterswiller
✆ 03 88 57 80 25 - Fax 03 88 57 81 42

GEWURZTRAMINER

Le vin ► gewurztraminer GAEC du Rotland - Jean Hirtz. Blanc 97. Tarif départ cave 33 F.

La propriété ► Sur 7 ha et un sol argilo-calcaire. Sylvaner (24,5 %), pinot blanc (28 %), riesling (15 %), muscat d'alsace (2 %), tokay (11 %), gewurztraminer (9,5 %), et pinot noir (10 %).

La dégustation ► Puissant, légèrement perlant, vert et agréable.

Autres choix ► riesling weingarten 97 à 25 F, sylvaner de Mittelbergheim à 20 F.

Pour commander ► GAEC du Rotland
13, rue Rotland 67140 Mittelbergheim
✆ 03 88 08 47 90 - Fax 03 88 08 17 30

Le vin ► gewurztraminer Domaine Siffert. Blanc 97. Tarif départ cave 37 F.

La propriété ► 9 ha. Coteaux du Haut Koenigsbourg (terroir gneissique), Grands Crus. Cépages typiques.

La dégustation ► Un gewurztraminer chargé, très violette, presque trop typé, mais impressionnant dans son développement.

Autres choix ► sylvaner vieilles vignes 96 à 26 F, riesling 97 à 32 F

Pour commander ► Domaine Siffert
16, route du Vin Orschwiller 67600 Sélestat
✆ 03 88 92 02 77 - Fax 03 88 82 70 02

Le vin ► gewurztraminer Cave vinicole de Cleebourg. Blanc 96. Tarif départ cave 39,50 F.

La propriété ► 165 ha au nord de l'Alsace, près de Wissembourg. Essentiellement des sols argilo-limoneux. Une typicité certaine et personnelle.

La dégustation ► Remarquable bouche, compacte, florale, très développée dans une finesse retenue. C'est superbe, d'un fruit discret, sobre et sans lourdeur.

Autres choix ► muscat 97 et pinot noir 97.

Pour commander ► Cave de Cleebourg
Route du Vin 67160 Cleebourg
✆ 03 88 94 50 33 - Fax 03 88 94 57 08

Le vin ► gewurztraminer André Rieffel. Blanc 97. Tarif départ cave 36 F.

La propriété ► 10 ha avec trois Grands Crus : Zotzenberg, Kirchberg, Wiebelsberg. Cépages alsaciens et chardonnay pour le crémant.

La dégustation ► Assez puissant, une acidité bien dosée, un fruit bien exprimé, sans sucre inutile, bien constitué.

Autres choix ► Un bon riesling Wiebelsberg Grand Cru 97 à 48 F, le pinot blanc 97 à 34 F.

Pour commander ► André Rieffel
11, rue Principale Mittelbergheim 67140 Barr
✆ 03 88 08 95 48 - Fax 03 88 08 28 94

Le vin ▶ gewurztraminer muehlforst Cave vinicole de Hunawihr. Blanc 97. Tarif départ cave 40 F.

La propriété ▶ La cave regroupe 200 hectares, la plupart sur sol argilo-marneux. L'encépagement est typique des vignobles d'Alsace.

La dégustation ▶ Bonne composition, avec une vinification réussie, en surmaturation ; puissant et assez sensuel.

Autres choix ▶ Un tokay blanc de 96 à 39 F et un klevner de 97 à 26,50 F.

Pour commander ▶ Cave vinicole de Hunawihr B. P. 51 Hunawihr 68150 Ribeauvillé
✆ 03 89 73 61 67 - Fax 03 89 73 33 95

Le vin ▶ gewurztraminer Kobus. Blanc 97. Tarif départ cave 38,80 F.

La propriété ▶ terroirs Wuenheim, Saint-Hippolyte, Colmar, Dorlisheim, Dangolsheim, Obernai, répartis sur les deux départements. Tous cépages alsaciens.

La dégustation ▶ Assez sec pour un gewurz, beau fruit, de la longueur. Une excellente tenue.

Autres choix ▶ pinot blanc 97 à 26,50 F, tokay 97 à 36,20 F.

Pour commander ▶ Caveau Fritz Kobus 30, rue du général Leclerc 67210 Obernai
✆ 03 88 47 60 20 - Fax 03 88 47 60 22

Le vin ▶ Klevener d'Heiligenstein de Jean-Marie Meckert 1998. Tarif départ cave 39,50 F

La propriété ▶ 12 ha plantée en klevener, le cépage roi - et exclusif - du village, disposant d'une AOC, mais aussi en riesling.

La dégustation ▶ La douceur miellée de ce cru unique. Arômes de fleurs et de fruits, fraîcheur et friandise.

Les autres choix ▶ riesling sigillé 98 à 47 F, gewurztraminer 98 à 63 F

Pour commander ▶ Jean-Marie Meckert 12, Grand Rue 67880 Heiligenstein
✆ 03 81 64 57 36 - Fax 03 81 56 57 63

Le vin ▶ klevener d'Heiligenstein Cave d'Andlau - Barr. Blanc 1997. Tarif départ cave 35 F.

La propriété ▶ 238 ha pour 3 000 parcelles dominées par le riesling, le sylvaner et le gewurztraminer (70 %)

La dégustation ▶ Assez facile, épicé, une acidité légère, plutôt agréable.

Autres choix ▶ Les rouges d'Ottrott (35 F) et de Zellwiller (30,90 F) et le riesling stein de Mittelbergheim 97 (29,70 F).

Pour commander ▶ Cave d'Andlau-Barr 15, av. des Vosges 67140 Barr
✆ 03 88 08 90 53

GEWURZTRAMINER

KLEVENER D'HEILIGENSTEIN

MUSCAT

Le vin ► muscat Maison René Fleck et fille. Blanc 1997. Tarif départ cave 28 F.

La propriété ► 7 ha, sur un sol argilo-calcaire, encépagés pour moitié en riesling. Autres cépages : tokay, gewurztraminer et muscat.

La dégustation ► Un muscat bien habillé, typé et sympathique, encore bien jeune, assez subtil en finale.

Autres choix ► un gewurztraminer 1997 à 33 F et un muscat 1997 à 28 F.

Pour commander ► Maison René Fleck et fille. 27, route d'Orschwihr 68570 Soulzmatt
℡ 03 89 47 01 20 - Fax 03 89 47 09 24

Le vin ► muscat Les caves Jean Baptiste Adam. Blanc 97. Tarif départ cave 34 F.

La propriété ► 15 ha de vignoble dont l'âge moyen est de 35 ans. L'encépagement se répartit entre riesling, gewurztraminer et tokay pinot gris.

La dégustation ► Intéressant, du fruit mais pas trop. Un muscat équilibré, assez fin ; du volume.

Autres choix ► Un tokay pinot gris de 97 à 34 F et toute la gamme alsacienne.

Pour commander ► caves Jean Baptiste Adam 5, rue de l'Aigle 68770 Ammerschwihr
℡ 03 89 78 23 21 - Fax 03 89 47 35 91

Le vin ► muscat Cave vinicole de Pfaffenheim Gueberschwihr et environs. Blanc 96. Tarif départ cave 29 F.

La propriété ► Sur 235 ha et un terroir à la fois calcaire et argilo-calcaire, on rencontre presque tous les cépages alsaciens.

La dégustation ► Un muscat de classe, bien structuré et typique.

Autres choix ► riesling 96 cuvée Jupiter à 29 F

Pour commander ► Cave vinicole de Pfaffenheim Gueberschwihr 5, rue du Chai B P 33 68250 Pfaffenheim
℡ 03 89 78 08 08 - Fax 03 89 49 71 65

Le vin ► muscat Domaine Stoeffler. Blanc 97. Tarif départ cave 31 F.

La propriété ► Domaine de 12 ha comprenant des terroirs en majorité argilo-calcaire, et encépagé en pinot blanc, riesling, muscat et pinot noir.

La dégustation ► Typique nez de violette. Efficace avec une belle charpente ; bien fait.

Autres choix ► pinot blanc 97 à 24 F, riesling kronenbourg 97 à 38 F.

Pour commander ► Domaine Stoeffler 1, rue des Lièvres 67140 Barr
℡ 03 88 08 52 50 - Fax 03 88 08 17 09

Le vin ► muscat Cave vinicole de Cleebourg. Blanc 97. Tarif départ cave 35,40 F.

La propriété ► 165 ha au nord de l'Alsace, près de Wissembourg. La cave regroupe les producteurs locaux. Essentiellement des sols argilo-limoneux. Une typicité certaine.

La dégustation ► Du fruit, un peu perlant et assez sec. Cousin d'un gaillac, très agréable.

Autres choix ► gewurztraminer 96 à 39,50 F et pinot noir 97 à 34,90 F.

Pour commander ► Cave vinicole de Cleebourg. Route du Vin 67160 Cleebourg
✆ 03 88 94 50 33 - Fax 03 88 94 57 08

Le vin ► muscat Gérard et Serge Hartmann. Blanc 97. Tarif départ cave 40 F.

La propriété ► Au sud de Colmar, Gérard et son fils Serge élaborent des vins de haute tenue.

La dégustation ► Très bien équilibré, un muscat sans excès de sucre et de fruit, pas trop sec, remarquable en bouche, aux arômes nets, floraux et herbacés.

Autres choix ► tokay 96 à 39 F, ou le muscat cuvée Lucienne (l'épouse de Gérard) à 49 F.

Pour commander ► Gérard et Serge Hartmann 13 rue Roger Frémeaux 68420 Voegtlinshoffen
✆ 03 89 49 30 27

Le vin ► muscat tradition Clos Saint - Landelin René Muré. Blanc 97. Tarif départ cave 38 F.

La propriété ► 21 ha. Clos Saint Landelin grand cru Vorbourg : sol argilo-calcaire et sous sol calcaire gréseux. Tous les cépages alsaciens.

La dégustation ► Typé, long comme un gewurz, beau fruit et nez de violette et de lavande.

Autres choix ► pinot blanc 96 côtes de rouffach à 38 F, sylvaner 97 côtes de rouffach à 29 F et les autres cépages sans réserve.

Pour commander ► Clos Saint - Landelin René Muré. Route du vin 68250 Rouffach
✆ 03 89 49 62 19 - Fax 03 89 49 74 85

Le vin ► muscat tradition Gérard Metz. Blanc 1994. Tarif départ cave 28 F.

La propriété ► 10 ha sur les contreforts vosgiens. Cuvées : tradition, prestige, réserve et les grands crus moenchberg pour les rieslings.

La dégustation ► Une intéressante finale minérale, térébenthine et champignon. Un muscat atypique, vinifié très sec, délicat.

Autres choix ► riesling fruehmess de 96 à 38 F et gewurztraminer vieilles vignes de 96 à 38 F.

Pour commander ► Gérard Metz. 23, route du Vin 67140 Itterswiller
✆ 03 88 57 80 25 - Fax 03 88 57 81 42

MUSCAT

MUSCAT

Le vin ► muscat coteaux du haut koenigsbourg Claude Bleger. Blanc 97. Tarif départ cave 36 F.

La propriété ► 7,5 ha. Tous cépages alsaciens et crémant.

La dégustation ► Assez complexe, de la profondeur, puissant et direct. Nez agréable et finale sans déception.

Autres choix ► pinot blanc coteaux du Haut Koenigsbourg 97 à 28 F, tokay pinot gris 97 à 38 F, pinot noir 96 à 36,50 F

Pour commander ► Claude Bleger.
23, Grand ' Rue Orschwiller 67600 Sélestat
✆ 03 88 92 32 56 - Fax 03 88 82 59 95

Le vin ► pinot blanc rotenberg Cave vinicole de Turckheim. Blanc 95. Tarif départ cave 34 F.

La propriété ► La propriété s'étend sur 320 ha. Les cépages représentés sont le pinot blanc, le tokay et le pinot noir.

La dégustation ► de la personnalité, un bon nez franc et un produit efficace, avec une bonne longueur.

Autres choix ► tokay pinot gris 97 à 38 F, pinot noir 97 à 37 F.

Pour commander ► Cave de Turckheim.
16, rue des Tuileries 68230 Turckheim
✆ 03 89 27 06 25 - Fax 03 89 27 35 33

PINOT BLANC

Le vin ► pinot blanc les Tilleuls Domaine Lucien Albrecht. Blanc 97. Tarif départ cave 29,5 F.

La propriété ► Le domaine se trouve sur les collines d'Orschwihr. Le sol est composé de grès calcaire et de grès micacé. il est encépagé en riesling, pinot blanc et gewurztraminer.

La dégustation ► Assez agréable, un fruit bien présent, de la consistance et de la persistance.

Autres choix ► gewurztraminer réserve à 38 F, riesling réserve 97 à 35,50 F.

Pour commander ► Domaine Lucien Albrecht.
9, Grand'Rue 68500 Orschwihr
✆ 03 89 76 95 18 - Fax 03 89 76 20 22

Le vin ► pinot auxerrois Domaine Gérard Neumeyer. Blanc 97. Tarif départ cave 30,5 F.

La propriété ► 15 ha sur sol calcaire coquiller ; terroir composé de plusieurs lieux-dits, dont le grand cru Brudenthal. Tous cépages alsaciens.

La dégustation ► Agréable, assez profond, une attaque franche, une bouche friande.

Autres choix ► Un tokay pinot gris de 1996 à 39,20 F.

Pour commander ► Domaine Gérard Neumeyer.
29 rue Ettore Bugatti 67120 Molsheim
✆ 03 88 38 12 45 - Fax 03 88 38 11 27

Le vin ► pinot blanc Paul Ginglinger. Blanc 97. Tarif départ cave 30 F.

La propriété ► 12 ha. Terroir marno-calcaire. Cépages : sylvaner, pinot blanc, riesling, tokay, muscat, gewurztraminer, pinot noir.

La dégustation ► Franc et neutre, très honnêtement fait, avec des arômes de fruits jaunes (abricot, pêche).

Autres choix ► riesling 97 à 32 F et, sans réserve sur les autres cépages alsaciens.

Pour commander ► Paul Ginglinger
8, place Charles de Gaulle 68420 Eguisheim
℡ 03 89 41 44 25 - Fax 03 89 24 94 88

Le vin ► pinot blanc André Rieffel. Blanc 97. Tarif départ cave 34 F.

La propriété ► 10 ha avec trois Grands Crus : Zotzenberg, Kirchberg, Wiebelsberg. Cépages alsaciens et chardonnay.

La dégustation ► Un peu astringent à l'attaque, mais agréable et floral, sans complication, de bonne longueur.

Autres choix ► Un riesling Wiebelsberg Grand Cru 97 à 48 F ou le gewurztraminer 97 à 36 F.

Pour commander ► André Rieffel.
11, rue Principale Mittelbergheim 67140 Barr
℡ 03 88 08 95 48 - Fax 03 88 08 28 94

Le vin ► pinot blanc Domaine Bernhard-Reibel. Blanc 97. Tarif départ cave 30 F.

La propriété ► Le domaine s'étend sur plus de 12 hectares depuis les coteaux du Weingarten à ceux du Haut-Koenigsbourg. Le sous-sol est de nature granitique. Riesling dominant.

La dégustation ► Etonnant et remarquable, un fruit très puissant, le raisin mais d'autres fruits secs, jusqu'à l'abricot. Rond, de grande ampleur.

Autres choix ► riesling 97 à 30 F.

Pour commander ► Domaine Bernhard-Reibel
20, rue de Lorraine 67730 Châtenois
℡ 03 88 82 04 21 - Fax 03 88 82 59 65

Le vin ► pinot blanc Domaine Haegi. Blanc 96. Tarif départ cave 23 F.

La propriété ► 8 ha. Sols argilo-calcaires. Cépages : sylvaner (15 %), pinot blanc (15 %), riesling (25 %), tokay (10 %), muscat (5 %), gewurztraminer (15 %) et pinot noir (15 %).

La dégustation ► Agréable et léger. Un pinot blanc typé, avec des arômes bien dessinés.

Autres choix ► riesling zotzenberg 94 à 34 F, sylvaner 97 à 22 F, tokay 97 à 34 F.

Pour commander ► Domaine Haegi.
33, rue de la Montagne 67140 Mittelbergheim
℡ 03 88 08 95 80 - Fax 03 88 08 91 20

PINOT BLANC

PINOT BLANC

Le vin ► pinot blanc Kobus. Blanc 97. Tarif départ cave 35,60 F.

La propriété ► terroirs Wuenheim, Saint-Hippolyte, Colmar, Dorlisheim, Dangolsheim, Obernai, répartis sur les deux départements. Tous cépages alsaciens.

La dégustation ► Jeune, vineux, fougueux, va s'épanouir en gagnant de la rondeur.

Autres choix ► tokay 97 à 36,20 F et gewurztraminer 97 à 38,80 F.

Pour commander ► Caveau Fritz Kobus
30, rue du Général Leclerc 67210 Obernai
℃ 03 88 47 60 20 - Fax 03 88 47 60 22

Le vin ► pinot blanc Mallo et Fils. Blanc 97. Tarif départ cave 28,50 F.

La propriété ► Sur 7 ha et un sol à la fois argilo-calcaire et marno-calcaire. Cépages alsaciens où dominent le riesling et le tokay.

La dégustation ► velouté, très bien fait, riche en arôme et équilibré, avec un beau nez d'amande et d'alisier.

Autres choix ►riesling 95 à 32,50 F, tokay pinot gris 95 à 32,50 F.

Pour commander ► Frédéric Mallo et Fils
2, rue Saint-Jacques 68150 Hunawihr
℃ 03 89 73 61 41 - Fax 03 89 73 68 46

Le vin ► pinot blanc Dopff et Irion. Blanc 97. Tarif départ cave 30 F.

La propriété ► 32 ha sur la propriété mais des raisins venant de nombreux producteurs pour une surface totale de 900 ha. Dopff et Irion, c'est un des grands noms de la région.

La dégustation ► Bien fait, dans sa typicité, en légèreté et discrétion.

Autres choix ►pinot noir 97 à 37 F.

Pour commander ► Domaine du Château de Riquewihr. - 1, cours du château
68340 Riquewihr
℃ 03 89 47 92 51 - Fax 03 89 47 98 90

Le vin ► pinot blanc Roland Schmitt. Blanc 97. Tarif départ cave 31 F.

La propriété ► Un peu plus de 8 hectares de vignes assez jeunes, 5 ans environ. Le sol est de nature argilo-marneuse. Les cépages cultivés sont le riesling, l'auxerrois et le gamay.

La dégustation ► Bien fait, rondeur et ampleur, de la matière, aromatique et bien épanoui.

Autres choix ► Le riesling Glintzberg de 96 à 39 F.

Pour commander ► Roland Schmitt.
35, rue des Vosges 67310 Bergbieten
℃ 03 88 38 20 72 - Fax 03 88 38 75 84

Le vin ► pinot blanc andlau klevner Rémy Gresser. Blanc 96, cuvée des Hospices civils de Strasbourg. Tarif départ cave 39 F.

La propriété ► 10 ha en coteaux, au pied du Mont Saint-Odile. Grands crus de riesling : kastelberg, moenchberg, wibelsberg

La dégustation ► Un peu fluet, mais ne manque ni de finesse mais d'élégance. Donne cependant une impression de volatilité.

Autres choix ► kritt gewurztraminer 96 à 36 F.

Pour commander ► Rémy Gresser.
2 rue de l'école 67140 Andlau
✆ 03 88 08 95 88 - Fax 03 88 08 55 99

Le vin ► pinot blanc coteaux du haut koenigsbourg Claude Bleger. Blanc 97. Tarif départ cave 28 F.

La propriété ► 7,5 ha. Tous cépages alsaciens et crémant.

La dégustation ► Un vin droit, bien constitué, dans sa simplicité et son naturel. Une réussite rafraîchissante.

Autres choix ► muscat 97 à 36 F, tokay pinot gris 97 à 38 F, pinot noir 96 à 36,50 F.

Pour commander ► Claude Bleger
23, Grand ' Rue Orschwiller 67600 Sélestat
✆ 03 88 92 32 56 - Fax 03 88 82 59 95

Le vin ► pinot blanc côtes de rouffach Clos Saint - Landelin René Muré. Blanc 96. Tarif départ cave 38 F.

La propriété ► 21 ha. Clos Saint Landelin. Grand cru Vorbourg ; sol argilo-calcaire et sous sol calcaire gréseux. Cépages alsaciens, côtes de Rouffach.

La dégustation ► Dans sa jeunesse, une belle bouche, arôme de fruit sec, assez original.

Autres choix ► muscat, pinot blanc, sylvaner.

Pour commander ► Clos Saint - Landelin René Muré. Route du vin 68250 Rouffach
✆ 03 89 49 62 19 - Fax 03 89 49 74 85

Le vin ► pinot blanc klevner Domaine Stoeffler. Blanc 97. Tarif départ cave 24 F.

La propriété ► Domaine de 12 ha comprenant des terroirs en majorité argilo-calcaire, et encépagé en pinot blanc, riesling, muscat et pinot noir.

La dégustation ► Une bouche fruitée, de la longueur, un bon produit, sec et agréable.

Autres choix ► muscat 97 à 31 F, riesling kronenbourg 97 à 38 F.

Pour commander ► Domaine Stoeffler
1, rue des Lièvres 67140 Barr
✆ 03 88 08 52 50 - Fax 03 88 08 17 09

PINOT BLANC

Le vin ► pinot blanc klevner Cave vinicole de Hunawihr. Blanc 97. Tarif départ cave 26,5 F.

La propriété ► 200 hectares environ. Le vignoble est cultivé en collines, sur un sol argilo-marneux. Encépagement alsacien classique : pinot blanc, riesling, tokay, gewurztraminer et chardonnay.

La dégustation ► Simple, mais franc, velours et fruit sec, bonne ampleur.

Autres choix ► tokay blanc 96 à 39 F.

Pour commander ► Cave vinicole de Hunawihr. BP 51 Hunawihr 68150 Ribeauvillé
✆ 03 89 73 61 67 - Fax 03 89 73 33 95

Le vin ► pinot auxerrois Vignoble André Scherer. Blanc 1997. Tarif départ cave 38 F.

La propriété ► 7 ha en coteaux sur sol argilo-calcaire. On retrouve tous les cépages alsaciens, avec les rieslings en vedette.

La dégustation ► Mérite qu'on s'y attarde : derrière une attaque courte, de la persistance et de l'équilibre.

Autres choix ► riesling réserve particulière de 1996 à 37 F, tokay 97 à 39 F.

Pour commander ► Vignoble André Scherer 12, route du vin 68420 Husseren les Châteaux
✆ 03 89 49 30 33 - Fax 03 89 49 27 48

Le vin ► pinot auxerrois Domaine Armand Hurst. Blanc 1997. Tarif départ cave 30 F.

La propriété ► domaine de 8 ha. Les cépages représentés sont l'auxerrois, le muscat, le sylvaner et le riesling.

La dégustation ► Une belle attaque et une bouche complexe, fruit et Zan. Des arômes variés, encore en évolution.

Autres choix ► riesling heimburg 97 à 39 F, sylvaner turckheim 97 à 23 F.

Pour commander ► Domaine Armand Hurst. 8, rue de la chapelle BP 46 68230 Turckheim
✆ 03 89 27 40 22 - Fax 03 89 27 47 67

Le vin ► riesling Dopff et Irion. Blanc 97. Tarif départ cave 38 F.

La propriété ► 32 ha sur la propriété mais des raisins venant de nombreux producteurs pour une surface totale de 900 ha. Dopff et Irion, c'est un des grands noms de la région.

La dégustation ► Léger, un peu court, un riesling de comptoir, assez agréable.

Autres choix ► pinot blanc 97 à 30 F, pinot noir 97 à 37 F.

Pour commander ► Château de Riquewihr 1, cours du château 68340 Riquewihr
✆ 03 89 47 92 51 - Fax 03 89 47 98 90

Le vin ▶ riesling J. Becker SA. Blanc 97. Tarif départ cave 34 F.

La propriété ▶ 18 ha sur les vignobles de Zellenberg, Riquewihr, Beblenheim, Ribeauvillé et Hunawihr. Les Becker sont vignerons de père en fils depuis pratiquement 400 ans.

La dégustation ▶ Equilibré, de bonne composition. Agréable et nerveux.

Autres choix ▶ Jean Becker produit également de Grands Crus Classés à prix abordables.

Pour commander ▶ J. Becker
4 route d'Ostheim Zellenberg 68340 Riquewihr
✆ 89 47 90 16 - Fax 03 89 47 99 57

Le vin ▶ riesling fruehmess Gérard Metz. Blanc 1996. Tarif départ cave 38 F.

La propriété ▶ 10 ha sur les contreforts vosgiens. Cuvées : tradition, prestige, réserve et les grands crus moenchberg pour les rieslings.

La dégustation ▶ Intéressant, vif, profond, bien fait, élégant, avec une acidité assez marquée.

Autres choix ▶ gewurztraminer vieilles vignes de 96 à 38 F et un muscat tradition de 94 à 28,50 F.

Pour commander ▶ Gérard Metz
23, route du Vin 67140 Itterswiller
✆ 03 88 57 80 25 - Fax 03 88 57 81 42

Le vin ▶ riesling Maison Mallo Frédéric et Fils. Blanc 95. Tarif départ cave 32,50 F.

La propriété ▶ Sur 7 ha et un sol à la fois argilo-calcaire et marno-calcaire. Cépages alsaciens où dominent le riesling et le tokay.

La dégustation ▶ Miellé, avec une grande longueur. Puissance et séduction.

Autres choix ▶ pinot blanc 97 à 28,50 F, tokay pinot gris 95 à 32,50 F.

Pour commander ▶ Frédéric Mallo et Fils
2, rue Saint-Jacques 68150 Hunawihr
✆ 03 89 73 61 41 - Fax 03 89 73 68 46

Le vin ▶ riesling Domaine Bernhard-Reibel. Blanc 97. Tarif départ cave 30 F.

La propriété ▶ Le domaine s'étend sur plus de 12 hectares depuis les coteaux du Weingarten à ceux du Haut-Koenigsbourg. Le sous-sol est de nature granitique. Riesling dominant.

La dégustation ▶ Dans la lignée du pinot, avec la même caractéristique : un fruit très présent, un vin gras, long et rond.

Autres choix ▶ pinot blanc 97 à 30 F.

Pour commander ▶ Domaine Bernhard-Reibel
20, rue de Lorraine 67730 Châtenois
✆ 03 88 82 04 21 - Fax 03 88 82 59 65

RIESLING

Le vin ► riesling Clos Sainte-Odile. Blanc 96. Tarif départ cave 32 F.

La propriété ► 25 ha sur le terroir typique du clos Sainte-Odile, près d'Obernai. Cépages : chardonnay, pinot noir, riesling, tokay et gewurztraminer sur le clos, et tous sur le reste du domaine.

La dégustation ► Bien tourné et fruité, avec son nez de prunelle et d'alisier.

Autres choix ► crémant réserve à 35,60 F.

Pour commander ► Caveau Fritz Kobus. 30, rue du Général Leclerc 67210 Obernai
✆ 03 88 47 60 20 - Fax 03 88 47 60 22

Le vin ► riesling Pierre Kirschner et Fils. Blanc 96. Tarif départ cave 27 F.

La propriété ► 9,5 ha. Les 2/3 sur des sols sablonneux et granitiques. Tous les cépages alsaciens.

La dégustation ► Encore fermé, avec une bouche intéressante qui ne demande qu'à s'épanouir, et un nez de muscade.

Autres choix ► gewurztraminer vieilles vignes 97 à 39 F, pinot noir 96 à 29 F.

Pour commander ► Pierre Kirschner et Fils 26, rue Théophile Bader 67650 Dambach la ville
✆ 03 88 92 40 55 - Fax 03 88 92 62 54

Le vin ► riesling Domaine Jean Wach. Blanc 97. Tarif départ cave 33 F.

La propriété ► Une exploitation familiale sur 8ha, où se mêlent vinification traditionnelle et techniques nouvelles.

La dégustation ► Joli et verdelet, agréable et bien fait, avec un nez et une bouche très présents.

Autres choix ► les rieslings grand cru, Wiebelsberg et Moenchberg, à 38 F.

Pour commander ► Domaine Jean Wach 16a rue du Mréchal Foch 67140 Andlau
✆ 03 88 08 09 73 - Fax 03 88 08 09 73

Le vin ► riesling La cave de Sigolsheim. Blanc 97. Tarif départ cave 32 F.

La propriété ► 200 ha exposés plein sud, sur sols argilo-calcaires. L'encépagement est classique alsacien.

La dégustation ► Du fruit, de la rondeur, une finale neutre. Un riesling typique, facile à boire, un bon accompagnement.

Autres choix ► une gamme complète, avec des grands crus (Mambourg, Furstentum).

Pour commander ► La cave de Sigolsheim 11 - 15, rue St Jacques 68240 Sigolsheim
✆ 03 89 73 10 10 - Fax 03 89 78 21 93

Le vin ▶ riesling Paul Ginglinger. Blanc 97. Tarif départ cave 32 F.

La propriété ▶ 12 ha. Terroir marno-calcaire. Cépages : sylvaner, pinot blanc, riesling, tokay, muscat, gewurztraminer, pinot noir.

La dégustation ▶ Un beau fruit parfumé, une bouche aimable à l'acidité contenue, avec de la longueur. Franc et agréable.

Autres choix ▶ pinot blanc 97 à 30 F et sans réserve sur les autres cépages alsaciens.

Pour commander ▶ Paul Ginglinger.
8, place Charles de Gaulle 68420 Eguisheim
✆ 03 89 41 44 25 - Fax 03 89 24 94 88

Le vin ▶ riesling Maison René Fleck et fille. Blanc 1997. Tarif départ cave 27 F.

La propriété ▶ 7 ha, sur un sol argilo-calcaire, encépagés pour moitié en riesling. Autres cépages : tokay, gewurztraminer et muscat.

La dégustation ▶ Vif et enjoué, sans défaut, chaleureux et sec.

Autres choix ▶ un gewurztraminer à 33 F et un muscat 1997 à 28 F.

Pour commander ▶ Maison René Fleck et fille.
27, route d'Orschwihr 68570 Soulzmatt
✆ 03 89 47 01 20 - Fax 03 89 47 09 24

Le vin ▶ riesling Cave vinicole Wolfberger. Blanc 97. Tarif départ cave 34 F.

La propriété ▶ Les caves Wolfberger regroupent quelque 800 vignerons pour environ 1200 ha. Tous les cépages alsaciens sont représentés.

La dégustation ▶ Un riesling basique et loyal, qui passe bien avec poissons et sauces blanches.

Autres choix ▶ une gamme complète, avec les crémants, les « gentils » et les cuvées spéciales.

Pour commander ▶ Cave vinicole Wolfberger
6 Grand'Rue 68420 Eguisheim
✆ 03 89 22 20 20 - Fax 03 89 23 47 09

Le vin ▶ riesling Haguenau de Bergheim Paul Schwach. Blanc 95. Tarif départ cave 38 F.

La propriété ▶ 10 ha sur sol argilo-calcaire, granit, silice et souches volcaniques. Cépages alsaciens.

La dégustation ▶ Attaque classique, riesling typé et vineux. Du caractère.

Autres choix ▶ muscat 96, tiré sur lie 35 F, crémant d'Alsace blanc de noirs 50 F. Egalement des vendanges tardives.

Pour commander ▶ Paul Schwach
30 et 32 route de Bergheim 68150 Ribeauvillé
✆ 03 89 73 62 73 - Fax 03 89 73 37 99

RIESLING

RIESLING

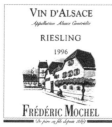

Le vin ► riesling Domaine Fréderic Mochel. Blanc 97. Tarif départ cave 39,80 F.

La propriété ► 9 ha. sur sol argilo-marneux gypsifère. Cépages alsaciens.

La dégustation ► De la finesse et de la race, un vin personnel et enveloppant. Belle finale florale, très pure.

Autres choix ► Les grands crus de riesling (à partir de 60 F), ou l'extraordinaire muscat Quintessence à près de 120 F.

Pour commander ► Domaine Fréderic Mochel 56, rue principale 67310 Traenheim
✆ 03 88 50 38 67 - Fax 03 88 50 56 19

Le vin ► riesling brandluft Vins Emile Boeckel. Blanc 97. Tarif départ cave 34 F.

La propriété ► 19 ha. Terroirs nombreux (argilo-calcaires, sableux). Tous cépages d'Alsace (riesling, sylvaner, gewurztraminer…)

La dégustation ► Bel équilibre entre fleur et fruit. De la persistance de raisin mûr, gras et vif à la fois.

Autres choix ► riesling grand cru moenchberg 95 à 39,50 F.

Pour commander ► Vins Emile Boeckel 2, rue de la Montagne 67140 Mittelbergheim
✆ 03 88 08 91 02 - Fax 03 88 08 91 88

Le vin ► riesling coteaux du haut koenigsbourg Domaine Siffert. Blanc 97. Tarif départ cave 32 F.

La propriété ► 9 ha. Coteaux du Haut Koenigsbourg (terroir gneissique), Grands Crus. Cépages typiques.

La dégustation ► Cidre et bonbon, sympa et jeune, sucre et acidité dans une sympathique association.

Autres choix ► gewurztraminer 97 à 37 F, sylvaner vieilles vignes 96 à 26 F.

Pour commander ► Domaine Siffert. 16, route du Vin Orschwiller 67600 Sélestat
✆ 03 88 92 02 77 - Fax 03 88 82 70 02

Le vin ► riesling cuvée Jupiter Cave de Pfaffenheim. Blanc 96. Tarif départ cave 29 F.

La propriété ► Sur 235 ha et un terroir à la fois calcaire et argilo-calcaire, on rencontre tous les cépages alsaciens.

La dégustation ► Intéressant et fruité, une finale enjouée et acidulée comme un gros plant ; sympathique et bien fait.

Autres choix ► une gamme complète.

Pour commander ► Cave vinicole de Pfaffenheim Gueberschwihr et environs 5, rue du Chai B P 33 68250 Pfaffenheim
✆ 03 89 78 08 08 - Fax 03 89 49 71 65

Le vin ► riesling fruehmess EARL Faller Henri et Luc. Blanc 96. Tarif départ cave 32 F.

La propriété ► 8 ha. Fruehmess. Cépages : pinot noir, pinot blanc, riesling, tokay, muscat, sylvaner, gewurztraminer.

La dégustation ► Agréable, équilibré, avec un bon nez, de la longueur, avec une finale neutre. Un bon vin d'accompagnement.

Autres choix ► crémant d'alsace à 36 F et une gamme complète très recommandable.

Pour commander ► EARL Faller Henri et Luc. 22, route du Vin 67140 Itterswiller
© 03 88 85 51 42 - Fax 03 88 57 83 30

Le vin ► riesling glintzberg Roland Schmitt. Blanc 96. Tarif départ cave 39 F.

La propriété ► Un peu plus de 8 hectares de vignes assez jeunes sur sol argilo-marneux. Cépages alsaciens ainsi que gamay.

La dégustation ► Un riesling bien fait. Sucre résiduel sans excès, une certaine vigueur et un bon esprit.

Autres choix ► Un pinot blanc de 97 à 31 F et une gamme complète.

Pour commander ► Roland Schmitt. 35, rue des Vosges 67310 Bergbieten
© 03 88 38 20 72 - Fax 03 88 38 75 84

Le vin ► riesling heimburg Domaine Armand Hurst. Blanc 97. Tarif départ cave 39 F.

La propriété ► 8 ha. Les cépages représentés sont l'auxerrois, le muscat, le sylvaner et le riesling.

La dégustation ► Bouche agréable, fruit équilibré, avec de la personnalité et de la longueur ; finale typique.

Autres choix ► pinot auxerrois 97 à 30 F, sylvaner turckheim 97 à 23 F.

Pour commander ► Domaine Armand Hurst. 8, rue de la chapelle B P 46 68230 Turckheim
© 03 89 27 40 22 - Fax 03 89 27 47 67

Le vin ► riesling kronenbourg Domaine Stoeffler. Blanc 97. Tarif départ cave 38 F.

La propriété ► Domaine de 12 ha comprenant des terroirs en majorité argilo-calcaire, et encépagé en pinot blanc, riesling, muscat et pinot noir.

La dégustation ► Plaisant à l'attaque, avec un nez d'extrait de violette, un travail efficace.

Autres choix ► muscat 97 à 31 F, pinot blanc 97 à 24 F.

Pour commander ► Domaine Stoeffler. 1, rue des Lièvres 67140 Barr
© 03 88 08 52 50 - Fax 03 88 08 17 09

RIESLING

RIESLING

Le vin ► riesling moenchberg grand cru Emile Boeckel. Blanc 95. Tarif départ cave 39,50 F.

La propriété ► 19 ha. Terroirs nombreux (Argilo-Calcaires, sableux). Tous cépages d'Alsace (riesling, pinot blanc, gewurztraminer)

La dégustation ► Franc, profond et en même temps discret, tout en délicatesse, qui va gagner en maturité.

Autres choix ► riesling brandluft 97 à 34 F, sylvaner de Mittelbergheim 97 à 29 F.

Pour commander ► Vins Emile Boeckel 2, rue de la Montagne 67140 Mittelbergheim ✆ 03 88 08 91 02 - Fax 03 88 08 91 88

Le vin ► riesling réserve Domaine Lucien Albrecht. Blanc 97. Tarif départ cave 35,50 F.

La propriété ► Le domaine se trouve sur les collines d'Orschwihr. Le sol est composé de grès calcaire et de grès micacé. Il est encépagé en riesling, pinot blanc et gewurztraminer.

La dégustation ► Moelleux, velouté, ample sans trop de puissance, équilibré.

Autres choix ► gewurztraminer réserve 97 à 38 F, pinot blanc 97 à 29,50 F.

Pour commander ► Domaine Lucien Albrecht. 9, Grand'Rue 68500 Orschwihr ✆ 03 89 76 95 18 - Fax 03 89 76 20 22

Le vin ► riesling réserve Domaine Martin Schaetzel. Blanc 97. Tarif départ cave 38 F.

La propriété ► 7 ha sur sol marno-calcaire avec alluvions et arènes granitiques. L'encépagement est typiquement alsacien.

La dégustation ► Une profondeur certaine, un riesling qui emplit la bouche ; assez floral, avec une finale noisette.

Autres choix ► sylvaner vieilles vignes 97 à 31 F, tokay 97 à 32 F.

Pour commander ► Domaine Martin Schaetzel 3 rue de la 5e DB 68770 Ammerschwihr ✆ 03 89 47 11 39 - Fax 03 89 78 29 77

Le vin ► riesling réserve particulière Vignoble André Scherer. Blanc 96. Tarif départ cave 37 F.

La propriété ► Les 7 hectares de ce domaine s'étalent en coteaux sur sol argilo-calcaire. Encépagement alsacien.

La dégustation ► Classique, mais racé, vif et distingué. Une vigueur bien canalisée, des arômes discrets.

Autres choix ► pinot auxerrois 97 à 38 F, tokay pinot gris 97 à 39 F.

Pour commander ► Vignoble André Scherer 12, route du Vin 68420 Husseren les Châteaux ✆ 03 89 49 30 33 - Fax 03 89 49 27 48

Le vin ► riesling stein de Mittelbergheim Cave d'Andlau Barr. Blanc 97. Tarif départ cave 29,70 F.

La propriété ► 238 ha pour 3 000 parcelles. Cépages alsaciens, principalement riesling, sylvaner et gewurztraminer, sur les terroirs de Barr, Andlau et Heiligenstein.

La dégustation ► Typé, rose et violette, fruits secs, assez profond, bien fait.

Autres choix ► Les rouges d'Ottrott (35 F) et de Zellwiller (30,90 F) et le klevener d'Heiligenstein.

Pour commander ► Cave d'Andlau Barr
15, avenue des Vosges 67140 Barr
℃ 03 88 08 90 53

Le vin ► riesling vieilles vignes Domaine Armand Gilg et Fils. Blanc 97. Tarif départ cave 36 F.

La propriété ► 22 ha sur sol argilo-calcaire et sableux. L'encépagement est distribué entre sylvaner, pinot blanc, riesling et pinot noir.

La dégustation ► Bien fait, une petite friandise acidulée, très agréable dans sa fraîcheur.

Autres choix ► une gamme complète pour ce vigneron réputé. Goûtez notamment le sylvaner de Mittelbergheim, berceau du domaine.

Pour commander ► Domaine Armand Gilg
2 - 4 rue Rotland Mittelbergheim 67140 Barr
℃ 03 88 08 92 76 - Fax 03 88 08 25 91

Le vin ► riesling weingarten GAEC du Rotland - Jean Hirtz. Blanc 97. Tarif départ cave 25 F.

La propriété ► Sur 7 ha et un sol argilo-calcaire. Sylvaner (24,5 %), pinot blanc (28 %), riesling (15 %), muscat d'alsace (2 %), tokay (11 %), gewurztraminer (9,5 %), et pinot noir (10 %).

La dégustation ► Un fruit très présent, une bouche veloutée, de la légèreté, un peu perlant.

Autres choix ► gewurztraminer 97 à 33 F, sylvaner de Mittelbergheim 97 à 20 F.

Pour commander ► GAEC du Rotland - Jean Hirtz. 13, rue Rotland 67140 Mittelbergheim
℃ 03 88 08 47 90 - Fax 03 88 08 17 30

Le vin ► riesling zotzenberg Domaine Haegi. Blanc 94. Tarif départ cave 34 F.

La propriété ► 8 ha. Sols argilo-calcaires. cépages : sylvaner (15 %), pinot blanc (15 %), riesling (25 %), tokay (10 %), muscat (5 %), gewurztraminer (15 %) et pinot noir (15 %).

La dégustation ► De la personnalité, une bonne attaque, de la longueur.

Autres choix ► pinot blanc 96 à 23 F, sylvaner 97 à 22 F, tokay 97 à 34 F.

Pour commander ► Domaine Haegi
33, rue de la Montagne 67140 Mittelbergheim
℃ 03 88 08 95 80 - Fax 03 88 08 91 20

RIESLING

Le vin ► riesling zotzenberg grand cru Albert Seltz. Blanc 97. Tarif départ cave 38 F.

La propriété ► 9 ha d'un sol composé de marnes et calcaires. Cépages : riesling, sylvaner. Le grand cru zotzenberg s'étend sur une superficie de 1,7 ha.

La dégustation ► Nez floral, de genièvre et de prunelle, belle bouche complexe, appréciable sur toute la longueur.

Autres choix ► une gamme complète.

Pour commander ► Maison Seltz.
42 rue des Vosges Mittelbergheim 67140 Barr
℡ 03 88 08 92 08 - Fax 03 88 08 85 09

Le vin ► sylvaner Domaine Fréderic Mochel. Blanc 96. Tarif départ cave 25,40 F.

La propriété ► 9 ha sur sol argilo-marneux gypsifère. Cépages alsaciens.

La dégustation ► Une bonne bouche, très franche et joliment fleurie, de la persistance, une bonne finale légère.

Autres choix ► Les grands crus de riesling (à partir de 60 F), ou l'extraordinaire muscat Quintessence à près de 120 F.

Pour commander ► Domaine Fréderic Mochel
56, rue principale 67310 Traenheim
℡ 03 88 50 38 67 - Fax 03 88 50 56 19

Le vin ► sylvaner EARL Anstotz et Fils. Blanc 97. Tarif départ cave 22 F.

La propriété ► Sur 10 hectares, abrités des vents d'ouest et bénéficiant du micro-climat de Balbronn. Encépagement alsacien.

La dégustation ► Un bon sylvaner un peu iodé, constante de la maison, franc du collier, bien parti et bien fini.

Autres choix ► Un tokay pinot gris de 97 à 35 F et un crémant d'Alsace brut 96 à 38 F.

Pour commander ► EARL Anstotz et Fils
51, rue Balbach 67310 Balbronn
℡ 03 88 50 30 55 - Fax 03 88 50 58 06

Le vin ► sylvaner côtes de rouffach Clos Saint - Landelin René Muré. Blanc 97. Tarif départ cave 29 F.

La propriété ► 21 ha. Clos Saint Landelin. Grand cru Vorbourg ; sol argilo-calcaire et sous sol calcaire gréseux. Cépages alsaciens, côtes de Rouffach.

La dégustation ► Long, rond et facile. L'Alsace idéal pour tous les jours.

Autres choix ► pinot blanc 96 à 38 F.

Pour commander ► Clos Saint - Landelin
René Muré. Route du vin 68250 Rouffach
℡ 03 89 49 62 19 - Fax 03 89 49 74 85

Le vin ► sylvaner de Mittelbergheim GAEC du Rotland. Blanc 97. Tarif départ cave 20 F.

La propriété ► Sur 7 ha et un sol argilo-calcaire. Sylvaner (24,5 %), pinot blanc (28 %), riesling (15 %), muscat d'alsace (2 %), tokay (11 %), gewurztraminer (9,5 %), et pinot noir (10 %).

La dégustation ► Bien fait, léger et pourtant original, au parfum de lavande.

Autres choix ► riesling weingarten à 25 F, gewurztraminer 97 à 33 F.

Pour commander ► GAEC du Rotland - Jean Hirtz. 13, rue Rotland 67140 Mittelbergheim ✆ 03 88 08 47 90 - Fax 03 88 08 17 30

Le vin ► sylvaner de mittelbergheim Domaine Haegi. Blanc 97. Tarif départ cave 22 F.

La propriété ► 8 ha. Sols argilo-calcaires. cépages : sylvaner (15 %), pinot blanc (15 %), riesling (25 %), tokay (10 %), muscat (5 %), gewurztraminer (15 %) et pinot noir (15 %).

La dégustation ► Belle bouche, ample, avec de la suite dans les idées.

Autres choix ► pinot blanc 96 à 23 F, riesling zotzenberg 94 à 34 F, tokay 97 à 34 F.

Pour commander ► Domaine Haegi. 33, rue de la Montagne 67140 Mittelbergheim ✆ 03 88 08 95 80 - Fax 03 88 08 91 20

Le vin ► sylvaner rosenberg Domaine Barmes-Buecher. Blanc 97. Tarif départ cave 36 F.

La propriété ► 16 ha sur sols argilo-calcaires, marno-calcaires et gréseux-siliceux. Cépages alsaciens, dont chasselas vieilles vignes.

La dégustation ► Bien fait, élaboré, de la présence, du fruit. Une bouche florale plaisante.

Autres choix ► chasselas vieilles vignes 96 à 34 F et une gamme complète sur les terroirs Rosenberg et Leimenthal.

Pour commander ► Domaine Barmes-Buecher 30, rue Sainte Gertrude 68920 Wettolsheim ✆ 03 89 80 62 92 - Fax 03 89 79 30 80

Le vin ► sylvaner turckheim Domaine Armand Hurst. Blanc 97. Tarif départ cave 23 F.

La propriété ► domaine de 8 ha. Les cépages représentés sont l'auxerrois, le muscat, le sylvaner et le riesling

La dégustation ► Belle matière, neutre mais long et tout en finesse, ciselé. Une réussite rafraîchissante.

Autres choix ► pinot auxerrois 97 à 30 F, riesling heimburg 97 à 39 F.

Pour commander ► Domaine Armand Hurst. 8, rue de la chapelle B P 46 68230 Turckheim ✆ 03 89 27 40 22 - Fax 03 89 27 47 67

SYLVANER

Le vin ► sylvaner vieilles vignes Domaine Martin Schaetzel. Blanc 97. Tarif départ cave 31 F.

La propriété ► 7 ha sur sol marno-calcaire avec alluvions et arènes granitiques. L'encépagement est typiquement alsacien.

La dégustation ► Un sylvaner de classe, fleur et fruit, la violette comme un gewurztraminer, un léger sucre résiduel plutôt agréable.

Autres choix ► riesling réserve de 97 à 38 F, tokay 97 à 32 F.

Pour commander ► Domaine Martin Schaetzel 3 rue de la 5e DB 68770 Ammerschwihr ✆ 03 89 47 11 39 - Fax 03 89 78 29 77

Le vin ► sylvaner vieilles vignes Domaine Siffert. Blanc 96. Tarif départ cave 26 F.

La propriété ► 9 ha. Coteaux du Haut Koenigsbourg (terroir gneissique), grands crus. Cépages typiques.

La dégustation ► Un bon nez, une bouche franche et fruitée, une finale agréable.

Autres choix ► riesling 97 à 32 F, gewurztraminer 97 à 37 F.

Pour commander ► Domaine Siffert 16, route du Vin Orschwiller 67600 Sélestat ✆ 03 88 92 02 77 - Fax 03 88 82 70 02

Le vin ► sylvaner weinberg de heiligenstein Cave d'Andlau-Barr. Blanc 1997. Tarif départ cave 23 F.

La propriété ► 238 ha pour 3 000 parcelles dominées par le riesling, le sylvaner et le gewurztraminer (70 %).

La dégustation ► En efficacité et légèreté, un produit assez bien tourné.

Autres choix ► Les rouges d'Ottrott (35 F) et de Zellwiller (30,90 F) et le klevener d'Heiligenstein, à base de savagnin rosé.

Pour commander ► Cave d' Andlau-Barr. 15, avenue des Vosges. 67140 Barr ✆ 03 88 08 90 53

Le vin ► tokay Clos Sainte-Odile. Blanc 97. Tarif départ cave 39 F.

La propriété ► terroirs Wuenheim, Saint-Hippolyte, Colmar, Dorlisheim, Dangolsheim, Obernai, répartis sur les deux départements. Tous cépages alsaciens.

La dégustation ► Neutre, direct et correctement fait, aux arômes de champignons d'automne.

Autres choix ► pinot blanc à 26,50 F, gewurztraminer 97 à 38,80 F

Pour commander ► Clos Sainte-Odile. 30, rue du général Leclerc 67210 Obernai ✆ 03 88 47 60 20 - Fax 03 88 47 60 22

Le vin ► tokay Gérard et Serge Hartmann. Blanc 96. Tarif départ cave 39 F.

La propriété ► Au sud de Colmar, Gérard et son fils Serge élaborent des vins de haute tenue.

La dégustation ► La vinification toujours aussi soignée du domaine Hartmann, pas trop de sucre résiduel, les parfums subtils et épanouis d'un tokay de classe.

Autres choix ► muscat 97 à 40 F, ou le muscat cuvée Lucienne (l'épouse de Gérard) à 49 F.

Pour commander ► Gérard et Serge Hartmann 13 rue Roger Frémeaux 68420 Voegtlinshoffen ✆ 03 89 49 30 27

Le vin ► tokay horn de wolxheim Vignobles Muhlberger. Blanc 97. Tarif départ cave 33 F.

La propriété ► 13 ha. Sol argilo-calcaire sur l'Attenberg de Wolxheim, gréseux sur Rothstein de Wolxheim et limono-calcaire sur Horn de Wolxheim. Cépages alsaciens.

La dégustation ► Du fruit, présent sur toute la longueur, une bonne constitution.

Autres choix ► une gamme complète, dont les rieslings de wolxheim.

Pour commander ► Vignobles Muhlberger 1, rue de Strasbourg Wolxheim 67120 Molsheim ✆ 03 88 38 10 33 - Fax 03 88 38 47 65

Le vin ► tokay pinot gris Les caves Jean Baptiste Adam. Blanc 97. Tarif départ cave 37 F.

La propriété ► 15 ha de vignoble dont l'âge moyen est de 35 ans. L'encépagement se répartit entre riesling, gewurztraminer et tokay pinot gris.

La dégustation ► Le fruit est présent, l'ensemble est homogène, fait dans la souplesse et la recherche du bon goût commun.

Autres choix ► Un muscat de 97 à 34 F.

Pour commander ► Les caves Jean Baptiste Adam. 5, rue de l'Aigle 68770 Ammerschwihr ✆ 03 89 78 23 21 - Fax 03 89 47 35 91

Le vin ► tokay pinot gris Cave vinicole de Turckheim. Blanc 97. Tarif départ cave 38 F.

La propriété ► La propriété s'étend sur 320 ha. Les cépages représentés sont le pinot blanc, le tokay et le pinot noir.

La dégustation ► Correct et typé, dans une bonne gamme, avec un fruit insistant. Peut très bien suivre un foie gras comme un dessert.

Autres choix ► pinot blanc rotenberg 97 à 28 F, pinot noir val saint-grégoire 97 à 37 F.

Pour commander ► Cave de Turckheim 16, rue des Tuileries 68230 Turckheim ✆ 03 89 27 06 25 - Fax 03 89 27 35 33

TOKAY PINOT GRIS

Le vin ► tokay pinot gris Domaine Julien Meyer. Blanc 97. Tarif départ cave 34 F.

La propriété ► La propriété s'étend sur 8 ha. Terroirs Zellberg, sol argilo-calcaire ; Pierres Grandes, schistes sablo-argileux ; Fromholz, sol argilo-limoneux.

La dégustation ► Tendre, fleuri, épanoui et fort bien fait.

Autres choix ► crémant à 38 F, pinot noir 97 à 32 F.

Pour commander ► Domaine Julien Meyer
14, route du Vin 67680 Nothalten
℡ 03 88 92 60 15

Le vin ► tokay pinot gris Domaine Haegi. Blanc 97. Tarif départ cave 34 F.

La propriété ► 8 ha. Sols argilo-calcaires. cépages : sylvaner (15 %), pinot blanc (15 %), riesling (25 %), tokay (10 %), muscat (5 %), gewurztraminer (15 %) et pinot noir (15 %).

La dégustation ► Equilibré, bien fait, courtois et assez fruité, sans excès. Une bonne longueur.

Autres choix ► pinot blanc 96 à 23 F, riesling zotzenberg 94 à 34 F, sylvaner 97 à 22 F.

Pour commander ► Domaine Haegi.
33, rue de la Montagne 67140 Mittelbergheim
℡ 03 88 08 95 80 - Fax 03 88 08 91 20

Le vin ► tokay pinot gris Claude Bleger. Blanc 97. Tarif départ cave 38 F.

La propriété ► 7,5 ha. Tous cépages alsaciens et crémant.

La dégustation ► Gras, ample, dans une bonne typicité, bien dans l'appellation. Une finale plaisante.

Autres choix ► muscat 97 à 36 F, pinot blanc coteaux du haut koenigsbourg 97 à 28 F, pinot noir 96 à 36,50 F.

Pour commander ► Claude Bleger.
23, Grand ' Rue Orschwiller 67600 Sélestat
℡ 03 88 92 32 56 - Fax 03 88 82 59 95

Le vin ► tokay pinot gris Domaine Martin Schaetzel. Blanc 97. Tarif départ cave 32 F.

La propriété ► Le vignoble, qui s'étend sur plus de 7 hectares, est d'un âge moyen de 30 ans. Le terrain est de nature marno-calcaire avec alluvions et arènes granitiques. Cépages alsaciens.

La dégustation ► Un tokay fruité, au sucre présent, dans la bonne mesure de l'appellation.

Autres choix ► Un sylvaner vieilles vignes.

Pour commander ► Domaine Martin Schaetzel
3 rue de la 5e DB 68770 Ammerschwihr
℡ 03 89 47 11 39 - Fax 03 89 78 29 77

Le vin ► tokay pinot gris Vignoble André Scherer. Blanc 97. Tarif départ cave 39 F.

La propriété ► Les 7 hectares de ce domaine s'étalent en coteaux sur sol argilo-calcaire. Encépagement : auxerrois, riesling, tokay et pinot noir.

La dégustation ► Typique et facile, un bon accompagnement pour tout le repas.

Autres choix ► riesling réserve particulière de 96 à 37 F, pinot auxerrois 97 à 38 F.

Pour commander ► Vignoble André Scherer 12, route du Vin 68420 Husseren les Châteaux
✆ 03 89 49 30 33 - Fax 03 89 49 27 48

Le vin ► tokay pinot gris Frédéric Mallo. Blanc 95. Tarif départ cave 32,50 F.

La propriété ► 7 ha sur sol argilo-calcaire et marno-calcaire. Cépages alsaciens, . principalement riesling, gewurztraminer et tokay.

La dégustation ► Beaucoup de caractère, un peu minéral avec un fruit exacerbé. De très bonnes sensations.

Autres choix ► pinot blanc 97 à 28,50 F, riesling 95 à 32,50 F.

Pour commander ► Frédéric Mallo et Fils 2, rue Saint-Jacques 68150 Hunawihr
✆ 03 89 73 61 41 - Fax 03 89 73 68 46

Le vin ► tokay pinot gris coteaux des chartreux Domaine Gérard Neumeyer. Blanc 96. Tarif départ cave 39,20 F.

La propriété ► 15 ha sur sol calcaire coquiller ; terroir composé de plusieurs lieux-dits, dont le grand cru Brudenthal. Tous cépages alsaciens.

La dégustation ► De la finesse et du fruit, un peu de sucre résiduel aussi. Délicats arômes d'épices.

Autres choix ► pinot auxerrois 1997 à 30,50 F et une gamme complète.

Pour commander ► Domaine Gérard Neumeyer 29 rue Ettore Bugatti 67120 Molsheim
✆ 03 88 38 12 45 - Fax 03 88 38 11 27

Le vin ► tokay pinot gris glintzberg EARL Anstotz et Fils. Blanc 97. Tarif départ cave 35 F.

La propriété ► 10 hectares, abrités des vents d'ouest et bénéficiant du micro-climat de Balbronn. Cépages alsaciens.

La dégustation ► De la finesse, un fruit discret, de la matière, un tokay bien constitué, avec de la verdeur en finale.

Autres choix ► Un crémant d'Alsace brut 96 à 38 F et un sylvaner de 97 à 22F.

Pour commander ► EARL Anstotz et Fils 51, rue Balbach 67310 Balbronn
✆ 03 88 50 30 55 - Fax 03 88 50 58 06

TOKAY PINOT GRIS

Le vin ► pinot noir Pierre Kirschner et Fils. Rouge 96. Tarif départ cave 29 F.

La propriété ► 9,5 ha. Les 2/3 sur des sols sablonneux et granitiques. Tous les cépages alsaciens.

La dégustation ► Très typique avec la note finale fumé-grillé. Bel équilibre, constitution solide, rien à reprocher.

Autres choix ► gewurztraminer vieilles vignes 97 à 39 F, riesling 96 à 27 F.

Pour commander ► Pierre Kirschner et Fils. 26, rue Théophile Bader 67650 Dambach la ville ✆ 03 88 92 40 55 - Fax 03 88 92 62 54

Le vin ► pinot noir Cave vinicole de Cleebourg. Rouge 97. Tarif départ cave 34,90 F.

La propriété ► 165 ha au nord de l'Alsace, près de Wissembourg. Essentiellement des sols argilo-limoneux. Une typicité certaine et personnelle.

La dégustation ► Pétillant, plein de vigueur, dans sa jeunesse et tout de même un peu étonnant.

Autres choix ► gewurztraminer 96 à 39,50 F, muscat 97 à 35,40 F

Pour commander ► Cave vinicole de Cleebourg. Route du Vin 67160 Cleebourg ✆ 03 88 94 50 33 - Fax 03 88 94 57 08

Le vin ► pinot noir coteaux du haut koenigsbourg Claude Bleger. Rouge 96. Tarif départ cave 36,50 F.

La propriété ► 7,5 ha. Tous cépages alsaciens et crémant.

La dégustation ► Assez gras en attaque, puissant et bien fait. Une bonne texture.

Autres choix ► muscat 97 à 36 F, pinot blanc coteaux du haut koenigsbourg 97 à 28 F, tokay pinot gris à 38 F.

Pour commander ► Claude Bleger. 23, Grand ' Rue Orschwiller 67600 Sélestat ✆ 03 88 92 32 56 - Fax 03 88 82 59 95

Le vin ► pinot noir les pierres chaudes Domaine Julien Meyer. Rouge 97. Tarif départ cave 32 F.

La propriété ► La propriété s'étend sur 8 ha. Terroirs Zellberg, sol argilo-calcaire ; Pierres Grandes, schistes sablo argileux ; Fromholz, sol argilo-limoneux.

La dégustation ► Assez intéressant, typique avec une petite âpreté sympathique. De la subtilité avec une finale agréable.

Autres choix ► crémant 38 F et tokay 97 à 34 F

Pour commander ► Domaine Julien Meyer 14, route du Vin 67680 Nothalten ✆ 03 88 92 60 15

Le vin ► pinot noir La cave de Sigolsheim. Rouge 97. Tarif départ cave 37 F.

La propriété ► 200 ha exposés plein sud, sur sols argilo-calcaires. L'encépagement est classique alsacien.

La dégustation ► Neutre, assez plaisant, équilibré mais un peu aqueux ; léger avec une légère amertume finale.

Autres choix ► une gamme complète, avec des grands crus (Mambourg, Furstentum).

Pour commander ► La cave de Sigolsheim 11 - 15, rue St Jacques 68240 Sigolsheim ✆ 03 89 73 10 10 - Fax 03 89 78 21 93

Le vin ► pinot noir rosé Dopff et Irion. Rosé 97. Tarif départ cave 37 F.

La propriété ► 32 ha sur la propriété mais des raisins venant de nombreux producteurs pour une surface totale de 900 ha. Dopff et Irion, c'est un des grands noms de la région.

La dégustation ► Un pinot original, de la fraîcheur, un fruit discret, en efficacité.

Autres choix ► Le pinot blanc 97 à 30 F et le pinot noir rosé 97 à 37 F.

Pour commander ► Domaine du Château de Riquewihr. 1, cour du Château 68340 Riquewihr ✆ 03 89 47 92 51 - Fax 03 89 47 98 90

Le vin ► pinot noir rouge d'Alsace Domaine Stoeffler. Rouge 97. Tarif départ cave 34 F.

La propriété ► Domaine de 12 ha comprenant des terroirs en majorité argilo-calcaire, encépagé en pinot blanc, riesling, muscat et pinot noir.

La dégustation ► Frais, reposant, typique et léger.

Autres choix ► muscat 97 à 31 F, pinot blanc 97 à 24 F, riesling 97 à 38 F.

Pour commander ► Domaine Stoeffler. 1, rue des Lièvres 67140 Barr ✆ 03 88 08 52 50 - Fax 03 88 08 17 09

Le vin ► pinot noir val saint Grégoire Cave de Turckheim. Rouge 97. Tarif départ cave 37 F.

La propriété ► La propriété s'étend sur 320 ha. Les cépages représentés sont le pinot blanc, le tokay et le pinot noir.

La dégustation ► Flatteur et très plaisant, avec une attaque franche, une légère amertume et une bouche bien construite.

Autres choix ► pinot blanc rotenberg 95 à 34 F, tokay pinot gris 97 à 38 F.

Pour commander ► Cave de Turckheim 16, rue des Tuileries 68230 Turckheim ✆ 03 89 27 06 25 - Fax 03 89 27 35 33

PINOT NOIR

DIVERS

Le vin ▶ gentil Hugel et Fils SA. Blanc 97. Tarif départ cave 46,40 F.

La propriété ▶ Les Hugel sont vignerons de père en fils à Riquewihr depuis 1639. Leur domaine s'étale sur environ 25 hectares et les récoltes demeurent réalisées manuellement.

La dégustation ▶ Le grand Hugel ne pouvait faire défaut. Son gentil assemblage est une réussite, passe-partout et convaincant.

Autres choix ▶ une gamme complète !

Pour commander ▶ Hugel et Fils SA.
3, rue de la 1re Armée 68340 Riquewihr
℡ 03 89 47 92 15 - Fax 03 89 49 00 10

Le vin ▶ la petite folie Cave vinicole Wolfberger. Blanc sans. Tarif départ cave 26 F.

La propriété ▶ Les caves Wolfberger regroupent quelque 800 vignerons pour environ 1200 ha. Tous les cépages alsaciens sont représentés.

La dégustation ▶ De la vigueur, un peu d'amertume où il faut, un fruit bien présent. Un produit incontestablement réussi.

Autres choix ▶ une gamme complète, avec les crémants, les « gentils » et les cuvées spéciales.

Pour commander ▶ Cave vinicole Wolfberger.
6 Grand'Rue 68420 Eguisheim
℡ 03 89 22 20 20 - Fax 03 89 23 47 09

 Les meilleures notes de notre sélection

 Quelques vins à plus de 40 F. au très bon rapport qualité-prix

Ils ne figurent pas dans notre sélection, mais on ne les oublie pas :

Marc Kreydenweiss. 12, rue Deharbe 67140 Andlau
Leon Beyer. 2, rue de la Première Armée 68420 Eguisheim
Paul Blanck. 32, Grande Rue 68240 Kientzheim
Marcel Deiss. 15, route du Vin 68750 Bergheim
Gisselbrecht Willy et Fils. 5, route du vin 67250 Dambach-la-Ville
Klein aux Vieux Remparts. 3, rue Charles Bléger 68590 Saint-Hippolyte
Domaine Ostertag. 87, rue Finckwiller 67680 Epfig
Bruno Sorg. 8, rue Mgr Stumpf 68420 Eguisheim
Domaine Trimbach. 15, route de Bergheim 68150 Ribeauvillé
Zind Humbrecht. 4, route de Colmar 68230 Turckheim

BORDEAUX

Déjà présente en Gironde trois siècles avant J.-C., la culture du vin s'est développée au Moyen Age, notamment grâce aux Anglais, alors maîtres de la région et grands amateurs de ces vins. Dès lors le bordeaux va devenir une valeur sûre du prestige français à l'étranger avec les vins que le monde entier nous envie.

Si le climat de cette partie de la côte atlantique lui est favorable, il doit aussi sa qualité à une double variété, celle des sols et celle des cépages. Sols calcaires ou argileux, graves favorisent l'épanouissement du cabernet sauvignon, du cabernet franc ainsi que du merlot, les trois seigneurs de la production bordelaise. Ce sont eux qui entrent, par des assemblages subtils, dans la composition de tous les grands crus, les pomerols s'appuyant principalement sur le merlot. Les blancs font appel aux cépages sauvignon, sémillon et muscadelle.

Cette diversité a engendré un grand nombre d'appellations, chacune avec des caractères marqués et des farouches inconditionnels. On démarre avec les génériques, bordeaux et bordeaux supérieurs, qui représentent à eux deux la moitié de la production. Leurs cousins en blanc sont le bordeaux blanc et l'entre-deux-mers : il convient de ne pas les négliger car ils constituent souvent, dans la zone de prix qui nous intéresse, de bonnes surprises.

Au nord-ouest du bordelais, entre l'estuaire de la Gironde et l'océan Atlantique se trouvent les vins du Médoc, pour lesquels fut constitué un classement, du premier au cinquième cru, dès 1855. Parmi les médocs, des appellations nobles, saint-julien, pauillac, margaux, saint-estèphe et de nombreux très grands noms (Latour, Margaux, Mouton-Rothschild…).

Au sud de Bordeaux et de la Garonne, les graves tirent leur nom du sol pauvre et sec sur lequel sont plantées les vignes. Les graves ont des rouges prestigieux (Haut-Brion) mais doivent également être connus pour leurs blancs (la moitié de la production). Un peu plus au sud, en amont sur la Garonne, viennent les fameux liquoreux du sauternais, avec les sauternes (le château d'Yquem est le plus célèbre), les barsac, les loupiac, cadillac et sainte-croix-du-mont.

Les appellations regroupées autour de Libourne et de la vallée de la Dordogne, à l'est de Bordeaux, ont également leurs chauds partisans : ce sont les saint-émilion et les pomerols. On trouve aussi dans cette zone les fronsacs et canon-fronsac.

D'amont en aval, de la Dordogne à la Gironde, on croise les vignobles de côtes, qui nous intéressent car ils sont un vivier pour notre sélection : côtes de castillon et côtes de francs près du Libournais, côtes de bourg et côtes de blaye au seuil de l'estuaire.

L'entre-deux-mers est une vaste zone entre la Dordogne et la Garonne, où l'on produit des vins blancs secs, relativement méconnus si on les compare au prestige dont jouissent les bordeaux rouges, mais aussi les bordeaux blancs liquoreux de la célèbre appellation voisine, les sauternes.

Il n'est évidemment pas possible de viser dans ce guide les crus classés ou même les bourgeois. Pourtant, on trouve encore dans les génériques du bon travail de vinification qui donne des vins de qualité pour le quotidien. L'écueil principal pour un ouvrage comme celui-ci est la qualité de vin de garde. Un bordeaux, souvent élevé en fût, n'est pas à boire dans sa jeunesse. Et lorsqu'il est à maturité, lorsque le vigneron l'a élevé avec tout son art, il n'est plus à vendre ou il vaut plus que 40 F. C'est pourquoi vous trouverez, dans ces "vins à boire", une bonne proportion de blancs, des génériques et quelques "satellites", puisseguin saint-émilion, graves de vayres. De bonnes sensations avec les côtes : blaye et francs en particulier.

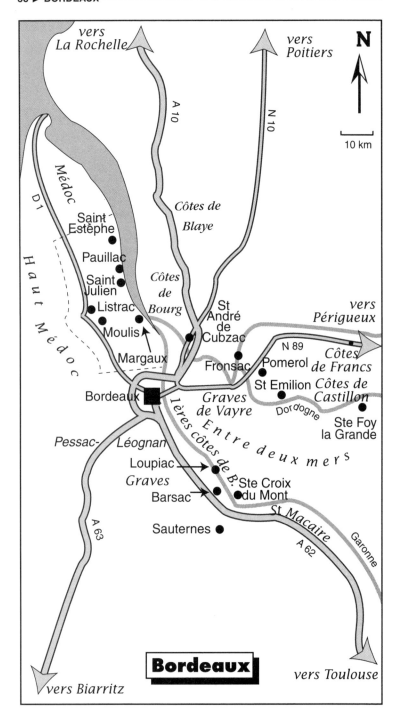

Le vin ► bordeaux supérieur moelleux Château Gaury-Balette. Blanc 95. Tarif départ cave 30 F.

La propriété ► 30 ha, dont 26 en rouges, au nord-est de Mauriac, à une altitude de 110 m, sur sol argilo-calcaire.

La dégustation ► Agréable, bon équilibre en sucre. Souple, à boire dès maintenant, bonne persistance. 100 % sémillon.

Autres choix ► bordeaux supérieur 96 à 31 F, entre deux mers 97 à 28 F.

Pour commander ► Château Gaury Balette Vignobles Bernard Yon 33540 Mauriac
℡ 05 57 40 52 82 - Fax 05 57 40 51 71

Le vin ► cadillac Château Labatut - Bouchard. Blanc 1996. Tarif départ cave 45 F.

La propriété ► 49 ha avec un sous-sol de roche. Cépage sémillon pour les moelleux.

La dégustation : Bonne persistance, rond, équilibré en alcool-sucre, agréable, homogène. Un moelleux d'une classe certaine, qui vaut son prix sans problème.

Autres choix ► sauvignon 97 à 29 F, premières côtes de bordeaux rouge 1995 à 35 F.

Pour commander ► Château Labatut -Bouchard Haut de Saint Maixant 33490 St Macaire
℡ 05 56 62 02 44 - Fax 05 56 62 09 46

Le vin ► entre deux mers Château Tour de Mirambeau. Blanc 1997. Tarif départ cave 37 F.

La propriété ► 88 ha. Sol argilo-siliceux pour les blancs, argilo-calcaire pour les rouges.

La dégustation ► Un entre deux mers fruité, bien pour les huîtres et crépinettes. En confiance pour le 98.

Autres choix ► Le bordeaux générique rouge 97, un peu au-dessus de 40 F.

Pour commander ► Château Tour de Mirambeau- Naujan et Postiac
33420 Branne
℡ 05 57 84 55 08 - Fax 05 57 84 57 31

Le vin ► entre deux mers Château de l'Aubrade. Blanc 1997. Tarif départ cave 25 F.

La propriété ► 50 ha. Sol argilo siliceux. Cépages merlot, cabernet franc, cabernet sauvignon et sauvignon pour les blancs.

La dégustation ► Bien fait, agréable avec des fruits de mer, à consommer dans sa fraîcheur. Un plaisir tout simple.

Autres choix ► blanc 97 à 25 F. En rouge, le bordeaux supérieur 94 à 28 F.

Pour commander ► Château de l'Aubrade Rimons 33580 Monségur
℡ 56 71 55 10 - Fax 05 56 71 61 94

MOELLEUX

ENTRE DEUX MERS

Le vin ▶ entre deux mers Château de Croignon. Blanc 97. Tarif départ cave 37,30 F.

La propriété ▶ 6,55 ha sur sols argilo-calcaires recouverts de graves. Encépagement merlot et sémillon. Exposition sud sud-est

La dégustation ▶ une très bonne vinification, sur la base d'un pur sémillon. De la complexité dans la simplicité, avec des notes d'abricot et de kumquat.

Autres choix ▶ bordeaux supérieur 97 à 37,30 F.

Pour commander ▶ Château de Croignon Vignobles Robin fenestre 33750 Croignon
✆ 05 56 21 29 70 - Fax 05 56 78 39 91

Le vin ▶ bordeaux Château de l'Aubrade. Blanc 1997. Tarif départ cave 25 F.

La propriété ▶ 50 ha. Sol argilo-siliceux. Cépages merlot, cabernet franc, cabernet sauvignon, et sauvignon pour les blancs.

La dégustation ▶ Boisé, avec une certaine longueur en bouche. Un vin plaisant qui remplit son office : distraire sans ennuyer

Autres choix ▶ entre deux mers 97 à 25 F. En rouge, le bordeaux supérieur 94 à 28 F.

Pour commander ▶ Château de l'Aubrade Rimons 33580 Monségur
✆ 05 56 71 55 10 - Fax 05 56 71 61 94

Le vin ▶ bordeaux Château Le Trébuchet. Blanc 1997. Tarif départ cave 21 F.

La propriété ▶ 35 ha. Terroir argilo-calcaire. Cépages bordelais classiques.

La dégustation ▶ Beau nez, beau fruit, une bouche ample et équilibrée, une finale vigoureuse, une belle typicité.

Autres choix ▶ rosé 97 à 21 F, bordeaux rouge 97 à 21,50 F et bordeaux rouge fût de chêne 96 à 31,50 F.

Pour commander ▶ Château Le Trébuchet Les Esseintes 33190 La Réole
✆ 05 56 71 42 28 - Fax 05 56 71 30 16

Le vin ▶ bordeaux Château Couronneau. Blanc 1997. Tarif départ cave 39 F.

La propriété ▶ 30 ha sur sol argilo-calcaire. Le vignoble se situe au point culminant de la Gironde (155 m), ce qui procure des températures plus douces et régulières.

La dégustation ▶ Un passage au bois bienvenu, un vin fin et tonique qui plaît. Une bouche très franche, des arômes de pain d'épice et de pin.

Autres choix ▶ bordeaux rouge 96 à 36 F.

Pour commander ▶ Château Couronneau 33220 Ligueux
✆ 05 57 41 29 94 - Fax 05 57 41 27 58

Le vin ► bordeaux blanc Domaine de Laubertrie. Blanc 1996. Tarif départ cave 20 F.

La propriété ► 15 ha. Terroir argilo-calcaire. Cépages muscadelle, sémillon, sauvignon, et, pour les rouges, merlot, cabernet franc et cabernet sauvignon.

La dégustation ► Un bois discret, une certaine allure, gardant sa typicité, avec des arômes abricotés.

Autres choix ► bordeaux rouge 96 à 24 F.

Pour commander ► Domaine de Laubertrie Salignac 33240 St André de Cubzac
℡ 05 57 43 24 73 - Fax 05 57 43 49 25

Le vin ► bordeaux blanc sec Château La Caussade. Blanc 1997. Tarif départ cave 36 F.

La propriété ► 17 ha. Terroir limono-sableux et argilo-calcaire. Cépages bordelais.

La dégustation ► Jeune, mais de bonne composition, avec du bois, de la longueur, de la typicité.

Autres choix ► du même propriétaire, premières côtes de bordeaux Domaine du Barrail, rouge 1997 à 36 F.

Pour commander ► Château La Caussade 33410 Sainte Croix du Mont
℡ 05 56 62 04 09 - Fax 05 56 62 01 94

Le vin ► bordeaux blanc sec Château Roc de Cayla. Blanc 1997. Tarif départ cave 29 F.

La propriété ► 11 ha. Terres boulbène, graveleuses, argilo calcaire.

La dégustation ► Apre et rustique, mais dans la franchise et la fraîcheur. Du tonus pour accompagner les fruits de mer, les poissons mais aussi les plats en sauce blanche.

Autres choix ► bordeaux rouge 96 à 30 F, ou en 97 à 29 F.

Pour commander ► Château Roc de Cayla Soulignac 33760 Targon
℡ 05 56 23 91 13 - Fax055734 40 44.

Le vin ► bordeaux blanc sec Château du Cros. Blanc 1997. Tarif départ cave 30 F.

La propriété ► 90 ha. Terroir argilo-calcaire. Six appellations AOC, dont les graves rouge et blanc, le loupiac et le sainte-croix du mont.

La dégustation ► Un sauvignon franc du collier, courageux et équilibré, avec de beaux arômes d'agrumes ; dans sa simplicité.

Autres choix ► loupiac 95 et 96, un très bon moelleux à 66 F ; graves rouge à 48 F.

Pour commander ► Château du Cros 33410 Loupiac
℡ 05 56 62 99 31 - Fax 05 56 62 12 59.

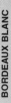

BORDEAUX BLANC

Le vin ▶ bordeaux sauvignon Chateau du Bru. Blanc 1996. Tarif départ cave 26 F.

La propriété ▶ 30 ha sur terroir de graves argileuses. Cépages sauvignon pour le blanc, merlot, cabernet franc, cabernet sauvignon pour les rouges.

La dégustation ▶ Un sauvignon fruité, tendre et charmeur. Médaille d'or à Paris.

Autres choix ▶ le sainte-foy bordeaux blanc 95 à 38 F et le bordeaux supérieur 96 à 34 F.

Pour commander ▶ Chateau du Bru
St Avit St Nazaire 33220 Ste Foy la Grande
✆ 05 57 46 12 71

Le vin ▶ bordeaux sauvignon Château Labatut - Bouchard. Blanc 1997. Tarif départ cave 29 F.

La propriété ▶ superficie de 49 ha avec un sous-sol de roche. Cépages sémillon et sauvignon pour les blancs.

La dégustation ▶ Très joli, harmonieux et bien net avec ses notes de noix et de fruit sec.

Autres choix ▶ cadillac 96 à 45 F, premières côtes de bordeaux rouge 1995 à 35 F

Pour commander ▶ Château Labatut - Bouchard
Saint Maixant 33490 St Macaire
✆ 05 56 62 02 44 - Fax 05 56 62 09 46

Le vin ▶ bordeaux Château Boutillon. Rosé 1997. Tarif départ cave 28 F.

La propriété ▶ 16 ha. Terroir argilo calcaire. Cépages bordelais : merlot, cabernet sauvignon et cabernet franc pour le rouge ; cabernet franc pour le rosé.

La dégustation ▶ Bon équilibre dans le fruit, vineux et bien structuré.

Autres choix ▶ bordeaux supérieur Château Boutillon, rouge 1996 à 30 F

Pour commander ▶ Château Boutillon
Mesterrieux 33540 Sauveterre de Guyenne
✆ 05 56 71 41 47 - Fax 05 56 71 32 21

Le vin ▶ bordeaux Château Le Trébuchet. Rosé 1997. Tarif départ cave 21 F.

La propriété ▶ 35 ha. Terroir argilo calcaire. Cépages : merlot, cabernet franc et cabernet sauvignon, et sauvignon pour le blanc.

La dégustation ▶ Léger, agréable, pour une chaude journée d'été.

Autres choix ▶ bordeaux blanc 97 à 21 F, bordeaux rouge 97 à 21,50 F et bordeaux rouge fût de chêne 96 à 31,50 F.

Pour commander ▶ Château Le Trébuchet
Les Esseintes 33190 La Réole
✆ 05 56 71 42 28 - Fax 05 56 71 30 16.

BORDEAUX BLANC

BORDEAUX ROSE

Le vin ► bordeaux Château de Lugagnac. Rosé 1997. Tarif départ cave 25 F.

La propriété ► 50 ha sur argiles ferrugineuses sur sous-sol calcaire. Cépages : merlot et cabernet.

La dégustation ► Suave, velouté, puissant. Une vigueur canalisée, avec un peu d'acidité. Un joli rosée de saignée.

Autres choix ► bordeaux supérieur rouge Château de Lugagnac, disponible en 94, 95, 96.

Pour commander ► Château de Lugagnac 33790 Pellegrue
✆ 05 56 61 30 60 - Fax 05 56 61 38 48.

Le vin ► bordeaux Château Queyret-Pouillac. Rosé 1997. Tarif départ cave 30 F.

La propriété ► 62 ha au sud de la Dordogne, sur un terroir argilo-siliceux. Cépages classiques (merlot, cabernet sauvignon, cabernet franc) pour les rouges comme pour les blancs.

La dégustation ► Bien fait, du velours en bouche, nez de fruits rouges.

Autres choix ► bordeaux supérieur rouge 96 à 31 F.

Pour commander ► Isabelle et Patrice Chaland 33790 St Antoine du Queyret
✆ 05 57 40 50 36 - Fax 05 57 40 57 71.

Le vin ► bordeaux Château Moulin de Raymond. Rouge 1996. Tarif départ cave 25 F.

La propriété ► 30 ha. Terroir graves et alios. Cépages : merlot 65 %, cabernet 35 %

La dégustation ► Beau produit, principalement à base de cabernet, qui va évoluer. Déjà intéressant dans sa texture et sa typicité, avec des tanins bien orientés.

Autres choix ► une cuvée Eximius de Château Laville, 100 % merlot, en bordeaux supérieur rouge 96 à 40 F, assez prometteuse.

Pour commander ► Château Moulin de Raymond. Saint Sulpice et Camerac 33450 Saint Loubes✆ 05 56 30 84 19

Le vin ► bordeaux Château Pouchaud - Larquey. Rouge 1997. Tarif départ cave 31 F.

La propriété ► 21 ha. Terroir argilo siliceux. Vins issus de l'agriculture biologique.

La dégustation ► Déjà fondu, simple et plaisant, un fruit persistant.

Autres choix ► un entre deux mers à base de sauvignon, sémillon et un peu de muscadelle (5 %). Du même propriétaire, le Château des Seigneurs de Pommyers.

Pour commander ► Château Pouchaud - Larquey 33190 Morizes
✆ 05 56 71 44 97 - Fax 05 56 71 44 97.

BORDEAUX ROSE

BORDEAUX ROUGE

Le vin ► bordeaux Château Ballan Larquette Rouge 1996. Tarif départ cave 29 F.

La propriété ► 32 ha, cépages classiques du bordelais pour produire blanc sec, clairet et bordeaux AOC.

La dégustation ► Du corps et de la finesse. Une bonne longueur après une attaque ferme, une belle structure tannique avec du fruit.

Autres choix ► un blanc sec, domaine de Ricaud 97 à 24 F.

Pour commander ► Vignobles Chaigne 33540 Saint-Laurent du Bois
℡ 05 56 76 46 02 - Fax 05 56 76 40 90.

Le vin ► bordeaux Château Roc de Cayla. Rouge 1997. Tarif départ cave 30 F.

La propriété ► 11 ha. Terres boulbène, graveleuses, argilo-calcaire. Cépages bordelais dont le malbec.

La dégustation ► Beau nez, superbe équilibre, une bouche de fruits mûrs, toute en longueur, charpenté avec des tanins fondus.

Autres choix ► le même en 96 (voir ci-après) bordeaux blanc 97 à 29 F

Pour commander ► Château Roc de Cayla. Soulignac 33760 Targon
℡ 05 56 23 91 13 - Fax 05 57 34 40 44.

Le vin ► bordeaux Château Roc de Cayla. Rouge 1996. Tarif départ cave 30 F.

La propriété ► 11 ha. Terres boulbène, graveleuses, argilo-calcaire. Cépages :merlot (40 %), cabernet sauvignon (40 %), cabernet franc (15 %) et malbec (5 %).

La dégustation ► Des qualités différentes du 97 : une séduction plus marquée avec un peu moins de vigueur.

Autres choix ►un bordeaux blanc 97 à 29 F

Pour commander ► Château Roc de Cayla. Soulignac 33760 Targon
℡ 05 56 23 91 13 - Fax 05 57 34 40 44.

Le vin ► bordeaux Château Le Trébuchet. Rouge 1997. Tarif départ cave 21,50 F.

La propriété ► 35 ha. Terroir argilo calcaire. Cépages : merlot, cabernet franc et cabernet sauvignon, et sauvignon pour les blancs.

La dégustation ► Bien fait, une matière intéressante, une vinification soignée. Attendre l'évolution.

Autres choix ► rosé 97 à 21 F, bordeaux blanc 97 à 21 F et bordeaux rouge fût de chêne 96 F.

Pour commander ► Château Le Trébuchet. Les Esseintes 33190 La Réole
℡ 05 56 71 42 28 - Fax 05 56 71 30 16.

Le vin ► bordeaux Château Tour de Mirambeau. Rouge 1997. Tarif départ cave 42 F.

La propriété ► 88 ha. Sol argilo-siliceux pour les blancs, argilo-calcaire pour les rouges.

La dégustation ► Un peu d'âpreté en attaque, pour montrer son caractère, une certaine complexité, typé merlot (80 %). Déjà plaisant, mais on attend la maturité pour en profiter pleinement.

Autres choix ► Entre deux mers 1998 à 37 F.

Pour commander ► Château Tour de Mirambeau Naujan et Postiac 33420 Branne
℃ 05 57 84 55 08 - Fax 05 57 84 57 31.

Le vin ► bordeaux Château Couronneau. Rouge 1996. Tarif départ cave 36 F.

La propriété ► 30 ha sur sol argilo-calcaire. Le vignoble se situe au point culminant de la Gironde (155 m), ce qui procure des températures plus douces et régulières.

La dégustation ► Une vraie réussite, d'équilibre et de suavité. Une belle robe moulante, une certaine féminité sans négliger la longueur.

Autres choix ► bordeaux blanc 97 à 39 F

Pour commander ► Château Couronneau 33220 Ligueux
℃ 05 57 41 29 94 - Fax 05 57 41 27 58.

Le vin ► bordeaux Château Lapeyrère. Rouge 1996. Tarif départ cave 22 F.

La propriété ► 20 ha en terrain argilo-sableux, en exposition plein sud. Cépages : merlot (70 %), cabernet-sauvignon (30 %).

La dégustation ► Un beau noyau en bouche, un vin déjà évolué et structuré, boisé et profond, alliance du merlot et du cabernet sauvignon.

Autres choix ► premières côtes de Bordeaux Château La Ronde 97 à 25 F.

Pour commander ► Vignobles Moncho - Jung Château Lapeyrère 33410 Beguey
℃ 05 56 62 95 49 - Fax 05 56 62 69 25

Le vin ► bordeaux fûts de chêne Château Le Trébuchet. Rouge 1996. Tarif départ cave 31,50 F.

La propriété ► 335 ha. Terroir argilo-calcaire. Cépages : merlot, cabernet franc et cabernet sauvignon, et sauvignon pour les blancs.

La dégustation ► Une belle texture ; un peu raide, mais prometteur, déjà évolué, bien typé et franc. Chaud et sain.

Autres choix ► rouge 97 à 21,50 F, rosé 97 à 21 F, sauvignon blanc 97 à 21 F.

Pour commander ► Château Le Trébuchet Les Esseintes 33190 La Réole
℃ 05 56 71 42 28 - Fax 05 56 71 30 16.

Le vin ▶ bordeaux Les Trois Clochers. Rouge 1994. Tarif départ cave 28,30 F.

La propriété ▶ Dans le canton de Sainte-Foy, sur sol de graves sèches.

La dégustation ▶ Jolie robe pourpre, attaque vigoureuse et franche, bouche ample, avec des arômes de truffe et de fruits confits.

Autres choix ▶ pécharmant domaine Vieux Sapin 96 à 36,90 F, bergerac rouge Château de la Vaure 95 à 26 F.

Pour commander ▶ Union Vinicole Bergerac-Le Fleix 24130 Le Fleix
✆ 05 53 24 64 32 - Fax 05 53 24 65 46

Le vin ▶ bordeaux supérieur Château de Seguin. Rouge 1997. Tarif départ cave 38 F.

La propriété ▶ 138 ha. Sol argilo-calcaire et argilo-graveleux. Cépage merlot (45 %), cabernet sauvignon (40 %) et cabernet franc.

La dégustation ▶ Pas mal, assez puissant, et intéressant, bouches fruits rouges et épices, finale tabac et sous-bois.

Autres choix ▶ bordeaux blanc 97 à 35 F (sauvignon, sémillon, muscadelle).

Pour commander ▶ Château de Seguin 33360 Lignan de Bordeaux
✆ 05 57 97 19 71 - Fax 05 57 97 19 72

Le vin ▶ bordeaux supérieur Château Trocard. Rouge 1996. Tarif départ cave 29 F.

La propriété ▶ 80 hectares de terroir graves et argilo siliceux. L'encépagement de dominante merlot cabernet sauvignon et cabernet franc.

La dégustation ▶ Une attaque truffée et ferme, encore vert mais un fruit rouge bien présent, un vin équilibré, à attendre.

Autres choix ▶ un rosé 97 à 25 F issu à parts égales des trois cépages du rouge.

Pour commander ▶ Château Trocard Les Jays 33570 Les Artigues de Lussac
✆ 05 57 24 31 16 - Fax 05 57 24 33 87.

Le vin ▶ bordeaux supérieur Château de Croignon. Rouge 97. Tarif départ cave 37,30 F.

La propriété ▶ 6,55 ha sur sols argilo-calcaires recouverts de graves. Encépagement bordelais classique, merlot et sémillon. Exposition sud sud-est

La dégustation ▶ très friand, déjà bien composé, fruits rouges à dominante groseille, tendreté et tendresse.

Autres choix ▶ entre deux mers 97 à 37,30 F.

Pour commander ▶ Château de Croignon Vignobles Robin fenestre 33750 Croignon
✆ 05 56 21 29 70 - Fax 05 56 78 39 91

Le vin ► bordeaux supérieur Château des Arras.
Rouge 1996.
Tarif départ cave 27 F.

La propriété ► 27 ha. Terroir argilo calcaire.
Cépage : merlot (60 %), cabernet sauvignon
(10 %) et cabernet franc (30 %).

La dégustation ► Une certaine souplesse, un
beau travail qui donne un vin déjà agréable.

Autres choix ► le même vieilli en fût de chêne
à 38 F.

Pour commander ► Château des Arras
BP 18 Saint Gervais 33240 St André de Cubzac
℡ 05 57 43 00 35 - Fax 05 57 43 58 25

Le vin ► bordeaux supérieur Château Boutillon.
Rouge 1996. Tarif départ cave 30 F.

La propriété ► 16 ha. Terroir argilo-calcaire.
Cépage merlot, cabernet sauvignon et cabernet
franc pour le rouge ; cabernet franc pour le rosé.

La dégustation ► Déjà épanoui, langoureux,
avec son nez de truffe et sa bouche gourmande
de baies rouges. Un assemblage réussi de
merlot, cabernet sauvignon et cabernet franc.

Autres choix ► bordeaux rosé 97 à 28 F

Pour commander ► Château Boutillon
Mesterrieux 33540 Sauveterre de Guyenne
℡ 05 56 71 41 47 - Fax 05 56 71 32 21

Le vin ► bordeaux supérieur Château la Tuilerie
du Puy. Rouge 1996. Tarif départ cave 36 F.

La propriété ► 54 ha d'un terroir argilo-calcaire.
Cépages : merlot (40 %), cabernet sauvignon
(40 %) et cabernet franc (20 %).

La dégustation ► bien en chair, récolté à la
limite de la surmaturité, avec la longueur,
l'expression du terroir et la vivacité sans trop de
bois. Epice et sous-bois. Une sorte d'exemple.

Autres choix ► entre deux mers 97 à 24 F

Pour commander ► Château la Tuilerie du Puy
33580 Monségur
℡ 05 56 61 61 92 - Fax 05 56 61 61 92

Le vin ► bordeaux supérieur Château Gayon
cuvée prestige. Rouge 1996. Tarif départ cave
40 F.

La propriété ► 25 ha. Sols argilo-calcaires.
Cépages bordelais, dont le malbec.

La dégustation ► Rustique et profond, un rien
d'acerbité, mais très correct, avec des
perspectives d'évolution.

Autres choix ► le côtes de saint-macaire en
moelleux à 35 F

Pour commander ► Château Gayon
Caudrot 33490 St Macaire
℡ 05 56 62 81 19 - Fax 05 56 62 71 24.

Le vin ► bordeaux supérieur Château Grand Monteil. Rouge 97. Tarif départ cave 31 F.

La propriété ► 125 ha sur les coteaux de la Garonne. Plusieurs châteaux dans la même propriété. Cépages bordelais.

La dégustation ► une certaine simplicité, mais du bon travail : un vin direct et franc, aux notes discrètes, sous-bois et fruits rouges.

Autres choix ► entre deux mers 97 à 31 F, bordeaux rosé 97 à 27,40 F.

Pour commander ► Château Grand Monteil 33370 Sallebœuf
℅ 05 56 21 29 70 - Fax 05 56 78 39 91

Le vin ► bordeaux supérieur Château du Bru. Rouge 1996. Tarif départ cave 34 F.

La propriété ► 30 ha sur terroir de graves argileuses. Cépages sauvignon, merlot, cabernet franc, cabernet sauvignon.

La dégustation ► Nez intéressant, truffé, bonne longueur et, derrière l'astringence, l'équilibre entre le bois et la typicité, sous-bois et rocaille.

Autres choix ► bordeaux blanc sec 96 à 26 F, sainte-foy bordeaux blanc 95 à 38 F.

Pour commander ► Château du Bru.
St Avit St Nazaire 33220 Sainte Foy la Grande
℅ 05 57 46 12 71 - Fax.05 57 46 10 64

Le vin ► bordeaux supérieur Château de Lugagnac. Rouge 1995. Tarif départ cave 32 F.

La propriété ► 50 ha sur argiles ferrugineuses sur sous-sol calcaire. Cépages : merlot et cabernet.

La dégustation ► Très bien fait, tannins fondus, les qualités d'un bourgeois, complexité et équilibre.

Autres choix ► le même en 96 et un bordeaux rosé Château de Lugagnac 97 à 25 F

Pour commander ► Château de Lugagnac 33790 Pellegrue
℅ 05 56 61 30 60 - Fax 05 56 61 38 48.

Le vin ► bordeaux supérieur Château de Lugagnac. Rouge 1996. Tarif départ cave 32 F.

La propriété ► 50 ha sur argiles ferrugineuses sur sous-sol calcaire. Cépages : merlot et cabernet.

La dégustation ► Remarquable, facile, bien fait, éveille la gourmandise. Une bouche nette et bien soutenue, aux arômes de fruits rouges.

Autres choix ► le même en 95 et un bordeaux rosé Château de Lugagnac 97 à 25 F

Pour commander ► Château de Lugagnac 33790 Pellegrue
℅ 05 56 61 30 60 - Fax 05 56 61 38 48

Le vin ► bordeaux supérieur cuvée prestige Château des Arras. Rouge 1996. Tarif départ cave 38 F.

La propriété ► 27 ha. Terroir argilo calcaire. Cépages bordelais. Exposition sud.

La dégustation ► Du bois, mais une bonne structure, de l'agrément, avec des notes de cassis, de sève et de terre, mais aussi de muscade et de cannelle. En évolution.

Autres choix ► la version "de base" à 27 F.

Pour commander ► Château des Arras BP 18 St Gervais 33240 St André de Cubzac ✆ 05 57 43 00 35 - Fax 05 57 43 58 25.

Le vin ► bordeaux supérieur Château Lestrille Capmartin. Rouge 1996. Tarif départ cave 35 F.

La propriété ► 37 hectares de terroir limono-sableux. Cépages merlot (70 %) et cabernet franc (30 %).

La dégustation ► Puissant et boisé, réserve de bonnes sensations après le premier goût, des tanins déjà fondus et une belle finale.

Autres choix ► le domaine produit également blancs, clairets et crémants de Bordeaux.

Pour commander ► Château Lestrille Capmartin Lestrille 33750 Saint Germain Du Puch ✆ 05 57 24 51 02 - Fax 05 57 24 04 58.

Le vin ► bordeaux supérieur Château de Barre Château de Barre. Rouge 1995. Tarif départ cave 29 F.

La propriété ► 39 ha. Terre limono-graveleux. Cépages merlot et cabernet. Vinification traditionnelle avec contrôle de température.

La dégustation ► Franc, avec un joli nez et une longueur bien calculée.

Autres choix ► graves de vayres Château Barre Gentillot rouge 95 à 32 F.

Pour commander ► Château de Barre Arveyres 33500 Libourne ✆ 05 57 24 80 26 - Fax 05 57 24 54 54.

Le vin ► bordeaux supérieur château Marac. Rouge 1995. Tarif départ cave 32 F.

La propriété ► 18 ha sur sol argilo et limono-calcaire. Cépages : merlot 70 %, cabernet franc 15 %, cabernet sauvignon 15 %.

La dégustation ► un vin fédérateur, qui a du tonus et une personnalité, avec un nez poivre et réglisse, fruits rouges persistants et longueur déjà appréciable.

Autres choix ► bordeaux blanc 97 à 26 F

Pour commander ► Vignobles Alain Bonville 33350 Pujols ✆ 05 57 40 53 21 - Fax 05 57 40 71 36

Le vin ▶ bordeaux supérieur Château Queyret-Pouillac. Rouge 1996. Tarif départ cave 31 F.

La propriété ▶ 62 ha au sud de la Dordogne, sur un terroir argilo-siliceux. Cépages classiques (merlot, cabernet sauvignon, cabernet franc) pour les rouges comme pour les blancs.

La dégustation ▶ Charpenté, rond, agréable en bouche, aux notes de groseille et cassis, dominé par le merlot (60 %). Un vin facile et séduisant.

Autres choix ▶ bordeaux rosé 98 à 30 F.

Pour commander ▶ Isabelle et Patrice Chaland. 33790 St Antoine du Queyret
℡ 05 57 40 50 36 - Fax 05 57 40 57 71.

Le vin ▶ premières côtes de bordeaux Château Labatut - Bouchard. Rouge 1995. Tarif départ cave 35 F.

La propriété ▶ 49 ha de sous sols de roche. Cépages merlot, cabernets sauvignon et franc

La dégustation ▶ Demande à s'épanouir, agréable et neutre, tout en souplesse et en efficacité.

Autres choix ▶ cadillac 96 à 45 F, sauvignon 97 à 29 F

Pour commander ▶ Château Labatut - Bouchard Haut de Saint Maixant 33490 St Macaire
℡ 05 56 62 02 44 - Fax 05 56 62 09 46

Le vin ▶ premières côtes de bordeaux Domaine du Barrail. Rouge 1997. Tarif départ cave 36 F.

La propriété ▶ 17 ha. Terroir limono-sableux et argilo-calcaire. Cépages bordelais : cabernet merlot pour les rouges, sauvignon et sémillon pour les blancs.

La dégustation ▶ Fait comme il faut, franc, comme on peut l'apprécier dans sa jeunesse.

Autres choix ▶ du même propriétaire, bordeaux blanc sec Château La Caussade 97.

Pour commander ▶ Domaine du Barrail. 33410 Ste Croix du Mont
℡ 05 56 62 04 09 - Fax 05 56 62 01 94.

Le vin ▶ premières côtes de bordeaux Château Champcenet. Rouge 1996. Tarif départ cave 40 F.

La propriété ▶ 8 ha sur sol argilo-calcaire. Cépages bordelais.

La dégustation ▶ Déjà évolué, une bonne structure, de la matière, avec une bouche musquée de sous-bois.

Autres choix ▶ Château Rambaud, bordeaux supérieur rouge 96 à 35 F, domaine des Grands Ormes, bordeaux 97 à 29 F.

Pour commander ▶ Château Champcenet - Château du Barry 33350 Sainte-Terre
℡ 05 57 84 55 88 - Fax 05 57 74 92 99

Le vin ► premières côtes de bordeaux Château Anniche. Rouge 1996. Tarif départ cave 29 F.

La propriété ► 60 ha. Sol argilo - calcaire, de graves caillouteuses ou siliceuses.

La dégustation ► Une attaque nette et corsée, des qualités organoleptiques immédiates. Bien fait, déjà plaisant, à boire ou à garder.

Autres choix ► un blanc sec à dominante sémillon, également composé de sauvignon et muscadelle.

Pour commander ► SCEA Vignobles Michel Pion. Haux 33550 Langoiran
✆ 05 56 23 05 15 - Fax 05 56 23 35 64.

Le vin ► premières côtes de bordeaux Château la Ronde. Rouge 1996. Tarif départ cave 25 F.

La propriété ► 20 ha en terrain argilo-sableux, en exposition plein sud. Cépages : merlot (70 %), cabernet-sauvignon (30 %).

La dégustation ► Une bouche bien constituée, aux tannins soyeux, avec un bon équilibre et une certaine ampleur. Dominante merlot

Autres choix ► Château Lapeyrère bordeaux rouge 96 à 22 F.

Pour commander ► Vignobles Moncho - Jung Château Lapeyrère 33410 Beguey
✆ 05 56 62 95 49 - Fax 05 56 62 69 25

Le vin ► côtes de blaye Château Charron. Vignobles Germain. Blanc 1997. Tarif départ cave 33 F.

La propriété ► Les vignobles Germain regroupent une dizaine de propriétés pour un total de 210 ha.

La dégustation ► Assez bien fait, finale agréable, un peu vert mais ample.

Autres choix ► Château Lacaussade Saint-Martin, premières côtes de blaye.

Pour commander ► Vignobles Germain 33390 Bersou
✆ 05 57 42 66 66 - Fax 05 57 64 36 20

Le vin ► premières côtes de blaye Château des Tourtes. Blanc 1997. Tarif départ cave 24 F.

La propriété ► 40 ha. Sol silico argileux. Cépages : merlot, cabernet sauvignon, sauvignon et sémillon.

La dégustation ► Très intéressant, de la longueur avec un joli nez de noyau et d'amande.

Autres choix ► premières côtes de blaye rouge Philippe Raguenot 96 à 39 F, côtes de blaye Château des Tourtes 96 à 28 F.

Pour commander ► Château des Tourtes 30 le Bourg 33820 Saint Caprais de Blaye
✆ 05 57 32 65 15 - Fax 05 57 32 99 38.

Le vin ▶ premières côtes de blaye Philippe Raguenot premières côtes de blaye Château des Tourtes. Rouge 1996. Tarif départ cave 39 F.

La propriété ▶ 40 ha. Sol silico-argileux. Cépages bordelais.

La dégustation ▶ Plaisant, avec du fruit, une finale lactée et soyeuse.

Autres choix ▶ côtes de blaye rouge Château des Tourtes 96 à 28 F, premières côtes de blaye blanc Château des Tourtes 97 à 24 F

Pour commander ▶ Château des Tourtes 30 le Bourg 33820 St Caprais de Blaye
✆ 05 57 32 65 15 - Fax 05 57 32 99 38

Le vin ▶ premières côtes de blaye Château Maine Gazin. Rouge 1997. Tarif départ cave 40 F.

La propriété ▶ Les vignobles Germain regroupent une dizaine de propriétés pour un total de 210 ha.

La dégustation ▶ Une indéniable réussite, avec ses tanins déjà fondus, ce nez de fruits rouges (cerise) et cette suavité.

Autres choix ▶ Château Charron, en blanc comme en rouge.

Pour commander ▶ Vignobles Germain 33390 Bersou
✆ 05 57 42 66 66 - Fax 05 57 64 36 20

Le vin ▶ premières côtes de blaye Château Lacaussade Saint-Martin. Rouge 1997. Tarif départ cave 37 F.

La propriété ▶ 23 ha sur sol argilo-calcaire plantés de vignes vieilles de plus de 20 ans.

La dégustation ▶ Une attaque assez calme, veloutée. Bouche vigoureuse ; à attendre, en évolution bienfaisante.

Autres choix ▶ à la propriété, premières côtes de blaye blanc de 1997 à 25 F.

Pour commander ▶ Vignobles Germain 33390 Bersou
✆ 05 57 42 66 66 - Fax 05 57 64 36 20

Le vin ▶ premières côtes de blaye Château Loumède. Rouge 1995. Tarif départ cave 36 F.

La propriété ▶ 18 ha. Terroir argilo calcaire. Cépages merlot (50 %), cabernets (35 %) et malbec (5 %)

La dégustation ▶ Proprement fait, à attendre mais déjà correct. Des qualités en bouche et la simplicité de l'élevage en cuve.

Autres choix ▶ autres vins à élevage en barriques au-dessus de 40 F.

Pour commander ▶ Château Loumède BP 4 33390 Blaye
✆ 05 57 42 16 39 - Fax 05 57 42 25 30.

Le vin ► premières côtes de blaye Château Sociondo. Rouge 1995. Tarif départ cave 36 F.

La propriété ► 9,90 ha. Terre argilo-calcaire. Cépages merlot (63 %), cabernet sauvignon (27 %) et cabernet franc (10 %). Toute la vendange est récoltée manuellement.

La dégustation ► Rude et tannique, une belle robe rubis et une bouche prometteuse.

Autres choix ► du même propriétaire, côtes de bourg Château La Tenotte rouge 95 à 38 F.

Pour commander ► Château Sociondo 14 rue du Marché B P 121 33390 Blaye
℡ 05 57 64 33 61 - Fax 05 57 42 12 39.

Le vin ► côtes de blaye Château Charron. Vignobles Germain. Rouge 1997. Tarif départ cave 38 F.

La propriété ► 30 ha de vignes âgées de plus de 20 ans et plantées sur des plateaux argilo-calcaires.

La dégustation ► Correct, remplit son office, dans l'équilibre et la gentillesse.

Autres choix ► Château Lacaussade Saint-Martin, premières côtes de blaye.

Pour commander ► Château Charron 33390 Lacaussade Saint-Martin
℡ 05 57 42 66 66 - Fax 05 57 64 36 20

COTES DE BLAYE

Le vin ► côtes de blaye Château des Tourtes. Rouge 1996. Tarif départ cave 28 F.

La propriété ► 40 ha. Sol silico-argileux. Cépages : merlot, cabernet sauvignon, sauvignon et semillon.

La dégustation ► Ferme en attaque, un nez subtil, une bouche plaisante, une personnalité.

Autres choix ► premières côtes de blaye rouge Philippe Raguenot 96 à 39 F, premières côtes de blaye blanc Château des Tourtes 97 à 24 F.

Pour commander ► Château des Tourtes 30 le Bourg 33820 St Caprais de Blaye
℡ 05 57 32 65 15 - Fax 05 57 32 99 38

Le vin ► côtes de bourg Château Brûlesécaille. Blanc 1997. Tarif départ cave 32 F.

La propriété ► 30 ha sur sol argilo-calcaire et argilo-graveleux. Cépages merlot, cabernet sauvignon, cabernet franc et sauvignon.

La dégustation ► Très jeune mais plaisant, avec un nez de racine et de noix, de la vivacité.

Autres choix ► le rouge 96 à 30 F. Du même propriétaire, Château La Gravière, côtes de bourg rouge 96 à 30 F.

Pour commander ► Château Brûlesécaille 33710 Tauriac
℡ 05 57 68 40 31 - Fax 05 57 68 21 27.

COTES DE BOURG

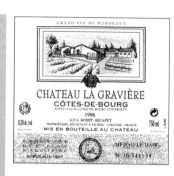

Le vin ▶ côtes de bourg Château La Gravière. Rouge 1996. Tarif départ cave 30 F.

La propriété ▶ 30 ha sur sol argilo-calcaire et argilo-graveleux. Cépages merlot (55 %), cabernet sauvignon (25 %) et cabernet franc (20 %). En blancs, 100 % sauvignon.

La dégustation ▶ Abord ferme, mais vin souple, qui demande à évoluer, bien équilibré.

Autres choix ▶ Château Brûlesécaille, côtes de bourg, blanc 97 à 32 F.

Pour commander ▶ Château La Gravière 33710 Tauriac
℃ 05 57 68 40 31 - Fax 05 57 68 21 27.

Le vin ▶ côtes de bourg Château de Mendoce. Rouge 1995. Tarif départ cave 39 F.

La propriété ▶ 100 ha. Cépage cabernet sauvignon (65 %) et merlot (35 %).

La dégustation ▶ Long, poivré, belle structure avec des arômes de torréfaction. Il est constitué principalement de cabernet sauvignon (65 %), accompagné de merlot.

Autres choix ▶ Château Mille Secousses, bordeaux supérieur rouge 95 à 32 F.

Pour commander ▶ Château de Mendoce Villeneuve 33710 Bourg sur Gironde
℃ 05 57 42 25 95 - Fax 05 57 68 34 91.

Le vin ▶ côtes de bourg Château La Tenotte. Rouge 1995. Tarif départ cave 38 F.

La propriété ▶ 5,17 ha. Terroir argilo-graveleux. Cépage merlot (63 %), cot (26 %), cabernet franc (7 %) et cabernet sauvignon (4 %).

La dégustation ▶ Très proprement fait, assez équilibré malgré l'astringence. Par la rondeur déjà manifestée, doit évoluer favorablement.

Autres choix ▶ premières côtes de blaye Château Sociondo rouge 95 à 36 F.

Pour commander ▶ Château La Tenotte 4 rue du Marché B P 121 33390 Blaye
℃ 05 57 64 33 61 - Fax 05 57 42 12 39.

Le vin ▶ côtes de castillon Château de Chainchon. Rouge 1996. Tarif départ cave 30 F.

La propriété ▶ 18 ha. Sol argilo-calcaire et argilo-siliceux. Cépage merlot 70 %), cabernet franc (20 %) et cabernet sauvignon (10 %). Elevage en cuves thermo-régulées.

La dégustation ▶ Beau vin prometteur, souple et déjà agréable. Arômes puissants, bel équilibre.

Autres choix ▶ côtes de castillon uniquement.

Pour commander ▶ Château de Chainchon 33350 Castillon la Bataille
℃ 05 57 40 14 78 - Fax 05 57 40 25 45.

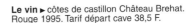

Le vin ► côtes de castillon Château Brehat. Rouge 1995. Tarif départ cave 38,5 F.

La propriété ► 18 ha, répartis sur les appellations de saint-émilion et de côtes de castillon. Terroir argilo-calcaire et argilo-limoneux.

La dégustation ► Rond, sympathique, déjà évolué, beau nez, une matière plaisante.

Autres choix ► saint-émilion grand cru Château Haut-Rocher et Pavillon du Haut Rocher.

Pour commander ► Château Brehat
St Etienne de Lisse 33330 St Emilion
℡ 05 57 40 18 09 - Fax 05 57 40 08 23.

Le vin ► côtes de castillon Château Roc de Joanin. Rouge 1995. Tarif départ cave 32 F.

La propriété ► 4,62 ha. Terroir argilo-calcaire. Cépage : merlot (65 %), cabernet franc (20 %) et cabernet sauvignon (15 %).

La dégustation ► Un castillon viril mais correct. Du bon travail dans le classicisme, avec un arôme de confiture de cassis.

Autres choix ► le même en 94 (voir ci-après).

Pour commander ► Château Roc de Joanin
Château la Rose
Cotes - Rol Faurie 33330 St Emilion
℡ 05 57 24 71 28 - Fax 05 57 24 71 28.

Le vin ► côtes de castillon Château Roc de Joanin. Rouge 1994. Tarif départ cave 30 F.

La propriété ► 4,62 ha. Terroir argilo-calcaire. Cépage : merlot (65 %), cabernet franc (20 %) et cabernet sauvignon (15 %).

La dégustation ► Pas mal fait, bois présent, ce qui n'empêche pas de révéler une matière étudiée, bien charnue.

Autres choix ► le même en 95 (voir ci-avant).

Pour commander ► Château Roc de Joanin
Château la Rose
Cotes - Rol Faurie 33330 St Emilion
℡ 05 57 24 71 28 - Fax 05 57 24 71 28.

Le vin ► côtes de castillon Château Les Arpents du Bourg Dieu. Rouge 1996.
Tarif départ cave 30 F.

La propriété ► Une propriété familiale de 5,3 ha sur sol argilo-calcaire et sableux.

La dégustation ► Un côtes de castillon agréable et sans agressivité, bien constitué, soyeux et au fruit marqué, en devenir.

Autres choix ► Château Fayan, en Puisseguin Saint-Emilion, à 37,50 F en 1993.

Pour commander ► Château Les Arpents du Bourg Dieu. Puisseguin 33570 Lussac
℡ 05 57 74 63 49 - Fax 05 57 74 54 73

COTES DE CASTILLON

Le vin ▶ côtes de francs Château Lalande de Tayac. Rouge 96. Tarif départ cave 32 F.

La propriété ▶ une propriété familiale qui concentre trois domaines : Château Viramon, Château Lalande de Tayac et Château Bagnols

La dégustation ▶ Léger, noyau de fruits rouges, sans déplaisir, manque un peu de concentration mais plaisant sur la longueur.

Autres choix ▶ en confiance sur les vins des autres domaines

Pour commander ▶ Vignobles Lafaye
33330 Saint-Etienne de Lisse
℡ 05 57 40 18 28 - Fax 05 57 40 02 70

Le vin ▶ côtes de francs Château Pelan Bellevue. Rouge 1996. Tarif départ cave 38 F.

La propriété ▶ Sur 18 ha, propriété de Régis Moro. Cépages cabernet sauvignon (40 %), cabernet-franc (15 %), merlot (45 %).

La dégustation ▶ De la race après une attaque ferme. A attendre un an ou deux, mais des promesses intéressantes.

Autres choix ▶ Vieux Château Champ de Mars 96 à 49 F, château Puy Landry 96 à 33 F.

Pour commander ▶ Château Pelan Bellevue Champ de Mars 33350 Saint-Philippe d'Aiguilhe
℡ 05 57 40 63 49 - Fax 05 57 40 61 41

Le vin ▶ graves de vayres Château Haut Mongeat. Rouge 1996. Tarif départ cave 27 F.

La propriété ▶ Une petite propriété où l'on soigne la vinification, en blanc comme en rouge. Bernard Bouchon propose également un clairet.

La dégustation ▶ Des tannins fondus, un équilibre entre fruit et bois, une bonne longueur : déjà du plaisir à bon compte. De la distinction et de l'ampleur.

Autres choix ▶ graves de vayres blanc

Pour commander ▶ Château Haut Mongeat
Le Mongeat 33420 Génissac
℡ 05 57 24 47 55 - Fax 05 57 24 41 21

Le vin ▶ graves de vayres Château Barre Gentillot. Rouge 1995. Tarif départ cave 32 F.

La propriété ▶ 39 ha. Terre limono-graveleux. Cépages merlot et cabernet. Vinification traditionnelle avec contrôle de température.

La dégustation ▶ Dans une belle robe, un produit intéressant qui peut vieillir. Assez neutre et fort agréable.

Autres choix ▶ bordeaux supérieur rouge Château de Barre 95 à 29 F.

Pour commander ▶ Château de Barre
Arveyres 33500 Libourne
℡ 05 57 24 80 26 - Fax 05 57 24 54 54.

Le vin ► graves Château la Vieille France. Blanc 1996. Tarif départ cave 33 F.

La propriété ► 24 ha. Terroir graves sous sol argilo calcaire. Cépages bordelais.

La dégustation ► De la matière, le bois est présent, une bouche intéressante, un nez profond, avec la suavité apportée par le sémillon très représenté (80 %).

Autres choix ► château Cadet la Vieille France, graves rouge (voir ci-après).

Pour commander ► Château la Vieille France
1, chemin du Malbec 33640 Portets
✆ 05 56 67 19 11 - Fax 05 56 67 17 54

GRAVES

Le vin ► graves Château cadet la Vieille France Château la Vieille France. Rouge 1997.
Tarif départ cave 35 F.

La propriété ► 24 ha. Terroir graves sous sol argilo-calcaire. Cépages bordelais.

La dégustation ► Une certaine complexité, agréable et corsé, tout en longueur et en amplitude. Merlot 75 % et cabernet sauvignon.

Autres choix ► Château La Vieille France, graves blanc (voir ci-avant)

Pour commander ► Château la Vieille France
1, chemin du malbec 33640 Portets
✆ 05 56 67 19 11 - Fax 05 56 67 17 54

Le vin ► médoc cru bourgeois Château de Verdun. Rouge 1996. Tarif départ cave 39 F.

La propriété ► 21,70 ha. Terroir graves garonnaises. Cépages merlot, cabernet sauvignon, petit verdot

La dégustation ► Un médoc assez surprenant, frais et friand comme un gamay. Goûté en 96 : suivez désormais le 97.

Autres choix ► Château Sipian et Château Les Grands Cèdres de Sipian.

Pour commander ► Château Sipian
28, route du port de Goulée 33340 Valeyrac
✆ 05 56 41 56 05 - Fax 05 56 41 35 36.

MEDOC

Le vin ► moulis Château Biston Château Biston-Brillette. Rouge 1996. Tarif départ cave 39 F.

La propriété ► 22 ha sur argilo-calcaire. Cépages : cabernet sauvignon et merlot.

La dégustation ► Une jolie robe, une belle étoffe, du talent, une bouche suave et déjà agréable ; en évolution. Il est constitué de cabernet sauvignon (55 %) et de merlot (45 %).

Autres choix ► des vins réputés en moulis, au-dessus de 40 F.

Pour commander ► Château Biston-Brillette
Petit-Poujeaux 33480 Moulis en Médoc
✆ 05 56 58 22 86 - Fax 05 56 58 13 16.

MOULIS

Le vin ► puisseguin Saint-Emilion Château Fayan. Rouge 1993. Tarif départ cave 37,50 F.

La propriété ► Une propriété familiale installée depuis deux siècles et demi. Sol argilo-calcaire.

La dégustation ► Superbe bouche truffée. De la droiture, une matière épanouie, sans acerbité, avec un bois qui étaie la charpente. Du style.

Autres choix ► Les Arpents du Bourg-Dieu 96 (côtes de castillon) à 30 F.

Pour commander ► Château Fayan Puisseguin 33570 Lussac
✆ 05 57 74 63 49 - Fax 05 57 74 54 73.

Le vin ► lussac saint-émilion château de Tabuteau Vignobles Bessou. Rouge 1996. Tarif départ cave 38,50 F.

La propriété ► 18,5 ha. Terroir argilo-siliceux. Cépages merlot (70 %), cabernet franc (15 %), cabernet sauvignon (15 %).

La dégustation ► Très bien fait, tannins déjà fondus, de la douceur, avec un boisé agréable.

Autres choix ► puisseguin saint-émilion Château Durand Laplagne 96 à 39,50 F.

Pour commander ► Vignobles Bessou Château Durand-Laplagne 33570 Puisseguin
✆ 05 57 74 63 07 - Fax 05 57 74 59 58.

Les meilleures notes de notre sélection

Quelques vins à plus de 40 F. au très bon rapport qualité-prix

Ils ne figurent pas dans notre sélection, mais on ne les oublie pas :

Domaine de Courteillac. 33350 Ruch
Château l'Hoste blanc. Sadirac 33670 Créon
Château Penin 33420 Génissac
Château de Seguin. 33360 Lignan de Bordeaux
Château d'Aiguilhe. 33350 Saint-Philippe d'Aiguilhe
Château de Francs. 33570 Francs
Château Haut-Macô. 33710 Tauriac
Château du Raux. 33460 Cussac-Fort-Médoc

BOURGOGNE BEAUJOLAIS

Bourgogne

Les vins de Bourgogne cultivent depuis le Moyen Age une réputation de qualité qui ne s'est pas démentie et contribue encore largement à leur prestige. La variété des terroirs de Bourgogne, au niveau des sols, des climats ou des cépages, explique également la permanence de leur succès, mais aussi le grand nombre d'appellations.

Les vins bourguignons montrent une grande fidélité aux cépages : le chardonnay est le roi des blancs, comme le pinot noir est celui des rouges. Une grande proportion de producteurs proposent néanmoins un aligoté pour compléter l'offre en blanc.

Le vignoble autour d'Auxerre est réputé pour les vins d'appellation chablis. Plantés sur des coteaux calcaires, ces 3 500 hectares de cépage chardonnay donnent quatre qualités (grand cru, premier cru, chablis et petit-chablis) d'un vin blanc réputé. On s'intéressera cependant beaucoup, pour leur rapport qualité-prix aux irancy, épineuil, sauvignon de saint-bris ou aligotés.

Sur environ 25 km au sud de Dijon, la côte de Nuits regroupe quelques grands du vignoble bourguignon. Cette zone se caractérise par une exposition est des coteaux, qui évite au raisin d'être trop gorgé d'eau les années humides.

Poursuivant le trajet vers le sud, le village de Ladoix-Sérigny marque le passage de la côte de Nuits à la côte de Beaune. Les vins blancs retrouvent une part plus importante.

Encore un peu plus au sud, à l'ouest de Chalon-sur-Saône, la côte chalonnaise propose des vins blancs ou rouges, riches en nuances. C'est dans cette zone que l'on trouve encore des vins abordables, givry, maranges ou encore rully.

Enfin, le sud de la Bourgogne viticole est occupé par les vins d'appellation mâconnais. Relativement étendu (50 km de long sur 15 km de large), le mâconnais offre des terrains variés, entre calcaire et silice.

On trouve également en Bourgogne quelques zones de production de crémant, localisée dans l'Auxerrois, la côte chalonnaise autour de Rully et Savigny-les-Beaune.

Vous trouverez dans notre sélection un grand nombre de "génériques", bourgognes blancs à base de chardonnay, aligotés, bourgognes rouges à base de pinot, bourgogne passetoutgrain. Dès que l'on passe aux AOC, la barre des 40 F est franchie, à quelques très rares exceptions près.

Beaujolais

La région du Beaujolais se déroule du nord au sud entre Mâcon et Lyon, à l'ouest de la Saône. Ces 22 000 hectares sont inclus dans une bande de 50 km de long sur environ 15 km de large. Une des richesses de ce terroir est sa variété. Là où le nord propose un terrain dominé par des roches anciennes (porphyres et schistes essentiellement), le sud est composé pour sa part de terrains sédimentaires plus récents. A cette première source de différence s'ajoute un climat très varié, selon l'exposition et l'altitude. L'unité se fait en revanche au niveau du cépage utilisé, puisque seul le gamay est autorisé pour la production du beaujolais rouge. Il représente donc l'essentiel du vignoble, même si on trouve quelques plants de chardonnay ça et là, utilisés pour la production du Beaujolais blanc.

Principale particularité de la vinification du beaujolais, le raisin est mis en cuve par grappe entière, avec une cuvaison de huit à dix jours. Cette unité initiale est contrebalancée par de nombreux facteurs (durée, équilibre entre les grappes et le jus, etc) qui conduisent à l'élaboration de vins bien différents.

Villages et terroirs donnent leurs noms aux dix crus du beaujolais : brouilly, côtes-de-brouilly, chénas, morgon, juliénas, chiroubles, saint-amour, fleurie, moulin-à-vent (qui offre la meilleure garde) et le petit dernier, le régnié. Ils s'ajoutent aux appellations génériques, beaujolais et beaujolais-villages.

Le beaujolais nouveau, dont l'arrivée est programmée le troisième jeudi de novembre, est un vin mis en bouteille rapidement et à consommer pareillement (en quelques mois).

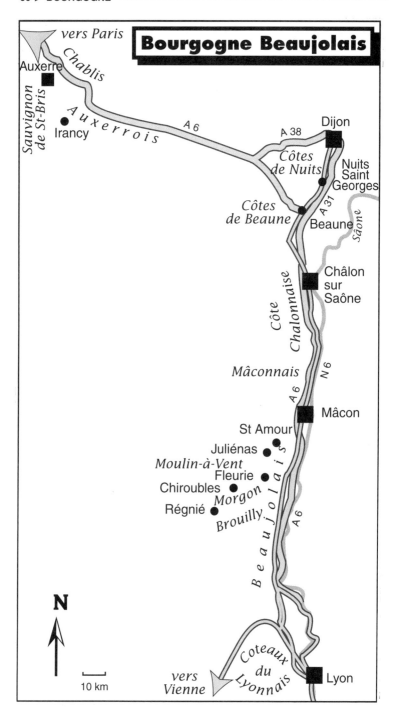

Bourgogne Beaujolais

vers Paris

Chablis

Auxerre

Sauvignon de St-Bris

Irancy

Auxerrois

A 6

A 38

Dijon

A 31

Côtes de Nuits

Nuits Saint Georges

Côtes de Beaune

Beaune

Saône

Côte Chalonnaise

Châlon sur Saône

Mâconnais

N 6

A 6

Mâcon

St Amour

Juliénas

Moulin-à-Vent

Fleurie

Chiroubles

Morgon

Régnié

Brouilly

Beaujolais

A 6

N

10 km

vers Vienne

Coteaux du Lyonnais

Lyon

Le vin ► crémant de bourgogne caves du Vieux Logis. Tarif départ cave 37 F.

La propriété ► 7 ha sur terrains argilo-calcaires. Cépages aligoté, pinot, chardonnay, pinot noir.

La dégustation ► Bien tourné, en simplicité, très agréable : beau compromis entre bulle et fruit, de la finesse et de la vigueur. A boire très frais.

Autres choix ► bourgogne aligoté 97 à 29 F. Egalement des rouges côte chalonnaise.

Pour commander ► Caves du Vieux Logis Bernard et Odile Cros. Cercot 71390 Moroges ✆ et fax 03 85 47 92 52

Le vin : bourgogne aligoté domaine Rapet père et Fils. Blanc 1997. Tarif départ cave 32 F.

La propriété : 18 ha sur terres argileuses et marno-calcaires. Les cépages : aligoté et pinot noir.

La dégustation : Joliment fait, en évolution, déjà fin et typé, avec une finale ferme.

Autres choix : Un Pernand 1er cru Les Vergelesses 1995 à 80 F et un excellent Pernand 1er cru Ile des Vergelesses 97 à 95 F

Pour commander : Domaine Rapet père et Fils 21420 Pernand Vergelesses ✆ 03 80 21 50 05 - Fax 03 80 21 53 87

Le vin : bourgogne aligoté domaine H. et G. Remoriquet. Blanc 1996. Tarif départ cave 29 F.

La propriété : 9 ha sur sol argilo-calcaire. Cépages aligoté, gamay, pinot noir, chardonnay.

La dégustation : Aligoté typique et plein d'entrain, idéal pour un petit mâchon, acidulé et vif.

Autres choix : Egalement des hautes côtes de nuits et des nuits saint-georges premier cru.

Pour commander : Domaine Henri et Gilles Remoriquet. 25, rue de Charmois 21700 Nuits St Georges ✆ 03 80 61 08 17 - Fax 03 80 61 24 84

Le vin : bourgogne aligoté domaine des Vignes des Demoiselles. Blanc 1997. Tarif départ cave 30 F.

La propriété : 18 ha sur sol argilo-calcaire. Cépages : pinot noir, gamay, aligoté.

La dégustation : Léger et sympathique, discret et plein de vivacité.

Autres choix : bourgogne passetoutgrain 97 à 26 F, hautes côtes de beaune rouge 97 à 36 F.

Pour commander : Domaine des Vignes des Demoiselles. Gabriel Demangeot et fils. Chemin de Berfrey 21340 Nolay ✆ 03 85 91 11 10 - Fax 03 85 91 16 83

ALIGOTE

Le vin ► bourgogne aligoté caves du Vieux Logis. Blanc 1997. Tarif départ cave 29 F.

La propriété ► 7 ha sur terrains argilo-calcaires. Cépages : aligoté, pinot, chardonnay, pinot noir.

La dégustation ► Rustique, sympathique, tourné avec franchise et malignité ; un aligoté de foin et de paille.

Autres choix ► crémant de Bourgogne Vieux Logis à 37 F.

Pour commander ► Caves du Vieux Logis. Bernard et Odile Cros
Cercot 71390 Moroges
℡ et Fax 03 85 47 92 52

Le vin ► bourgogne aligoté domaine Pierre Gelin. Blanc 1997. Tarif départ cave 30 F.

La propriété ► une propriété familiale d'une dizaine d'hectares sur les communes de Fixin et Gerey-Chambertin. Culture traditionnelle.

La dégustation ► Puissant et terreux, avec de la charpente et de la sève. Une belle vinification classique, de la personnalité.

Autres choix ► bourgogne passetoutgrain 97 à 28 F, bourgogne pinot noir 96 à 40 F.

Pour commander ► Domaine Pierre Gelin
2, rue du Chapitre 21220 Fixin
℡ 03 80 52 45 24 - Fax 03 80 51 47 80

Le vin ► bourgogne aligoté domaine Lejeune. Blanc 1996. Tarif départ cave 26,50 F.

La propriété ► Un vignoble de 7 ha au pied des coteaux des grands pommards. Encépagement typique : pinot noir, gamay, chardonnay et aligoté.

La dégustation ► Carré, typique, sans mauvaise surprise. Assez léger, plaisant.

Autres choix ► Un bourgogne rouge de 96 à 36,50 F, un passetougrain de 96 à 27,50 F.

Pour commander ► Domaine Lejeune
La Confrérie, place de l'Eglise 21630 Pommard
℡ 03 80 22 10 28 - Fax 03 80 22 10 28

Le vin ► bourgogne aligoté domaine Raymond Dureuil-Janthial. Blanc 1997.
Tarif départ cave 35 F.

La propriété ► 5,5 ha sur sol argilo-calcaire. Cépages : aligoté, chardonnay, pinot noir.

La dégustation ► Un bon petit aligoté fermier, une certaine fraîcheur au naturel, non filtré.

Autres choix ► bourgogne blanc 97 à 40 F, bourgogne rouge pinot noir 96 à 39 F.

Pour commander ► Domaine Raymond Dureuil-Janthial
Rue de la Buisserolle 71150 Rully
℡ 03 85 87 02 37 - Fax 03 85 87 00 24

Le vin ► bourgogne aligoté domaine Maroslavac-Léger. Blanc 1997.
Tarif départ cave 30 F.

La propriété ► 8,25 ha. Sol argileux calcaire. Cépages : chardonnay, aligoté et pinot noir.

La dégustation ► Attaque ferme, bouche rustique et intéressante. Une vinification traditionnelle de qualité.

Autres choix ► Un pinot noir rouge 97 à 30 F.

Pour commander ► Domaine Maroslavac-Léger - 43, Grande Rue
Puligny-Montrachet 21190 Meursault
℃ 03 80 21 31 23 - Fax 03 80 21 91 39

Le vin ► bourgogne aligoté Pierre Morey-Blanc. Blanc 1997. Tarif départ cave 35 F.

La propriété ► Une exploitation familiale d'une superficie d'environ 8 ha.

La dégustation ► de la personnalité, un vin plaisant, avec une pointe de rusticité. Une bonne vinification traditionnelle.

Autres choix ► de nombreux grands crus élaborés à partir de récoltes des meilleurs propriétaires.

Pour commander ► Pierre Morey-Blanc
13, rue Pierre Mouchoux 21190 Meursault
℃ 03 80 21 21 03 - Fax 03 80 21 66 38

Le vin ► bourgogne aligoté domaine Maillard Père et Fils. Blanc 1997. Tarif départ cave 32 F.

La propriété ► 17 ha sur sol argilo-calcaire. Cépages aligoté et chardonnay, pinot noir. Le domaine jouit d'une longue réputation en gardant un caractère familial.

La dégustation ► Joli, sympa et atypique. Une finale bonbon, une certaine élégance.

Autres choix ► chorey-lès-beaune, mais aussi beaune-grèves, aloxe corton et corton renardes.

Pour commander ► Domaine Maillard
2, rue Joseph Bard 21200 Chorey-les-Beaune
℃ 03 80 22 10 67 - Fax 03 80 24 00 42

Le vin ► bourgogne aligoté Sylvain Dussort. Blanc 1997. Tarif départ cave 28 F.

La propriété ► 5 ha. Cépages : pinot noir et aligoté. Les parcelles sont situées sur la commune de Meursault.

La dégustation ► Un aligoté bien tourné, qui sait se tenir à table, bien typé, belle longueur avec une finale citronnée.

Autres choix ► bourgogne rouge pinot noir 97 à 37 F

Pour commander ► Sylvain Dussort.
2, rue de la Gare 21190 Meursault
℃ 03 80 21 27 50 - Fax 03 80 21 65 91

ALIGOTE

Le vin ▶ bourgogne aligoté domaine des Moirots. Blanc 1997. Tarif départ cave 29 F.

La propriété ▶ 12 ha. Sol argilo-calcaire pour le pinot noir, le chardonnay, l'aligoté.

La dégustation ▶ Un aligoté étonnant de puissance et de finale en finesse et en rondeur. Un produit fini très bien fini.

Autres choix ▶ bourgogne rouge côte chalonnaise 96 à 36 F.

Pour commander ▶ Domaine des Moirots. Lucien et Christophe Denizot
Les Moirots, Bissey sous Cruchaud 71390 Buxy
✆ 03 85 92 16 93 - Fax 03 85 92 09 42

Le vin ▶ bourgogne aligoté cuvée des quatre terroirs Domaine Chevrot. Blanc 1996. Tarif départ cave 32 F.

La propriété ▶ 11 ha argilo-calcaire. Pinot noir, gamay, chardonnay, aligoté.

La dégustation ▶ De la personnalité, de la franchise ; bien fait, typique avec une légère amertume en finale.

Autres choix ▶ Un excellent Santenay Clos Rousseau 1er cru de 1997 à 68 F.

Pour commander ▶ Domaine Chevrot
71150 Cheilly les Maranges
✆ 03 85 91 10 55 - Fax 03 85 91 13 24

Le vin ▶ bourgogne aligoté Maison André Delorme. Blanc 1997. Tarif départ cave 33 F.

La propriété ▶ 70 ha répartis sur 25 parcelles sur des sols argilo-calcaire, en coteaux bien exposés. L'aligoté et le chardonnay sont les deux seuls cépages cultivés.

La dégustation ▶ Equilibré, agréable en bouche ; dans sa simplicité.

Autres choix ▶ chardonnay blanc 97

Pour commander ▶ Maison André Delorme
Domaine de la Renarde
2, rue de la République 71150 Rully
✆ 03 85 87 10 12 - Fax 03 85 87 04 60

Le vin ▶ bourgogne aligoté Robert Dubois et Fils. Blanc 1997. Tarif départ cave 30,50 F.

La propriété ▶ 24 ha. Sol argilo-calcaire. Aligoté, chardonnay, gamay, pinot noir.

La dégustation ▶ Sympathique, du caractère et de la typicité.

Autres choix ▶ hautes côtes de beaune blanc 97 à 39 F, passetoutgrain 97 à 30,50 F, bourgogne pinot noir 97 à 36 F.

Pour commander ▶ Robert Dubois et Fils
Route de Nuits Saint Georges
Premeaux Prissey 21700 Nuits Saint Georges
✆ 03 80 62 30 61 - Fax 03 80 61 24 07

Le vin ► bourgogne aligoté bouzeron clos de la fortune Domaine Chanzy. Blanc 1997. Tarif départ cave 40 F.

La propriété ► 14 ha sur sol argilo-calcaire, exposés sud sud-est.

La dégustation ► Des lettres de noblesse dans cette jeune appellation : un vin très bien fait, plein de franchise, avec un fruit mûr et vigoureux qui s'épanouit en bouche.

Autres choix ► les rullys et mercureys.

Pour commander ► Domaine Chanzy
1, rue de la Fontaine 71150 Bouzeron
ℭ 03 85 87 23 69 - Fax 03 85 91 24 92

Le vin ► sauvignon de saint-bris Philippe Sorin. Blanc 1996. Tarif départ cave 28 F.

La propriété ► une propriété familiale : les Sorin sont vignerons de père en fils depuis le XVIe siècle.

La dégustation ► dans le haut de l'appellation : franchise, équilibre, finesse, dans la typicité.

Autres choix ► aligoté, bourgogne côte d'auxerre, crémant de bourgogne et une cuvée César.

Pour commander ► Philippe Sorin
12 rue de Paris 89530 Saint-Bris le Vineux
ℭ 03 86 53 60 76 - Fax 03 86 53 62 60

Le vin ► sauvignon de saint-bris J.P. et P. Sorin. Blanc 1997. Tarif départ cave 23 F.

La propriété ► domaine familial de 17 ha qui propose l'aligoté et le sauvignon de saint-bris, ainsi que les bourgognes, rouges et blanc.

La dégustation ► Un petit plaisir simple et innocent. Plein de fraîcheur, vif et floral, fort bien constitué.

Autres choix ► bourgogne côtes d'auxerre 97 à 25 F.

Pour commander ► Jean-Pierre et Pascal Sorin
89530 Saint Bris le Vineux
ℭ 03 86 53 37 76

Le vin ► bourgogne blanc chardonnay Domaine Lamblin et Fils. Blanc 1995. Tarif départ cave 26 F.

La propriété ► sur la commune de Maligny, un domaine renommé qui produit chablis et toute une gamme bourguignonne.

La dégustation ► Une bonne structure, un vin puissant et gras, bien construit.

Autres choix ► aligoté 97 à 26 F, petit chablis 97 à 34 F, bourgogne pinot noir 96 à 26 F.

Pour commander ► Domaine Lamblin et Fils
Maligny 89800 Chablis
ℭ 03 86 47 40 85 - Fax 03 86 47 50 12

Le vin ► bourgogne chardonnay Domaine des Marronniers. Blanc 1996.
Tarif départ cave 30 F.

La propriété ► 18 ha. Sol argilo-calcaire.
Cépage : chardonnay 100%.

La dégustation ► De la sève, du fruit, à boire dans sa jeunesse. Un vin facile qui respecte son terroir. Elevage en cuve inox et émail.

Autres choix ► petit chablis 97 à 37 F.

Pour commander ► Domaine des Marronniers. Bernard Légland
1 et 3, rue de Chablis Préhy 89800 Chablis
℃ 03 86 41 42 70 - Fax 03 86 41 45 82

Le vin ► bourgogne chardonnay domaine F. Labet. Blanc 1997. Tarif départ cave 38 F.

La propriété ► 12 ha sur sol argilo-calcaire. Cépages : aligoté, chardonnay, pinot noir.

La dégustation ► les qualités de vinification d'un domaine de haute réputation.

Autres choix ► bourgogne aligoté 97 à 31 F, bourgogne pinot noir 96 à 39 F. Et bien sûr les grands crus de la maison, clos de vougeot en tête.

Pour commander ► Domaine François Labet
Clos de Vougeot 21640 Vougeot
℃ 03 80 62 86 13 - Fax 03 80 62 82 72

Le vin ► bourgogne chardonnay Prosper Maufoux. Blanc 1996. Tarif départ cave 33 F.

La propriété ► Une maison renommée qui sélectionne et élève les grands et les petits crus de Bourgogne.

La dégustation ► Derrière une solide charpente, de la finesse et un bel équilibre.

Autres choix ► une gamme très complète à partir de 28 F, et qui recense le santenay blanc (63 F) et le chassagne-montrachet 1er cru.

Pour commander ► Maison Prosper Maufoux
1, place du Jet d'Eau 21590 Santenay
℃ 03 80 20 60 40 - Fax 03 80 20 63 26

Le vin ► bourgogne chardonnay Maison André Delorme. Blanc 1997. Tarif départ cave 37,5 F.

La propriété ► 70 ha répartis sur 25 parcelles sur des sols argilo-calcaire, en coteaux bien exposés. Cépages : aligoté et chardonnay

La dégustation ► Bien fait, agréable, discret, de bonne texture, avec une légère acidité, bienvenue en finale.

Autres choix ► bourgogne aligoté blanc 97

Pour commander ► Maison André Delorme
Domaine de la Renarde
2, rue de la République 71150 Rully
℃ 03 85 87 10 12 - Fax 03 85 87 04 60

Le vin ► bourgogne chardonnay Domaine Alain Vignot. Blanc 1997. Tarif départ cave 30 F.

La propriété ► Surplombant la vallée de l'Yonne, sur sol argileux à silex. Cépages : pinot gris, pinot noir, chardonnay.

La dégustation ► Joliment fait, plaisant, un peu minéral, vif et bien tourné, floral.

Autres choix ► bourgogne côtes saint-jacques pinot noir 97 à 33 F, bourgogne rosé (pelure d'oignon) pinot gris 97 à 31 F.

Pour commander ► Domaine Alain Vignot 16, rue des Prés 89300 Paroy sur Tholon
℃ 03 86 91 03 06 - Fax 03 86 91 09 37

Le vin ► bourgogne Domaine Raymond Dureuil-Janthial. Blanc 1997. Tarif départ cave 40 F.

La propriété ► 5,5 ha sur sol argilo-calcaire. Cépages : aligoté, chardonnay, pinot noir.

La dégustation ► Un vin profond, au boisage discret, superbement fait, proche d'un rully (produit également sur la propriété). Complexe, profond, bouche musquée.

Autres choix ► bourgogne aligoté 97 à 35 F, bourgogne rouge pinot noir 96 à 39 F.

Pour commander ► Raymond Dureuil-Janthial rue de la Buisserolle 71150 Rully
℃ 03 85 87 02 37 - Fax 03 85 87 00 24

Le vin ► bourgogne Domaine Lejeune. Blanc 1997. Tarif départ cave 36,50 F.

La propriété ► Un vignoble de 7 ha au pied des coteaux des grands pommards. Cépages : pinot noir, gamay, chardonnay et aligoté.

La dégustation ► Un curieux nez de bonbon, bien structuré, une personnalité marquée, amande et orgeat.

Autres choix ► Un bourgogne rouge de 96 à 36,50 F et un passetougrain de 96 à 27,50 F.

Pour commander ► Domaine Lejeune La Confrérie pl. de l'église 21630 Pommard
℃ 03 80 22 10 28 - Fax 03 80 22 10 28

Le vin ► AOC bourgogne oxfordien Domaine Brocard. Blanc 1997. Tarif départ cave 40 F.

La propriété ► sur 90 ha, tous les cépages bourguignons traditionnels.

La dégustation ► Tourné vers l'originalité et la personnalité : un chardonnay vif et gras, bien structuré.

Autres choix ► Les autres productions du domaine sont fort intéressantes : kimmeridgien, portlandien, etc.

Pour commander ► Domaine Brocard 3, route de Chablis 89800 Préhy Chablis
℃ 03 86 41 49 00 - Fax 03 86 41 49 09

BOURGOGNE BLANC

BOURGOGNE BLANC

Le vin ► bourgogne épineuil François Collin. Blanc 1996. Tarif départ cave 35 F.

La propriété ► 7 ha en coteaux exposés d'est en ouest, protégé du vent, sur sol argilo-calcaire kimmeridgien. Cépages pinot noir et chardonnay. Vieillissement en fût de chêne.

La dégustation ► Bonne texture, facile, intéressant et bien fait. Nez pain grillé et amandes.

Autres choix ► Epineuil rouge 96 à 37 F

Pour commander ► François Collin
Les Mulots 89700 Tonnerre
✆ 03 86 75 93 84 - Fax 03 86 75 94 00

BOURGOGNE ROSE

Le vin ► bourgogne rosé cuvée Marie-Anne Domaine de la Tour Bajole. Rosé 1997. Tarif départ cave 27 F.

La propriété ► 10 ha sur sol argilo-calcaire en coteau. Pinot noir, chardonnay, aligoté et gamay.

La dégustation ► Un rosé foncé et personnel, beaucoup de talent ; un vin jeune, frétillant, avec de la vigueur.

Autres choix ► chardonnay blanc 95 à 31 F, bourgogne rouge pinot noir 93 à 31 F.

Pour commander ► Domaine de la Tour Bajole
St Maurice lès Couches 71490 Couches
✆ 03 85 45 52 90 - Fax 03 85 45 52 90

BOURGOGNE ROUGE

Le vin ► bourgogne pinot noir Domaine Pierre Gelin. Rouge 1996. Tarif départ cave 40 F.

La propriété ► une propriété familiale d'une dizaine d'hectares sur les communes de Fixin et Gevrey-Chambertin. Culture traditionnelle, vendanges manuelles, rendements limités.

La dégustation ► Sympathique, franc, épicé. Du bon travail à ce prix.

Autres choix ► bourgogne aligoté 97 à 30 F, bourgogne passetoutgrain 97 à 28 F.

Pour commander ► Domaine Pierre Gelin
2, rue du Chapitre 21220 Fixin
✆ 03 80 52 45 24 - Fax 03 80 51 47 80

Le vin ► bourgogne pinot noir Domaine Maroslavac-Léger. Rouge 1997. Tarif départ cave 30 F.

La propriété ► 8 ha. Sol argilo-calcaire. Cépages : chardonnay, aligoté et pinot noir.

La dégustation ► Sympathique, franc, bien structuré mais aussi bien campé. une matière solide et évoluée.

Autres choix ► bourgogne aligoté 97 à 30 F

Pour commander ► Domaine Maroslavac-Léger - 43 Grande Rue
Puligny Montrachet 21190 Meursault
✆ 03 80 21 31 23 - Fax 03 80 21 91 39

Le vin ► bourgogne pinot noir Christophe Buisson. Rouge 1996. Tarif départ cave 35 F.

La propriété ► 5 ha exposés sud sud-est. Cépages : pinot noir et chardonnay.

La dégustation ► Du bon pinot classique vinifié avec soin. Rond et simple. Vieilli en fût de chêne à la propriété.

Autres choix ► hautes côtes de beaune 96 à 40 F, ainsi que saint-romain, auxey-duresses et savigny-lès-beaune.

Pour commander ► Christophe Buisson
21190 Saint-Romain
✆ 03 80 21 22 09 - Fax 03 80 21 67 70

Le vin ► bourgogne epineuil François Collin. Rouge 1996. Tarif départ cave 37 F.

La propriété ► 7 ha en coteaux exposés d'est en ouest, protégé du vent, sur sol argilo-calcaire. Cépages pinot noir et chardonnay.

La dégustation ► Un épineuil typique, plein de fruits rouges (cassis, groseille), avec un nez iodé qui surprend et séduit.

Autres choix ► épineuil blanc 96 (chardonnay) à 37 F

Pour commander ► François Collin
Les Mulots 89700 Tonnerre
✆ 03 86 75 93 84 - Fax 03 86 75 94 00

Le vin ► bourgogne pinot noir domaine François Labet. Rouge 1996. Tarif départ cave 39 F.

La propriété ► 12 ha sur sol argilo-calcaire. Cépages : aligoté, chardonnay, pinot noir.

La dégustation ► du tempérament, de la typicité, sur le meilleur des terroirs.

Autres choix ► bourgogne aligoté 97 à 31 F, bourgogne chardonnay 97 à 38 F. Et bien sûr, les grands crus de la maison, clos de vougeot en tête.

Pour commander ► Domaine François Labet.
Clos de Vougeot 21640 Vougeot
✆ 03 80 62 86 13 - Fax 03 80 62 82 72

Le vin ► bourgogne pinot noir Domaine Maillard Père et Fils. Rouge 1996. Tarif départ cave 32 F.

La propriété ► 17 ha. Terroir argilo-calcaire. Cépage aligoté chardonnay.

La dégustation ► La patte de cette bonne maison sur un produit franc du collier, classique avec l'arôme noyau de cerise bien en valeur. Du beau travail.

Autres choix ► Egalement chorey-lès-Beaune, mais aussi beaune-grèves ou aloxe corton

Pour commander ► Domaine Maillard
2 rue Joseph Bard 21200 Chorey les Beaune
✆ 03 80 22 10 67 - Fax 03 80 24 00 42

BOURGOGNE ROUGE

BOURGOGNE ROUGE

Le vin ► bourgogne pinot noir Reyane et Pascal Bouley. Rouge 1996. Tarif départ cave 39 F.

La propriété ► 10,5 ha. Cépages : pinot noir, gamay. Les parcelles se trouvent sur les communes de Beaune, Pommard, Volnay et Saint-Romain.

La dégustation ► Sympathique, une bonne structure, net, assez gras jusqu'en finale.

Autres choix ► bourgogne hautes côtes de beaune rouge 96 à 40 F.

Pour commander ► Reyane et Pascal Bouley Place de l'église 21190 Volnay
✆ 03 80 21 61 69 - Fax 03 80 21 66 44

Le vin ► bourgogne en Bully Domaine Rapet père et Fils. Rouge 1997. Tarif départ cave 38 F.

La propriété ► 18 ha de vignoble sur terres argileuses et marno-calcaires.

La dégustation ► Bien constitué, du corps, de la prestance et une bouche voluptueuse qui donne du plaisir, avec une finale thé de Chine.

Autres choix ► bourgogne aligoté 97 à 32 F et un excellent Pernand 1er cru Ile des Vergelesses à 95 F (millésime 97).

Pour commander ► Domaine Rapet père et Fils 21420 Pernand Vergelesses
✆ 03 80 21 50 05 - Fax 03 80 21 53 87

Le vin ► bourgogne Domaine Lejeune. Rouge 1996. Tarif départ cave 36,5 F.

La propriété ► Un vignoble de 7 ha au pied des coteaux des grands pommards. Il possède un encépagement typique : pinot noir, gamay, chardonnay et aligoté.

La dégustation ► Franc, rustique, palais sympathique, ne manque pas de longueur.

Autres choix ► Un passetougrain de 96 à 27,50 F et un aligoté de 96 à 26,50 F.

Pour commander ► Domaine Lejeune La Confrérie pl. de l'église 21630 Pommard
✆ 03 80 22 10 28 - Fax 03 80 22 10 28

Le vin ► bourgogne Sylvain Dussort. Rouge 1997. Tarif départ cave 37 F.

La propriété ► 5 ha. Cépages : pinot noir et aligoté. Les parcelles sont situées sur la commune de Meursault.

La dégustation ► Pinot classique, qui sent la bonhomie et la sérénité. Son élevage est réalisé pour moitié en fûts et pour moitié en cuve, pendant 12 mois.

Autres choix ► bourgogne aligoté 97 à 28 F

Pour commander ► Sylvain Dussort 2, rue de la Gare 21190 Meursault
✆ 03 80 21 27 50 - Fax 03 80 21 65 91

Le vin ► bourgogne Domaine Lamblin et Fils. Rouge 1996. Tarif départ cave 26 F.

La propriété ► sur la commune de Maligny, un domaine renommé qui produit chablis et toute une gamme bourguignonne. Cépages : chardonnay, aligoté, pinot, gamay, césar.

La dégustation ► Ample, très équilibré, bouche de fruits rouges, vif, facile et de belle longueur.

Autres choix ► petit chablis 97 à 34 F, bourgogne blanc chardonnay 95 à 26 F.

Pour commander ► Domaine Lamblin et Fils Maligny 89800 Chablis
✆ 03 86 47 40 85 - Fax 03 86 47 50 12

Le vin ► bourgogne Domaine Raymond Dureuil-Janthial. Rouge 1996. Tarif départ cave 39 F.

La propriété ► 5,5 ha sur sol argilo-calcaire. Cépages : aligoté, chardonnay, pinot noir.

La dégustation ► Un vin élaboré et remarquable de complexité et de profondeur. Une sorte de performance dans le générique. Equilibre entre le fruit, le bois et l'acidité, avec des tanins déjà fondus.

Autres choix ► bourgogne aligoté 97 à 35 F

Pour commander ► Raymond Dureuil-Janthial rue de la Buisserolle 71150 Rully
✆ 03 85 87 02 37 - Fax 03 85 87 00 24

Le vin ► côtes d'auxerre pinot noir Jean-Pierre et Pascal Sorin. Rouge 1997. Tarif départ cave 25 F.

La propriété ► domaine familial de 17 ha qui propose l'aligoté et le sauvignon de saint-bris, ainsi que les bourgognes, rouges et blanc.

La dégustation ► Un nez neutre mais une assez jolie bouche, terre et sève, agréable et en évolution. La maturité n'est pas très loin.

Autres choix ► sauvignon de saint-bris 97 à 23 F.

Pour commander ► J.P. et Pascal Sorin 89530 Saint Bris le Vineux
✆ 03 86 53 37 76

Le vin ► bourgogne côtes saint jacques pinot noir Domaine Alain Vignot. Rouge 1997. Tarif départ cave 33 F.

La propriété ► Surplombant la vallée de l'Yonne, sur sol argileux à silex.

La dégustation ► Une belle matière, une bouche bien constituée, racines et raifort, terre et sève. Arômes complexes, finale élancée. Un tempérament.

Autres choix ► Un chardonnay 97 à 30 F

Pour commander ► Domaine Alain Vignot 16, rue des Prés 89300 Paroy sur Tholon
✆ 03 86 91 03 06 - Fax 03 86 91 09 37

Le vin ▸ petit chablis Pascal Bouchard. Blanc 1997. Tarif départ cave 40 F.

La propriété ▸ 32 ha dans le vignoble de Chablis. Tous les chablis, mais aussi aligoté et bourgogne blanc.

La dégustation ▸ Une saveur fraîche et agréable, de la race, de bonne garde ; à déguster sur les coquillages, les poissons en sauce et les viandes blanches.

Autres choix ▸ aligoté 97 à 29,90 F.

Pour commander ▸ Pascal Bouchard Parc des Lys 89800 Chablis
✆ 03 86 42 18 64 - Fax 03 86 42 48 11

Le vin ▸ petit chablis domaine Hamelin. Blanc 1997. Tarif départ cave 35 F.

La propriété ▸ 37 ha de terrains calcaires et argilo-calcaires, en plateau et en coteau. Cépage unique chardonnay.

La dégustation ▸ Une attaque agréable, une bouche typique avec une finale attendue. Typique et bien fait.

Autres choix ▸ le domaine produit également des chablis et des premiers crus de chablis.

Pour commander ▸ Domaine Hamelin 1, impasse de la Grappe 89800 Lignorelles
✆ 03 86 47 52 79 - Fax 03 86 47 53 41

Le vin ▸ petit chablis domaine Mosnier. Blanc 1997. Tarif départ cave 35 F.

La propriété ▸ 15 ha. Sol argilo-calcaire. Exposition sud sud-est. Cépage chardonnay.

La dégustation ▸ Finale suave de pain grillé et de kiwi, symptomatique et sympathique. Un petit chablis très correct, avec une personnalité.

Autres choix ▸ le domaine ne produit que des blancs, petit chablis et chablis (vieilles vignes et premier cru).

Pour commander ▸ Domaine Mosnier 4, rue Derrière les Murs, Beines 89800 Chablis
✆ 03 86 42 43 96 - Fax 03 86 42 42 88

Le vin ▸ petit chablis domaine des Marronniers. Blanc 1997. Tarif départ cave 37 F.

La propriété ▸ 18 ha. Sol argilo-calcaire, exposition sud sud-est. Cépage : chardonnay

La dégustation ▸ Chardonnay classique, correct et sans défaut. Elevage en cuve inox et émail.

Autres choix ▸ bourgogne chardonnay blanc, disponible en 96 et 97, à 30 F.

Pour commander ▸ Domaine des Marronniers. Bernard Légland 1-3, rue de Chablis, Préhy 89800 Chablis
✆ 03 86 41 42 70 - Fax 03 86 41 45 82

Le vin ► bourgogne passetoutgrain Domaine Pierre Gelin. Rouge 1997. Tarif départ cave 28 F.

La propriété ► une propriété familiale d'une dizaine d'hectares sur les communes de Fixin et Gevrey-Chambertin.

La dégustation ► Simple, bien fait, un bon vin pour tous les jours. Le pinot bien franc comme on l'aime.

Autres choix ► bourgogne aligoté 97 à 30 F, bourgogne pinot noir 96 à 40 F.

Pour commander ► Domaine Pierre Gelin 2, rue du Chapitre 21220 Fixin
✆ 03 80 52 45 24 - Fax 03 80 51 47 80

Le vin ► bourgogne passetoutgrain Domaine Henri et Gilles Remoriquet. Rouge 1996. Tarif départ cave 29 F.

La propriété ► 9 ha. Terroir argilo-calcaire.

La dégustation ► Bonne profondeur, structure riche, de la finesse sur un pinot typé. Les orientations techniques de ce viticulteur sont tournées vers un traitement de la vigne le plus limité possible.

Autres choix ► bourgogne aligoté 96 à 29 F.

Pour commander ► Henri et Gilles Remoriquet. 25 rue de Charmois 21700 Nuits St Georges
✆ 03 80 61 08 17 - Fax 03 80 61 24 84

Le vin ► bourgogne passetoutgrain Domaine Lejeune. Rouge 1996. Tarif départ cave 27,50 F.

La propriété ► Un vignoble de 7 ha au pied des coteaux des grands pommards. Cépages : pinot noir, gamay, chardonnay et aligoté.

La dégustation ► Sympathique nez de cerise, bouche franche de groseille et de grenadine, en légèreté.

Autres choix ► Un bourgogne rouge de 96 à 36,50 F et un chardonnay blanc de 36,50 F.

Pour commander ► Domaine Lejeune La Confrérie pl. de l'église 21630 Pommard
✆ 03 80 22 10 28 - Fax 03 80 22 10 28

Le vin ► bourgogne passetoutgrain Domaine Lamblin et Fils. Rouge 1996.
Tarif départ cave 23,50 F.

La propriété ► Un domaine renommé qui produit toute une gamme bourguignonne.

La dégustation ► Nez de cerise classique, correctement fait, assez tendre ; un agréable vin de comptoir.

Autres choix ► aligoté 97 à 26 F, petit chablis 97 à 34 F et un bourgogne pinot noir 96 à 26 F.

Pour commander ► Domaine Lamblin et Fils Maligny 89800 Chablis
✆ 03 86 47 40 85 - Fax 03 86 47 50 12

Le vin ► bourgogne passetoutgrain Robert Dubois et Fils. Rouge 1997.
Tarif départ cave 30,50 F.

La propriété ► 24 ha. Sol argilo-calcaire. Cépages : aligoté, chardonnay, gamay, pinot noir.

La dégustation ► Intéressant, assez fleuri, avec des notes d'agrumes, de la mâche.

Autres choix ► hautes côtes de beaune blanc 97 à 39 F et aligoté 97 à 30,50 F.

Pour commander ► Robert Dubois et Fils
Route de Nuits Saint Georges
Premeaux Prissey 21700 Nuits Saint Georges
℡ 03 80 62 30 61 - Fax 03 80 61 24 07

Le vin ► bourgogne passetoutgrain Domaine François Lamarche. Rouge 1996.
Tarif départ cave 30 F.

La propriété ► sur des terroirs privilégiés de Vosne-Romanée.

La dégustation ► Nez de groseille, tendre et facile. Un jeune très plaisant et plein d'arôme, franc sur la longueur.

Autres choix ► Le domaine produit des vins de 30 à 400 F, du plus simple au plus prestigieux.

Pour commander ► François Lamarche
9 rue des Communes 21700 Vosne Romanée
℡ 03 80 61 07 94 - Fax 03 80 61 24

Le vin ► bourgogne passetoutgrain Domaine Nudant. Rouge 1995. Tarif départ cave 33 F.

La propriété ► 13 ha sur sols argilo-calcaires pour les rouges, marne blanche pour les blancs. Cépages : pinot noir, gamay, chardonnay.

La dégustation ► Simple agréable, ne manque pas de longueur ; passe très bien avec une charcuterie. Il est élaboré à partir de 50% gamay et 50% pinot noir.

Autres choix ► bourgogne blanc 97 à 40 F.

Pour commander ► Domaine Nudant
11 rte Nationale 74 21550 Ladoix Serrigny
℡ 03 80 26 40 48 - Fax 03 80 26 47 13

Le vin ► bourgogne hautes côtes de beaune Robert Dubois et Fils. Blanc 1997.
Tarif départ cave 39 F.

La propriété ► 24 ha. Sol argilo-calcaire. Cépages : aligoté, chardonnay, pinot noir, gamay.

La dégustation ► Une bouche puissante et boisée, du corps et de la race. Belle bouteille.

Autres choix ► passetoutgrain 97 à 30,50 F, et bourgogne rosé 97 à 30,50 F.

Pour commander ► Robert Dubois et Fils
Route de Nuits-Saint-Georges
Premeaux Prissey 21700 Nuits-Saint-Georges
℡ 03 80 62 30 61 - Fax 03 80 61 24 07

Le vin ► bourgogne hautes côtes de beaune Domaine des Vignes des Demoiselles. Blanc 1997. Tarif départ cave 36 F.

La propriété ► 17 ha plantés sur un sol argilo-calcaire.

La dégustation ► Une finesse, de l'allure, des notes florales et une certaine réserve dans la finesse.

Autres choix ► un passetoutgrain 97 à 26 F.

Pour commander ► Domaine des Vignes des Demoiselles - Gabriel Demangeot et fils Chemin de Berfrey 21340 Nolay
℡ 03 85 91 11 10 - Fax 03 85 91 16 83

Le vin ► bourgogne hautes côtes de beaune La Gouzotte d'Or. Rouge 96. Tarif départ cave 40 F.

La propriété ► Un négociant qui travaille bien, avec de bons propriétaires.

La dégustation ► De la profondeur et de l'équilibre. C'est joli, sans douleur, bien typé et homogène, épices et fruits rouges.

Autres choix ► une gamme complète avec, au sommet, pommard 1er cru et gevrey-chambertin

Pour commander ► La Gouzotte d'Or
16, rue du Général Leclerc
21420 Savigny les Beaune
℡ 03 80 26 10 47 - Fax 03 80 26 11 78

HAUTES CÔTES DE BEAUNE

Le vin ► bourgogne hautes côtes de beaune Reyane et Pascal Bouley.
Rouge 1996. Tarif départ cave 40 F.

La propriété ► 10 ha, plantés en cépages pinot noir et gamay, sur les communes de Beaune Pommard, Volnay et Saint-Romain.

La dégustation ► Assez gras, de la matière typique et de la richesse.

Autres choix ► bourgogne rouge pinot noir 96 à 39 F, bourgogne passetoutgrain 97 à 26 F.

Pour commander ► Reyane et Pascal Bouley.
Place de l'église 21190 Volnay
℡ 03 80 21 61 69 - Fax 03 80 21 66 44

Le vin ► bourgogne irancy domaine Colinot.
Rouge 1996. Tarif départ cave 40 F.

La propriété ► 9 ha, exposés plein sud, sur sol argilo-calcaire kimmeridgien. Cépages : pinot noir et césar (5%), le cépage typique de l'irancy.

La dégustation ► Une attaque fine, de la mâche et une bonne texture. De la richesse qui ne demande qu'à s'épanouir.

Autres choix ► une gamme étendue d'Irancy, dont la matière varie selon le terroir.

Pour commander ► A. et J.-P. Colinot
1, rue des Chariats 89290 Irancy
℡ et Fax 03 86 42 33 25

IRANCY

MARSANNAY

Le vin ► marsannay Domaine Fougeray de Beauclair. Blanc 1994. Tarif départ cave 39 F.

La propriété ► 21 ha en côtes de Nuits et côtes de Beaune. Vinification classique avec contrôle des températures. Les vins sont élevés en fûts.

La dégustation ► Un chardonnay de corps et d'esprit. C'est déjà un beau bourgogne.

Autres choix ► bourgogne pinot noir 98 à 48 F, bourgogne blanc 97 à 50 F.

Pour commander ► Domaine Fougeray de Beauclair - 44 rue de Mazy BP 36
21160 Marsannay la Côte
✆ 03 80 52 21 12 - Fax 03 80 58 73 83

Le vin ► marsannay Domaine Collotte. Rosé 1997. Tarif départ cave 34 F.

La propriété ► 11 ha. Terroir argilo-calcaire, exposition sud sud-est. Cépages : chardonnay, pinot noir.

La dégustation ► Typé, agréable et franc. Assez vineux, mais une présence et de la robustesse, avec de la personnalité. Un bon représentant des rosés de Marsannay.

Autres choix ► bourgogne rouge 97 à 34 F.

Pour commander ► Domaine Collotte. 44, rue de Nazy 21160 Marsannay la Côte
✆ 03 80 52 24 34 - Fax 03 80 58 74 40

MACONNAIS

Le vin ► mâcon domaine Mathias. Blanc 1997. Tarif départ cave 30 F.

La propriété ► 10 ha sur terrain argilo-calcaire. On pratique une vinification traditionnelle sur ce vignoble dont l'âge moyen est de 40 ans.

La dégustation ► Sympa, vineux, intéressant, typique et en même temps de belle personnalité. Facile et intéressant.

Autres choix ► de bons vins du Mâconnais ; en confiance avec une qualité très suivie.

Pour commander ► Domaine Mathias
71530 Chaintré
✆ 03 85 35 60 67 - Fax 03 85 35 62 95

Le vin ► mâcon villages Domaine des Deux Roches. Blanc 1997. Tarif départ cave 37 F.

La propriété ► 34 ha. Sol argilo-calcaire. Cépages : chardonnay, gamay.

La dégustation ► Parfaitement réussi, typé, joli au nez, bien structuré. Vinification classique en cuves pour ce vin que l'on pourra garder 2 à 3 ans.

Autres choix ► le domaine produit également des mâcon rouges et des saint-véran.

Pour commander ► Les Vins des Personnets
71960 Davayé
✆ 03 85 35 86 51 - Fax 03 85 35 86 12

Le vin ► macon Château de Berzé. Blanc 1997. Tarif départ cave 29 F.

La propriété ► Sol argilo-calcaire pour le mâcon-villages (chardonnay), calcaire et caillouteux pour le saint-véran (chardonnay). On produit également du beaujolais villages.

La dégustation ► Bon chardonnay, qui accompagnera avec aisance et vivacité un petit mâchon de charcuterie.

Autres choix ► une gamme très complète

Pour commander ► Paul Beaudet Pontanevaux 71570 La Chapelle de Guinchay ℭ 03 85 36 72 76 - Fax 03 85 36 72 02

Le vin ► mâcon burgy cuvée des Murgères Henry Fessy. Blanc 1997. Tarif départ cave 32 F.

La propriété ► 11 ha. Cépages : gamay et chardonnay. Vinification traditionnelle, élevage en cuves.

La dégustation ► Un mâcon de bon aloi, franc et souple, qui se marie avec tout.

Autres choix ► le chiroubles cuvée Peyraud 97 à 39 F et un côte de brouilly cuvée Geoffrey Fessy à 37 F.

Pour commander ► Les Vins Henry Fessy Bel Air 69220 St Jean d'Ardières ℭ 04 74 66 00 16 - Fax 04 74 69 61 67

Le vin ► saint-véran la Gouzotte d'Or. Blanc 1996. Tarif départ cave 40 F.

La propriété ► un négociant qui travaille bien, avec de bons propriétaires. Cépages : chardonnay et pinot noir.

La dégustation ► Correctement fait, produit vif et sympathique, avec une bonne attaque, un fruit équilibré.

Autres choix ► une gamme complète avec les aligoté, mâcon, mais aussi chablis, meursault.

Pour commander ► La Gouzotte d'Or 16, rue du Gal Leclerc 21420 Savigny-lès-Beaune ℭ 03 80 26 10 47 - Fax 03 80 26 11 78

Le vin ► saint-véran Maison mâconnaise des vins. Blanc 1997. Tarif départ cave 38 F.

La propriété ► Maison de promotion de type coopérative qui sélectionne les meilleurs propriétaires en Mâconnais.

La dégustation ► Un saint-véran de bonne gamme, un peu vert mais qui fait son petit effet. Du bouquet, une certaine longueur.

Autres choix ► chénas 97 à 37 F.

Pour commander ► Maison Mâconnaise des Vins 484, av de Lattre de Tassigny 71000 Mâcon ℭ 03 85 38 36 70 - Fax 03 85 38 62 51

MACONNAIS

SAINT VERAN

Le vin ► beaujolais blanc Cave Beaujolaise du Beau Vallon. Blanc 1997. Tarif départ cave 25 F.

La propriété ► dans le pays des Pierres Dorées, une cave qui élabore une gamme complète de beaujolais.

La dégustation ► Une attaque en puissance. Agréable, un chardonnay consistant et vigoureux.

Autres choix ► beaujolais "pays des Pierres Dorées" rouge 97 à 24 F.

Pour commander ► Cave du Beau Vallon Theizé 69620 Le Bois d' Oingt
℃ 04 74 71 75 97

Le vin ► beaujolais villages Daniel Rampon. Rosé 1997.
Tarif départ cave 23 F.

La propriété ► 11,75 ha. Exposition sud et est. Cépage : gamay noir à jus blanc. Elevage en cuves ciment et fûts de chêne.

La dégustation ► Très correct, facile, chantant. Un nez floral agréable.

Autres choix ► morgon 97 à 30 F, fleurie 97 à 36 F.

Pour commander ► Daniel Rampon Les Marcellins 69910 Villié Morgon
℃ 04 74 69 11 02 - Fax 04 74 69 15 88

Le vin ► beaujolais villages Domaine Jean - Charles Pivot. Rouge 1997.
Tarif départ cave 31 F.

La propriété ► 12 ha sur terre granitique et argilo-siliceuse. Cépage : gamay.

La dégustation ► Un jeune d'une douce neutralité, bien fait, bien arrivé. A déguster dans sa fraîcheur. Le 98 succédera, sans souci, au 97.

Autres choix ► beaujolais blanc 98 à 33 F.

Pour commander ► Jean - Charles Pivot Montmay 69430 Quincié en Beaujolais
℃ 04 74 04 30 32 - Fax 04 74 69 00 70

Le vin ► beaujolais villages Domaine Saint-Sorlin. Rouge 1997. Tarif départ cave 25 F.

La propriété ► 12 ha sur coteaux en terrains granitiques. Encépagement gamay. Vinification de qualité, en grappes entières, après récolte manuelle, élevage six mois en fût de chêne.

La dégustation ► Bel arôme de framboise, une finale de pain grillé, une certaine consistance.

Autres choix ► à découvrir en novembre, le beaujolais villages nouveau.

Pour commander ► Domaine Saint-Sorlin Le Bourg 69640 Montmelas Saint-Sorlin
℃ 04 74 67 37 60 - Fax 04 74 678 41 47

Le vin ► beaujolais villages Jean M.
Rouge 1997. Tarif départ cave 24,50 F.

La propriété ► 15 ha. Sol granitique pour le
régnié, argilo-calcaire et granitique pour le
brouilly. Cépage gamay.

La dégustation ► Sympathique et équilibré, de
l'esprit et de la légèreté.

Autres choix ► régnié 97 à 27 F, brouilly 97
à 30 F.

Pour commander ► Jean Marc Laforest
Chez le bois
Quincié en Beaujolais 69430 Regnié Durette
℡ 04 74 04 35 03 - Fax 04 74 69 01 67

Le vin ► beaujolais villages vieilles vignes
Daniel Guillet. Rouge 1997.
Tarif départ cave 27 F.

La propriété ► 11,5 ha sur un terroir beaujolais,
exposition sud sud-est sud-ouest.
Encépagement gamay noir à jus blanc.

La dégustation ► Assez corsé, plutôt agréable.
Un an ou deux de cave lui réussiront.

Autres choix ► brouilly 97 à 33 F, brouilly
sélection grumage à 35 F.

Pour commander ► Daniel Guillet
Les Lions 69460 Odenas
℡ 04 74 03 48 06 - Fax 04 74 03 48 06

Le vin ► brouilly Daniel Guillet. Rouge 1997.
Tarif départ cave 33 F.

La propriété ► 11,5 ha sur un terroir beaujolais,
exposition sud sud-est sud-ouest.
Encépagement gamay noir à jus blanc.

La dégustation ► Une certaine qualité, franc du
collier, d'attaque pour les cochonnailles. Peut se
conserver jusqu'à 7 ans.

Autres choix ► beaujolais villages 97 à 27 F,
brouilly "grumage" 97 à 35 F.

Pour commander ► Daniel Guillet
Les Lions 69460 Odenas
℡ 04 74 03 48 06 - Fax 04 74 03 48 06

Le vin ► brouilly vieilles vignes Domaine du
Tracot. Rouge 1997.
Tarif départ cave 41 F

La propriété ► 12 ha sur sol argilo-calcaire
avec schistes bleus en sous sol.

La dégustation ► Astringent, jeune, chatoyant
et plutôt bien fait. La vinification se fait après
ramassage tardif de petits grains.

Autres choix ► beaujolais villages 97 à 28 F,
régnié 97 à 33 F.

Pour commander ► Domaine du Tracot
Le Tracot 69430 Lantignié
℡ 03 74 04 87 51 - Fax 03 74 69 27 33

Le vin ► brouilly vieilles vignes Domaine Laurent Martray. Rouge 1997. Tarif départ cave 36 F.

La propriété ► 9 ha. Sol granitique, sablonneux, caillouteux. Cépage gamay noir à jus blanc.

La dégustation ► Un gamay bien typé, du fruit, de la loyauté. Une attaque ferme, une bouche de petits fruits : un brouilly puissant, de garde.

Autres choix ► le côte de brouilly à 30 F et la cuvée Corentin, élevée en barrique, à 49 F.

Pour commander ► Domaine Laurent Martray Lieu-dit Combiaty 69460 Odenas
℡ 04 74 03 51 03 - Fax 04 74 03 50 92

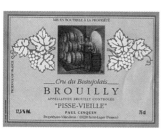

Le vin ► brouilly pissevieille Paul Cinquin. Rouge 1997. Tarif départ cave 33 F.

La propriété ► 7 ha. Cépage : gamay à jus blanc. Exposition sud. Vinification traditionnelle.

La dégustation ► De la rondeur, une bonne persistance en bouche, nez de cassis. Vinification beaujolaise classique.

Autres choix ► un morgon et un régnié aussi bien préparés.

Pour commander ► Paul Cinquin
Fouilloux lès Mazins
Saint Lager 69220 Belleville sur Saône
℡ 04 74 66 80 00 - Fax 04 74 66 70 78

Le vin ► brouilly pissevieille Joël Rochette. Rouge 1997. Tarif départ cave 31 F.

La propriété ► 5 ha. Sol granitique, sableux et caillouteux. Cépage : gamay 100%.

La dégustation ► Du corps, un vin équilibré et doux malgré sa jeunesse. Vinification traditionnelle, mise en bouteilles au domaine.

Autres choix ► beaujolais villages rouge 97 à 25 F, beaujolais villages rosé 97 à 25 F.

Pour commander ► Joël Rochette
Le Chalet Régnié Durette 69430 Beaujeu
℡ 04 74 04 35 78 - Fax 04 74 04 31 62

Le vin ► brouilly Jean Marc Laforest. Rouge 1997. Tarif départ cave 30 F.

La propriété ► 15 ha sur sol granitique pour le régnié, argilo-calcaire et granitique pour le brouilly. Cépage : gamay.

La dégustation ► Franc et un peu vert, dans sa jeunesse ; un vin qui va évoluer favorablement.

Autres choix ► beaujolais villages 97 à 24,50 F, régnié 97 à 27 F.

Pour commander ► Jean Marc Laforest
Chez le bois
Quincié en Beaujolais 69430 Regnié Durette
℡ 04 74 04 35 03 - Fax 04 74 69 01 67

Le vin ► brouilly grumage Daniel Guillet. Rouge 1997. Tarif départ cave 35 F.

La propriété ► 11,5 ha sur un terroir beaujolais, exposition sud sud-est sud-ouest.
Encépagement gamay noir à jus blanc.
Vinification beaujolaise.

La dégustation ► Sympathique, de l'esprit et de la finesse. Encore jeune, va s'épanouir.

Autres choix ► beaujolais villages 97 à 27 F, brouilly 97 à 33 F.

Pour commander ► Daniel Guillet
Les Lions 69460 Odenas
℡ 04 74 03 48 06 - Fax 04 74 03 48 06

Le vin ► brouilly domaine crêt des garanches . Rouge 1997. Tarif départ cave 32 F.

La propriété ► 9 ha de vignoble cultivés sur un sol de nature granitique. Il est exposé au sud-est et le gamay noir à jus blanc est l'unique cépage.

La dégustation ► Un brouilly bien conduit, sympathique, assez aromatique, et plutôt vineux, avec du corps.

Autres choix ► les brouillys en confiance

Pour commander ► Domaine Crêt des Garanches - Yvonne et Bernard Dufaitre
Les Garanches 69460 Odenas
℡ 04 74 03 41 46 - fax 04 74 03 51 65

BROUILLY

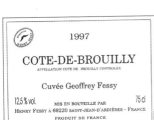

Le vin ► côte de brouilly cuvée Geoffrey Fessy Les Vins Henry Fessy. Rouge 1997.
Tarif départ cave 37 F.

La propriété ► 11 ha. Cépages : gamay et chardonnay. Vinification traditionnelle.

La dégustation ► Friand et bien fait, bonne attaque, équilibré.

Autres choix ► la cuvée Henry Fessy (beaujolais) 97 à 32 F et un chiroubles cuvée Peyraud 97 à 39 F.

Pour commander ► Les Vins Henry Fessy
Bel Air 69220 St Jean d'Ardières
℡ 04 74 66 00 16 - Fax 04 74 69 61 67

Le vin ► côte de brouilly Domaine Jean - Charles Pivot. Rouge 1997.
Tarif départ cave 40 F.

La propriété ► 12 ha sur terre granitique et argilo-siliceuse. Cépage : gamay.

La dégustation ► Un brouilly franc du col, avec la typicité et ce qui l'accompagne. Du tonus, une structure solide.

Autres choix ► beaujolais blanc 98 à 33 F, un domaine à suivre dans ses millésimes.

Pour commander ► Jean-Charles Pivot
Montmay 69430 Quincié en Beaujolais
℡ 04 74 04 30 32 - Fax 04 74 69 00 70

COTE DE BROUILLY

CHENAS

Le vin ▶ chénas Domaine Lapierre. Rouge 1997. Tarif départ cave 33 F.

La propriété ▶ Les 7,5 ha de ce vignoble sont cultivés sur un terroir granitique. Exposition sud sud-est. Cépages : gamay noir à jus blanc. Vinification beaujolaise (8 à 10 jours de cuvaison), cuves thermorégulées.

La dégustation ▶ Agréable, fumé, long et bien fait, marqué par la terre.

Autres choix ▶ moulin à vent 97 à 37 F.

Pour commander ▶ Domaine Lapierre
Les Gandelins 71570 La Chapelle de Guinchay
✆ 03 85 36 74 89 - Fax 03 85 36 79 69

Le vin ▶ chénas Domaine Bernard Santé. Rouge 1997. Tarif départ cave 35 F.

La propriété ▶ 9 ha sur terrains granitiques et sablonneux pour le chénas, plus argileux pour le juliénas. Vendanges manuelles, maîtrise des températures, élevage en cuve.

La dégustation ▶ Frais et plaisant avec sa pointe de cerneau de noix, sa bouche franche et déjà ronde, sa finale épicée.

Autres choix ▶ juliénas 97 à 35 F

Pour commander ▶ Domaine Bernard Santé
Rte de Juliénas 71570 La Chapelle de Guinchay
✆ 03 85 33 82 81 - Fax 03 85 33 84 46

Le vin ▶ chénas Domaine des Duc. Rouge 1996. Tarif départ cave 37 F.

La propriété ▶ Les 28 ha de l'exploitation sont idéalement exposés au sud sud-est. Le terroir est de nature cailllouteuse et schisteuse. Cépage : gamay à jus blanc.

La dégustation ▶ Correct, sympa, agréable et bien fait. Tannique et fruité. Agréable pour tout le repas.

Autres choix ▶ saint-amour 97 à 40 F.

Pour commander ▶ Domaine des Ducs
La Piat 71570 St Amour Bellevue
✆ 03 85 37 10 08 - Fax 03 85 36 55 75

CHIROUBLES

Le vin ▶ chiroubles Domaine du Clos Verdy. Rouge 1997. Tarif départ cave 38 F.

La propriété ▶ 5, 3 ha sur terroir de l'ère primaire, exposé à l'est. Cépage : gamay noir à jus blanc.

La dégustation ▶ Tendre, arômes discrets, travail bien fait. Du mérite, avec une certaine séduction.

Autres choix ▶ une gamme complète en beaujolais et mâconnais.

Pour commander ▶ Domaine du Clos Verdy
Le Bourg 69115 Chiroubles
✆ 04 74 04 20 12 - Fax 04 74 69 13 16

Le vin ► chiroubles Domaine de la Grosse Pierre. Rouge 1997.
Tarif départ cave 37,50 F.

La propriété ► 10 ha. Sol granitique. Cépage : gamay noir à jus blanc.

La dégustation ► Un beau nez de framboise, très plaisant en bouche. Vinification traditionnelle beaujolaise.

Autres choix ► beaujolais villages 97 (29 F) et fleurie 97 (42 F).

Pour commander ► Domaine de la Grosse Pierre - La Grosse Pierre 69115 Chiroubles
✆ 04 74 69 12 17 - Fax 04 74 69 13 52

Le vin ► chiroubles cuvée Peyraud Les Vins Henry Fessy. Rouge 1997. Tarif départ cave 39 F.

La propriété ► 11 ha. Cépages : gamay et chardonnay. Vinification traditionnelle.

La dégustation ► Du fruit et une bouche sympathique, une finale neutre, un produit bien développé.

Autres choix ► la cuvée Henry Fessy (beaujolais) 97 à 32 F et un côte de brouilly cuvée Geoffrey Fessy à 37 F.

Pour commander ► Les Vins Henry Fessy Bel Air 69220 St Jean d'Ardières
✆ 04 74 66 00 16 - Fax 04 74 69 61 67

Le vin ► fleurie Daniel Rampon. Rouge 1997. Tarif départ cave 36 F.

La propriété ► 11,75 ha. Exposition sud et est. Cépage : gamay noir à jus blanc.

La dégustation ► De bons arômes, assez puissant de graines torréfiées, un peu vert, plaisant. Un velouté qui va s'épanouir en mûrissant.

Autres choix ► beaujolais villages rosé 97 à 23 F, morgon 97 à 36 F.

Pour commander ► Daniel Rampon. Les Marcellins 69910 Villié Morgon
✆ 04 74 69 11 02 - Fax 04 74 69 15 88

Le vin ► juliénas Maison Mâconnaise des Vins. Rouge 1997. Tarif départ cave 39 F.

La propriété ► Maison de promotion de type coopérative qui sélectionne les meilleurs propriétaires en Mâconnais.

La dégustation ► Attaque franche et typique, finale cerneau de noix qui marque son terroir. Un produit équilibré.

Autres choix ► mâcon rouge 97 à 38 F et une gamme complète dans ce vignoble.

Pour commander ► Maison des Vins 484, av de Lattre de Tassigny 71000 Mâcon
✆ 03 85 38 36 70 - Fax 03 85 38 62 51

CHIROUBLES

FLEURIE

JULIÉNAS

Le vin ► juliénas Château de Juliénas. Rouge 1997. Tarif départ cave 35 F.

La propriété ► 35 ha. Sol argilo-granitique. Cépage : gamay. Vinification beaujolaise (cuvaison 8 à 10 jours), thermo-régulation. Récolte manuelle

La dégustation ► Amusant dans sa jeunesse, plein de fruit, nez de framboise, très typé.

Autres choix ► le même en 96, s'il est encore disponible, également à 35 F.

Pour commander ► Château de Juliénas
B P 1 69840 Juliénas
℡ 04 74 04 41 43 - Fax 04 74 04 42 38

Le vin ► juliénas Domaine Bernard Santé. Rouge 1997. Tarif départ cave 35 F.

La propriété ► 9 ha sur terrains granitiques et sablonneux pour le chénas, plus argileux pour le juliénas. Vendanges manuelles.

La dégustation ► Agréable et sympathique, discret à l'attaque, ne demande qu'à révéler sa puissance. Devrait être à épanouissement à l'automne prochain.

Autres choix ► chénas 97 à 35 F.

Pour commander ► Domaine Bernard Santé
Rte de Juliénas 71570 La Chapelle de Guinchay
℡ 03 85 33 82 81 - Fax 03 85 33 84 46

Le vin ► morgon Daniel Rampon. Rouge 1997. Tarif départ cave 30 F.

La propriété ► 11,75 ha. Exposition sud et est. Cépage : gamay noir à jus blanc.

La dégustation ► De l'esprit et de la personnalité, un vin enjoué au nez assez fin. Ce vin mis en bouteilles à la propriété pourra se garder quelques années.

Autres choix ► beaujolais villages gamay rosé 97 à 23 F, fleurie 97 à 36 F.

Pour commander ► Daniel Rampon
Les Marcellins 69910 Villié Morgon
℡ 04 74 69 11 02 - Fax 04 74 69 15 88

Le vin ► beaujolais moulin à vent Domaine Lapierre. Rouge 1997. Tarif départ cave 37 F.

La propriété ► 7,5 ha sur terroir granitique. Exposition sud sud-est. Cépages : gamay noir à jus blanc. Vinification beaujolaise (8 à 10 jours de cuvaison), cuves thermorégulées.

La dégustation ► Bien ouvert, épanoui, du corps, de la prestance, un vin valeureux et élégant, très subtil.

Autres choix ► chénas 97 à 33 F.

Pour commander ► Domaine Lapierre
Les Gandelins 71570 La chapelle de guinchay
℡ 03 85 36 74 89 - Fax 03 85 36 79 69

Le vin ► régnié Jean Marc Laforest. Rouge 1997. Tarif départ cave 27 F.

La propriété ► 15 ha. Sol granitique et cépage gamay.

La dégustation ► Du fruit en bouche, mais aussi de la personnalité et de l'équilibre. Peut encore évoluer.

Autres choix ► beaujolais villages 97 à 24,50 F, brouilly 97 à 30 F.

Pour commander ► Jean Marc Laforest
Chez le bois
Quincié en Beaujolais 69430 Regnié Durette
℡ 04 74 04 35 03 - Fax 04 74 69 01 67

Le vin ► régnié Domaine du Tracot. Rouge 1997. Tarif départ cave 33 F.

La propriété ► 12,8 ha de vignes. Celles de l'AOC Régnié sont cultivées sur des sols argilo-granitiques.et sont encépagées en gamay. Vinification beaujolaise.

La dégustation ► Assez plaisant, avec un nez pointu de franc gamay, belle robe

Autres choix ► beaujolais villages 97 à 28 F, brouilly 97 à 41 F.

Pour commander ► Domaine du Tracot
Le Tracot 69430 Lantignié
℡ 03 74 04 87 51 - Fax 03 74 69 27 33

Le vin ► coteaux du lyonnais Domaine de la Petite Gallée. Blanc 1997. Tarif départ cave 30 F.

La propriété ► 10 ha. Moraine glaciaire. Cépages: chardonnay (80 %) et aligoté (20 %).

La dégustation ► Franc, courtois, friand. Un vin sympa et sans prétention qui peut animer avec entrain un apéritif, ou accompagner poissons et fruits de mer.

Autres choix ► coteaux du lyonnais rouge 97 à 25 F.

Pour commander ► Domaine de la Petite Gallée
9, la Petite Gallée 69390 Millery
℡ 04 78 46 24 30 - Fax 04 72 30 73 48

Le vin ► coteaux du lyonnais vieilles vignes Domaine de la Petite Gallée. Rouge 1997. Tarif départ cave 25 F.

La propriété ► 10 ha. Moraine glaciaire. Cépage : gamay pour les rouges et rosés.

La dégustation ► Agréable, simple, vif et fruité. Il accompagne en toute jovialité la charcuterie et la cuisine lyonnaise.

Autres choix ► coteaux du lyonnais blanc fût de chêne 97 à 30 F.

Pour commander ► Domaine de la Petite Gallée
9, la Petite Gallée 69390 Millery
℡ 04 78 46 24 30 - Fax 04 72 30 73 48

COTEAUX DU LYONNAIS

Le vin ► coteaux du lyonnais Domaine Seguin - Manuel. Rouge 1997. Tarif départ cave 25 F.

La propriété ► Un vignoble exploité sur des coteaux à 15 km à l'ouest de Lyon, sur la commune de Savigny.

La dégustation ► Sympathique framboise, bouche friande, en douceur et franchise : forcément séduisant.

Autres choix ► une gamme de grands bourgognes

Pour commander ► Domaine Seguin-Manuel 15, rue Paul Maldant 21420 Savigny lès Beaune ✆ 03 80 21 50 42 - Fax 03 80 21 50 42

Le vin ► coteaux du lyonnais Anne Mazille. Rouge 1997. Tarif départ cave 20 F.

La propriété ► 3,5 ha. Sol granitique à galets. Exposition sud sud-est. Cépage : gamay. Récolte manuelle, maîtrise des températures, élevage en cuve thermorégulée.

La dégustation ► Un petit vin friand, un peu vert, sympathique, délicat au goût.

Autres choix ► la gamme des coteaux du lyonnais.

Pour commander ► Anne Mazille 10, rue du 8 Mai 69390 Millery ✆ 04 72 30 14 91

Le vin ► coteaux du lyonnais Propriété François Descotes et Fils. Rouge 1997. Tarif départ cave 21 F.

La propriété ► 8 ha. Au confluent des vallées du Rhône et du Garon. Micro-climat et précocité remarquables.

La dégustation ► Tendre, friand, du rendement : à profiter dans sa jeunesse.

Autres choix ► coteaux du lyonnais blanc 97 à 24 F.

Pour commander ► François Descotes et Fils 17 rue Centrale Millery 69390 Vernaison ✆ 04 78 46 18 77 - Fax 04 78 46 16 22

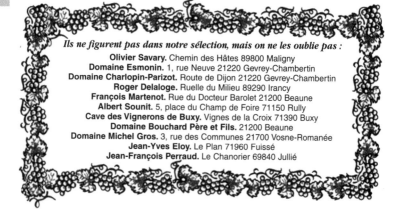

Ils ne figurent pas dans notre sélection, mais on ne les oublie pas :

Olivier Savary. Chemin des Hâtes 89800 Maligny
Domaine Esmonin. 1, rue Neuve 21220 Gevrey-Chambertin
Domaine Charlopin-Parizot. Route de Dijon 21220 Gevrey-Chambertin
Roger Delaloge. Ruelle du Milieu 89290 Irancy
François Martenot. Rue du Docteur Barolet 21200 Beaune
Albert Sounit. 5, place du Champ de Foire 71150 Rully
Cave des Vignerons de Buxy. Vignes de la Croix 71390 Buxy
Domaine Bouchard Père et Fils. 21200 Beaune
Domaine Michel Gros. 3, rue des Communes 21700 Vosne-Romanée
Jean-Yves Eloy. Le Plan 71960 Fuissé
Jean-François Perraud. Le Chanorier 69840 Jullié

JURA/SAVOIE

Nous avons rassemblé ces deux régions par proximité géographique. Elles sont pourtant sensiblement différentes dans l'offre vinicole, et en particulier dans un guide de vins à moins de 40 F.

Si la Savoie compte en effet nombre de producteurs dont les apremont, chignin et autres abymes se vendent autour de 30 - 35 F, il est beaucoup plus difficile de trouver des côtes-du-jura, l'appellation la plus abordable de la région, dans la fourchette de prix que nous nous sommes fixés.

Vous découvrirez néanmoins quelques noms intéressants dans les deux régions de production.

Le Jura compte quatre appellations classées en AOC : château-chalon, arbois, l'étoile et côtes-du-jura. Il propose des blancs, des rouges ainsi que des crémants.

Cette variété provient entre autres de celles des sols et sous-sols : argile, calcaire, sables et grès, etc. Côté climat, si les gelées hivernales sont parfois meurtrières, l'ensoleillement estival et automnal facilite la maturation de vignes plantées sur des versants de coteaux abrités des influences les plus néfastes. Le terroir jurassien est une donnée très importante dans la réussite de sa production. C'est pourquoi les vins qui figurent dans ce chapitre ont une typicité étonnante, qui fait leur renommée, mais aussi un peu leur confidentialité.

Cette notoriété est aussi due à un cépage régional, le savagnin, dont la rareté et l'exclusivité justifient le coût. Il est le cépage unique du fameux vin jaune, dont le château-chalon est un représentant prestigieux. Vous ne trouverez donc pas de château-chalon dans cet ouvrage, puisqu'une bouteille, chez le producteur, dans ces typiques bouteilles de 62,5 cl appelées clavelin, coûte autour de 150 F.

Le vin jaune est élaboré à partir de raisins longuement mûris, dont la récolte n'intervient généralement qu'en novembre. Mais le savagnin peut également être récolté plus tôt pour donner d'excellents vins blancs dans lesquels on retrouve ce goût de noix du vin jaune, un peu moins concentré. Le savagnin entre également en assemblage avec le chardonnay.

La région est également célèbre son vin de paille, mélange des quatre cépages soumis à deux mois de surmaturation (traditionnellement sur un lit de paille, d'où son nom)

Les cépages rouges principaux sont le pinot noir, cépage classique de tout le nord-est de la France, et deux cépages régionaux, le poulsard, qui donne des rouges légers, à la robe presque rosée, et le trousseau, plus charnu et au nez de fruit rouge plus marqué.

En Savoie également, les cépages ont des airs d'exclusivité pour mieux s'adapter au relief et au climat. La jacquère donne 80% des vins blancs de Savoie, l'aligoté, le chasselas et très rarement le chardonnay complétant la gamme. On trouve localement certains cépages, comme l'Altesse pour la roussette, et le bergeron pour le chignin.

En rouge, la mondeuse, qui donne des vins racés et souvent plus profonds qu'il n'y paraît, se partage le vignoble avec le gamay, et un peu de pinot noir.

C'est autour de Chambéry que s'élaborent l'apremont et l'abymes, tandis que près de Montmélian se rencontrent le chignin et le chignin bergeron. Autour des communes d'Arbin et de Cruet, on trouve la mondeuse, le cruet et une grande variété vinicole.

Près du lac du Bourget, c'est le gamay de Chautagne qui tient la vedette, très ancienne variété que l'on cultivait déjà au XVIIIe siècle. Au nord, mordant dans le département de l'Ain le Bugey présente ses blancs et rouges, mais aussi son bugey brut effervescent. Autour du lac Léman, on rencontre le cépage chasselas, dans les zones d'appellations Crépy, Marin et Ripaille.

En Haute-Savoie, autour de Seyssel, on produit la roussette de Seyssel, avec le cépage altesse, accompagné ou non du cépage molette. Les roussettes son parfois considérées comme les meilleurs vins blancs de Savoie, à la fois joviaux et pleins de finesse.

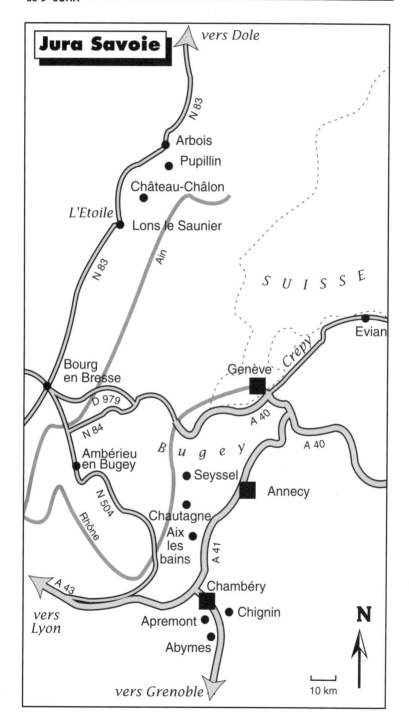

Le vin ► crémant du jura Chantemerle. Blanc 1996. Tarif départ cave 39 F.

La propriété ► 6 ha, de vignoble dont l'âge moyen est de 25 ans environ. Situé à une altitude de 350 m, il est protégé des vents du nord par une falaise calcaire.

La dégustation ► Finesse et légèreté, un peu vert mais bien vif. Un bon exemple de l'appellation.

Autres choix ► Côtes du Jura blanc 1995 à 37 F.

Pour commander ► EARL de Chantemerle. Chantemerle 2, rue du Clos 39800 Poligny
✆ 03 84 37 02 58 - Fax 03 84 37 00 58

CREMANT

Le vin ► crémant du Jura Château Gréa. Blanc 1997. Tarif départ cave 38 F.

La propriété ► Ce domaine s'est constitué à la fin du XVIIe siècle. Il compte aujourd'hui 8 ha de vignes cultivées sur des sols marneux, argileux et calcaires.

La dégustation ► Pétillant et gai, avec une légère amertume, un fruit discret.

Autres choix ► Un chardonnay blanc 96 à 38 F et un poulsard rouge 96 à 32 F.

Pour commander ► Château Gréa. Rotalier 39190 Beaufort
✆ 03 84 25 05 47 - Fax 03 84 24 96 64

Le vin ► arbois Jean François Nevers. Blanc 1996. Tarif départ cave 39 F.

La propriété ► Un petit vignoble de 4 ha bénéficiant d'une excellente exposition sud sud-ouest. L'encépagement est traditionnel.

La dégustation ► Attaque franche, bouche persillée et nez typique ; finale un peu iodée caractéristique.

Autres choix ► Un arbois blanc savagnin 94 à 70 F.

Pour commander ► Jean François Nevers 4, rue du Lycée 39600 Arbois
✆ 03 84 66 01 73 - Fax 03 84 37 49 68

ARBOIS

Le vin ► côtes du Jura chardonnay Luc et Sylvie Boilley. Blanc 1995. Tarif départ cave 38 F.

La propriété ► Le domaine s'étend sur plusieurs communes de l'aire d'appellation des Côtes du Jura. L'encépagement est traditionnel.

La dégustation ► Marqué par son terroir, un chardonnay jurassien, enjôleur et caractéristique. Très bien avec les sauces crémées.

Autres choix ► savagnin vin de gel à 70 F la demi-bouteille : une rareté.

Pour commander ► Luc et Sylvie Boilley. Chissy sur Loué 39380 Mont sous Vaudrey
✆ 04 84 37 64 43 - Fax 04 79 44 03 56

COTES DU JURA

Le vin ▸ côtes du jura Jean Bourdy. Blanc 1995. Tarif départ cave 37 F.

La propriété ▸ Les 7 ha de vignes, dont l'âge moyen est de 40 ans, sont cultivés sur un terroir argilo-calcaire.

La dégustation ▸ Intéressant, assez long avec une finale ravigote plaisante. Bien fait, typique, un certain caractère.

Autres choix ▸ Un côtes du Jura rouge 96 à 37 F.

Pour commander ▸ Caves Jean Bourdy Rue St Vincent Arlay 39140 Bletterans ✆ 03 84 85 03 70 - Fax 03 84 65 13 94

Le vin ▸ côtes du Jura chardonnay Château Gréa. Blanc 1996. Tarif départ cave 38 F.

La propriété ▸ Ce domaine s'est constitué à la fin du XVIIe siècle. Il compte aujourd'hui 8 ha de vignes cultivées sur des sols marneux, argileux et calcaires.

La dégustation ▸ Un simple chardonnay sur un terroir bien rendu. Nez discret, un peu court, mais bel arôme, de l'équilibre et de la douceur.

Autres choix ▸ Un poulsard rouge 96 à 32 F.

Pour commander ▸ Château Gréa Rotalier 39190 Beaufort ✆ 03 84 25 05 47 - Fax 03 84 24 96 64

Le vin ▸ côtes du Jura trousseau Luc et Sylvie Boilley. Rouge 1995. Tarif départ cave 40 F.

La propriété ▸ Le domaine s'étend sur plusieurs communes de l'aire d'appellation des Côtes du Jura. L'encépagement est traditionnel.

La dégustation ▸ Une bonne texture, une constitution solide et une profondeur assez rare pour un trousseau. Une matière agréable.

Autres choix ▸ savagnin vin de gel à 70 F la demi-bouteille : une rareté.

Pour commander ▸ Luc et Sylvie Boilley Chissy sur Loué 39380 Mont sous Vaudrey ✆ 04 84 37 64 43 - Fax 04 79 44 03 56

Le vin ▸ côtes du Jura poulsard Château Gréa. Rouge 1996. Tarif départ cave 32 F.

La propriété ▸ 8 ha de vignes cultivées sur des sols marneux, argileux et calcaires.

La dégustation ▸ Un peu râpeux, de la présence et du caractère ; un vin nerveux, à l'arrière-bouche fumée.

Autres choix ▸ Un chardonnay blanc 96 à 38 F, un trousseau 96 à 38 F et un crémant à 38 F.

Pour commander ▸ Château Gréa Rotalier 39190 Beaufort ✆ 03 84 25 05 47 - Fax 03 84 24 96 64

Le vin ► côtes du Jura trousseau Château Gréa. Rouge 1996. Tarif départ cave 38 F.

La propriété ► 8 ha de vignes encépagées traditionnellement et cultivées sur des sols marneux et argilo-calcaires.

La dégustation ► Assez typé, puissant, avec une finale caramélisée. Un beau tempérament, de la finesse.

Autres choix ► Un chardonnay blanc de 96 à 38 F et un poulsard rouge de 96 à 32 F.

Pour commander ► Château Gréa
Rotalier 39190 Beaufort
℡ 03 84 25 05 47 - Fax 03 84 24 96 64.

Le vin ► côtes du Jura Domaine André et Mireille Tissot. Rouge 1993 . Tarif départ cave 39 F.

La propriété ► Les 28 ha de ce domaine possèdent tous les cépages traditionnels du Jura

La dégustation ► Du nez, de la typicité, un produit très équilibré avec de la charpente, une élaboration soignée ; encore vert.

Autres choix ► Un vin jaune issu bien sûr du cépage savagnin.

Pour commander ► Domaine André et Mireille Tissot
Quartier Bernard 39600 Montigny lès Arsures
℡ 03 84 66 08 27 - Fax 03 84 66 25 08

Le vin ► côtes du Jura Caves Jean Bourdy. Rouge 1996. Tarif départ cave 37 F.

La propriété ► 7,3 hectares de vignes, dont l'âge moyen est de 40 ans, cultivées sur un terroir argilo-calcaire.

La dégustation ► Honnête, rustique et typique, assez corsé. Le pinot noir se dégage, mais le terroir apparaît pour une finale fumée plaisante.

Autres choix ► Un côtes du jura blanc de 97 à 37 F.

Pour commander ► Caves Jean Bourdy
Rue St Vincent Arlay 39140 Bletterans
℡ 03 84 85 03 70 - Fax 03 84 65 13 94

Le vin ► côtes du Jura Domaine Michel Geneletti. Rouge 97. Tarif départ cave 34F.

La propriété ► Ce vignoble de presque 12 ha se transmet de génération en génération depuis le XVIIIe siècle. Le chardonnay et le savagnin sont les principaux cépages cultivés.

La dégustation ► Elégance et courtoisie ; un vin distingué qui se marie avec tous les plats : de la jeunesse, mais aussi de la souplesse.

Autres choix ► Un crémant de 1995 à 38 F.

Pour commander ► Domaine Michel Geneletti
373, rue de l'église 39570 L'Etoile
℡ 03 84 47 46 25 - Fax 03 84 47 38 18

COTES DU JURA

ETOILE

Le vin ► L'étoile Domaine Michel Geneletti. Blanc 1996. Tarif départ cave 40 F.

La propriété ► Ce vignoble de presque 12 ha se transmet de génération en génération depuis le XVIIIe siècle. Le chardonnay et le savagnin sont les principaux cépages cultivés.

La dégustation ► Nez franc, typicité et longueur en bouche. Assez rustique, sans faille, finale en finesse.

Autres choix ► Un crémant de 1995 à 38 F.

Pour commander ► Domaine Michel Geneletti 373, rue de l'église 39570 L'Etoile
✆ 03 84 47 46 25 - Fax 03 84 47 38 18

ABYMES

Le vin ► abymes cuvée du diable Domaine des Anges. Blanc 1997. Tarif départ cave 21 F.

La propriété ► 7,5 hectares de vignoble, dont l'âge moyen est de 30 ans environ, sur terroir argilo-calcaire. Seuls deux cépages coexistent : l'aligoté et la jacquère.

La dégustation ► De la puissance,avec des qualités différentes de la cuvée de base. Bonne vinification, longeur et homogénéité.

Autres choix ► Un aligoté de Savoie de 1997 à 25 F et les Abymes de 1997 à 21 F.

Pour commander ► Domaine des Anges Hameau de murs 73800 Les Marches
✆ 04 79 28 03 41 - Fax 04 79 71 72 59

Le vin ► abymes carte noire Domaine des Granges Longes. Blanc 1997. Tarif départ cave 25 F.

La propriété ► 3,5 ha de vignoble situés en plein cœur de la Savoie.

La dégustation ► Joli nez de genièvre et de fougères. Bouche assez développée, champêtre et fruitée.

Autres choix ► Un pinot noir de 1997 à 25 F.

Pour commander ► Granges Longes 73800 Les Marches
✆ 04 79 28 10 78 - Fax 04 78 34 04 62

Le vin ► abymes cuvée gastronomie Jean Perrier. Blanc 1997. Tarif départ cave 25 F.

La propriété ► Ce domaine de 20 ha appartient aux Perrier depuis 1853. Le sol est de nature argilo-calcaire. Les vendanges sont réalisées manuellement.

La dégustation ► Neutre, sympathique, pour accompagner tout le début d'un repas.

Autres choix ► Un apremont de 1997 à 30 F et un pinot 1997 rouge à 27 F.

Pour commander ► Jean Perrier 73800 Saint André les Marches
✆ 04 79 28 11 45 - Fax 04 79 28 09 91

Le vin ► abymes Domaine des Anges. Blanc 1997. Tarif départ cave 21 F.

La propriété ► 8 ha de vignoble dont les deux seuls cépages sont la jacquère et l'aligoté.

La dégustation ► En finesse, un vin évolué, marqué prairies et fleurs alpines, palette aromatique large, avec un peu d'acidité en finale.

Autres choix ► Un aligoté de Savoie 1997 à 25 F et un Abymes cuvée du diable 1997 également à 21 F.

Pour commander ► Domaine des Anges Hameau de murs 73800 Les Marches
℃ 04 79 28 03 41 - Fax 04 79 71 72 59

Le vin ► apremont prestige des rocailles Pierre Boniface. Blanc 1997. Tarif départ cave 29,50 F.

La propriété ► Les 21 ha de ce domaine sont situés au pied du Mont Granier.

La dégustation ► Rustique, marqué brebis, alpage, herbe et tomme de Savoie, assez équilibré entre fruit et acidité.

Autres choix ► Une Roussette de Savoie de 1997 à 29,50 F.

Pour commander ► Pierre Boniface
57, rue des Rocailles 73800
Saint André-les-Marches
℃ 04 79 28 14 50 - Fax 04 79 28 16 82

Le vin ► apremont vieilles vignes Domaine Cavaillé. Blanc 1997. Tarif départ cave 39 F.

La propriété ► La famille Cavaillé ne sélectionne que les vins issus de Vieilles Vignes issus de jacquère, altesse, pinot noir et gamay.

La dégustation ► De la facilité, mais des qualités. Un vin typique et bien tourné, franc et savoyard, avec un perlant marqué.

Autres choix ► Un pinot noir de 1997 à 38 F.

Pour commander ► Domaine Cavaillé
Le Caveau 73310 Chanaz en Savoie
℃ 04 95 54 21 77 - Fax 04 79 88 34 87.

Le vin ► apremont Domaine du Vieux Pressoir. G. et P. Perceval. Blanc 1997. Tarif départ cave 22 F.

La propriété ► 7 ha de vignoble dont l'âge moyen est de 35 ans. Encépagement : gamay, pinot et mourvèdre.

La dégustation ► Frais, net et plaisant, sans trop de concentration. De la légèreté, avec une finale sans reproches.

Autres choix ► Un abymes 1997 à 21 F.

Pour commander ► Domaine du Vieux Pressoir chemin de Cresmont 73800 Les Marches
℃ 04 79 28 13 13 - Fax 04 79 28 01 52

Le vin ► chignin bergeron blanche terre Domaine Bouvet. Blanc 1996. Tarif départ cave 38 F.

La propriété ► La vigne est cultivée sur un terroir composé d'éboulis de petits cailloux.

La dégustation ► Joli nez, bouche franche, très homogène en force et longueur, bouche amande et planche à pain avec une finale ananas marquée.

Autres choix ► Une roussette de 1996 à 38 F.

Pour commander ► Domaine Bouvet 73250 Fréterive
✆ 04 79 28 54 11 - Fax 04 79 28 51 97

Le vin ► chignin Domaine Michel et André Quénard. Blanc 1997. Tarif départ cave 25 F.

La propriété ► Un vignoble de 20 ha, sur des terroirs en coteaux au sud-est de Chambéry. Le sol est constitué d'éboulis pierreux, parfaits pour ce type de vin.

La dégustation ► Attaque correcte, finale de fruit sec assez étonnante ; suave et gras.

Autres choix ►une mondeuse de 97 à 35 F (produit en petite quantité).

Pour commander ► Domaine Quénard Torméry 73800 Chignin
✆ 04 79 28 12 75 - Fax 04 79 28 19 36

Le vin ► chignin Cave des Vins Fins de Cruet. Blanc 1997. Tarif départ cave 20 F.

La propriété ► Le vignoble, cultivé par de nombreux propriétaires, s'étend sur le massif des Bauges. La cave propose des crus variés, dans une bonne gamme.

La dégustation ► Pas mal fait, assez vineux, agréable et bien soutenu. Un bon exemple de l'appellation.

Autres choix ► Une roussette 1997 à 25 F.

Pour commander ► Cave des Vins Fins de Cruet - 73800 Cruet
✆ 04 79 84 28 52 - Fax 04 79 84 08 70

Le vin ► chignin Domaine du Vieux Pressoir. G. et P. Perceval. Blanc 1997. Tarif départ cave 21 F.

La propriété ► Un domaine de 7 ha dont les vignes ont un âge moyen de 35 ans.

La dégustation ► Du gras et de la netteté, un vin bien tourné, aromatique, plantes et fleurs des alpages.

Autres choix ► Un apremont 1997 à 22 F et un gamay 1997 à 22 F.

Pour commander ► Domaine du Vieux Pressoir chemin de Cresmont 73800 Les Marches
✆ 04 79 28 13 13 - Fax 04 79 28 01 52

Le vin ► chignin Raymond Quénard. Blanc 1997.
Tarif départ cave 25 F.

La propriété ► Le domaine, exploité depuis trois
générations par la même famille, s'étend sur
une petite surface, 6 hectares. Le sol est
de nature argilo-calcaire et la vigne est exposée
au sud-ouest.

La dégustation ► Tout en plaisir et en simplicité.
Un vin de soif pour les nourritures solides.

Autres choix ► gamay 97 à 35 F

Pour commander ► Raymond Quénard
Le Villard Les Tours 73800 Chignin
✆ 04 79 28 01 46 - Fax 04 79 28 16 78

Le vin ► chignin bergeron Domaine Michel
et André Quénard. Blanc 1997. Tarif départ
cave 38 F.

La propriété ► Un vignoble de 20 ha, sur des
terroirs en coteaux au sud-est de Chambéry. Le
sol est constitué d'éboulis pierreux.

La dégustation ► Bon fond sous bois
mousserons, belle bouche suave, du tonus,
bien dosé.

Autres choix ► Une mondeuse de 97 à 35 F

Pour commander ► Domaine Quénard
Torméry 73800 Chignin
✆ 04 79 28 12 75 - Fax 04 79 28 19 36

Le vin ► cruet Cave des Vins Fins de Cruet.
Blanc 1997. Tarif départ cave 21 F.

La propriété ► Le vignoble, cultivé par de
nombreux propriétaires, s'étend sur le massif
des Bauges. La cave propose des crus variés,
dans une bonne gamme.

La dégustation ► Simple, équilibré, bien
structuré, dans sa jeunesse et sa fraîcheur.
Parfait avec les fromages de Savoie.

Autres choix ► Un chardonnay de 1997 à 26 F.

Pour commander ► Cave des Vins Fins de
Cruet - 73800 Cruet
✆ 04 79 84 28 52 - Fax 04 79 84 08 70

Le vin ► cruet Domaine Gilbert Bouchez. Blanc
1997. Tarif départ cave 21 F.

La propriété ► 5 ha de vignes toutes situées
sur les versants sud du massif des Bauges.
Les vins de ce domaine sont issus des cépages
mondeuse, pinot et gamay.

La dégustation ► Toute la typicité des vins de
Savoie. Franchise et fraîcheur, un bon vin
d'accompagnement.

Autres choix ► Un chardonnay 1997 à 26 F.

Pour commander ► Domaine Gilbert Bouchez
73800 Cruet
✆ 04 79 84 28 52 - Fax 04 79 84 08 70

CHIGNIN

CRUET

CHARDONNAY

Le vin ▶ vin de savoie chardonnay Cave des Vins Fins de Cruet. Blanc 1997.
Tarif départ cave 26 F.

La propriété ▶ Le vignoble, cultivé par de nombreux propriétaires, s'étend sur le massif des Bauges. La cave propose des crus variés, dans une bonne gamme.

La dégustation ▶ Fruit bien dosé, bouche équilibrée, un bon produit qui passe partout.

Autres choix ▶ Un pinot cuvée Prestige à 34 F.

Pour commander ▶ Cave des Vins Fins de Cruet - 73800 Cruet
℃ 04 79 84 28 52 - Fax 04 79 84 08 70

ROUSSETTE

Le vin ▶ roussette Domaine Gilbert Bouchez. Blanc 1997. Tarif départ cave 25 F.

La propriété ▶ 5 ha de vignes toutes situées sur les versants sud du massif des Bauges. Les vins de ce domaine sont issus des cépages mondeuse, pinot et gamay.

La dégustation ▶ Une bouche évoluée, nez de tabac et de tourbe, bien construit, de la mâche ; distingué et floral en finale.

Autres choix ▶ Un chardonnay 1997 à 26 F.

Pour commander ▶ Domaine Gilbert Bouchez 73800 Cruet
℃ 04 79 84 28 52 - Fax 04 79 84 08 70

Le vin ▶ roussette cru monterminod Domaine Bouvet. Blanc 1996. Tarif départ cave 38 F.

La propriété ▶ Ce vignoble s'étale sur presque 20 ha sur des coteaux exposés plein sud et bien protégés des vents froids par le massif des Bauges.

La dégustation ▶ Bien fait, sympathique, aromatique, montagnard, qui coule de source. De la sève et de la vigueur.

Autres choix ▶ Un chignin bergeron 96 à 38 F.

Pour commander ▶ Domaine Bouvet 73250 Fréterive
℃ 04 79 28 54 11 - Fax 04 79 28 51 97

Le vin ▶ savoie roussette les rocailles Pierre Boniface. Blanc 1997. Tarif départ cave 29,50 F.

La propriété ▶ Les 21 ha de ce domaine sont situés au pied du Mont Granier, dans un terroir de tradition viticole.

La dégustation ▶ Des arômes élaborés plein d'originalité. Un bon travail de vinification.

Autres choix ▶ Un apremont 1997, cuvée Prestige, à 29,50 F.

Pour commander ▶ Pierre Boniface 57, rue des Rocailles 73800 St André-les-Marches
℃ 04 79 28 14 50 - Fax 04 79 28 16 82

Le vin ► roussette cuvée gastronomie Jean Perrier. Blanc 1997. Tarif départ cave 26 F.

La propriété ► Les 20 ha de ce domaine s'étalent sur des sols de nature argilo-calcaire. Exposition sud-est.

La dégustation ► Un nez typique, pas trop miellé, avec une finale aigrelette plutôt agréable. Un bon rapport.

Autres choix ► Un marestel 1996 à 33 F et un apremont 1997 à 30 F.

Pour commander ► Jean Perrier
73800 Saint André les Marches
✆ 04 79 28 11 45 - fax 04 79 28 09 91

Le vin ► aligoté de Savoie Domaine des Anges. Blanc 1997. Tarif départ cave 25 F.

La propriété ► 7,5 ha de vignoble cultivés sur un terroir argilo-calcaire. Cépages : aligoté et jacquère.

La dégustation ► Un aligoté amusant, plein de fraîcheur et d'une certaine douceur, sans minéralité. Le plaisir de la jeunesse.

Autres choix ► Les Abymes 97 (21 F) et Les Abymes cuvée du diable 97 (21 F également).

Pour commander ► Domaine des Anges
Hameau de murs 73800 Les Marches
✆ 04 79 28 03 41 - Fax 04 79 71 72 59

Le vin ► mondeuse Domaine Dupasquier. Rouge 1996. Tarif départ cave 30 F.

La propriété ► Ce domaine de 11 ha, aux portes de la Savoie, est installé sur les contreforts de la Charvaz, non loin du Lac du Bourget.

La dégustation ► Nez de confiture de mûres ; très curieux en bouche, avec une explosion d'arômes, de l'anis à la tourbe, une large déclinaison herbacée. Très intéressant.

Autres choix ► Un jacquère 1996 à 24 F.

Pour commander ► Domaine Dupasquier
Lieu-dit Aimavigne 73170 Jongieux
✆ 04 79 44 02 23 - Fax 04 79 44 03 56

Le vin ► mondeuse Cave Plantin. Rouge 1997. Tarif départ cave 28 F.

La propriété ► Cette cave, située dans le centre-ville de Chignin, regroupe la production de nombreux vignerons locaux.

La dégustation ► Beau nez de cerise ; de la profondeur et de la rusticité, belle matière, arômes d'alpage et de cabane de berger.

Autres choix ► Un chignin 1997 à 22 F, et la gamme savoyarde.

Pour commander ► Cave Plantin
Tormery 73800 Chignin
✆ 04 79 28 11 76

MONDEUSE

Le vin ► arbin mondeuse Domaine Genoux.
Rouge 1997. Tarif départ cave 35 F.

La propriété ► 4 ha de vignoble dont
l'encépagement se partage entre le gamay et la
mondeuse. On y travaille en agro-biologie pour
des vins encore plus naturels.

La dégustation ► Une vraie bonne mondeuse,
fraîche, fruitée et légère, avec un bon fond et
une vinification soignée.

Autres choix ► Un apremont 1997 à 30 F.

Pour commander ► Domaine Genoux
chemin des Marlens 73800 Arbin
℡ 03 79 84 24 30

Le vin ► savoie gamay de chautagne Domaine
du Vieux Pressoir. G. et P. Perceval. Rouge
1997. Tarif départ cave 23,50 F.

La propriété ► 7 ha de vignoble dont l'âge
moyen est de 35 ans. Encépagement : gamay,
pinot et mourvèdre.

La dégustation ► Assez bien fait, bien structuré,
typé et équilibré.

Autres choix ► Un abymes 1997 à 27 F.

Pour commander ► Domaine du Vieux Pressoir
chemin de Cresmont 73800 Les Marches
℡ 04 79 28 13 13 - Fax 04 79 28 01 52

GAMAY

Le vin ► chautagne gamay le chautagnard
Cave de Chautagne. Rouge 1997. Tarif départ
cave 31,65 F.

La propriété ► 170 hectares sur des éboulis
calcaires et argileux sur grès molassiques.
L'encépagement est traditionnel.

La dégustation ► Intéressant, une bonne
vinification, nez de genièvre et de thym, avec
une finale fumée de tabac gris.

Autres choix ► Un chautagne blanc 97 à 28 F.

Pour commander ► Cave de Chautagne
73310 Ruffieux
℡ 04 79 54 27 12 - Fax 04 79 54 51 37

Le vin ► gamay Domaine Raymond Quénard.
Rouge 1997. Tarif départ cave 35 F.

La propriété ► Le domaine, exploité depuis trois
générations par la même famille, s'étend sur une
petite surface, 6 hectares. Sol argilo-calcaire,
exposition sud-ouest.

La dégustation ► Pas mal fait, assez classique,
un bon petit gamay de montagne.

Autres choix ► Un chignin 1997 Vieilles Vignes
à 35 F.

Pour commander ► Raymond Quénard
Le Villard Les Tours 73800 Chignin
℡ 04 79 28 01 46 - Fax 04 79 28 16 78

Le vin ► vin de savoie pinot noir Domaine Cavaillé. Rouge 1997. Tarif départ cave 38 F.

La propriété ► Situé dans le charmant petit village de Chanaz, un caveau regroupant les vins régionaux.

La dégustation ► Bien fait, du tonus, un pinot de montagne, plein de vaillance, bouche de petits fruits rouges.

Autres choix ► Un apremont 1997 à 39 F et une roussette 97 à 40 F.

Pour commander ► Domaine Cavaillé 73310 Chanaz en Savoie ✆ 04 95 54 21 77 - Fax 04 79 88 34 87

PINOT NOIR

Le vin ► bugey chardonnay Maison Duport Frères. Blanc 1995. Tarif départ cave 28 F.

La propriété ► Les 10 ha de ce vignoble sont exploités dans le village de Groslée par la famille Duport, depuis plusieurs générations.

La dégustation ► Chardonnay correct, nez minéral, assez franc, un agréable vin de comptoir qui peut accompagner tout le repas

Autres choix ► un pinot noir et mondeuse de 1997 à 30 F.

Pour commander ► Maison Duport Frères Le Lavoir 01680 Groslée ✆ 04 74 39 74 33 - Fax 04 74 39 74 15

Le vin ► bugey brut Maison Monin et Fils. Blanc 1995. Tarif départ cave 36 F.

La propriété ► 22 ha sur un sol argilo-calcaire. Le domaine est situé au centre du village de Vongnes, près de Belley et sous un micro-climat très favorable.

La dégustation ► Assez agréable, fruité plaisant et guilleret.

Autres choix ► Un bugey vieilles vignes rouge de 1997 à 33 F.

Pour commander ► Maison Monin et Fils Vongnes 01350 Culoz ✆ 04 79 87 92 33 - Fax 04 79 87 93 25

VINS DE BUGEY

Ils ne figurent pas dans notre sélection, mais on ne les oublie pas :

Jacques Puffeney. Rue Saint-Laurent 39600 Montigny-les-Arsures
Rolet Père et Fils. 11, rue de l'Hôtel de Ville 39600 Arbois
Fruitière Vinicole d'Arbois. Rue des Fossés 39600 Arbois
Pierre Overnoy. Rue du Ploussard 39600 Pupillin
Domaine André et Mireille Tissot. 39600 Montigny-les-Arsures
Château de la Violette. 73800 Les Marches
Domaine Ligier. 7, route de Poligny 39380 Mont-sous-Vaudrey
GAEC Désiré Petit. Rue Ploussard 39600 Pupillin
Jean-François Nevers. 4, rue du Lycée 39600 Arbois
Barlet Raymond et Fils. La Cave du Prieuré. 73170 Jongieux le Haut

ÉCOUTEZ donc ce qui se dit et se fait AILLEURS.

C'est toujours bien utile.

La VIGNE

Vinification
Les exigences de vos cépages

MENSUEL

ABONNEZ VOUS 1 AN AVEC PRÈS DE 25% DE REMISE
11 numéros par an.
Uniquement par abonnement.

Une question vous préoccupe ? D'ordre juridique, fiscal, social, pratique… ? Appelez "ALLÔ, LA VIGNE".
Du lundi au vendredi (sauf jours fériés), de 9 h à 18 h, un expert est là pour renseigner, expliquer et aider.

Carte personnelle donnant accès GRATUITEMENT au service de renseignements "ALLÔ, LA VIGNE". Gratuite et valable pendant toute la durée de l'abonnement.
Seul le prix de la communication est à votre charge.

Allô LaVIGNE
01 44 82 21 11
YVES DURAND
NUMÉRO PERSONNEL 1501123456
EXPIRE FIN DÉCEMBRE 1999

VOUS GAGNEZ DU TEMPS ET VOUS FAITES DES ÉCONOMIES

Oui, je choisis de m'abonner pour 1 an. La VIGNE

Complétez et renvoyez sous enveloppe non affranchie à

LA VIGNE LIBRE RÉPONSE N° 9606 75 75482 PARIS CEDEX 10

Envoyez-moi les 11 prochains numéros de LA VIGNE au nom et à l'adresse ci-contre. Envoyez-moi aussi ma carte personnelle "ALLÔ, LA VIGNE". Pour l'ensemble, je vous règle 531 F (au lieu de 704 F, prix de vente au numéro) par :

♀ chèque à l'ordre de LA VIGNE
♀ carte bancaire ⬛

date d'expiration ⎵⎵⎵

Signature ►

Conformément à la loi dite Informatique et Libertés, vous disposez d'un droit d'accès et de rectification pour les informations vous concernant.

♀ M ♀ Mme ♀ Mlle

NOM _____

PRÉNOM _____

SOCIÉTÉ _____
(GAEC, coopérative, etc.)
ADRESSE _____

_____

CODE POSTAL ⎵⎵⎵⎵⎵ COMMUNE _____

SC14

■ Êtes-vous équipé en micro-informatique ? ❏ Oui ❏ Non
■ e-mail _____

Année de naissance *1,9*⎵⎵ Tél. ⎵⎵⎵⎵⎵⎵⎵⎵ Fax ⎵⎵⎵⎵⎵⎵⎵⎵
LA VIGNE - 334 458 320 RCS PARIS - TÉL. : 01 40 22 79 00

Offre réservée à la France métropolitaine et valable jusqu'au 31 décembre 1999.

LANGUEDOC ROUSSILLON

Le vignoble du Languedoc-Roussillon, qui remonte à plus de deux mille ans, réunit les aspects les plus variés, dans les domaines géologique et climatique. Son relief est incliné vers la mer depuis les étagements des Cévennes et des Pyrénées jusqu'aux plages. L'atout majeur, c'est la grande variété des sols : schistes, grès, plateaux calcaires, terrasses alluviales, sols sur éboulis. C'est la première région viticole non seulement de France, mais aussi d'Europe et du monde. Ce vignoble a connu des fortunes diverses au cours des siècles et s'est profondément tranformé : poussés par le désir de produire des vins de qualité, les vignerons de cette région ont accompli un travail exceptionnel. L'encépagement actuel présente une diversité et une richesse uniques en France. Pour les vins rouges, le carignan constitue la base. La syrah, absente il y a 20 ans, occupe aujourd'hui une part importante. Le grenache et le mourvèdre progressent partout. Le merlot, le cabernet-sauvignon et, dans une moindre mesure le chardonnay, le chenin, et le sauvignon ont fait une entrée remarquée parmi les vins de cépage.

Il existe aujourd'hui 32 appellations en Languedoc-Roussillon, mais on distingue 3 entités principales.

En vallée du Rhône, nous avons choisi de laisser dans le chapitre rhône les côtes-du-rhône villages, laudun, chusclan, ainsi que lirac et tavel qui se trouvent dans le Gard et auraient donc pu être rattachés au Languedoc. Nous n'avons conservé que les costières-de-nîmes, assurément plus languedociennes que rhodaniennes.

Le vignoble du Languedoc s'étend sur trois départements des portes de Nîmes aux confins de l'Aude et regroupe les appellations des coteaux du languedoc (douze terroirs : cabrières, montpeyroux, pic-saint-loup, saint-christol, saint-georges-d'orques, vérargues, la clape, etc) et trois crus (faugères, saint-chinian et clairette du languedoc). Dans l'Aude, on connaît les Corbières (sur onze terroirs), fitou (sur deux terroirs), cabardès, minervois et le Crémant de Limoux.

Le Roussillon offre un relief unique par sa diversité, de la montagne à la mer. Trois grandes AOC, côtes-du-roussillon, côtes-du-roussillon village et collioures.

Il existe aussi des vins doux naturels (VDN) avec 10 appellations (Banyuls, Rivesaltes, Muscat de Rivesaltes, Muscat de Lunel, Muscat de Frontignan, etc).

Sur les quatre départements (Gard, Hérault, Aude, Pyrénées Orientales), il existe également plus de quarante appellations vins de pays, ceux qui portent le nom d'un département (vin de pays de l'Hérault…) ou de zones plus délimitées, Cévennes, Côtes de Thau, Côtes de Thongue, Bérange…

Enfin on trouve des vins de pays de zone régionale, le vin de Pays d'Oc dont la production est autorisée dans tout le Languedoc-Roussillon. Cette dénomination régionale implique : rendements limités, cépages sélectionnés, profil analytique et dégustation obligatoire. Il existe des Vins Pays d'Oc de monocépages ou d'assemblages.

Très ancien dans le Languedoc, la cartagène est issue d'un mélange de jus de raisin frais et d'alcool, préparé au moment des vendanges.

Grâce aux efforts importants de ces dernières années, le Languedoc a beaucoup amélioré sa qualité tout en conservant des prix attractifs. C'est la raison naturelle pour laquelle elle se retrouve la mieux représentée dans ce guide, et que les plus prestigieux de ses crus soutiennent aujourd'hui la comparaison avec les meilleurs tout en gardant une spécificité : un excellent rapport plaisir/prix.

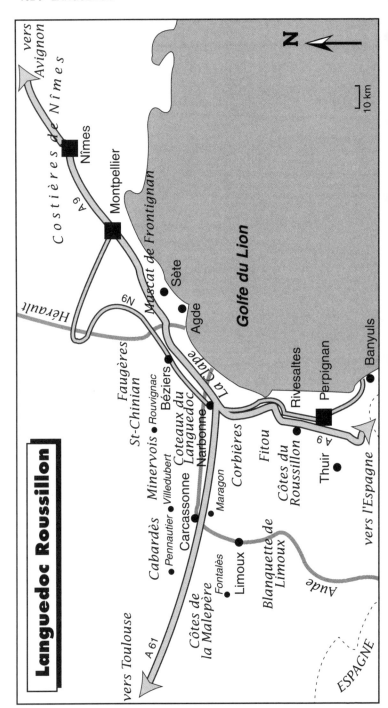

Languedoc Roussillon

N

10 km

vers Avignon

Costières de Nîmes

Nîmes

A 9

Montpellier

Hérault

Muscat de Frontignan

Sète

N9

Agde

Golfe du Lion

Faugères

St-Chinian

Béziers

Minervois • Rouvignac

Cabardès • Pennautier • Villedubert

Carcassonne

Coteaux du Languedoc

La Clape

Narbonne

Corbières

Fitou

Rivesaltes

Perpignan

Banyuls

Côtes du Roussillon

Thuir

A 9

vers l'Espagne

Maragon

Côtes de la Malepère

Fontalès

Limoux

Blanquette de Limoux

Aude

ESPAGNE

vers Toulouse

A 61

VIN DE PAYS DE LA
CITÉ DE CARCASSONNE
1997

Société CHÂTEAU AUZIAS-PARETLONGUE Eurl
DOMAINE DE PARETLONGUE
11610 PENNAUTIER - FRANCE
PRODUCT OF FRANCE

Le vin ► vin de pays de la Cité de Carcassonne. société Château Auzias - Paretlongue Eurl. Rouge 1997. Tarif départ cave 31 F.

La propriété ► 50 ha, âge moyen du vignoble 20 ans. Cépages : grenache, merlot et cabernet.

La dégustation ► Bouche plaisante, sève et terre, avec une finale soutenue. Une matière déjà bien évoluée ; très franc, avec une bonne vinification. Vin habile. Excellent rapport qualité/prix.

Autres choix ► cabardès

Pour commander ► Château Auzias - Paretlongue 11610 Pennautier : Alain Bernard ou Adam Dakin
✆ 04 68 47 28 28 - Fax 04 68 47 92 20

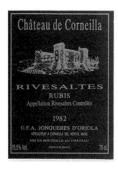

Château de Corneilla

RIVESALTES
RUBIS
Appellation Rivesaltes Contrôlée

1982

G.F.A. JONQUÈRES D'ORIOLA
VITICULTEUR A CORNEILLA DEL VERCOL, 66200
MIS EN BOUTEILLE AU CHÂTEAU

Le vin ► rivesaltes Rubis château de Corneilla. Rouge 1982. Tarif départ cave 40 F.

La propriété ► 61 ha sur un sol caillouteux et limono-argileux. Cépages : grenache, carignan, syrah, mourvèdre, vermentino, maccabéo, viognier, merlot, cabernet, muscat.

La dégustation ► Du sucre mais aussi de la souplesse. A encore de la réserve.

Autres choix ► le muscat de rivesaltes blanc à 40 F et le côtes du roussillon rouge 95 à 25 F.

Pour commander ► EARL Jonquères d'Oriola Château de Corneilla 66200 Corneilla-del-Vercol
✆ 04 68 22 73 22 - Fax 04 68 22 43 99

VDP CITE DE CARCASSONNE

Château
L'ESPARROU

RIVESALTES
AMBRÉ VIEUX
Appellation Rivesaltes Contrôlée

Mis en bouteille au château

Le vin ► rivesaltes ambré Hors d'Age. 1992. Tarif départ cave 38 F.

La propriété ► 82 ha sur 32 parcelles, à proximité de la mer. Encépagement traditionnel (maccabéo, grenache blanc, chardonnay, etc).

La dégustation ► Ambré, réussi, séduisant. Plaît au plus grand nombre.

Autres choix ► vin de pays catalan esparrou merlot rouge 96 à 22 F.

Pour commander ► Château L'Esparrou Voie des Flamants Roses, Canet-en-Roussillon 66140 Canet-Plage
✆ 04 68 73 30 93 - Fax 04 68 73 58 65

FRONTIGNAN
APPELLATION D'ORIGINE CONTRÔLÉE
15%vol. **GRANDE TRADITION** e750ml
MIS EN BOUTEILLE A LA PROPRIÉTÉ
FRONTIGNAN COOPÉRATIVE E.C.A. - 34112 FRONTIGNAN (FRANCE)

Le vin ► muscat de frontignan Grande Tradition. Blanc 1997. Tarif départ cave 36 F.

La propriété ► 630 ha de sol argilo-calcaire. Cépage unique muscat blanc à petits grains.

La dégustation ► Un classique dans sa jolie bouteille torsadée. Sans reproche, un produit bien fait, agréable.

Autres choix ► vin de pays d'oc Terres Blanches blanc 98 à 26 F.

Pour commander ► Cave coopérative du Muscat de Frontignan
Av. du Muscat BP 136 34112 Frontignan cedex
✆ 04 67 48 12 26 - Fax 04 67 43 07 17

VIN DOUX NATUREL ET VINS DE LIQUEUR

Le vin ► rivesaltes ambré Hors d'Age. 1992. Tarif départ cave 38 F.

La propriété ► 82 ha sur 32 parcelles, à proximité de la mer. Encépagement traditionnel (maccabéo, grenache blanc, chardonnay, etc).

La dégustation ► Ambré, réussi, séduisant. Plaît au plus grand nombre.

Autres choix ► vin de pays catalan esparrou merlot rouge 96 à 22 F.

Pour commander ► Château L'Esparrou Voie des Flamants Roses, Canet-en-Roussillon 66140 Canet-Plage
✆ 04 68 73 30 93 - Fax 04 68 73 58 65

Le vin ► vin de liqueur les Demoiselles château de Pech-Latt. Rouge 1997. Tarif départ cave 36 F.

La propriété ► 120 ha de collines de calcaire et de marne. Cépages : carignan, grenache noir, syrah, mourvèdre, cinsault, maccabéo, marsanne, muscat.

La dégustation ► Sans excès d'alcool (15,5°), un apéritif très plaisant, mais aussi, et surtout, un vin de dessert, idéal avec le chocolat.

Autres choix ► le corbières rouge 97 à 26 F.

Pour commander ► Château de Pech-Latt Ribaute 11220 Lagrasse
✆ 04 68 58 11 40 - Fax 04 68 58 11 41

Le vin ► vin doux naturel grenache ambré Salitis. Tarif départ cave 36 F.

La propriété ► Ancienne dépendance de l'abbaye de Lagrasse, au nord de Carcassonne. Vinifie cabardès et vin de pays d'oc.

La dégustation ► Robe ambré. Nez grillé et cacao. Souple et rond en bouche, fruits confits.

Autres choix ► cabardès Château de Salitis rouge à 26 F et vin de pays d'oc sauvignon domaine de Salitis à 19 F.

Pour commander ► Château de Salitis 11600 Conques sur Orbiel
✆ 04 68 77 16 10 - Fax 04 68 77 05 69

Le vin ► costières de nîmes château de la Tuilerie. Blanc 1997. Tarif départ cave 32 F.

La propriété ► 80 ha. Cépages : syrah, grenache, grenache blanc, rolle.
E-mail chateau.tuilerie@wanadoo.fr

La dégustation ► Neutre agréable, un produit bien fini qui se tient avec une certaine élégance.

Autres choix ► grand choix de costières de nîmes blancs, rouges ou rosé, mais aussi de liqueurs et vins de pays.

Pour commander ► Château de la Tuilerie Route de Saint-Gilles 30900 Nîmes
✆ 04 66 70 07 52 - Fax 04 66 70 04 36

Le vin ► costières de nîmes cuvée des Bernis château de l'Amarine. Blanc 1997. Tarif départ cave 32 F.

La propriété ► 35 ha de gneiss. Cépages : syrah et grenache noir pour les rouges, grenache blanc et roussanne pour les blancs.

La dégustation ► Rond et velouté, assez long, finale intéressante.

Autres choix ► costières de nîmes cuvée des Bernis rouge 96 à 37 F.

Pour commander ► Château de l'Amarine Château de Campuget D 403 30129 Manduel ℰ 04 66 20 20 15 - Fax 04 66 20 60 57

Le vin ► costières de nîmes château de Belle Coste. Blanc 1997. Tarif départ cave 36 F.

La propriété ► 62 ha d'un terroir de galets roulés. Cépage : grenache, syrah, roussanne et mourvèdre.

La dégustation ► Sympathique et assez typé. Simple, en finesse, dans la neutralité, un bon vin de soif.

Autres choix ► en costières de nîmes 1997, également du rosé et du rouge, à 29 F.

Pour commander ► Château de Belle Coste 30132 Caissargues ℰ 04 66 20 26 48 - Fax 04 66 20 16 90

Le vin ► costières de nîmes château L'Ermitage. Blanc 1997. Tarif départ cave 29 F.

La propriété ► 80 ha. Terroir gneiss de galets roulés. Cépages : muscat, roussanne, grenache, viognier. E-mail : lermitag@club-internet.fr

La dégustation ► Finesse et légèreté, un vin plaisant, avec une bonne structure et une certaine longueur.

Autres choix ► domaine de l'Ermitage muscat blanc 97 à 39 F.

Pour commander ► Château L'Ermitage 30800 Saint-Gilles ℰ 04 66 87 04 49 - Fax 04 66 87 16 02

Le vin ► costières de nîmes Tradition château de Campuget. Rouge 1997. Tarif départ cave 26 F.

La propriété ► 120 ha de sols de grès à Gapan. Cépage : syrah et grenache. Plusieurs domaines sont rattachés au château.

La dégustation ► Force et équilibre, avec un nez de réglisse. Un beau produit bien vinifié, une vigoureuse sensation.

Autres choix ► en costières de nîmes, le rosé 97 à 29 F.

Pour commander ► Château de Campuget D 403 30129 Manduel ℰ 04 66 20 20 15 - Fax 04 66 20 60 57

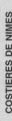

COSTIERES DE NIMES

Le vin ► costières de nîmes cuvée des Bernis château de l'Amarine. Rouge 1996. Tarif départ cave 37 F.

La propriété ► 35 ha de gneiss, plantés de cépages syrah et grenache noir pour les rouges, grenache blanc et roussanne pour les blancs.

La dégustation ► Beaucoup de soleil, un cousinage avec les riojas, et un vin friand, qui emplit la bouche, avec une belle finale.

Autres choix ► costières blanc 97 à 32 F.

Pour commander ► Château de l'Amarine Château de Campuget, D 403 30129 Manduel ✆ 04 66 20 20 15 - Fax 04 66 20 60 57

Le vin ► costières de nîmes galets rouges château Mourgues du Grès. Rouge 1997. Tarif départ cave 28 F.

La propriété ► 30 ha. Terroir de marnes argilo-calcaires. Cépage : syrah, grenache.

La dégustation ► Un syrah-grenache puissant et net, avec une belle vinification. Tout en vigueur et franchise.

Autres choix ► en costières de nîmes, le rosé 97 à 28 F.

Pour commander ► Château Mourgues du Grès Route de Bellegarde 30300 Beaucaire ✆ 04 66 59 46 10 - Fax 04 66 59 34 21

Le vin ► vin de pays du gard chardonnay domaine de Puechredon. Blanc 1997. Tarif départ cave 23 F.

La propriété ► Aux portes des Cévennes, entre garrigue et genièvre.

La dégustation ► Vin d'un jaune clair, nez abricot, belle fraîcheur, bouche hamonieuse, un vin plaisir et facile à boire.

Autres choix ► le Réserve à 15 F, le merlot à 23 F et la cartagène à 60 F.

Pour commander ► Domaine de Puechredon 30610 Sauve ✆ 04 66 77 31 25 - Fax 04 66 77 43 15

Le vin ► vin de pays du Gard la Réserve domaine de La Galère. Rouge 97. Tarif départ cave 18 F.

La propriété ► Colette Floutier, ambassadrice des vins de pays du Gard, vous recevra dans son mas au cœur du vignoble gardois.

La dégustation ► Belle robe rubis clair. En bouche souple, fruité. Un vin facile à boire.

Autres choix ► vin de pays du gard domaine de La Galère blanc à 20 F.

Pour commander ► Domaine de la Galère 30350 Aigremont ✆ 04 66 83 41 56 - Fax 04 66 83 40 54

Le vin ► coteaux du languedoc Berloup Schisteil. Blanc 1997. Tarif départ cave 28 F.

La propriété ► 590 ha. Cépages : carignan, grenache, cinsault, syrah, mourvèdre, etc.

La dégustation ► Une bonne mâche, bouche d'écorce méditerranéenne, un produit bien fini, équilibré avec une certaine finesse.

Autres choix ► saint-chinian Schisteil rouge 96 à 27 F et Berloup terroir Donaro rouge 97 à 30 F.

Pour commander ► Cave Coopérative des Coteaux du Rieu-Berlou
Avenue des Vignerons 34360 Berlou
℃ 04 67 89 58 58 - Fax 04 67 89 59 21

Le vin ► coteaux du languedoc Mas Brunet. Blanc 1997. Tarif départ cave 36 F.

La propriété ► Un terroir composé d'argiles rouges et de pierres dolomites.

La dégustation ► Nez grillé avec des notes de fleurs blanches, vin très végétal, légèrement boisé, bonne fraîcheur, très bien fait.

Autres choix ► coteaux du languedoc Mas Brunet rouge 1997 à 36 F et Mas Brunet rosé 1997 à 29 F.

Pour commander ► Mas Brunet
Route de Saint Jean 34380 Causse de la Selle
℃ 04 67 73 10 57 - Fax 04 67 73 12 89

Le vin ► coteaux du languedoc Mas Jullien. Rosé 97. Tarif départ cave 36 F.

La propriété ► Olivier Jullien est un vigneron idéaliste. Ses vins, à son image, sont sensibles, originaux et complexes.

La dégustation ► Rosé à robe pastel. Nez cerise. Bouche fraîche, pure et équilibrée. On appréciera sa finesse et son élégance.

Autres choix ► coteaux du languedoc les Etats d'Ame Mas Jullien rouge à 45 F.

Pour commander ► Mas Jullien
Route Saint André 34725 Jonquières
℃ 04 67 96 60 04 - Fax 04 67 96 60 50

Le vin ► coteaux du languedoc cuvée Sélection domaine de la Coste. Rouge 1996.
Tarif départ cave 34 F.

La propriété ► Très bon sol de galets.

La dégustation ► Un très beau nez avec des parfums de garrigue, de ciste et de romarin. Belle bouche ronde bien structurée. Finale poivrée, longueur soyeuse.

Autres choix ► coteaux du languedoc domaine de la Coste 1997 à 43 F.

Pour commander ► Domaine de la Coste
34400 Saint-Christol
℃ 04 67 86 02 10 - Fax 04 67 86 07 71

COTEAUX DU LANGUEDOC

COTEAUX DU LANGUEDOC

Le vin ► coteaux du languedoc château de Lascaux. Rouge 1997. Tarif départ cave 34 F.

La propriété ► Terroir de calloutis argilo-calcaires. Cépages : syrah et grenache noir essentiellement, viognier, rolle, marsanne et roussanne.

La dégustation ► Agréable et suave, jolie bouche cosmétique, un plaisir tendre.

Autres choix ► AOC coteaux du languedoc et pic saint-loup rouges, rouges, rosés et blancs.

Pour commander ► Château de Lascaux Place de l'Eglise 34270 Vacquières
℗ 04 67 59 00 08 - Fax 04 67 59 06 06

Le vin ► coteaux du languedoc merlot château des Hospitaliers. Rouge 1996.
Tarif départ cave 30 F.

La propriété ► 28 ha de coteaux de galets roulés sur sol argileux et terrasses anciennes. Cépages variés, pour le blanc comme le rouge.

La dégustation ► Bien vinifié, fruits rouges et amande grillée. Intéressant et vigoureux.

Autres choix ► coteaux du languedoc Saint-Christol blanc 96 à 17 F, rouge 95 à 25 F.

Pour commander ► Château des Hospitaliers 34400 Saint-Christol
℗ 04 67 86 01 15 - Fax 04 67 86 00 19

Le vin ► coteaux du languedoc château de l'Engarran. Rouge 1997. Tarif départ cave 39 F.

La propriété ► 50 ha de terroir de grès à cailloux roulés en sommet de coteaux. Cépages grenache et syrah.

La dégustation ► Nez de figue séchée, simple et long, souple, gouleyant, méditerranéen.

Autres choix ► vin de pays des collines de la Moure les Garrigues de l'Engarran, un bon rouge 97 à 25 F.

Pour commander ► Château de l'Engarran Saint-Georges d'Orques 34880 Laverune
℗ 04 67 47 00 02 - Fax 04 67 27 87 89

Le vin ► coteaux du languedoc le Nouveau Monde. Rouge 1996. Tarif départ cave 35 F.

La propriété ► 23 ha de sables et de graves. Cépages languedocien, avec l'ajout de merlot, cabernet sauvignon, etc.

La dégustation ► Une bonne structure, charnue, déjà accomplie. Arômes clairs, bouche agréable, douce en finale.

Autres choix ► vins de pays d'oc chardonnay blanc 97 à 26 F et merlot 96 à 24 F.

Pour commander ► Domaine le Nouveau Monde - 34350 Vendres-Plage
℗ 04 67 37 33 68 - Fax 04 67 37 58 15

Le vin ► coteaux du languedoc Abbaye de Valmagne. Rouge 1997. Tarif départ cave 33 F.

La propriété ► 75 ha sur un sol argilo-calcaire et de grès rouge. Les vignes ont un âge moyen de 18 ans. L'encépagement se répartit entre roussanne, syrah, mourvèdre, grenache et marsanne.

La dégustation ► Beau, friand, sans complexité mais souple et très agréable.

Autres choix ► le blanc 97 à 33 F.

Pour commander ► Abbaye de Valmagne
34560 Villeveyrac
℗ 04 67 78 06 09 - Fax 04 67 78 02 50

Le vin ► coteaux du languedoc domaine Deshenrys. Rouge 1997. Tarif départ cave 35 F.

La propriété ► 66 ha en vin de pays. Le sol est composé de substrats argilo-calcaires et de gravettes. Vinification traditionnelle très soignée.

La dégustation ► Classique, profond, tannins fondus, très bien fait. Une bouteille de plaisir, dans une certaine simplicité.

Autres choix ► côtes de thongue blanc 97 à 35 F et rouge 97 à 35 F.

Pour commander ► Domaine Deshenrys
Alignan du Vent 34290 Servian
℗ 04 67 24 91 67 - Fax 04 67 24 94 21

Le vin ► coteaux du languedoc cuvée Vermeil du Crès. Rouge 1997. Tarif départ cave 24,50 F.

La propriété ► Coopérative de 400 vignerons en bordure de la Méditerranée.

La dégustation ► Vin limpide, notes de fruits rouge frais, pointe de poivre ; en bouche épices, violette et finale noisette ; plaisant et simple, au bois bien fondu.

Autres choix ► vin de pays blanc de blanc à 16,50 F, chardonnay, vins de pays d'oc à 28,50 F.

Pour commander ► Cave de Sérignan
Avenue Roger Audoux 34410 Sérignan
℗ 04 67 32 23 26 - Fax 04 67 32 59 66

Le vin ► coteaux du languedoc terrasses du Larzac cuvée Jacques Arnal. Rouge 1996. Tarif départ cave 39 F.

La propriété ► Sur cailloutis argilo-calcaires, les cépages principaux sont syrah et grenache.

La dégustation ► Robe pourpre, nez intense et frais de légumes cuits, belle structure de fruits mûrs, tanins ronds ; à suivre, va se révéler.

Autres choix ► Saint Félix rouge à 27,50 F et Saint Jacques rosé à 17 F.

Pour commander ► Cave de Saint Félix
21, av. M. Albert 34725 Saint Félix de Lodez
℗ 04 67 96 60 61 - Fax 04 67 88 61 77

Le vin ▶ coteaux du languedoc Bois d'Eleins. Rouge 1996. Tarif départ cave 22 F.

La propriété ▶ C'est au nord de Sommières, dans un secteur vallonné que la cave de Crespian élabore ses vins.

La dégustation ▶ Robe rubis brillante, nez fruits mûr et épices, en bouche cassis, tanins fondus, bonne longueur et complexité en bouche.

Autres choix ▶ vin de pays d'oc viognier 97 à 30 F et chardonnay 97 à 20 F

Pour commander ▶ Cave de Crespian Les Vignerons d'Art, M. Leyris 30260 Crespian ℂ 04 66 77 81 87 - Fax 04 66 77 81 43

Le vin ▶ coteaux du languedoc domaine de la Perrière. Rouge 1997. Tarif départ cave 25 F.

La propriété ▶ Le vignoble est situé sur un terroir argilo-calcaire et de galets de silice.

La dégustation ▶ Robe pourpre brillante. Nez intense fruits secs épices. Très belle structure complexe. Vivacité et belle harmonie.

Autres choix ▶ coteaux du languedoc cuvée Tradition à 22 F, vin de pays d'oc chardonnay à 30 F et vin de pays cépage rolle à 18 F.

Pour commander ▶ Domaine de la Perrière 8, rue du Puits 34730 Saint Vincent ℂ 04 67 59 61 75 - Fax 04 67 59 52 52

Le vin ▶ coteaux du languedoc domaine de Coursac. Rouge 1994. Tarif départ cave 25 F.

La propriété ▶ Carnas est situé à 35 km au nord de Montpellier, entre bois et garrigue.

La dégustation ▶ Pourpre brillant, nez de fruits cuits. Vin complexe, évolué qui s'ouvre. En bouche, persistant. Finale enrobée et moelleuse.

Autres choix ▶ vin de pays d'oc viognier 1997 à 33 F et coteaux du languedoc fûts de Chêne domaine de Coursac 1995 à 38 F.

Pour commander ▶ Cave de Carnas Route de Quissac 30260 Carnas ℂ 04 66 77 30 76 - Fax 04 66 77 14 20

Le vin ▶ coteaux du languedoc fûts de chêne Bergerie de Lunès. Rouge 1996. Tarif départ cave 34 F.

La propriété ▶ Appartient à un ancien négociant.

La dégustation ▶ Vin pourpre profond, nez puissant, fruits noirs et de garrigue, en bouche boisé, harmonieux, belle structure et souplesse.

Autres choix ▶ faugères rouge domaine des Lauriers à 26,50 F et vin de pays des sables gris de gris domaine Le Pive à 17 F.

Pour commander ▶ Jeanjean 34725 Saint Félix de Lodez ℂ 04 67 88 80 00 - Fax 04 67 96 65 67

Le vin ► coteaux du languedoc Bronzinelle. Rouge 1997. Tarif départ cave 40 F.

La propriété ► Coteaux de terres rouges bien drainés et bénéficiant de brises marines.

La dégustation ► Robe grenat soutenu. Nez un peu fermé au départ puis intense, aux arômes de fruits rouges et romarin. Rond, gras, tanins agréables. Bouche persistante et équilibrée.

Autres choix ► coteaux du languedoc Saint Martin 1997 à 65 F et Picpoul 1997 à 40 F.

Pour commander ► Château de Saint Martin de la Garrigue - 34530 Montagnac
℡ 04 67 24 00 40 - Fax 04 67 24 16 15

Le vin ► coteaux du languedoc Dolomies. Rouge 1996. Tarif départ cave 31 F.

La propriété ► A quelques kms de Montpellier.

La dégustation ► Vin typé, épices, garrigue et fruits mûrs. Notes réglissées en bouche. Bel équilibre en bouche. Structure persistante.

Autres choix ► coteaux du languedoc La Galopine blanc 1997 à 60 F et coteaux du languedoc Classique rouge 1996 à 27 F.

Pour commander ► Domaine de la Terre Mégère - 10, rue du Jeu de Tambourin 34660 Cournonsec
℡ 04 67 85 42 85 - Fax 04 67 85 25 12

Le vin ► coteaux du languedoc Prestige château La Sauvageonne. Rouge 1997. Tarif départ cave 40 F.

La propriété ► Des coteaux de schistes.

La dégustation ► Nez puissant de grillé, un peu évolué. Arômes de garrigue, de maquis et de café. Belle structure, long et charnu. Notes de réglisse. Vin puissant et bien équilibré.

Autres choix ► la Sauvageonne Carte Blanche rouge à 21 F et Carthagène à 45 F.

Pour commander ► Château La Sauvageonne 34700 Saint Jean de la Blaquière
℡ 04 67 44 71 74 - Fax 04 67 44 71 02

Le vin ► coteaux du languedoc Prestige château Langlade. Rouge 1996. Tarif départ cave 30 F.

La propriété ► Aux portes de Nîmes, coteaux du Languedoc et vins de pays.

La dégustation ► Robe rubis. Nez s'ouvrant sur des notes de sous-bois, de réglisse et de fumé. Belle structure, attaque ronde assez ample. Finale poivrée. Avenir intéressant.

Autres choix ► coteaux du languedoc Prestige château Langlade blanc à 25 F.

Pour commander ► Château Langlade M. Cadenne 30980 Langlade
℡ 04 66 81 30 22 - Fax 04 67 14 32 36

COTEAUX DU LANGUEDOC

Le vin ▶ coteaux du languedoc cuvée Noble de Massane. Rouge 1995. Tarif départ cave 30 F.

La propriété ▶ Terroir de graviers sur des calcaires tendres.

La dégustation ▶ Robe pourpre, reflets orangés. Nez riche et complexe. Bouche bien structurée, tanins légèrement astringents. Belle longueur.

Autres choix ▶ vin de pays d'oc rosé à 20 F et cabernet sauvignon rouge à 20 F.

Pour commander ▶ Domaine Saint-Jean d'Aumières - M. Delclaud
34150 Gignac
✆ 04 67 57 52 57 - Fax 04 67 57 52 57

Le vin ▶ coteaux du languedoc cuvée Sélection château de Flaugergues. Rouge 1997.
Tarif départ cave 37,50 F.

La propriété ▶ Bien située, elle produit des vins justement renommés.

La dégustation ▶ Robe grenat brillant. Nez garrigue, vineux et floral. Souple, un peu maigre mais vin très agréable.

Autres choix ▶ coteaux du languedoc cuvée Sommelière 1997 à 52 F.

Pour commander ▶ Château de Flaugergues
1744, av. Albert Einstein 34000 Montpellier
✆ 04 99 52 66 37 - Fax 04 99 52 66 44

Le vin ▶ coteaux du languedoc Notre Dame du Quatourze. Rouge 1996. Tarif départ cave 25 F.

La propriété ▶ Un îlot de cailloutis sur l'étang de Bages au sud de Narbonne.

La dégustation ▶ Robe grenat oranger. Nez élégant, fin, de cire. En bouche souple et tanins fins. Bonne persistance.

Autres choix ▶ château Notre Dame du Quatourze rosé à 21 F et blanc à 21 F.

Pour commander ▶ Château Notre Dame du Quatourze - M. Ortola
11100 Narbonne
✆ 04 68 41 58 92 - Fax 04 68 42 41 88

Le vin ▶ coteaux du languedoc château la Vernède. Rouge 1996. Tarif départ cave 27 F.

La propriété ▶ Un vignoble de 50 ha, situé sur un ancien site romain.

La dégustation ▶ Vin rouge clair, brillant et limpide. Nez agréable. Fondu, pas très complexe, facile à boire et très harmonieux.

Autres choix ▶ coteaux du languedoc fût de chêne château la Vernède blanc 1998 à 60 F et Fût de chêne rouge 1997 à 45 F.

Pour commander ▶ Château la Vernède
M. Ribet 34440 Nissan
✆ 04 67 37 00 30 - Fax 04 67 37 60 11

Le vin ► coteaux du languedoc domaine de Baubiac. Rouge 1996. Tarif départ cave 35 F.

La propriété ► Au nord-est du Pic Saint Loup sur des terroirs argilo-calcaires.

La dégustation ► Nez complexe. En bouche, arômes de fruits compotés et de sous bois. Vin élégant et équilibré avec des tanins fermes.

Autres choix ► vin de pays d'oc domaine de Baubiac merlot 1997 à 25 F et domaine de Baubiac viognier 1997 à 45 F.

Pour commander ► Domaine de Baubiac M. Philip 30260 Brouzet-lès-Quissac ✆ 04 66 77 33 45 - Fax 04 66 77 33 45

Le vin ► coteaux du languedoc la clape blanc de blancs château Mire-l'Etang. Blanc 1997. Tarif départ cave 28 F.

La propriété ► 52 ha argilo-calcaire. Cépages variés, entre autres syrah, grenache, roussanne.

La dégustation ► Original et agréable ; le pin, une certaine facilité, gras et ample avec une finale citronnée.

Autres choix ► la cuvée corail rosé 97 à 28 F et le Tradition rouge 96 à 28 F.

Pour commander ► Château Mire-l'Etang Massif de la Clape 11560 Fleury d'Aude ✆ 04 68 33 62 84 - Fax 04 68 33 99 30

Le vin ► coteaux du languedoc La clape cuvée Corail château Mire-l'Etang. Rosé 1997. Tarif départ cave 28 F.

La propriété ► 52 ha argilo-calcaires. Cépages variés, entre autres syrah, grenache, roussanne.

La dégustation ► Très pinède, très sud : de la puissance, mais un certain équilibre, du fruit et de la tonicité. Bien vinifié.

Autres choix ► le blanc de blancs 97 à 28 F et le Tradition rouge 96 à 28 F.

Pour commander ► Château Mire-l'Etang Massif de la Clape 11560 Fleury-d'Aude ✆ 04 68 33 62 84 - Fax 04 68 33 99 30

Le vin ► coteaux du languedoc la clape château Rouquette sur Mer. Rouge 1997. Tarif départ cave 33 F.

La propriété ► Superbe propriété au pied du massif de La Clape et en bord de mer.

La dégustation ► Belle robe brillante. Nez floral et fruit rouge très frais. En bouche réglissé, bonne longueur. Vin rond, souple et à boire.

Autres choix ►à suivre sans problème sur les autres millésimes

Pour commander ► Château Rouquette sur Mer - Route Bleue 11100 Narbonne Plage ✆ 04 68 79 90 41 - Fax 04 68 65 32 01

COTEAUX DU LANGUEDOC

CHATEAU MIRE L'ÉTANG
TRADITION
1996

LA CLAPE
COTEAUX DU LANGUEDOC
APPELLATION COTEAUX DU LANGUEDOC CONTROLEE
Mis en bouteille au Château
CHAMAYRAC et Fils, propriétaires-récoltants - 11560 FLEURY-D'AUDE
PRODUIT DE FRANCE
75 cl

Le vin ▶ coteaux du languedoc la clape Tradition château Mire-l'Etang. Rouge 1996. Tarif départ cave 28 F.

La propriété ▶ 52 ha sur sol argilo-calcaire. Cépages languedociens.

La dégustation ▶ Acre et fumé dans le bon sens, une bouche envoûtante, de cerise, toute en longueur et en arôme.

Autres choix ▶ cuvée corail rosé 97 à 28 F et le blanc de blancs 97 à 28 F.

Pour commander ▶ Château Mire-l'Etang Massif de la Clape 11560 Fleury d'Aude
✆ 04 68 33 62 84 - Fax 04 68 33 99 30

CHÂTEAU
RICARDELLE
La Clape
PRODUIT DE FRANCE

Le vin ▶ coteaux du languedoc la clape château Ricardelle. Rouge 1995. Tarif départ cave 30 F.

La propriété ▶ 45 ha argilo-sableux et des terres calcaires ou graveleuses. Cépages variés (merlot, grenache, carignan, etc).

La dégustation ▶ Nez franc qui se développe, bouche évoluée, avec juste un peu d'âpreté ; très bien fait.

Autres choix ▶ vins de pays d'oc rouges 100 % merlot ou cabernet sauvignon-syrah.

Pour commander ▶ Château Ricardelle Route de Gruissan 11100 Narbonne
✆ 04 68 65 21 00 - Fax 04 68 32 58 36

Domaine
LES COSTES
COTEAUX-DU-LANGUEDOC
APPELLATION COTEAUX DU LANGUEDOC
CONTROLEE
PIC SAINT-LOUP ROSÉ
-1997-
MIS EN BOUTEILLE A LA PROPRIÉTÉ
F.E.A. LE GROTTE 30260 CORCONNE
FRANCE
13% vol
750ml

Le vin ▶ coteaux du languedoc pic saint loup domaine les Costes. Rosé 1997. Tarif départ cave 29 F.

La propriété ▶ Forte proportion de gravette, propice à la maturation de raisins de qualité.

La dégustation ▶ Robe élégante. Nez floral et fruité. Bel équilibre, vif et gras à la fois, qui finit sur une note fruits rouges. Ensemble agréable.

Autres choix ▶ Vigne Hautes rouge 1996 à 41 F et la Gravette rosé 1998 à 19,50 F.

Pour commander ▶ Cave de Corconne M. Laurent 30260 Corconne
✆ 04 66 77 38 75 - Fax 04 66 77 13 56

Cuvée
des Verriers
1995

Domaine
Villeneuve
COTEAUX DU LANGUEDOC
APPELLATION COTEAUX DE LANGUEDOC CONTROLEE
PIC SAINT LOUP
Mis en bouteille dans nos Chais
M et F FLORAC Propriétaires 34270 CLARET
750 ml
12% vol

Le vin ▶ coteaux du languedoc pic saint loup cuvée des Verriers domaine Villeneuve. Rouge 1995. Tarif départ cave 24 F.

La propriété ▶ 48 ha sur des coteaux argilo-calcaires abrités par la crête de Taillade.

La dégustation ▶ Nez animal, épices et cannelle. Bouche agréable fruitée, complexe, vin à boire, avec une bonne évolution.

Autres choix ▶ vins de pays rouge, rosé et blanc, carthagène, blanc champagnisé.

Pour commander ▶ Domaine Villeneuve M. Florac - Les Embruscalles 34270 Claret
✆ 04 67 59 00 42 - Fax 04 67 59 07 76

Le vin ► coteaux du languedoc pic saint-loup château La Roque. Rouge 1997. Tarif départ cave 38 F.

La propriété ► 42 ha sur sol argilo-calcaire. Cépages : syrah, mourvèdre, grenache, viognier, rolle, marsanne, grenache blanc.

La dégustation ► Un plaisir immédiat, des tannins bien fondus, une bouche ample et chaleureuse, à la finale fumée.

Autres choix ► autres millésimes

Pour commander ► Château La Roque 34270 Fontanès
℡ 04 67 55 34 47 - Fax 04 67 55 10 18

Le vin ► coteaux du languedoc pic saint loup Vieilles vignes château de Lancyre. Rouge 1997. Tarif départ cave 35 F.

La propriété ► Cépages : syrah, mourvèdre, grenache et viognier.

La dégustation ► Rouge brillant. Vin fruité et réglissé, bouche équilibrée, belle structure, vin souple et agréable, bonne persistance.

Autres choix ► clos des Combes rouge 1998 à 30 F et la Rouvière blanc 1998 à 42 F.

Pour commander ► Château de Lancyre Route de Mende 34270 Valflaunès
℡ 04 67 55 22 28 - Fax 04 67 55 23 84

Le vin ► coteaux du languedoc pic saint loup Mortiès. Rouge 1996. Tarif départ cave 28 F.

La propriété ► A une vingtaine de kilomètres de Montpellier. Des vins intéressants.

La dégustation ► Notes de fruits rouges, de garrigue, de violette et de réglisse. Bouche charnue, harmonieuse. Vin tout en rondeur mais qui ne manque pas de structure.

Autres choix ► coteaux du languedoc pic saint loup Mortiès rosé 1996 à 25 F.

Pour commander ► Mas de Mortiès 34270 Saint Jean de Cuculles
℡ 04 67 55 11 12 - Fax 04 67 55 11 12

Le vin ► coteaux du languedoc cuvée Sainte Agnès Ermitage du Pic Saint Loup. Rouge 1997. Tarif départ cave 39 F.

La propriété ► Une bonne adresse de cette appellation du Pic Saintt Loup qui ne cesse de progresser et d'étonner.

La dégustation ► Vin élégant et épicé. Belle attaque, bouche tendre et soyeuse. Un joli plaisir ou ampleur et harmonie s'accordent.

Autres choix ►toute la gamme en confiance

Pour commander ► Ermitage du Pic Saint Loup M. Ravaille 34270 Saint Mathieu de Tréviers
℡ 04 67 55 20 15 - Fax 04 67 55 23 49

MAS BRUGUIERE

1996

Coteaux du Languedoc

Appellation Coteaux du Languedoc Contrôlée

Alc.13% by Vol.   750 ml

Mis en bouteille à la propriété par :
SCIA du Mas BRUGUIERE - 34270 VALFAUNES
PRODUCT OF FRANCE

Le vin ► coteaux du languedoc pic saint loup Tradition Mas Bruguière. Rouge 1996. Tarif départ cave 34 F.

La propriété ► Entre Pic Saint Loup et Hortus, des sols pauvres mais bien drainés.

La dégustation ► Rouge sombre. Arômes de fruits rouges bien mûrs avec des parfums de garrigue. Vin élégant et souple.

Autres choix ► coteaux du languedoc pic saint loup Mas Bruguière blanc 1996 à 42 F.

Pour commander ► Mas Bruguière
34270 Valflaunès
℅ 04 67 55 20 97 - Fax 04 67 55 20 97

1996   1996

Cuvée Spéciale

PIC·SAINT-LOUP

COTEAUX DU LANGUEDOC

MIS EN BOUTEILLE À LA PROPRIÉTÉ

G.F.A. Les
Coteaux du Pic
34270

Saint-Mathieu
de Tréviers
France

Le vin ► coteaux du languedoc pic saint loup Cuvée Spéciale les Coteaux du Pic. Rouge 1996. Tarif départ cave 38 F.

La propriété ► La cave de Saint Mathieu au pied du Pic regroupe plus de 300 vignerons.

La dégustation ► Robe rouge profond. Nez fruits rouges mûrs et boisé. Bouche franche, belle matière. Vin équilibré. Bonne longueur.

Autres choix ► coteaux du languedoc pic saint loup Sélection rouge 96 à 29 F et rosé 97 à 25 F.

Pour commander ► Les Coteaux du Pic
34270 Saint Mathieu de Tréviers
℅ 04 67 55 20 22 - Fax 04 67 55 36 17

PRODUIT DE FRANCE

CHÂTEAU DE LASCOURS

1996   1996

COTEAUX DU LANGUEDOC

APPELLATION COTEAUX DU LANGUEDOC CONTRÔLÉE

PIC SAINT-LOUP

MIS EN BOUTEILLE AU CHÂTEAU

12,5% vol.   ARLES - VIGNERON SAUTEYRARGUES 34270 - FRANCE   e 75 cl

Le vin ► coteaux du languedoc pic saint loup château de Lascours. Rouge 1996. Tarif départ cave 32 F.

La propriété ► Le domaine est situé dans le secteur du Pic Saint Loup.

La dégustation ► Robe pourpre profond. Nez fruits rouges et fumé. Bouche épicée. Vin rond. Bonne longueur.

Autres choix ► vins de pays d'oc merlot et maccabéo château de Lascours.

Pour commander ► Château de Lascours
34270 Sauteyrargues
℅ 04 67 59 00 58 - Fax 04 67 59 00 58

les terres rouges

CHATEAU
de
CAZENEUVE

Pic Saint-Loup

1997

Coteaux du Languedoc - Appellation Coteaux du Languedoc Contrôlée

Alc. by vol.   Mis en bouteille au Château   Net contents
12,5%   André Leenhardt - Propriétaire récoltant - 34270 Lauret   750 ml
Product of France

Le vin ► coteaux du languedoc pic saint loup les Terres Rouges château Cazeneuve. Rouge 1997. Tarif départ cave 30 F.

La propriété ► Un des meilleurs rapports qualité-prix du Languedoc.

La dégustation ► Belle robe pourpre, nez du Midi, complexe : pruneaux, épices et garrigue, bouche équilibrée. Vin harmonieux et souple.

Autres choix ► pic saint loup Roc des Mates rouge 1997 à 70 F et rosé 1997 à 30 F.

Pour commander ► Château Cazeneuve
34270 Lauret
℅ 04 67 59 07 49 - Fax 04 67 59 06 91

Le vin ► coteaux du languedoc pic saint loup L'Olivette clos Marie. Rouge 1997. Tarif départ caveau 38 F.

La propriété ► 15 ha sur les contreforts de l'Hortus. Un superbe rapport qualité prix.

La dégustation ► Très beau vin nez grillé, fruits noirs, en bouche complexe, rond charnu, complet bonne longueur. Potentiel de garde 4/5 ans.

Autres choix ► coteaux du languedoc pic saint loup les Glorieuses rouge 1996 à 75 F.

Pour commander ► Clos Marie Christophe Peyrus 34270 Lauret
℡ 04 67 59 06 96 - Fax 04 67 59 08 56

Le vin ► coteaux du languedoc roucaillat domaine Hautes Terres de Comberousse. Blanc 1997. Tarif départ cave 39 F.

La propriété ► 12 ha argilo-calcaires. Cépages chasan, chardonnay, roussanne, rolle, grenache.

La dégustation ► Arôme de pin, sympathique, bouche homogène : une certaine chaleur.

Autres choix ► vin de pays d'oc Cupidone 97 à 24 F et Vendemias de Passerillas Djebel à 60 F.

Pour commander ► Domaine Hautes Terres de Comberousse - Route de Gignac
34660 Cournonterral
℡ 04 67 85 05 18 - Fax 04 67 85 05 18

Le vin ► coteaux du languedoc saint-christol château des Hospitaliers. Blanc 1996. Tarif départ cave 17 F.

La propriété ► 28 ha de coteaux de galets roulés sur sol argileux et terrasses anciennes. Cépages variés, pour le blanc comme le rouge.

La dégustation ► Bien fait, en longueur et en corpulence. Bonne mâche, du caractère.

Autres choix ► coteaux du languedoc rouge Saint-Christol 96 à 25 F et merlot 96 à 30 F.

Pour commander ► Château des Hospitaliers 34400 Saint-Christol
℡ 04 67 86 01 15 - Fax 04 67 86 00 19

LLe vin ► coteaux du languedoc saint-christol château des Hospitaliers. Rouge 1996. Tarif départ cave 25 F.

La propriété ► 28 ha de coteaux de galets roulés sur sol argileux et terrasses anciennes. Cépages variés, pour le blanc comme le rouge.

La dégustation ► Correct et vigoureux en attaque, bouche franche.

Autres choix ► coteaux du languedoc Saint-Christol blanc 96 à 17 F, merlot 96 à 30 F.

Pour commander ► Château des Hospitaliers 34400 Saint-Christol
℡ 04 67 86 01 15 - Fax 04 67 86 00 19

COTEAUX DU LANGUEDOC

Le vin ► coteaux du languedoc saint-christol fût de chêne domaine Guinand. Rouge 1996. Tarif départ cave 38 F.

La propriété ► Vignoble de 60 ha de syrah, grenache et carignan.

La dégustation ► Nez expressif de cassis, épices et réglisse. Bouche à la fois dense, charnue et soyeuse. Bon rapport qualité-prix.

Autres choix ► saint-christol vieilles vignes 1996 à 27 F et chardonnay à 28 F.

Pour commander ► Domaine Guinand Avenue Saint Christophe 34400 saint-christol ✆ 04 67 86 85 55 - Fax 04 67 86 07 59

Le vin ► coteaux du languedoc Saint-Georges d'Orques prestige domaine de la Prose. Rouge 1997. Tarif départ cave 40 F.

La propriété ► Domaine fondé en 1990 aux portes de Montpellier. Une valeur sûre.

La dégustation ► Robe grenat brillant, nez intense fruits rouges et bois. Vin long en bouche, souple, gras. Belle typicité, équilibré et élégant.

Autres choix ► coteaux du languedoc Tradition rouge 97 et saint georges blanc 97 (30 F).

Pour commander ► Domaine de la Prose Route de Saint Georges 34570 Pignan ✆ 04 67 03 08 30 - Fax 04 67 03 48 70

Le vin ► saint-chinian cuvée Juliette domaine du Gabelas. Rouge 1996. Tarif départ cave 40 F.

La propriété ► Cuvée Juliette vendangée à la main et entièrement égrappée avant d'être mise en cuve.

La dégustation ► Jolie couleur profonde. Nez animal puissant riche et complexe de la zone de schistes. Bouche souple et ronde. Ensemble bien construit.

Autres choix ► autres millésimes

Pour commander ► Domaine de Gabelas 34310 Cruzy ✆ 04 67 93 84 29 - Fax 04 67 93 84 29

Le vin ► saint-chinian mas Champart. Rouge 1997. Tarif départ cave 30 F.

La propriété ► 16 ha de sol argilo-calcaire. Cépages variés : syrah, grenache, mourvèdre, carignan, cinsault, cabernet franc, etc.

La dégustation ► Intéressant, assez complexe, plaisant et profond, nez de réglisse.

Autres choix ► vin de pays d'oc rouge 95 à 25 F.

Pour commander ► Mas Champart Route de Villes Passans Bramefan 34360 Saint-Chinian ✆ 04 67 38 20 09 - Fax 04 67 38 20 09

Le vin ► saint-chinian cuvée Frédéric château Maurel Fonsalade. Rouge 1996. Tarif départ cave 38 F.

La propriété ► 27 ha de sols variés : argiles à galets, graves, schistes et grès. Cépages : grenache, syrah et cinsault.

La dégustation ► Attaque nerveuse et originale, nez franc, assez plaisant en bouche.

Autres choix ► saint-chinian rosé 1997 à 27 F et cuvée Fonsalade rouge 1996 à 65 F.

Pour commander ► Château Maurel Fonsalade 34490 Causses et Veyran
℡ 04 67 89 66 73 - Fax 04 67 89 56 69

Le vin ► saint-chinian cuvée Georges Aoust château Cazal-Viel. Rouge 1996.
Tarif départ cave 39 F.

La propriété ► 90 ha argilo-calcaires. Cépages : syrah, grenache, mourvèdre, viognier, sauvignon.

La dégustation ► Fortement charpenté, marqué par le terroir, rustique.

Autres choix ► saint-chinian cuvée Tradition rouge 96 à 30 F, vin de pays d'oc viognier 97 à 50 F et saint-chinian cuvée de Fées 97 à 65 F.

Pour commander ► Château Cazal-Viel 34460 Cessenon-sur-Orb
℡ 04 67 89 63 15 - Fax 04 67 89 65 17

Le vin ► saint-chinian Schisteil Coteaux du Rieu-Berlou. Rouge 1996. Tarif départ cave 27 F.

La propriété ► 590 ha plein sud. Cépages variés : carignan, grenache, cinsault, etc.

La dégustation ► Jeune et tendre, plein de franchise. Simplicité, sans arrière-pensée.

Autres choix ► coteaux du languedoc Berloup Schisteil blanc 97 à 28 F et saint-chinian Berloup terroir Donaro rouge 97 à 30 F.

Pour commander ► Cave Coopérative des Coteaux du Rieu-Berlou
Avenue des vignerons 34360 Berlou
℡ 04 67 89 58 58 - Fax 04 67 89 59 21

Le vin ► saint-chinian Berloup terroir Donaro. Rouge 1997. Tarif départ cave 30 F.

La propriété ► 590 ha plein sud. Cépages variés : carignan, grenache, cinsault, etc.

La dégustation ► Typé avec son petit coin de bois. Pas déplaisant, un peu passe-partout.

Autres choix ► coteaux du languedoc Berloup Schisteil blanc 97 à 28 F et saint-chinian Schisteil rouge 96 à 27 F.

Pour commander ► Cave Coopérative des Coteaux du Rieu-Berlou
Avenue des Vignerons 34360 Berlou
℡ 04 67 89 58 58 - Fax 04 67 89 59 21

SAINT CHINIAN

Le vin ► saint-chinian Coujan cuvée Gabrielle Spinola. Rouge 1995. Tarif départ cave 33 F.

La propriété ► Coteaux à 140 m d'altitude, sur un terroir de cailloutis gréseux.

La dégustation ► Robe rouge intense. Nez de fruits rouges mûrs et cerises noires. En bouche des notes de poivrons frais et de gibier. Vin ample, aux tanins fins. Finale épicée.

Autres choix ► saint-chinian rosé 1997 à 27 F et vin de pays d'oc pinot noir 1996 à 30 F.

Pour commander ► Château Coujan
34490 Murviel
✆ 04 67 37 80 00 - Fax 04 67 37 86 23

Le vin ► saint-chinian cuvée des Roches Noires. Rouge 1996. Tarif départ cave 36 F.

La propriété ► Roquebrun bénéficie d'un microclimat et de terroirs schisteux.

La dégustation ► Belle robe rubis. Nez animal et fruits noirs grillés. Vin rond élégant et harmonieux avec des nuances épicées. Fin de bouche persistante.

Autres choix ► muscat cave de Roquebrun à 47 F et château Roquebrun à 53 F.

Pour commander ► Cave de Roquebrun
Avenue des Orangers 34460 Roquebrun
✆ 04 67 89 64 35 - Fax 04 67 89 57 93

Le vin ► saint-chinian château La Dournie. Rouge 1996. Tarif départ cave 29 F.

La propriété ► Annick ou Véronique Etienne proposent une belle gamme dans l'appellation.

La dégustation ► Robe rubis. Arômes de fruits rouges, de grillé et d'épices. La bouche est équilibrée et harmonieuse, attaque ferme mais souple. Vin gouleyant.

Autres choix ► saint-chinian château La Dournie rosé 1998 à 28 F.

Pour commander ► Château La Dournie
34360 Saint-Chinian
✆ 04 67 38 19 63 - Fax 04 67 38 00 37

Le vin ► saint-chinian domaine Sorteilho. Rouge 1997. Tarif départ cave 27 F.

La propriété ► Situé aux pieds des Cévennes entre 200 et 300 mètres, exposition plein sud.

La dégustation ► Robe rouge brillante. Nez de fruits rouges avec une note de venaison. En bouche, attaque souple et moelleuse. Persistance réglissée. Belle évolution prévisible.

Autres choix ► saint-chinian domaine Sorteilho rosé à 25 F.

Pour commander ► Domaine Sorteilho
Cave des vignerons 34360 Saint-Chinian
✆ 04 67 38 28 48 - Fax 04 67 38 28 49

DOMAINE DES JOUGLA

SAINT CHINIAN
APPELLATION SAINT-CHINIAN CONTRÔLÉE
1996
MIS EN BOUTEILLE AU DOMAINE

12,5 % vol.   PRODUCT OF FRANCE   75 cl e

Le vin ► saint-chinian domaine des Jougla Classique. Rouge 1996. Tarif départ cave 28 F.

La propriété ► Propriété familiale depuis 1595, entre schistes et écailles calcaires.

La dégustation ► Robe rouge grenat tendre. Nez fruits rouges, marqué par des notes de café. En bouche, léger, souple. Finale persistante.

Autres choix ► saint-chinian domaine des Jougla Tradition rouge 1996 à 35 F.

Pour commander ► Domaine des Jougla Alain Jougla 34360 Saint-Chinian
℡ 04 67 38 06 02 - Fax 04 67 38 17 74

1996   *1996*

Domaine de Fontcaude

SAINT-CHINIAN

Élevé en fûts de chêne

Mis en Bouteille à la Propriété
12,5 % vol.   PAR LES VIGNERONS DU PAYS D'ENSÉRUNE - SAINT-CAZEDARNES   750 ml
PRODUCT OF FRANCE

Le vin ► saint-chinian domaine de Fontcaude. Rouge 1996. Tarif départ cave 30 F.

La propriété ► Autour de l'abbaye romane de Fontcaude, des cépages de vieilles vignes.

La dégustation ► Vin rouge foncé avec des arômes complexes de fruits mûrs et de cacao. Bouche ample. Vin de garde.

Autres choix ► saint-chinian domaine de Fontcaude rosé à 23 F.

Pour commander ► Vignerons du Pays d'Ensérune
34460 Cazedarnes
℡ 04 67 38 02 35 - Fax 04 67 38 19 25

Château
CAZAL-VIEL

SAINT-CHINIAN
APPELLATION SAINT-CHINIAN CONTRÔLÉE

1996

Henri Miquel
VIGNERON ELEVEUR - CAZAL-VIEL
34460 CESSENON
MIS EN BOUTEILLE AU CHÂTEAU

75 cl   PRODUCT OF FRANCE   12,5 % vol.

Le vin ► saint chinian cuvée Tradition château de Cazal Viel. Rouge 1996. Tarif départ cave 30 F.

La propriété ► 90 ha sur un sol argilo-calcaire. Cépages languedociens, avec viognier.

La dégustation ► Robe rouge sombre, nez petits fruits rouges et réglisse. En bouche rondeur, vin caracteristique du terroir de l'appellation.

Autres choix ► saint chinian cuvée Georges Aoust, viognier 1997 à 50 F

Pour commander ► Château Cazal-Viel 34460 Cessenon
℡ 04 67 89 63 15 - Fax 04 67 89 65 17

CHÂTEAU VIRANEL

1995

SAINT-CHINIAN
APPELLATION SAINT-CHINIAN CONTRÔLÉE

D et G BERGASSE-MILHE
G.F.A. de Viranel   Vigneron - Eleveur
34460   Cessenon   France
750 ml   MIS EN BOUTEILLE AU CHÂTEAU   12 % vol.

Le vin ► saint-chinian cuvée Tradition château Viranel. Rouge 1995. Tarif départ cave 31 F.

La propriété ► Un vigneron renommé qui travaille très soigneusement ses saint-chinian.

La dégustation ► Vin grenat sombre. Nez animal et réglissé. Souple, chaud et puissant. Belle structure avec un léger boisé fondu.

Autres choix ► saint-chinian château Viranel rosé à 29 F et coteaux du languedoc Château Viranel blanc à 32 F.

Pour commander ► Château Viranel 34460 Cessenon
℡ 04 90 55 85 82 - Fax 04 90 55 88 97

SAINT CHINIAN

Le vin ► saint-chinian Tradition domaine Bastide Rousse. Rouge 1996. Tarif départ cave 28 F.

La propriété ► Sur un sol calcaire, cépages syrah et grenache.

La dégustation ► Nez aux arômes de fruits noirs et pain grillé. Souple, élégant. Bonne longueur. Tanins fondus. Persistance en bouche.

Autres choix ► saint-chinian fûts de chêne domaine Bastide Rousse à 35 F.

Pour commander ► Domaine de Bastide Rousse - M. Crassus
34360 Villespassans
✆ 04 67 38 18 54 - Fax 04 67 35 16 55

Le vin ► saint-chinian cuvée des Chevaliers. Rouge 1995. Tarif départ cave 32 F.

La propriété ► Coteaux argilo-calcaires, exposés sud sud-est.

La dégustation ► Rouge très sombre. Arômes de fruits confits et grillés, avec des parfums de garrigue, de cacao et d'épices. Belle matière. Cuvée puissante et complexe.

Autres choix ► saint-chinian cuvée Truffières rouge 94 à 57 F et saint-chinian rosé à 31 F.

Pour commander ► Château Milhau-Lacugue Domaine de Milhau 34620 Puisserguier
✆ 04 67 93 64 79 - Fax 04 67 93 51 93

Le vin ► saint-chinian les Travers de Marceau domaine Rimbert. Rouge 1996. Tarif départ cave 36 F.

La propriété ► Vins de montagne des schistes très soignés.

La dégustation ► Robe grenat. Nez flatteur de petits fruits rouges et cassis. Finale grillée. Bouche équilibré. Harmonieux, riche et souple.

Autres choix ► saint-chinian Mas aux Schistes rouge 97 à 48 F et saint-chinian rosé 97 à 28 F.

Pour commander ► Domaine Rimbert
4, av. des Mimosas 34360 Berlou
✆ 04 67 89 73 98 - Fax 04 67 89 73 98

Le vin ► faugères Tradition château Chenaie. Rouge 1996. Tarif départ cave 30 F.

La propriété ► Une propriété familiale où l'on travaille juste et bien. Vinification traditionnelle, dans la bonne ligne de l'appellation.

La dégustation ► Notes de fruits rouges et pain grillé. La bouche est franche et ronde. Vin élégant.

Autres choix ► faugères cuvée Les Douves château Chenaie blanc 1996 à 60 F.

Pour commander ► Château Chenaie
Gaec Chabert et fils 34600 Cossiniojouls
✆ 04 67 23 17 73 - Fax 04 67 95 44 98

Le vin ► faugères Tradition domaine Léon Barral. Rouge 1996. Tarif départ cave 38 F.

La propriété ► 25 ha de coteaux schisteux à forte pente. Cépages : syrah, grenache, carignan, terret, roussanne et viognier.

La dégustation ► Nez cerise et floral, attaque ronde, tanins encore jeunes de caramel cuit, vin facile. Ensemble agréable.

Autres choix ► cuvée Jadis (75 F) syrah et carignan et Valinière (130 F) mourvèdre.

Pour commander ► Domaine Léon Barral Lenthéric 34480 Cabrerolles
✆ 04 67 90 29 13 - Fax 04 67 90 13 37

Le vin ► faugères château des Estanilles. Rouge 1997. Tarif départ propriété 30 F.

La propriété ► 25 ha, terroir schisteux, à flanc de montagne, vignes de 17 ans.

La dégustation ► Vin souple, fruité en bouche et épicé, jolie matière, un peu rustique, et typique de l'appellation.

Autres choix ► cuvée prestige à 40 F ou la cuvée Syrah 1997 à 90 F, un millésime de bonne garde.

Pour commander ► Château des Estanilles Lenthéric 34480 Cabrerolles
✆ 04 67 90 29 25 - Fax 04 67 90 10 99

Le vin ► faugères domaine de la Reynardière. Rouge 1994. Tarif départ cave 35 F.

La propriété ► Vignes de 30 ans, sols schisteux, argilo-calcaires, graveleux ou d'alluvions.

La dégustation ► Robe rubis grenat, au nez de cuir et fruits rouges torréfiés, bouche charnue et ample, ensemble plaisant et typé.

Autres choix ► faugères rouge Tradition 1995 à 21 F et faugères rouge Prestige 1994 à 32 F.

Pour commander ► Domaine de la Reynardière. M. Mégé-Pons
7, Cours Jean Moulin 34480 Saint Génies
✆ 04 67 36 25 75 - Fax 04 67 36 15 80

Le vin ► faugères domaine du Fraïsse. Rouge 1996. Tarif départ cave 25,50 F.

La propriété ► 19 ha schisteux. Cépages syrah, grenache, carignan, mourvèdre.

La dégustation ► Un vin bien équilibré, incisif en bouche, assez vif, moins tannique que les précédentes années, mais que l'on peut attendre sans problème.

Autres choix ► faugères rosé 1997 à 25,50 F.

Pour commander ► Domaine du Fraïsse. Jacques Pons
1, bis rue du Chemin de Ronde 34480 Autignac
✆ 04 67 90 23 40 - Fax 04 67 90 10 20

FAUGÈRES

FAUGÈRES

Le vin ► faugères Privilège Rouge Gorge. Rouge 1996. Tarif départ cave 35 F.

La propriété ► Respect du terroir et bon travail de vinification qui privilégie les longues cuvaisons.

La dégustation ► Nez confit, grillé, épicé et délicat. Bouche ample et cerise. Jolis tanins. Vin rustique, à boire immédiatement ou à conserver.

Autres choix ► faugères Rouge Gorge rouge 1997 à 25 F.

Pour commander ► Domaine de Rouge Gorge Domaine des Affanies 34480 Magalas
℡ 04 67 36 22 86 - Fax 04 67 36 61 24

Le vin ► faugères Ollier Taillefer Castel Fossbus. Rouge 1997. Tarif départ cave 36 F.

La propriété ► Coteaux de schistes entre 200 et 250 m, exposés au sud, provenant de friches de garrigues, dans un superbe village fleuri.

La dégustation ► Nez boisé et pain grillé. En bouche arômes fruit mûrs, de garrigue et beaucoup de gras. Vin équilibré et ample.

Autres choix ► Faugères Ollier Taillefer rosé Tradition à 26 F.

Pour commander ► Domaine Ollier Taillefer Route de Gabian 34320 Fos
℡ 04 67 90 24 59 - Fax 04 67 90 12 15

Le vin ► faugères cuvée Arnaud Lubac château Grézan. Rouge 1996. Tarif départ cave 40 F.

La propriété ► 125 ha.

La dégustation ► Vin typé, robe grenat profond, nez expressif, avec des notes cassis, épices et garrigue, bouche ample, dense et harmonieuse. Bonne persistance aromatique.

Autres choix ► château de Grézan cuvée vieilles vignes 1995 à 58 F et château de Grézan rosé à 21,50 F.

Pour commander ► Château de Grézan Route Départementale 909 34480 Laurens
℡ 04 67 90 27 46 - Fax 04 67 90 29 01

Le vin ► faugères château Haut Lignières. Rouge 1997. Tarif départ cave 24,20 F.

La propriété ► M. Kreutzfelot est établi sur un vignoble âgé de 22 ans, d'une superficie de 15 ha avec un terroir de schistes broyés.

La dégustation ► Robe grenat intense, nez cassis, bouche balsamique et animale, tanins équilibrés, finale ronde légèrement astringente.

Autres choix ► faugères cuvée Romy rouge 1997 à 28,40 F.

Pour commander ► Château Haut Lignières Lieu-dit Bel Air 34600 Faugères
℡ 04 67 95 38 27 - Fax 04 67 25 38 58

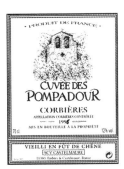

Le vin ► corbières cuvée des Pompadour fût de chêne. Rouge 1996. Tarif départ cave 36 F.

La propriété ► Cette petite cave coopérative exploite des terroirs variés, calcaires et schistes.

La dégustation ► Robe d'un rouge profond, arômes de truffe et de cassis, bouche ample et veloutée. Vin soyeux et belle persistance.

Autres choix ► corbières cuvée des Pompadour fûts de chêne 1993 à 52 F et corbières Castelmaure rosé à 24 F.

Pour commander ► Cave de Castelmaure 11360 Embre et Castelmaure
℅ 04 68 45 91 83 - Fax 04 68 45 83 56

Le vin ► corbières château Saint-Auriol. Rouge 1996. Tarif départ cave 35 F.

La propriété ► 45 ha de vignoble d'un âge moyen de 35 ans. Le sol est argilo-calcaire et la vigne est exposée au sud-est. Cépages grenache, carignan, syrah et mourvèdre.

La dégustation ► Profond et franc ; un corbières rustique et soutenu dont la durée de cuvaison est d'un mois.

Autres choix ► autres millésimes

Pour commander ► Château Saint-Auriol 11220 Lagrasse
℅ 04 68 58 15 15 - Fax 04 68 58 15 16

Le vin ► corbières le Jardin de Frédéric. Rouge 1997. Tarif départ cave 29 F.

La propriété ► 22 ha sur sol argilo-calcaire. Cépages : syrah, grenache, carignan, cinsault, clairette et maccabéo.

La dégustation ► Un pur produit : frais, gouleyant, limpide, sans typicité marquée.

Autres choix ► vins Signature (blanc et rouge) ou Jardin de Frédéric (rouge ou rosé)

Pour commander ► Château Prieuré Borde-Rouge - Route de Saint-Pierre 11220 Lagrasse
℅ 04 68 43 12 55 - Fax 04 68 43 12 51

Le vin ► corbières château la Boutignane. Rouge 1996. Tarif départ cave 29 F.

La propriété ► 60 ha sur terroir à majorité argilo-calcaire et à tendance caillouteuse. Cépages : syrah, grenache, cinsault et vieilles vignes de carignan (50 % du vignoble).

La dégustation ► Nez de sous-bois, humus et trompette de la mort, de la vivacité et de la profondeur, avec un fruit bien présent.

Autres choix ► le 97 à 29 F.

Pour commander ► Château la Boutignane 11200 Fabrezan
℅ 04 68 43 53 46 - Fax 04 68 43 60 34

CORBIÈRES

Le vin ▶ corbières Montagne d'Alaric château Loyer-Bastié. Rouge 1996.
Tarif départ cave 19,20 F.

La propriété ▶ 65 ha plantés de carignan, grenache, cinsault, cabernet, sauvignon, grenache blanc, ugni blanc, chardonnay, merlot

La dégustation ▶ Bois bien présent, mais du caractère, de la matière, un bon travail.

Autres choix ▶ corbières cuvée Crozant-Bridier rouge 97 à 19,20 F, cabernet rouge 97 à 17,10 F.

Pour commander ▶ Château Loyer-Bastié
Fonties d'Aude 11800 Trèbes
✆ 04 68 78 67 14 - Fax 04 68 78 92 91

Le vin ▶ corbières cuvée Crozant Bridier château Loyer-Bastié. Rouge 1996. Tarif départ cave 19,20 F.

La propriété ▶ 65 ha plantés de carignan, grenache, cinsault, cabernet, sauvignon, grenache blanc, ugni blanc, chardonnay, merlot

La dégustation ▶ Velouté et long, bien équilibré avec des notes de tabac.

Autres choix ▶ corbières Mont d'Alaric AOC rouge 96 à 19,20 F, cabernet rouge 97 à 17,10 F.

Pour commander ▶ Château Loyer-Bastié
Fonties d'Aude 11800 Trèbes
✆ 04 68 78 67 14 - Fax 04 68 78 92 91

Le vin ▶ corbières Saint-Valentin. Rouge 95.
Tarif départ cave 37,30 F.

La propriété ▶ 400 ha, molasses du lutétien et cailloutis calcaires de l'Alaric. Cépages languedociens, avec syrah.

La dégustation ▶ la puissance et le nez, avec des arômes de garrigue et de chênes truffiers.

Autres choix ▶ Cœur de pierre blanc, rosé ou rouge, château de Pradelles rouge

Pour commander ▶ Cave des Hautes Côtes d'Alaric - Route des Corbières
11800 Monze
✆ 04 68 78 68 01

Le vin ▶ minervois château de Violet. Rouge 1995. Tarif départ cave 38 F.

La propriété ▶ 35 ha de terrasses caillouteuses et sol argilo-calcaires. Pour les rouges, les cépages exploités sont le mourvèdre, la syrah et le grenache.

La dégustation ▶ Un arôme subtil et suave, boisé et giboyeux comme il faut ; un bon équilibre entre puissance et finesse

Autres choix ▶ minervois blanc 96 à 38 F.

Pour commander ▶ Château de Violet
Route de Pépieux 11160 Peyriac-Minervois
✆ 04 68 78 11 44 - Fax 04 68 78 30 01

Le vin ► minervois Château d'Oupia. Rouge 1997. Tarif départ cave 27 F.

La propriété ► 55 ha (30 parcelles) de terrasses argilo-calcaires, graveleuses et causses très caillouteux. Cépages : carignan, syrah, grenache, cinsault, marsanne et roussanne.

La dégustation ► Fin et féminin, innocent et roboratif. De la gaieté et du tonus avec une finale épicée.

Autres choix ► la gamme d'un domaine réputé

Pour commander ► EARL Château d'Oupia Famille Iché 34210 Oupia
℡ 04 68 91 20 86 - Fax 04 68 91 18 23

Le vin ► minervois château la Grave. Rouge 1995. Tarif départ cave 30 F.

La propriété ► 96 ha sur le plateau de Graves. Cépages variés.

La dégustation ► Flatteur, un peu boisé, avec du fruit compoté, une finale neutre ; très bien fait, tout en équilibre.

Autres choix ► autres minervois rouges, la cuvée Tristan et Julien 97 à 30 F et la cuvée Privilège 95 à 40 F.

Pour commander ► Château La Grave Badens 11800 Trèbes
℡ 04 68 79 16 00 - Fax 04 68 79 22 91

Le vin ► minervois Tradition château Sainte Eulalie. Rouge 1996. Tarif départ cave 24 F.

La propriété ► 33 ha de sols cailouteux argilo-calcaires. Cépages : carignan (31 %), syrah (23 %), grenache noir (31 %) et cinsault (15 %).

La dégustation ► Beau nez, bouche onctueuse et ensoleillée, toute en longueur et rondeur. Superbement fait.

Autres choix ► une nouveauté, le minervois la Livinière, agréé depuis septembre.

Pour commander ► Château Sainte Eulalie 34210 La Livinière
℡ 04 68 91 42 72 - Fax 04 68 91 66 09

MINERVOIS

Le vin ► minervois merlot domaine de la Tour Boisée. Rouge 1997. Tarif départ cave 27 F.

La propriété ► 50 ha de terroir argilo-calcaires sur grès et marnes. Les cépages principaux sont la syrah et le grenache.

La dégustation ► Franc et bien fait, assez étonnant pour un pur merlot aussi jeune : épicé et déjà harmonieux.

Autres choix ► merlot 97 à 27 F et la fameuse cuvée Marie-Claude, en blanc comme en rouge.

Pour commander ► Domaine de la Tour Boisée BP n°3 11800 Laure Minervois
℡ 04 68 78 10 04 - Fax 04 68 78 10 98

Le vin ► Minervois Château Saint-Léon. Rouge 97. Tarif départ cave 24,50 F.

La propriété ► Au cœur du Minervois et du pays cathare, Guy et Emmanuel Giva produisent dans l'appellation avec rigueur et réussite. Cépages languedociens.

La dégustation ► sympathique et frais, toute la franchise et les vertus de convivialité des vins de l'appellation.

Autres choix ► la gamme des minervois

Pour commander ► GAEC des Trois Domaines Château Saint-Léon - 11800 Badens
✆ 04 68 79 29 29 - Fax 04 68 79 29 25

Le vin ► minervois Domaine des Aires Hautes. Rouge 1997. Tarif départ cave 32 F.

La propriété ► 30 ha de marnes argilo-calcaires et de graves chaudes. Cépages variés : syrah, grenache, mourvèdre, pinot noir, malbec, etc.

La dégustation ► Très bien tourné, bouche de végétale et truffée, tabac et acacia, finale légèrement fumée. Une très belle matière.

Autres choix ► un malbec de 97 à 29 F et un sauvignon 97 à 29 F.

Pour commander ► Domaine des Aires Hautes Gilles Chabbert 34210 Siran
✆ 04 68 91 54 40

Le vin ► minervois clos l'Esquirol cave de la Siranaise. Rouge 1996. Tarif départ cave 26 F.

La propriété ► 200 ha de sols essentiellement argilo-calcaires. Cépage syrah pour le minervois rouge, marsanne et grenache blanc pour le minervois blanc.

La dégustation ► Sympathique et bien préparé, en légère surmaturité, lourd et soyeux, costaud et un peu féminin en même temps.

Autres choix ► une large et bonne gamme

Pour commander ► Cave de la Siranaise 34210 Siran
✆ 04 68 91 42 17 - Fax 04 68 91 58 41

Le vin ► minervois Premier des Fontalières cave de Pouzols-Minervois. Rouge 1995.
Tarif départ cave 40 F.

La propriété ► 410 ha sur terroir argilo-calcaire. Cépages : carignan, grenache, syrah, mourvèdre.

La dégustation ► En surmaturité, de la séduction, fruits rouges confits et sous-bois, tanins bien présents.

Autres choix ► grand choix de minervois, mais aussi de vins de pays d'oc et d'apéritifs.

Pour commander ► Cave de Pouzols-Minervois Cave des Vignerons 11120 Pouzols-Minervois
✆ 04 68 46 13 76 - Fax 04 68 46 33 95

MINERVOIS

Le vin ► minervois château le Pech d'André. Rouge 1996. Tarif départ cave 35 F.

La propriété ► 30 ha sur terroir argilo-calcaire. Cépages : mourvèdre, syrah, cinsault, carrignan, grenache, alicante, bourboulenc.

La dégustation ► Bien, puissant, avec une bonne personnalité. Un nez franc de petits fruits, une bouche vigoureuse, peu de défauts.

Autres choix ► également des vins de pays, par exemple le côtes de brian 97 à 28 F.

Pour commander ► Le Pech d'André Route d'Olonzac 34210 Azillanet ✆ 04 68 91 22 66 - Fax 04 68 91 23 85

Le vin ► minervois château Malves fût de chêne Vignerons récoltants réunis. Rouge 1995. Tarif départ cave 28 F.

La propriété ► 500 ha sur marnes argilo-calcaires, exposition sud. Cépages : syrah, grenache, carignan.

La dégustation ► Un produit bien tourné, dans la simplicité, des arguments pour séduire.

Autres choix ► minervois Cristal de Grotte rouge 96 à 40 F.

Pour commander ► Vignerons récoltants réunis 2, av. des Ecoles 11600 Malves en Minervois ✆ 04 68 77 11 76 - Fax 04 68 72 26 90

Le vin ► minervois cuvée Tradition château du Donjon. Rouge 1996. Tarif départ cave 25 F.

La propriété ► 45 ha de terrasses graveleuses et de coteaux argilo-calcaires. Vignoble âgé de 25 ans et planté des cépages grenache noir, syrah, carignan, merlot et cinsault.

La dégustation ► Monolithique et bien fait ; passe en force, dans la franchise ; un vin friand, qui donne envie d'y tremper un gâteau sec.

Autres choix ► également des vins de pays.

Pour commander ► Château du Donjon 11600 Bagnoles ✆ 04 66 77 18 33 - Fax 04 68 22 28 17

Le vin ► minervois château Vidal la Marquise. Rouge 1996. Tarif départ cave 34 F.

La propriété ► 950 ha de coteaux. Cépages : syrah, grenache, mourvèdre, carignan.

La dégustation ► Un produit bien travaillé, la syrah en évidence, des qualités, de la tonicité, un boisé léger, une finale neutre un peu fruitée.

Autres choix ► minervois saint sernin rouge 97 à 30 F.

Pour commander ► Vignerons du Haut Minervois - Route d'Olonzac 34210 Azillanet ✆ 04 68 91 22 61 - Fax 04 68 91 19 46

MINERVOIS

MINERVOIS

Le vin ► minervois Tristan et Julien château la Grave. Rouge 1997. Tarif départ cave 30 F.

La propriété ► 96 ha sur le plateau de Graves. Cépages variés.

La dégustation ► Une belle réussite technique, un vin flatteur et complexe, tout en dentelle, presque féminin.

Autres choix ► autres minervois rouges, le 95 à 30 F, le Julien 97 à 30 F et la cuvée Privilège 95 à 40 F.

Pour commander ► Château la Grave
Badens 11800 Trèbes
℡ 04 68 79 16 00 - Fax 04 68 79 22 91

Le vin ► minervois cuvée Privilège château la Grave. Rouge 1995. Tarif départ cave 40 F.

La propriété ► 96 ha sur le plateau de Graves. Cépages languedociens.

La dégustation ► Nez de truffe, structure intéressante, bien fini, charmant et long, bouche bien tempérée, poivrée sous-bois. Techniquement impeccable.

Autres choix ► autres minervois rouges, le 95 à 30 F et la cuvée Tristan et Julien 97 à 30 F.

Pour commander ► Château la Grave
Badens 11800 Trèbes
℡ 04 68 79 16 00 - Fax 04 68 79 22 91

Le vin ► minervois cuvée Saint-Sernin. Rouge 1997. Tarif départ cave 30 F.

La propriété ► 950 ha en coteaux. Cépages : syrah, grenache, mourvèdre, carignan.

La dégustation ► Nez alcooleux au léger boisé, bouche de cerise, de la matière bien construite. Un standard élégant.

Autres choix ► minervois château Vidal la Marquise rouge 96 à 34 F.

Pour commander ► Vignerons du Haut Minervois - Route d'Olonzac
34210 Azillanet
℡ 04 68 91 22 61 - Fax 04 68 91 19 46

Le vin ► minervois la Nine domaine de Saint-Sernin. Rouge 1996. Tarif départ cave 29 F.

La propriété ► 20 ha, terrasses argilo-calcaires. Cépages : grenache, carignan, mourvèdre.

La dégustation ► Une texture très serrée, de la mâche, arômes de gibier, de fruit noir, de terre, des tanins concentrés : beau vin, en évolution.

Autres choix ► minervois mais aussi vins de pays d'oc.

Pour commander ► Domaine de Saint-Sernin
Rue de l'Argent Double
11160 Trausse-Minervois
℡ 04 68 78 31 17 - Fax 04 68 78 38 17

Le vin ► minervois domaine les Deux Terres. Rouge 1997. Tarif départ cave 23 F.

La propriété ► 32 ha, terrasses de galets et schistes roulés et sols argilo-siliceux. Cépages : syrah, grenache, chardonnay, sauvignon, viognier, merlot.

La dégustation ► Un peu framboisé, sympathique et bien fait, assez rustique.

Autres choix ► minervois cuvée limitée rouge 97 à 30 F.

Pour commander ► Domaine les Deux Terres 11700 Azille
✆ 04 68 91 63 28 - Fax 04 68 91 57 70

Le vin ► minervois domaine Sancordo. Rouge 1996. Tarif départ cave 34 F.

La propriété ► 22 ha de terroir argilo-calcaire. Cépages : mourvèdre, syrah, grenache. Vinification traditionnelle de qualité.

La dégustation ► Franc, massif, assez souple et bien fait, se tient bien à table.

Autres choix ► en confiance sur les autres millésimes

Pour commander ► Domaine Sancordo Rue Neuve des Garrigues 34210 Siran
✆ 04 68 91 46 49

LLe vin ► minervois château Belvize. Rouge 1996. Tarif départ cave 25 F.

La propriété ► 25 ha sur terroir argilo-calcaire, exposés sud - sud-est. Cépages : syrah, grenache, mourvèdre (rouge), bourboulenc, marsanne, muscat, vermentino (blanc).

La dégustation ► Rustique, bien fait, de l'expression et de la typicité, mais aussi une relative légèreté.

Autres choix ► également en blanc.

Pour commander ► Château Belvize La Lécugne 11120 Bize-Minervois
✆ 04 68 46 22 70 - Fax 04 68 46 35 72

Le vin ► minervois domaine des Grandes Marquises. Rouge 1995. Tarif départ cave 25 F.

La propriété ► 20 ha de coteaux, pour un vignoble âgé de 40 ans.Cépages languedociens: cot, grenache, cinsault, carignan, alicante, enrichis avec la syrah.

La dégustation ► Franc et net, de la souplesse, un beau torse, un corps massif et une bonne longueur. Arômes subtils et aériens.

Autres choix ► minervois Y. Gastou 97 à 35 F.

Pour commander ► Domaine des Grandes Marquises - 11600 Villalier
✆ 04 68 77 19 89 - Fax 04 68 47 35 45

Le vin ► minervois Comté de Mérinville. Rouge 1996. Tarif départ cave 20 F.

La propriété ► 340 ha de terrasses quaternaires anciennes et de graves. Cépages : syrah, grenache noir et carignan.

La dégustation ► Franc, souple, une bonne terre avec une bouche franche, cacao fruit rouge ; bien friand.

Autres choix ► minervois château de Mérinville rouge 95 à 36 F.

Pour commander ► SCV les Vignerons Mérinvilloi s- 41, avenue Joseph Garcia BP 14 11160 Rieux Minervois
℡ 04 68 78 10 22 - Fax 04 68 78 13 03

Le vin ► minervois Cristal de Grotte Vignerons récoltants réunis. Rouge 1996.
Tarif départ cave 40 F.

La propriété ► 500 ha sur marnes argilo-calcaires, exposition sud. Cépages : syrah, grenache, carignan.

La dégustation ► Attaque nette, bien fait, net et assez gras, franc et joli, dans sa simplicité.

Autres choix ► minervois château Malvès vieilli en fûts de chêne rouge 95 à 28 F.

Pour commander ► Vignerons récoltants réunis 2, av des Ecoles 11600 Malves en Minervois
℡ 04 68 77 11 76 - Fax 04 68 72 26 90

Le vin ► minervois château de Mérinville. Rouge 1995. Tarif départ cave 36 F.

La propriété ► 340 ha de terrasses quaternaires anciennes et de graves. Cépages : syrah, grenache noir et carignan.

La dégustation ► Une bonne enveloppe d'écorce aromatique, un produit bien travaillé, aux fondations solides.

Autres choix ► minervois comté de Mérinville rouge 96 à 20 F.

Pour commander ► Les Vignerons Mérinvillois 41, av. J. Garcia BP 14 11160 Rieux-Minervois
℡ 04 68 78 10 22 - Fax 04 68 78 13 03

Le vin ► minervois domaine de Saint Estève. Rouge 1994. Tarif départ cave 13 F.

La propriété ► 62 ha. Cépages : carignan, grenache, mourvèdre, syrah, sauvignon blanc, cabernet blanc, cabernet sauvignon.

La dégustation ► En souplesse, à maturité, et en finesse, une bouche sympathique. Un étonnant rapport qualité-prix.

Autres choix ► vin de pays d'oc cabernet 95 à 13 F.

Pour commander ► Domaine de Saint Estève La Gardiole 34210 La Livinière
℡ 04 68 78 22 94 - Fax 04 68 78 19 73

Le vin ► vin de pays d'oc chardonnay domaine Le Nouveau Monde. Blanc 1997.
Tarif départ cave 26 F.

La propriété ► 23 ha sur un sol de sables et graves. Cépages : surtout merlot et cabernet sauvignon.

La dégustation ► Equilibré, frais, agréable, en souplesse, bien travaillé.

Autres choix ► vin de pays d'oc merlot 96 à 24 F et coteaux du languedoc rouge 96 à 35 F.

Pour commander ► Le Nouveau Monde
34350 Vendres Plage
℡ 04 67 37 33 68 - Fax 04 67 37 58 15

Le vin ► vin de pays d'oc sauvignon domaine des Aires Hautes. Blanc 1997. Tarif départ cave 29 F.

La propriété ► 30 ha de marnes argilo-calcaires et de graves chaudes. Cépages : syrah, grenache, mourvèdre, pinot noir, malbec, carignan, chardonnay, sauvignon.

La dégustation ► Sauvignon plaisant, d'une certaine longueur, bien fait.

Autres choix ► un minervois 97 à 32 F et un malbec 97 à 29 F

Pour commander ► Domaine des Aires Hautes
Gilles Chabbert 34210 Siran
℡ 04 68 91 54 40

Le vin ► vin de pays d'oc sauvignon domaine de Darnieux. Blanc 1997. Tarif départ cave 18 F.

La propriété ► Au nord de Montpellier à l'ouest du Pic St Loup.

La dégustation ► Vin limpide avec des reflets. Nez fin bien typé sauvignon. Bouche fraîche, ample et équilibrée. Bonne persistance des arômes.

Autres choix ►une gamme languedocienne

Pour commander ► Cave de Saint Martin de Londres - M. Neel
34380 Saint Martin de Londres
℡ 04 67 55 00 12 - Fax 04 67 55 78 54

Le vin ► vin de pays d'oc viognier domaine de Raissac. Blanc 1997. Tarif départ cave 30 F.

La propriété ► Aux portes de Béziers, 108 ha. Cépages : cabernet sauvignon, merlot, chardonnay, sauvignon et vermentino.

La dégustation ► Robe jaune paille. Nez avec des notes de fleurs blanches, bonne fraîcheur. Finale fruitée et aromatique.

Autres choix ► vin de pays d'oc merlot cabernet 1997 à 25 F et vin de pays d'oc rosé à 22 F.

Pour commander ► Château de Raissac
Route de Murviel 34500 Béziers
℡ 04 67 28 15 61 - Fax 04 67 28 19 75

VIN DE PAYS D'OC

Le vin ► vin de pays d'oc sauvignon domaine de Bachellery. Blanc 1997. Tarif départ cave 21 F.

La propriété ► A l'est de Béziers, des vins à base de cépages indigènes ou externes.

La dégustation ► Un enchantement, tout en fraîcheur, des arômes exotiques de citron et d'ananas, en bouche fraîcheur minérale et florale.

Autres choix ► Balade en Saintaminer à 38 F, vin de pays d'oc grenache fût de chêne 1997 à 34 F et vin de pays d'oc syrah 1997 à 19 F.

Pour commander ► Domaine de Bachellery Route de Bessan 34500 Béziers
℡ 04 67 62 36 15 - Fax 04 67 35 19 38

Le vin ► vin de pays d'oc domaine de Mairan. Rosé 1997. Tarif départ cave 20 F.

La propriété ► 30 ha de terre argilo-calcaire. Cépages : merlot, grenache, cabernet franc, cabernet sauvignon, chasan, chardonnay.

La dégustation ► Un rosé qui passe bien, avec une petite acidité sympathique. Vin de soif, avec les fruits de mer, la tielle ou les calamars.

Autres choix ► vin de pays d'oc cabernet sauvignon rouge 96 à 40 F.

Pour commander ► Domaine de Mairan 34620 Puisserguier
℡ 04 67 93 74 20 - Fax 04 67 93 83 05

Le vin ► vin de pays d'oc preixanum domaine de Preignes-le-Vieux. Rouge 1997. Tarif départ cave 19 F.

La propriété ► 150 ha sur des terres argilo-graveleuses et basaltiques. Cépages variés : viognier, chardonnay, vermentino, syrah, etc.

La dégustation ► Simple, linéaire et agréable, avec une finale épicée.

Autres choix ► vin de pays d'oc chardonnay blanc 97 à 30 F.

Pour commander ► Domaine Preignes le Vieux 34450 Vias
℡ 04 67 21 67 82 - Fax 04 67 21 76 46

Le vin ► vin de pays d'oc domaine Michel Hermet. Rouge 1997. Tarif départ cave 23 F.

La propriété ► Simplement 2 ha sur un sol argilo-grèseux avec marnes calcaires, à 10 km de la Méditerranée. L'encépagement est réparti entre cabernet-sauvignon et syrah.

La dégustation ► Original, marqué par le fruit et la jeunesse, du caractère. Vinification remarquable pour donner une telle longueur.

Autres choix ► intéressants monocépages.

Pour commander ► Domaine Michel Hermet 34740 Vendargues
℡ 04 66 76 19 59 - Fax 04 66 21 81 75

Le vin ► vin de pays d'oc merlot Le Nouveau Monde. Rouge 1996. Tarif départ cave 24 F.

La propriété ► 23 ha sur sables et graves. Cépages languedocien, avec merlot et cabernet sauvignon.

La dégustation ► Un merlot sympathique, simple et bien construit pour la table.

Autres choix ► vin de pays d'oc chardonnay blanc 97 à 26 F et coteaux du languedoc rouge 96 à 35 F.

Pour commander ► Domaine Le Nouveau Monde - 34350 Vendres Plage
℃ 04 67 37 33 68 - Fax 04 67 37 58 15

Le vin ► vin de pays d'oc merlot domaine de Mallemort. Rouge 1996. Tarif départ cave 20 F.

La propriété ► 30 ha. Terre argilo-calcaire. Cépages : merlot, grenache, cabernet franc, cabernet sauvignon, chasan, chardonnay.

La dégustation ► Un merlot qui se place bien. Du caractère, de la joie, un vin plaisant. Devrait encore progresser dans les 5 ans.

Autres choix ► domaine de Mairan cabernet sauvignon 96 à 40 F.

Pour commander ► Domaine de Mallemort 34620 Puisserguier
℃ 04 67 93 74 20 - Fax 04 67 93 83 05

Le vin ► vin de pays d'oc cabernet château Loyer-Bastié. Rouge 1997.
Tarif départ cave 17,10 F.

La propriété ► 65 ha. Cépages : cinsault, carignan, grenache, cabernet, sauvignon, etc.

La dégustation ► Tanins fermes, un beau fruit, bois présent.

Autres choix ► corbières Mont d'Alaric rouge 96 à 19,20 F et cuvée Crozant-Bridier rouge 97 à 19,20 F.

Pour commander ► Château Loyer-Bastié Fonties d'Aude 11800 Trèbes
℃ 04 68 78 67 14 - Fax 04 68 78 92 91

Le vin ► vin de pays d'oc cabernet sauvignon domaine de Mairan. Rouge 1996.
Tarif départ cave 40 F.

La propriété ► 30 ha. Terre argilo-calcaire. Cépages : merlot, grenache, cabernet franc, cabernet sauvignon, chasan, chardonnay.

La dégustation ► De la personnalité, du corps, sans beaucoup d'arôme ; riche et intéressant, tout en rondeur

Autres choix ► vin de pays d'oc rosé 97 à 20 F.

Pour commander ► Domaine de Mairan 34620 Puisserguier
℃ 04 67 93 74 20 - Fax 04 67 93 83 05

VIN DE PAYS D'OC

VIN DE PAYS D'OC

Le vin ► vin de pays d'oc malbec domaine Aires Hautes. Rouge 1997. Tarif départ cave 29 F.

La propriété ► 30 ha de marnes argilo-calcaires et de graves chaudes. Cépages syrah, grenache, mourvèdre, pinot noir, malbec, carignan, etc.

La dégustation ► Beau vin, très bien fait, nez de sous-bois, texture soyeuse, de la profondeur et de la sève. Agréable sur toute la longueur.

Autres choix ► un minervois 97 à 32 F et un sauvignon 97 à 29 F.

Pour commander ► Domaine des Aires Hautes Gilles Chabbert 34210 Siran
℅ 04 68 91 54 40

Le vin ► vin de pays d'oc Mas Montel, cuvée Jéricho. Rouge 1996. Tarif départ cave 35 F.

La propriété ► Sol argilo-calcaire avec présence de galets, cépages syrah et grenache.

La dégustation ► Belle robe intense violacée, nez puissant de fruits noirs et café, en bouche bel équilibre, finale léger boisé, sur une note d'harmonie. Bon avenir en perspective.

Autres choix ► vin de pays d'oc chardonnay 96 à 35 F et rouge cuvée Jéricho 97 à 35 F.

Pour commander ► Cellier du Mas Montel 30250 Aspères
℅ 04 66 80 01 21 - Fax 04 66 80 01 87

Le vin ► vin de pays d'oc domaine des Aspes merlot. Rouge 1994. Tarif départ cave 34 F.

La propriété ► Vignoble sur un terroir argilo-graveleux, vignes âgées de 20 ans.

La dégustation ► Robe grenat reflets bleus, nez fruit rouges, épicé, café, bouche souple et fruitée, bel équilibre, tanins fins. Vin agréable et rond.

Autres choix ► vin de pays d'oc domaine des Aspes viognier et le saint-chinian château du Prieuré des Mourgues.

Pour commander ► Vignobles Roger Prieuré des Mourgues 34360 Pierrrerue
℅ 04 67 38 18 19 - Fax 04 67 38 27 29

Le vin ► vin de pays d'oc cuvée Roumanis. Rouge 1993. Tarif départ cave 26 F.

La propriété ► 48 ha, 17 cépages.

La dégustation ► arômes de baies confites, de cuir et de sous bois. Bouche charnue faisant apparaître de jolis tanins au grain moyen.

Autres choix ► vin de pays d'oc roussanne domaine du Claud à 23,50 F et vin de pays d'oc viognier domaine du Claud à 39 F.

Pour commander ► Domaine du Claud 1, av Fon de l'Hospital 34430 Saint Jean de Védas
℅ 04 67 27 63 37 - Fax 04 67 47 28 72

Le vin ► vin de pays d'oc cabernet franc Valcyre. Rouge 1997. Tarif départ cave 20 F.

La propriété ► Sur le beau terroir du Pic Saint Loup, ce cépage du Val de Loire et Bordeaux s'est parfaitement acclimaté à la région.

La dégustation ► Vin savoureux, au nez de fruits rouges, les épices et le poivron vert. La bouche est tendre, ronde et équilibrée.

Autres choix ► coteaux du languedoc pic saint loup 1997 à 28 F et fût de chêne à 38 F.

Pour commander ► Domaine de Valcyre 34270 Valflaunes
℡ 04 67 55 22 03 - Fax 04 67 55 20 32

Le vin ► vin de pays d'oc muscat sec domaine de Clovallon. Tarif départ cave 38 F.

La propriété ► Terroir de calcaire dolomitique, réputé notamment pour son chardonnay.

La dégustation ► Robe jaune soutenue avec des reflets verts. Nez aromatique mêlant fruits exotiques mûrs et pétales de rose. Vin rond et nerveux.

Autres choix ► vin de pays d'oc chardonnay domaine de Clovallon 1997 à 47 F et pinot noir les Pomarèdes domaine de Clovallon à 62 F.

Pour commander ► Domaine de Clovallon 34600 Bédarieux
℡ 04 67 95 19 72 - Fax 04 68 79 16 19

Le vin ► vin de pays d'oc domaine d'Antugnac. Rouge 1997. Tarif départ cave 22 F.

La propriété ► 34 ha. Sol argilo-calcaire. Cépages : chardonnay, gamay. Ce vin du sud est élevé en Bourgogne.

La dégustation ► Tout jeune, friand, un peu boisé et assez prometteur.

Autres choix ► vin de pays de la haute vallée de l'aude chardonnay domaine d'Antugnac 97 à 30 F.

Pour commander ► Château d'Antugnac 11190 Antugnac
℡ 04 68 74 29 76

Le vin ► vin de pays de l'hérault cépage terret la Fadèze. Blanc 1998. Tarif départ cave 24 F.

La propriété ► Entre l'étang de Thau et les pins des premières garrigues.

La dégustation ► Robe jaune pâle. Nez floral, notes d'agrumes et de citron. Bouche fraîche et souple. Vin très équilibré.

Autres choix ► vin de pays cépage sauvignon la Fadèze 1998 à 28 F et vin de pays cépage cabernet franc la Fadèze 1996 à 28 F.

Pour commander ► Domaine de la Fadèze M. Lenthéric 34340 Marseillan
℡ 04 67 77 26 42 - Fax 04 67 77 20 92

VIN DE PAYS D'OC

VIN DE PAYS DE L'HERAULT

Le vin ► vin de pays de l'hérault Terrasses de Landoc alicante Moulin de Gassac. Rouge 1997. Tarif départ cave 25 F.

La propriété ► 30 ha de grèses glaciaires. 40 cépages provenant de pays méditerranéens.

La dégustation ► Un cépage un peu délaissé pour retrouver toutes les qualités de vinification de Daumas Gassac. Beaucoup de corps et pourtant une grande subtilité.

Autres choix ► intéressante collection terrasses.

Pour commander ► Mas de Daumas Gassac 34150 Aniane
℗ 04 67 57 71 28 - Fax 04 67 57 41 03

Le vin ► vin de pays de l'Hérault la Liquière cuvée Vieilles Vignes. Rouge 1997.
Tarif départ cave 36 F.

La propriété ► Terroir de schistes, avec des vignes âgées de 30 ans.

La dégustation ► Vin typé, nez de fruits rouges, ciste et balsamique, avec des notes d'épices, bouche franche, hamonieuse et réglissée, un vin qui reste facile à boire.

Autres choix ► cuvée Cistus 1995 à 68 F.

Pour commander ► Château de la Liquière La Liquière 34480 Cabrerolles
℗ 04 67 90 29 20 - Fax 04 67 90 10 00

Le vin ► vin de pays des coteaux du salagou l'Œillade Mas des Chimères. Rouge 1997. Tarif départ cave 30 F.

La propriété ► Cépages mourvèdre, merlot, syrah, terret bourret, chasan…

La dégustation ► Vin délicieux à croquer. Notes fraîches de fruits rouges, de pétales de rose et de poivre. La bouche est franche et ronde.

Autres choix ► coteau du salagou blanc à 29 F, cuvée Marie et Joseph à 35 F.

Pour commander ► Mas des Chimères Route de Salasc 34800 Octon
℗ 04 67 96 22 70 - Fax 04 67 88 07 00

Le vin ► vin de pays du mont-baudile Lou Maset domaine d'Aupilhac. Rouge 1997. Tarif départ cave 28 F.

La propriété ► Terrasses au pied du Larzac, sur le beau terroir de Montpeyroux.

La dégustation ► Nez expressif à la fois épicé et réglissé. Bouche fraîche et dense. Un bon rapport qualité prix.

Autres choix ► montpeyroux domaine d'Aupilhac 1997 à 48 F.

Pour commander ► Domaine d'Aupilhac 28, rue du Plo 34150 Montpeyroux
℗ 04 67 96 61 19 - Fax 04 67 96 67 24

Le vin ► vin de pays du bérange domaine Pioch Palat. Rouge 1997. Tarif départ cave 30 F.

La propriété ► Un terroir de collines variées arrosées par le bérange. Cépages : cabernet sauvignon, syrah, mourvèdre.

La dégustation ► Une belle bouteille, un vin remarquable de densité et d'équilibre ; arômes de figue et de fruits rouges.

Autres choix ► une gamme intéressante

Pour commander ► Domaine Pioch Palat Cave de Vendargues 34740 Vendargues
℡ 04 67 87 68 68/03 85 87 51 00 - Fax 04 67 87 68 69

VIN DE PAYS DE BERANGE

Le vin ► vin de pays des coteaux de bessilles cuvée Petite Cour domaine Savary de Beauregard. Rouge 1996. Tarif départ cave 26 F.

La propriété ► 40 ha argilo-calcaire. Cépages : grenache, merlot, syrah, cabernet, cinsault, terret, chardonnay, sauvignon, carignan.

La dégustation ► Bouche très séduisante, fruit très présent, persistance et performance.

Autres choix ► cuvée Mathilde rosé 97 à 24 F.

Pour commander ► Domaine Savary de Beauregard
La Vernazobre 34530 Montagnac
℡ 04 67 24 00 12 - Fax 04 67 24 00 12

COTEAUX DE BESSILLES

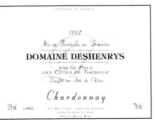

Le vin ► vin de pays des collines de la Moure les Garrigues de l'Engarran château de l'Engarran. Rouge 1997. Tarif départ cave 25 F.

La propriété ► 50 ha de grès à cailloux roulés. Cépages : grenache et syrah
E-mail : engarran@aol.com

La dégustation ► Souple et agréable,bouche simple et sympathique.

Autres choix ► coteaux du languedoc château de l'Engarran rouge 97 à 39 F.

Pour commander ► Château de l'Engarran Saint-Georges d'Orques 34880 Laverune
℡ 04 67 47 00 02 - Fax 04 67 27 87 89

COLLINES DE LA MOURE

Le vin ► côtes de thongue chardonnay domaine Deshenrys. Blanc 1997. Tarif départ cave 35 F.

La propriété ► 66 ha de substrats argilo-calcaires et de gravettes.

La dégustation ► Une bonne typicité, une vinification soignée, des notes florales et épicées. Une bonne régularité au fil des millésimes.

Autres choix ► côtes de thongue rouge 97 à 35 F et coteaux du languedoc rouge 97 à 35 F.

Pour commander ► Domaine Deshenrys Alignan du Vent 34290 Servian
℡ 04 67 24 91 67 - Fax 04 67 24 94 21

COTES DE THONGUE

Le vin ► côtes de thongue muscat sec domaine Croix Belle. Blanc 1997. Tarif départ cave 28 F.

La propriété ► 70 ha de sols argilo-calcaires. Cépages variés : mourvèdre, syrah, muscat, sauvignon, chardonnay, etc.

La dégustation ► Une réussite du genre, bel équilibre entre le fruit et le sec. Très plaisant, sur la longueur et dans la finesse.

Autres choix ► tous à 28 F, syrah rouge 96, Champ des Lys blanc 97 et mourvèdre rouge 97.

Pour commander ► Domaine La Croix Belle 34480 Puissalicon
℡ 04 67 36 27 23 - Fax 04 67 36 60 45

Le vin ► côtes de thongue les Chemins de Bassac. Rouge 1996. Tarif départ cave 30 F.

La propriété ► 15 ha de coteaux argilo-calcaires. Cépages variés : syrah, mourvèdre, grenache, pinot noir, cabernet sauvignon, viognier et roussanne.

La dégustation ► Belle attaque, bouche de griotte réglissée ; sympathique et friand, très bien fait.

Autres choix ► le rosé 97 à 28 F.

Pour commander ► Les Chemins de Bassac 9, place de la Mairie 34480 Puimisson
℡ 04 67 36 09 67 - Fax 04 67 36 14 05

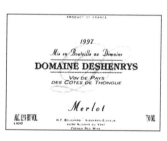

Le vin ► côtes de thongue merlot domaine Deshenrys. Rouge 1997. Tarif départ cave 35 F.

La propriété ► 66 ha de substrats argilo-calcaire et de gravettes. Vinification traditionnelle très soignée.

La dégustation ► Bien fait, rustique, typique merlot du sud. A apprécier dès maintenant, mais peut encore évoluer.

Autres choix ► côtes de thongue blanc 97 à 35 F et coteaux du languedoc rouge 97 à 35 F.

Pour commander ► Domaine Deshenrys Alignan du Vent 34290 Servian
℡ 04 67 24 91 67 - Fax 04 67 24 94 21

Le vin ► côtes de thongue cuvée de L'Arjolle. Rouge 1997. Tarif départ cave 36 F.

La propriété ► Dans le réseau FARRE, Forum de l'Agriculture Raisonnée Respectueuse de l'Environnement.

La dégustation ► Cet assemblage cabernet/merlot donne un vin complexe, au nez poivré, une bouche ronde et équilibrée.

Autres choix ► cabernet rouge 1997 à 36 F et muscat sec blanc 1997 à 41 F.

Pour commander ► Les Vins de l'Arjolle 34480 Pouzolles
℡ 04 67 24 81 18 - Fax 04 67 24 81 90

Le vin ► côtes de thongue mourvèdre domaine Croix Belle. Rouge 1997. Tarif départ cave 28 F.

La propriété ► 70 ha de sols argilo-calcaires. Cépages variés : mourvèdre, syrah, muscat, sauvignon, chardonnay, etc.

La dégustation ► Superbe monocépage. Une réussite absolue, un nez puissant, beaucoup de plaisir concentré.

Autres choix ► tous à 28 F, muscat sec blanc 97, syrah rouge 96 et Champ des Lys blanc 97.

Pour commander ► Domaine La Croix Belle 34480 Puissalicon
℘ 04 67 36 27 23 - Fax 04 67 36 60 45

Le vin ► cabardès château Auzias Paretlongue. Rouge 1997. Tarif départ cave 42 F. (Disp. 2001)

La propriété ► 50 ha, âge moyen du vignoble 20 ans. Cépages : grenache, merlot et cabernet.

La dégustation ► les qualités de l'appellation, avec une vinification bien menée. Du tonus et de la profondeur, une réussite pour cette production récente.

Autres choix ► le vin de pays de la cité de carcassonne à 31 F.

Pour commander ► Château Auzias-Paretlongue 11610 Pennautier. Alain Bernard ou Adam Dakin. ℘ 04 68 47 28 28 - Fax 04 68 47 92 20

Le vin ► cabardès château de Villeraze. Rouge 1997. Tarif départ caveau 30 F.

La propriété ► Au pied de la Montagne Noire.

La dégustation ► Robe rouge, nez épicé fruits noirs, bouche réglissée, bel équilibre. Bouche ample et harmonieuse. Bonne persistance.

Autres choix ► vin de pays d'oc merlot domaine de Villeraze rouge et muscat Prieuré de Villeraze.

Pour commander ► Château de Villeraze Saint Martin de Villeraze
11600 Conques sur Orbiel
℘ 04 68 72 26 42 - Fax 04 68 77 06 06

Le vin ► cabardès fût de chêne Les celliers du Cabardès. Rouge 1997. Tarif départ cave 26 F.

La propriété ► Le vignoble est situé sur les contreforts de la montagne noire. Les vins sont typiques de l'appellation.

La dégustation ► Robe rubis clair, arômes intenses de bonbons anglais et de fruits rouges. Finale vanillée. Un vin rond, léger à boire, une bonne vinification.

Autres choix ► la gamme locale

Pour commander ► Les Celliers du Cabardès Cave Coopérative - M. Crabol 11170 Pezens
℘ 04 68 24 90 64 - Fax 04 68 24 87 09

Le vin ► cabardès Notre Dame de La Gardie. Rouge 1996. Tarif départ cave 18 F.

La propriété ► Terroir argilo-calcaire avec une dominante merlot et syrah. Le domaine se signale par des vins toujours bien menés et des tarifs intéressants.

La dégustation ► Belle robe rubis. Nez profond et garrigue. En bouche souple, gras, fruits mûrs, poivron. Un vin de caractère.

Autres choix ► vins du Cabardès

Pour commander ► Vignerons Producteurs M. Tandou 11600 Conques sur Orbiel
℡ 04 68 77 12 90 - Fax 04 68 77 14 95

CABARDES

Le vin ► cabardès Tête de cuvée château la Bastide. Rouge 1996. Tarif départ cave 32 F.

La propriété ► Coteaux calcaires, cépages du bordelais et de la Méditerranée.

La dégustation ► Robe grenat profond. Nez cassis et garrigue, à la fois puissant, profond et superbe. Bouche ample, tanins présents et encore vigoureux. Potentiel de garde 4/5 ans.

Autres choix ► cabardès 1996 à 32 F et vin de pays d'oc chardonnay 1997 à 35 F.

Pour commander ► Château de Pennautier 11610 Pennautier
℡ 04 68 72 65 29 - Fax 04 68 72 65 84

Le vin ► cabardès Vent d'Ouest domaine Cabrol. Rouge 1996. Tarif départ cave 36 F.

La propriété ► Les raisins du domaine mûrissent dans la garrigue entre influence méditerranéenne et océanique.

La dégustation ► Belle robe pourpre, nez complexe de fruits mûrs, épices et poivre, bouche ronde et équilibrée. Vin harmonieux et souple.

Autres choix ► cabardès Vent d'Est domaine Cabrol rouge, 1996 à 36 F.

Pour commander ► Domaine Cabrol D 118 11600 Aragon
℡ 04 68 77 19 06 - Fax 04 68 77 54 90

COTES DE LA MALEPERE

Le vin ► côtes de la malepère domaine de Foucauld cave La Malepère. Rosé 1997. Tarif départ cave 19 F.

La propriété ► 2600 ha sur des terrasses argilo-calcaires. Cépages : merlot, cabernet sauvignon, cabernet franc et grenache.

La dégustation ► Une matière aimable : douceur et un peu de fleur, nez vif et bouche maigre.

Autres choix ► domaine de Foucauld rouge 97 à 19 F et domaine de Montlaur rouge 97 à 20 F.

Pour commander ► Cave La Malepère Avenue des vignerons 11290 Arzens
℡ 04 68 76 71 71 - Fax 04 68 76 71 72

Le vin ► fitou domaine de courtal cave Pilote. Rouge 1995. Tarif départ cave 30 F.

La propriété ► 290 ha de coteaux schisteux. Cépages : grenache noir, carignan noir et syrah. Macération carbonique et éraflage.

La dégustation ► Sympathique et friand, étonnant de finesse pour l'appellation. De bonnes perspectives d'évolution.

Autres choix ► fitou cuvée spéciale rouge 92 à 35 F.

Pour commander ► Cave Pilote
11360 Villeneuve-les-Corbières
℡ 04 68 45 91 59 - Fax 04 68 45 81 40

Le vin ► fitou cuvée spéciale Vignerons de Cascastel. Rouge 1995. Tarif départ cave 31 F.

La propriété ► A cheval sur les trois appellations fitou, corbières et rivesaltes.

La dégustation ► Robe rubis profond. Arômes de fruits confits et cerise, parfums de garrigue et de cacao. Belle matière. Attaque ample et fondue.

Autres choix ► corbières domaine de la Grange 1993 à 23 F et muscat de rivesaltes à 33 F.

Pour commander ► Maîtres Vignerons de Cascastel
11360 Cascastel
℡ 04 68 45 91 74 - Fax 04 68 45 82 70

Le vin ► fitou cuvée Prestige fût de chêne. Rouge 1993. Tarif départ cave 35 F.

La propriété ► Cette cave est implantée sur la commune du Fitou. 206 ha de coteaux rocailleux brûlés par le soleil méditerranéen.

La dégustation ► Robe rubis clair, nez fruits rouges bien mûrs, en dégustation vin agréable, ample, harmonieux et bien en bouche.

Autres choix ► rivesaltes grenache à 35 F et corbières blanc à 32 F.

Pour commander ► Cave de Fitou
Les Cabanes de Fitou, M. Raffanel 11510 Fitou
℡ 04 68 45 71 41 - Fax 04 68 45 60 32

Le vin ► fitou Prestige domaine Lerys. Rouge 1995. Tarif départ cave 38 F.

La propriété ► Terroir de schistes en coteaux.

La dégustation ► Belle robe rubis avec des reflets orangers. Arômes de fruits rouges bien mûrs et garrigue. Attaque en finesse. Tanins équilibrés, finale ronde. Vin élégant.

Autres choix ► corbières rouge et blanc, muscat de rivesaltes, rivesaltes et vintage.

Pour commander ► Domaine Lerys
Avenue des Hautes-Corbières
11360 Villeneuve-les-Corbières
℡ 04 68 45 95 47 - Fax 04 68 45 86 11

FITOU

Le vin ► vin de pays de la Haute Vallée de l'Aude chardonnay Château d'Antugnac. Blanc 1997. Tarif départ cave 30 F.

La propriété ► 34 ha. Sol argilo-calcaire. Cépages : chardonnay, gamay. Vin élevé en Bourgogne.

La dégustation ► Un chardonnay plaisant, bien vinifié, tendre.

Autres choix ► vin de pays d'oc domaine d'Antugnac. Rouge 1997. Tarif départ cave 22 F.

Pour commander ► Château d'Antugnac 11190 Antugnac
✆ 04 68 74 29 76

Le vin ► limoux Classique domaine de l'Aigle. Blanc 1996. Tarif départ cave 39,90 F.

La propriété ► Domaine situé dans la haute vallée de l'Aude, très ensoleillée, mais fraîche. Cépages chardonnay et pinot noir.

La dégustation ► Vin d'un jaune intense, nez de fruits secs et d'abricot, belle fraîcheur, notes vanillées, bonne aptitude au vieillissement.

Autres choix ► limoux les Aigles à 62 F et pinot noir domaine de l'Aigle à 39,90 F.

Pour commander ► Domaine de l'Aigle Jean-Louis Denois 11300 Roquetaillade
✆ 04 68 31 39 12 - Fax 04 68 31 39 14

Le vin ► côtes de roussillon cuvée Georges Pous SCV Lesquerde. Rouge 1996. Tarif départ cave 34 F.

La propriété ► Un regroupement de 370 ha sur terrains d'arènes de granit.

La dégustation ► Rustique et vigoureux, un beau gaillard sympathique et guilleret, bien dans la tendance actuelle.

Autres choix ► muscat de rivesaltes 1997 à 33,50 F.

Pour commander ► SCV Lesquerde Rue Grand Capitoul 66220 Lesquerde
✆ 04 68 59 02 62 - Fax 04 68 59 08 17

Le vin ► côtes du roussillon domaine de la Rourède fût de chêne. Rouge 1996. Tarif départ cave 35 F.

La propriété ► 65 ha sur terrasses argilo-graveleuses des Aspres. Cépages : syrah, mourvèdre, grenache et carignan et muscat.

La dégustation ► Bouche ample et envoûtante, du bonheur qui n'exclut pas le terroir. Profond et persistant, tout en rondeur, aux arômes de cacao.

Autres choix ► Rourède 1995 rouge à 22 F.

Pour commander ► Domaine de la Rourède 66300 Fourques
✆ 04 68 38 84 44 - Fax 04 68 38 88 86

LAVAIL - TMM
CARCASSONNE
CENTRE OCCASION VITI

Votre correspondant :

Jacques SERVOLES

Tél. : 04 68 71 85 00

Fax : 04 68 71 80 18

Z.I. La Bouriette - Rue Denis-Papin - 11000 CARCASSONNE

ÉTIQUETTES

CRÉATION
IMPRESSION
CONSEIL

ÉTIQUETTES TRADITIONNELLES - ÉTIQUETTES ADHÉSIVES

Notre équipe commerciale est présente sur l'ensemble des vignobles
du Sud-Ouest, du Bordelais, du Languedoc-Roussillon,
des Côtes-du-Rhône et de la Provence.

BARAT ÉTIQUETTES
Tél. : 05 53 74 53 20
Fax : 05 53 24 75 81
1, rue Emile Pénisson
33220 Port-Sainte-Foy - France

BARAT MÉDITERRANÉE
Tél. : 04 67 09 27 40
Fax : 04 67 09 00 14
26, rue Gandhi
34500 Béziers - France

Le vin ► côtes du roussillon château de Villargeil. Rouge 1994. Tarif départ cave 26 F.

La propriété ► Terroir argilo-calcaire, exposition sud-est, récolte manuelle.

La dégustation ► Vin tendre et brillant. Arômes de fruits rouges et bonbon anglais, légèrement épicé. Cuvée souple, légère et ensoleillée.

Autres choix ► muscat de rivesaltes cuvée Joseph Villa 1998 à 38 F et rivesaltes cuvée Bacchus 1993 à 59 F.

Pour commander ► Château Villargeil M. Viguier 66490 Saint-Jean Pla-de-Corts ✆ 04 68 83 20 62 - Fax 04 68 83 51 31

Le vin ► côtes du roussillon domaine Joseph Bory. Rouge 1996, prix départ 22 F.

La propriété ► 56 ha avec une production variée, vins doux naturels, vins de pays...

La dégustation ► Robe rubis intense, arômes de pruneaux, d'épices et de fruits cuits. Un vin rond, gras et souple à boire maintenant mais qui gagnera encore en vieillissant.

Autres choix ► côtes du roussillon fûts de chêne rouge 97 à 30 F et Rivesaltes 86 à 39 F.

Pour commander ► Domaine Joseph Bory. 6, avenue Jean Jaurès 66670 Bages ✆ 04 68 21 71 07 - Fax 04 68 21 71 07

Le vin ► côtes du roussillon cuvée de la Marquise château de Blanes. Rouge 1996. Tarif départ cave 26 F.

La propriété ► Terroir argilo-caillouteux. Cépages : syrah, grenache noir et carignan.

La dégustation ► Vin grenat, nez confit de pruneau et chocolat, en bouche souple, épicé et fruits mûrs. Vin goûteux et ensoleillé.

Autres choix ► vin de cépage rivesaltes cuvée fûts de chêne rouge 1996 à 36 F.

Pour commander ► Les Vignerons de Pézilla 1, avenue du Canigou 66370 Pézilla-la-Rivière ✆ 04 68 92 00 09 - Fax 04 68 92 49 91

Le vin ► côtes du roussillon domaine Piquemal. Rouge 1996. Tarif départ cave 39 F.

La propriété ► 50 ha avec des vignes âgées en moyenne de 30 ans.

La dégustation ► Rouge intense, reflets noirs. Nez intense d'épices, cacao et fruits noirs. Bouche tout en rondeur, bel équilibre. Tanins présents, puissant à attendre.

Autres choix ► côtes du roussillon rouge 97 à 35 F et muscat Coup de Foudre à plus de 100 F.

Pour commander ► Domaine Piquemal 1, rue Pierre Lefranc 66600 Espira de l'Agly ✆ 04 68 64 09 14 - Fax 04 68 38 52 94

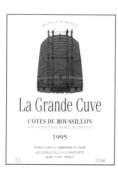

Le vin ► côtes de roussillon la Grande Cuve, Cave de Thuir. Rouge. Tarif départ cave 22 F.

La propriété ► Grande diversité de terroirs : coteaux, sols caillouteux et schistes.

La dégustation ► Vin présentant une belle robe rubis avec des reflets violets. Arômes d'épices, olives noires et figues. Beau vin élégant et riche, fruité typé Roussillon.

Autres choix ► côtes de roussillon la cuvée Sébastien cave de Thuir rouge 94 à 36 F.

Pour commander ► Cave de Thuir
Avenue de la Méditerranée 66300 Thuir
℡ 04 68 53 40 28 - Fax 04 68 53 12 77

Le vin ► côtes de roussillon cuvée Massana. Rouge 1996. Tarif départ cave 26 F.

La propriété ► Cépages carignan, grenache noir et syrah.

La dégustation ► Robe rubis. Nez de fruits rouges et épicé. Belle matière, vin très rond, gras, élégant et charnu en bouche.

Autres choix ► côtes de roussillon Puig Soutre rouge 98 à 43 F et muscat rivesaltes 98 à 41 F.

Pour commander ► Les Vignerons Perpignan Côte Vermeille
BP 64, route de Sorède 66704 Argelès sur Mer
℡ 04 68 81 01 04 - Fax 04 68 81 64 84

Le vin ► côtes du roussillon élevé en fût de chêne les Vignerons de Fourques. Rouge 1996. Tarif départ cave 28 F.

La propriété ► 450 ha avec une prédominance de sols argilo-caillouteux.

La dégustation ► Belle robe grenat tendre. Nez complexe fruits noirs et épicé. En bouche souple, agréable et élégant. Vin puissant et harmonieux.

Autres choix ► côtes du roussillon rosé à 18,50 F et rivesaltes Vintage à 38 F.

Pour commander ► Vignerons de Fourques
1, rue des Taste-vin 66300 Fourques
℡ 04 68 38 80 51 - Fax 04 68 38 89 65

Le vin ► côtes du roussillon cuvée Nicolas de Lise château Planères de Saint Jean. Rouge 1996. Tarif départ cave 23 F.

La propriété ► Un vignoble de 90 ha.

La dégustation ► Robe rouge intense brillant, nez café, garrigue et fruits noirs, bouche ronde et épicée, bel équilibre, bonne longueur.

Autres choix ► côte du roussillon blanc (19,50 F), collioure, muscats de rivesaltes, corbières...

Pour commander ► Destavel
7 bis, av. du Canigou 66000 Perpignan
℡ 04 68 68 36 00 - Fax 04 68 54 03 54

Le vin ► côtes du roussillon Mas des Oliviers. Rouge 1996. Tarif départ cave 35 F.

La propriété ► Vignoble situé sur les premiers contreforts des Pyrénées.

La dégustation ► Belle robe rouge brillante. Nez cerise, fruits noirs et cacao. Vin souple et frais avec des nuances garrigue et d'épices.

Autres choix ► côtes du roussillon domaine Sainte Marguerite rouge à 39 F.

Pour commander ► Châteaux, Crus et Terroirs de la Méditerranée
Château Cap de Fouste 66100 Villeneuve
✆ 04 68 55 88 40 - Fax 04 68 55 87 67

Le vin ► côtes du roussillon villages château de Caladroy. Rouge 1997. Tarif départ cave 33 F.

La propriété ► 130 ha sur des terrains schisteux et caillouteux autour d'un château du XIIe siècle.

La dégustation ► Robe rouge sombre. Au nez, dominante de fruits mûrs et kirsch. En bouche : bel équilibre, ensemble souple frais et agréable. Tanins enrobés, finale légèrement épicée.

Autres choix ► muscat de rivesaltes 98 à 41 F et rivesaltes Al vi Réal à 75 F.

Pour commander ► Château de Caladroy
66720 Bélesta de la Frontière
✆ 04 68 57 10 25 - Fax 04 68 57 27 76

Le vin ► côtes du roussillon villages Latour clos Aymerich. Rouge 1997. Tarif départ cave 350 F.

La propriété ► Terrains d'alluvions, de schistes et d'argiles rouges. Cépages carignan, grenache blanc et maccabeo, merlot, cabernet sauvignon.

La dégustation ► Belle robe brillante, grenat. Nez complexe de fruits rouges mêlés aux épices. En bouche : vin souple, très belle tenue.

Autres choix ► rosé de syrah à 25 F et vin de pays des côtes catalanes merlot à 25 F.

Pour commander ► Clos Aymerich
52, avenue du Dr Toreilles 66310 Estagel
✆ 04 68 29 45 45 - Fax 04 68 29 10 35

Le vin ► côtes du roussillon villages les Grands Mères domaine des Chênes. Rouge 1996. Tarif départ cave 29 F.

La propriété ► Site et terroir exceptionnel.

La dégustation ► Vin pourpre, nez boisé intense sur fruits mûrs, belle structure, vin souple et agréable.

Autres choix ► côtes du roussillon villages 96 les Alzines à 42 F et muscat de rivesaltes 97 à 46 F.

Pour commander ► Domaine des Chênes. Razungles et fils
7, rue du Maréchal Joffre 66600 Vigrau
✆ 04 68 29 40 21 - Fax 04 68 29 10 91

PRODUCT OF FRANCE

Domaine des Schistes

Tradition

CÔTES DU ROUSSILLON VILLAGES
APPELLATION CÔTES DU ROUSSILLON VILLAGES CONTRÔLÉE

RED TABLE WINE

1996

Mis en bouteille au Domaine

Alc. 13% by vol.   Jacques et Nadine SIRE   750 ml
66310 ESTAGEL - Tél. 04 68 29 11 25

Le vin ► côtes du roussillon villages cuvée Tradition domaine des Schistes. Rouge 1996. Tarif départ cave 35 F.

La propriété ► Sur un terroir de marnes schisteuses en coteaux exposés plein sud.

La dégustation ► Vin rouge foncé, nez olives noires et ciste, avec des notes de fruits confiturés, bouche franche, hamonieuse.

Autres choix ► cuvée Les Terrasses domaine des Schistes. Rouge 1996 à 45 F .

Pour commander ► Domaine des Schistes. Jacques Sire 1, avenue Jean Lurçat 66310 Estagel ✆ 04 68 29 11 25 - Fax 04 68 29 47 17

Domaine
Laporte

Cabernet Sauvignon

1997

Vin de Pays Catalan

750 ml
MIS EN BOUTEILLE PAR LE DOMAINE LAPORTE   Alc 12% by vol.
CHÂTEAU ROUSSILLON - 66000 - PERPIGNAN

PRODUCT OF FRANCE

Le vin ► vin de pays catalan cabernet sauvignon domaine Laporte. Rouge 1997. Tarif départ cave 27 F.

La propriété ► 40 ha de vigne sur un sol sablo-limoneux. Cépages : muscat, syrah, mourvèdre, grenache noir, cabernet sauvignon, merlot.

La dégustation ► Un monocépage bien réussi, belle longueur, finale fumée.

Autres choix ► le rosé 98 à 27 F.

Pour commander ► Domaine Laporte Château Roussillon, route de Canet 66000 Perpignan ✆ 04 68 50 06 53 - Fax 04 68 66 77 52

ESPARROU

MERLOT

VIN DE PAYS CATALAN

MIS EN BOUTEILLE AU DOMAINE
Propriétaire récoltant
66140 Canet-en-Roussillon - France
12% Vol.   75 cl
PRODUCT OF FRANCE

Le vin ► vin de pays catalan Esparrou merlot. Rouge 1996. Tarif départ cave 22 F.

La propriété ► 82 ha à proximité de la mer. Cépages traditionnels : maccabéo, grenache blanc, cabernets et chardonnay.

La dégustation ► Sympa, bien ouvert, épanoui et tannique, un produit plutôt bien vinifié.

Autres choix ► rivesaltes ambré Hors d'Age 1992 à 38 F.

Pour commander ► Château L'Esparrou Voie des Flamants Roses, Canet-en-Roussillon 66140 Canet-Plage ✆ 04 68 73 30 93 - Fax 04 68 73 58 65

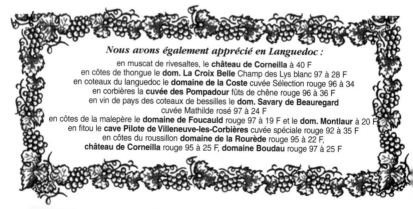

Nous avons également apprécié en Languedoc :

en muscat de rivesaltes, le **château de Corneilla** à 40 F
en côtes de thongue le **dom. La Croix Belle** Champ des Lys blanc 97 à 28 F
en coteaux du languedoc le **domaine de la Coste** cuvée Sélection rouge 96 à 34 F
en corbières la **cuvée des Pompadour** fûts de chêne rouge 96 à 36 F
en vin de pays des coteaux de bessilles le **dom. Savary de Beauregard**
cuvée Mathilde rosé 97 à 24 F
en côtes de la malepère le **domaine de Foucauld** rouge 97 à 19 F et le **dom. Montlaur** à 20 F
en fitou le **cave Pilote de Villeneuve-les-Corbières** cuvée spéciale rouge 92 à 35 F
en côtes du roussillon **domaine de la Rourède** rouge 95 à 22 F,
château de Corneilla rouge 95 à 25 F, **domaine Boudau** rouge 97 à 25 F

LOIRE

Le fleuve, critère d'unité entre des sous-régions particulières, confère au climat une douceur favorable à la vigne. Les cépages qui profitent de cette douceur sont nombreux. Pour le blanc, on trouve bien sûr le muscadet et la folle blanche autour de Nantes, le chenin en Anjou et en Touraine et le sauvignon autour de Sancerre et de Pouilly. Les cépages rouges, surtout cultivés en Anjou et en Touraine, sont de type cabernet franc et cabernet sauvignon, même si le gamay est présent aujourd'hui, pour sa facilité et son rendement, d'un bout à l'autre du vignoble, et que le pinot noir est présent en Sancerrois.

Parcourant la Loire à contre-courant, on croise d'abord les vignobles du pays nantais, dédiés à la production des vins blancs : muscadet, avec son cépage éponyme, appelé aussi melon de Bourgogne, et gros plant. Sols variés et micro-climats procurent une grande diversité dans chaque appellation (muscadet, muscadet sèvre et maine, muscadet des coteaux de la loire, muscadet des côtes de grand lieu). S'y ajoutent les vins des coteaux d'ancenis, caractérisés quelle que soit leur couleur par leur légèreté et leur saveur fruitée.

On parvient ensuite dans les vignobles d'Anjou et de Saumur. Les premiers sont réputés pour leurs vins rouges et rosés. Après les anjous et anjou-villages, les différents vins autour de la ville de Saumur développent également leurs nuances, entre autres liées à la nature des sols : saumur, saumur-champigny, etc. Cette partie du val de Loire offre également un grand choix à l'amateur de vins blancs, avec de nombreuses appellations (de moelleux notamment) issus de terroirs schisteux ou siliceux : coteaux de l'aubance ou du layon, savennières, bonnezeaux. N'oublions pas non plus les vins effervescents, tels que le crémant de loire ou le saumur brut.

Encore en amont, voici la Touraine. Rouge ou blanc, le touraine, issu de terroirs plutôt calcaires, est un vin très parfumé. Il n'y a pas d'appellation touraine-villages, mais trois sous-appellations : touraine-amboise, touraine-azay-le-rideau et touraine-mesland. Trois appellations de rouge ont acquis, dans ce département d'Indre-et-Loire une célébrité légitime : chinon, bourgueil et saint-nicolas de bourgueil. Ces rouges plus ou moins charpentés et marqués par le fruit rouge consacrent un cépage connu en Bordelais, le cabernet franc.

A l'est de la Touraine, les châteaux de Cheverny et de Valençay ont donné leur nom à des appellations. Le cour-cheverny, apprécié de François Ier, a pour particularité l'exclusivité du cépage romorantin. Bien qu'excentrés par rapport au fleuve, les coteaux-du-vendômois, au nord de la Touraine, sont bien des vins de Loire, très typés notamment pour les blancs.

Les vins de l'Orléanais sont en constante amélioration depuis 1945 pour se montrer dignes de leur longue histoire. On parvient ensuite aux coteaux du giennois, toujours bien placés en tarifs, et aux fameux vignobles du sancerre et du pouilly. Le premier est surtout planté de cépage sauvignon, pour produire un vin blanc réputé, avec les nuances permises par des terroirs variés. Les rouges sont généralement issus de pinot noir. Egalement blanc, le vin de pouilly se partage entre pouilly, issu du chasselas, et pouilly fumé, issu du sauvignon. Même si le calcaire domine, la présence par endroits de silice permet d'offrir des nuances intéressantes.

Eloignés de la Loire, mais inclus traditionnellement dans la région viticole, les vignobles de quincy et reuilly sont surtout connus pour leur vin blanc, classiquement à base de sauvignon, mais auxquels le terroir bien particulier donne toute leur originalité.

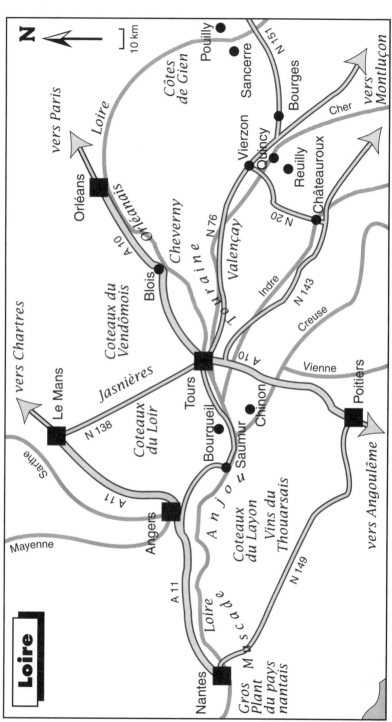

Le vin ► saumur brut Michel Géron. Blanc 1997. Tarif départ cave 34 F.

La propriété ► 16 ha plantés en cépages variés : cabernet, chenin, gamay, grolleau, merlot et sauvignon. Une tradition familiale depuis 6 générations.

La dégustation ► Plaisant, une bulle fine, une bouche fruitée.

Autres choix ► anjou vieilles vignes rouge 97 à 23 F.

Pour commander ► Michel Géron
14, route de Thouars 79290 Brion-Près-Thouet
✆ 05 49 67 73 43

Le vin ► saumur brut méthode traditionnelle Houët et Tessier domaine des Hauts de Sanziers. Blanc 1993. Tarif départ cave 35 F.

La propriété ► 72 ha sur un sol argilo-calcaire planté de chenin, cabernet franc et chardonnay.

La dégustation ► Léger, à bulle très fine. Un vin « féminin » qui ne manque pas d'atouts.

Autres choix ► saumur domaine des Hauts de Sanziers 97.

Pour commander ► Domaine des Hauts de Sanziers - 14, rue Saint-Vincent
49260 Le Puy Notre Dame
✆ 02 41 52 26 75 - Fax 02 41 38 89 11

CREMANTS ET BRUTS

Le vin ► crémant de touraine Jean-Maurice Beaufreton. Blanc 1996. Tarif départ cave 32 F.

La propriété ► 4,3 ha sur un sol d'argiles à silex. Les cépages : gamay, cabernet franc, cabernet sauvignon, chenin et grolleau.

La dégustation ► Bulle fine, de la franchise et une certaine finesse. Un vin vif et bien sec pour débuter une soirée.

Autres choix ► voir les autres crémants et les touraines rouges.

Pour commander ► Jean Maurice Beaufreton
10-18, le Grand Verger 37230 Luynes
✆ 02 47 55 64 13

Le vin ► rosé de loire domaine des Baumard. Rosé 1997. Tarif départ cave 22 F.

La propriété ► 40 ha sur un sol schisteux ardoisier sur des coteaux bordant la Loire. Vignoble âgé de 35 ans, planté en cépages cabernet et chenin. Vendanges manuelles.

La dégustation ► Ou comment redonner des lettres de noblesse à l'appellation. Sobre, bien fait, agréable sans sucre inutile. Du beau travail.

Autres choix ► cabernet d'anjou rosé 96 à 22 F.

Pour commander ► Domaine des Baumard
8, rue de l'Abbaye 49190 Rochefort-sur-Loire
✆ 02 41 78 70 03 - Fax 02 41 78 83 82

ROSÉ DE LOIRE

CABERNET

Le vin ► cabernet d'anjou demi-sec château du Fresne. Rosé 1997. Tarif départ cave 20 F.

La propriété ► 75 ha sur terrain schisto-gréseux. Cépages : chenin pour le blanc, cabernet pour le rouge.

La dégustation ► Pas inintéressant dans cette version demi-sec. Du sérieux qui devrait combler les amateurs. La rose et le bonbon.

Autres choix ► anjou rouge 96 à 23 F ou anjou blanc 97 à 30 F.

Pour commander ► Château du Fresne
Faye d'Anjou 49380 Thouarcé
℃ 02 41 54 30 88 - Fax 02 41 54 17 52

Le vin ► cabernet d'anjou domaine des Baumard. Rosé 1997. Tarif départ cave 22 F.

La propriété ► 40 ha d'un sol schisteux ardoisier sur des coteaux bordant la Loire. Vignoble de 35 ans, planté en cépages cabernet et chenin.

La dégustation ► Au meilleur de l'appellation, un savant dosage entre le cépage, le fruit et le sucre. Des saveurs complexes, de mangue et d'abricot, fruit et fleur. Agréable en apéritif.

Autres choix ► rosé de loire 97 à 22 F.

Pour commander ► Domaine des Baumard
8, rue de l'Abbaye 49190 Rochefort-sur-Loire
℃ 02 41 78 70 03 - Fax 02 41 78 83 82

Le vin ► cabernet de saumur domaine Langlois Château. Blanc 1997. Tarif départ cave 31 F.

La propriété ► 45 ha. Cépages : cabernet franc (80 %) et cabernet sauvignon (20 %) pour les rouges ; chenin (80 %) et chardonnay (20 %) pour les blancs.

La dégustation ► Peu d'accent, mais facile à boire, très frais. Léger et plaisant.

Autres choix ► saumur rouge 96 à 33 F.

Pour commander ► Domaine Langlois Château
3, rue Léopold Palustre, BP 57, Saint-Hilaire-Saint-Florent 49400 Saumur
℃ 02 41 40 21 40 - Fax 02 41 40 21 49

Le vin ► cabernet de saumur cuvée Harmonie domaine du Moulin de l'Horizon. Rosé 1997. Tarif départ cave 20 F.

La propriété ► 30 ha sur un sol calcaire et argilo-calcaire. Cépages : cabernet franc chenin, cabernet franc et chardonnay.

La dégustation ► Equilibré, neutre, bien velouté, bonbon sans être trop doux, fruit sympathique.

Autres choix : saumur blanc Mélodie 97 à 20 F.

Pour commander ► Domaine du Moulin de l'Horizon
1, rue du Lys 49260 Sanziers
℃ 02 41 52 26 85 - Fax 02 41 52 48 39

Le vin ► coteaux du layon domaine des Maurières. Blanc 1997.
Tarif départ cave 32,50 F.

La propriété ► 20 ha sur un sol silico-argileux Cépages : chenin pour le coteaux du layon, sauvignon et cabernet franc pour l'anjou rouge.

La dégustation ► Comme un gros raisin écrasé dans le sucre glace. Très plaisant.

Autres choix ► anjou rouge 95 à 29,50 F.

Pour commander ► Domaine des Maurières
8, rue de Périnelle
49750 Saint Lambert du Lattay
℃ 02 41 78 30 21 - Fax 02 41 78 40 26

Le vin ► coteaux du layon domaine des Saulaies. Blanc 1997. Tarif départ cave 34 F.

La propriété ► 19 ha sur sols limoneux-argileux. Cépages : chenin, cabernet franc, sauvignon et gamay.

La dégustation ► Un moelleux de bonne tenue, agréable et suave, aux notes miellées, à déguster frais (10°) avec un foie gras ou en apéritif.

Autres choix ► cabernet sauvignon 96 à 29 F. Egalement un rosé (cabernet franc) 97 à 23,30 F.

Pour commander ► Domaine des Saulaies
Faye d'Anjou 49380 Thouarcé
℃ 02 41 54 30 66 - Fax 02 41 54 17 21

Le vin ► coteau du layon Rochefort domaine de la Motte. Blanc 1996. Tarif départ cave 40 F.

La propriété ► 19 ha sur sol schisteux à quartz épars. Cépages variés : chenin blanc, cabernet franc, sauvignon, grolleau gris, chenin et chardonnay.

La dégustation ► De l'arôme, de la typicité, une bouche avantageuse. Un ensemble méritant.

Autres choix ► éventuellement le même en millésime 97.

Pour commander ► Domaine de la Motte
31, avenue d'Angers 49190 Rochefort sur Loire
℃ 02 41 78 71 13 - Fax 02 41 78 75 49

Le vin ► coteaux du layon château de Montguéret. Blanc 1989. Tarif départ cave 39 F.

La propriété ► 115 ha sur sol argilo-schisteux. Les cépages : cabernet franc, chenin et grolleau.

La dégustation ► Belle couleur dorée, une bouche au sirop miellé, de la cohérence et une certaine personnalité.

Autres choix ► la gamme des anjous rouges et rosés.

Pour commander ► Château de Montguéret
25, rue de la Mairie 49560 Neuil sur Layon
℃ 02 41 59 26 26 - Fax 02 41 59 01 94

COTEAUX DU LAYON

Le vin ▶ coteaux de l'aubance château d'Avrillé. Blanc 1997. Tarif départ cave 26 F.

La propriété ▶ 180 ha sur sol de limon caillouteux. Les cépages : gamay, cabernet franc, cabernet sauvignon et chardonnay.

La dégustation ▶ Fruit sec amande, champignon et miel de fleurs, potentiel et complexité.

Autres choix ▶ tries de vendanges blanc 96 à 40 F.

Pour commander ▶ Château d'Avrillé Saint-Jean-des-Mauvrets 49320 Brissac-Quincé ℰ 02 41 91 22 46 - Fax 02 41 91 25 80

Le vin ▶ coteaux de l'aubance tries de vendanges château d'Avrillé. Blanc 1996. Tarif départ cave 40 F.

La propriété ▶ 180 ha sur sol de limon caillouteux. Cépages gamay, cabernet franc, cabernet sauvignon et chardonnay.

La dégustation ▶ Noix de cajou miellée, acacia, sympathique avec une belle maturité.

Autres choix ▶ coteaux de l'aubance blanc 97 à 26 F.

Pour commander ▶ Château d'Avrillé Saint-Jean-des-Mauvrets 49320 Brissac-Quincé ℰ 02 41 91 22 46 - Fax 02 41 91 25 80

Le vin ▶ muscadet sèvre et maine château d'Amour. Blanc 1997. Tarif départ cave 19 F.

La propriété ▶ 34 ha exposés sud sur sol silico-granitique. Vignoble, âgé de 35 ans. Cépages melon (28,5 ha), gamay (4, 5 ha) et cabernet (1ha).

La dégustation ▶ neutre et en finesse, un joli vin agréable en bouche.

Autres choix ▶ muscadets et gamays

Pour commander ▶ Château d'Amour La Grenaudière, Maisdon-sur-Sèvre 44690 La-Haie-Fouassière ℰ 02 40 03 80 00 - Fax 02 40 03 85 13

Le vin ▶ muscadet sèvre et maine domaine de la Blanchetière. Blanc 1997. Tarif départ cave 19 F.

La propriété ▶25 ha sur sol de micaschiste et d'amphibolite et plantés d'un cépage unique : le melon de bourgogne.

La dégustation ▶Fin et léger, mais une certaine longueur. Du bouquet et de la vigueur.

Autres choix ▶le sympathique et franc muscadet sèvre et maine 97, cuvée vieilles vignes, à 22 F.

Pour commander ▶Domaine de la Blanchetière 8, rue de la Tannerie 44430 Le Loroux Bottereau ℰ 02 40 33 82 14 - Fax 02 40 06 43 18

Le vin ► muscadet sèvre et maine Sélection domaine de la Rebourgère. Blanc 1997. Tarif départ cave 20 F.

La propriété ► 9 ha exclusivement dédié au cépage melon de bourgogne, plus connu sous le nom de muscadet. Vendanges manuelles.

La dégustation ► Bien fait, sympathique et friand. De la densité.

Autres choix ► muscadet sèvre et maine sur lie 96 à 24 F.

Pour commander ► Domaine de la Rebourgère Maisdon-sur-Sèvre 44690 La-Haie-Fouassière ℂ et Fax 02 40 54 61 32

Le vin ► muscadet sèvre et maine sur lie clos Saint-Vincent des Rongères. Blanc 1997. Tarif départ cave 25 F.

La propriété ► 30 ha sur sols sablo-limoneux et de micaschistes. Cépages : melon, folle blanche, gamay et chardonnay.

La dégustation ► Vivant, parfumé, nez d'amande et d'orgeat, un peu atypique mais bien agréable.

Autres choix ► cuvée vieilles vignes 97 à 35 F.

Pour commander ► Clos St-Vincent des Rongères
Le Pigeon Blanc 44430 Le Landreau
ℂ 02 40 06 43 54 - Fax 02 40 06 47 10

Le vin ► muscadet sèvre et maine sur lie vieilles vignes domaine Bruno Cormerais. Blanc 1996. Tarif départ cave 28 F.

La propriété ► 20 ha sur granit de Clisson. Cépages : melon, folle blanche, gamay, cabernet.

La dégustation ► Assez neutre, mais un fruit bien développé, ferme, avec un nez aromatique de bonbon anglais.

Autres choix ► une belle gamme de muscadets

Pour commander ► Domaine Bruno Cormerais La Chambaudière, Saint-Lumine de Clisson 44190 Clisson
ℂ 02 40 03 85 84 - Fax 02 40 06 68 74

Le vin ► muscadet sèvre et maine sur lie vieilles vignes clos Saint-Vincent des Rongères. Blanc 1997. Tarif départ cave 35 F.

La propriété ► 30 ha sur sols sablo-limoneux et de micaschistes. Cépages : melon, folle blanche, gamay et chardonnay.

La dégustation ► Ginguet, équilibré, plein d'esprit et de vivacité. Bien fait, du caractère.

Autres choix ► le muscadet sur lie 97 à 25 F.

Pour commander ► Clos Saint-Vincent des Rongères - Le Pigeon Blanc
44430 Le Landreau
ℂ 02 40 06 43 54 - Fax 02 40 06 47 10

MUSCADET

MUSCADET

Le vin ► muscadet sèvre et maine sur lie fût de chêne clos Joubert. Tarif départ cave 34 F.

La propriété ► 16,5 ha sur sols silico-argileux et gneiss. Cépage : uniquement le melon.

La dégustation ► assez sympa, un arôme très présent, avec des notes miellées et une bonne longueur.

Autres choix ► domaine de la Haute Févrie, muscadet vieilles vignes à 25 F.

Pour commander ► Domaine de la Haute Févrie - La Févrie
44690 Maisdon-sur-Sèvre
℡ 02 40 36 94 08 - Fax 02 40 36 96 69

Le vin ► muscadet sèvre et maine sur lie vieilles vignes Gadais Père et Fils. Blanc 1997. Tarif départ cave 34 F.

La propriété ► 30 ha sur sol de gneiss et orthogneiss. Les cépages : folle blanche et melon de bourgogne.

La dégustation ► Velouté et sans défaut, propre. Un muscadet de bonne base, souple.

Autres choix ► gros plant 97 à 19 F et Grande Réserve du Moulin 97 à 27 F.

Pour commander ► Gadais Père et Fils
rue du Coteau 44690 Saint-Fiacre-sur-Maine
℡ 02 40 54 81 23 - Fax 02 40 36 70 25

Le vin ► muscadet sèvre et maine sur lie domaine de la Rocherie. Blanc 1997. Tarif départ cave 20 F.

La propriété ► 21 ha de coteaux du Landreau orientés sud sud-est. Cépages : cabernet, gamay, melon et folle blanche.

La dégustation ► Sobre et bien fait, arôme de goémon, réglisse et groseille.

Autres choix ► gros plant sur lie 97 à 16 F, gamay rosé 97 à 15,50 F, cabernet 96 à 16,50 F.

Pour commander ► Domaine de la Rocherie
Le Landreau 44430 Le-Loroux-Bottereau
℡ 02 40 06 41 55 - Fax 02 40 06 48 92

Le vin ► muscadet sèvre et maine sur lie domaine de la Rebourgère. Blanc 1996. Tarif départ cave 24 F.

La propriété ► 9 ha plantés d'un cépage unique : le melon de bourgogne (muscadet).

La dégustation ► Un tempérament : pistaché, assez souple, arôme d'ananas et d'agrumes.

Autres choix ► muscadet sèvre et maine Sélection 97 à 20 F.

Pour commander ► Domaine de la Rebourgère
Maisdon-sur-Sèvre 44690 La Haie Fouassière
℡ et Fax 02 40 54 61 32

Le vin ► muscadet sèvre et maine sur lie la Grande Réserve du Moulin Gadais Père et Fils. Blanc 1997. Tarif départ cave 27 F.

La propriété ► 30 ha de gneiss et orthogneiss. Cépages folle blanche et melon bourguignon.

La dégustation ► Un boisé assez présent, pour l'évolution, une franche attaque de fruits secs, un muscadet intense et frais.

Autres choix ► gros plant 97 à 19 F.

Pour commander ► Gadais Père et Fils
16 bis, rue du Coteau
44690 Saint-Fiacre-sur-Maine
✆ 02 40 54 81 23 - Fax 02 40 36 70 25

Le vin ► muscadet sèvre et maine sur lie Cardinal Richard. Blanc 1997.
Tarif départ cave 30 F.

La propriété ► 27 ha sur sols silico-argileux. Cépages : melon de bourgogne et folle blanche.

La dégustation ► Bonne attaque, assez gras, franc, bon esprit, sans minéralité excessive.

Autres choix ► Allégorie du Cléray 97 à 33 F et réserve du Cléray 95 à 27 F.

Pour commander ► Château du Cléray-Sauvion en Eolie - BP 3
44330 Vallet
✆ 02 40 36 22 55 - Fax 02 40 36 34 62

Le vin ► muscadet sèvre et maine sur lie Réserve du Cléray. Blanc 1995.
Tarif départ cave 27 F.

La propriété ► 27 ha sur sols silico-argileux. Cépages : melon de bourgogne et folle blanche.

La dégustation ► Belle bouche minérale, de belle composition, agréable et homogène. Dans la finesse et la légèreté.

Autres choix ► Allégorie du Cléray 97 à 33 F.

Pour commander ► Château du Cléray-Sauvion en Eolie
BP 3 44330 Vallet
✆ 02 40 36 22 55 - Fax 02 40 36 34 62

Le vin ► muscadet sèvre et maine sur lie Allégorie du Cléray. Blanc 1997. Tarif départ cave 33 F.

La propriété ► 27 ha sur sols silico-argileux. Cépages : melon de bourgogne et folle blanche.

La dégustation ► En évolution, mais déjà équilibré. Végétal, beurré et fruité. Une intéressante cuvée.

Autres choix ► Réserve du Cléray 97 à 27 F.

Pour commander ► Château du Cléray-Sauvion en Eolie- - BP 3
44330 Vallet
✆ 02 40 36 22 55 - Fax 02 40 36 34 62

MUSCADET

Le vin ► muscadet sèvre et maine sur lie domaine de la Tourlaudière. Blanc 1997. Tarif départ cave 21 F.

La propriété ► 30 ha sur sous-sol de gabbros, de granit et de micaschiste. Cépage : melon de bourgogne (muscadet).

La dégustation ► Miellé, avec une pointe d'acidité ; de la franchise et de la vigueur.

Autres choix : gros plant 97 à 16 F

Pour commander ► Domaine de la Tourlaudière EARL Petiteau-Gaubert
La Tourlaudière 44330 Vallet
✆ 02 40 36 24 86 - Fax 02 40 36 29 72

Le vin ► muscadet sèvre et maine sur lie château du Coing de Saint-Fiacre. Blanc 1997. Tarif départ cave 38,60 F.

La propriété ► 40 ha sur terroir de gneiss, micas et grenats, exposition plein sud. Cépage unique melon de bourgogne (muscadet).

La dégustation ► Classique, puissant et minéral ; bonne longueur.

Autres choix ► grand Fief de la Cormeraie blanc 97à 38,60 F.

Pour commander ► Domaine Chéreau Carré
Le Coing 44690 Saint-Fiacre-sur-Maine
✆ 02 40 54 85 24 - Fax 02 40 54 80 21

Le vin ► muscadet sèvre et maine sur lie domaine de la Ferronnière. Blanc 1996. Tarif départ cave 26 F.

La propriété ► 20,5 ha sur sous-sol schisteux d'orthogneiss et sol silico-argileux. Cépage : melon de bourgogne (muscadet) exclusivement.

La dégustation ► Bien fait, fruité et un peu gras : du coing et de l'ananas.

Autres choix : le même en 97 à 23 F

Pour commander ► Domaine Bonneteau
Guesselin - La Juiverie
44690 La Haie-Fouassière
✆ 02 40 54 80 38 - Fax 02 40 36 91 17

Le vin ► muscadet sèvre et maine sur lie château de la Gravelle. Blanc 1997. Tarif départ cave 38,60 F.

La propriété ► 40 ha sur sol de gneiss, micas et grenats. Cépage unique : melon de bourgogne.

La dégustation ► Aromatique et fruité, un peu ginguet, un peu d'acidité bienvenue en finale.

Autres choix ► château du coing saint Fiacre blanc 97 à 38,60 F et grand fief de cormerais blanc 97 à 38,60 F.

Pour commander ► Domaine Chéreau Carré
Le Coing 44690 Saint-Fiacre-sur-Maine
✆ 02 40 54 85 24 - Fax 02 40 54 80 21

Le vin ► muscadet sèvre et maine sur lie château de la Pingossière. Blanc 1997. Tarif départ cave 32 F.

La propriété ► 35 ha sur sol schisteux, composé de gneiss et de gabbros. Cépage : melon de bourgogne (muscadet) exclusivement.

La dégustation ► De la finesse, agréable, un peu vineux, dans le bon sens.

Autres choix ► Le Soleil Nantais, un muscadet 97 à 31 F

Pour commander ► SCEA Guilbaud Moulin BP 1 Mouzillon 44330 Vallet
℡ 02 40 36 30 55 - Fax 02 40 36 36 35

Le vin ► muscadet sèvre et maine sur lie Grand Fief de la Cormeraie. Blanc 1997. Tarif départ cave 38,60 F.

La propriété ► 20 ha sur schistes argilisés. Cépage : melon de bourgogne (muscadet).

La dégustation ► De la longueur, une belle maturité, un vin fait, souple et ardent.

Autres choix ► muscadet sèvre et maine sur lie blanc 97, château du Coing de Saint-Fiacre, à 38,60 F.

Pour commander ► Domaine Chéreau Carré Le Coing 44690 Saint-Fiacre-sur-Maine
℡ 02 40 54 85 24 - Fax 02 40 54 80 21

Le vin ► muscadet sèvre et maine sur lie domaine de la Haute Févrie vieilles vignes. Blanc 1996. Tarif départ cave 34 F.

La propriété ► 16,5 ha sur sols silico-argileux sur gneiss, orthogneiss et roches vertes. Cépage : uniquement du melon de bourgogne.

La dégustation ► Minéral, frais, aimable. Un joli travail, un produit simple et loyal.

Autres choix ► Clos Joubert 96 à 34 F.

Pour commander ► Domaine de la Haute Févrie
La Févrie 44690 Maisdon-sur-Sèvre
℡ 02 40 36 94 08 - Fax 02 40 36 96 69

Le vin ► muscadet sèvre et maine sur lie Prestige de l'Hermitage domaine Clair Moreau. Blanc 1997. Tarif départ cave 22 F.

La propriété ► 32 ha sur sol granitique métamorphique. Cépages : melon de bourgogne, folle blanche, gamay et cabernet.

La dégustation ► Assez bien fait, tendre, bien poli, avec de la finesse.

Autres choix ► domaine Clair Moreau 97 à 18 F.

Pour commander ► GAEC Moreau
La petite Jaunaie RN 137
44690 Château-Thébaud
℡ 02 40 06 61 42 - Fax 02 40 06 69 45

MUSCADET

MUSCADET

Le vin ► muscadet sèvre et maine sur lie domaine Clair Moreau. Blanc 1997. Tarif départ cave 18 F.

La propriété ► 32 ha sur sol granitique métamorphique. Cépages : melon de bourgogne folle blanche, gamay et cabernet.

La dégustation ► Plaisant, minéral, séveux et ginguet; va s'assouplir.

Autres choix ► prestige de l'hermitage 97 à 22 F.

Pour commander ► GAEC Moreau
La petite Jaunaie RN 137
44690 Château-Thébaud
℡ 02 40 06 61 42 - Fax 02 40 06 69 45

Le vin ► muscadet sèvre et maine sur lie domaine de la Momenière. Blanc 1997. Tarif départ cave 20 F.

La propriété ► 28 ha sur sols de sables limoneux sur schiste et d'argile sablo-limoneux sur graviers. Cépages : melon, folle blanche, gamay et cabernet.

La dégustation ► Bien, sympa, vif et inspiré, ce qu'on aime dans le muscadet

Autres choix ► Domaine Audouin 97 à 21 F.

Pour commander ► Domaine de la Momenière
EARL Audouin 44430 Le Landreau
℡ 02 40 06 43 04 - Fax 02 40 06 47 89

Le vin ► muscadet côtes de grand lieu sur lie domaine les Coins. Blanc 1997. Tarif départ cave 17,50 F.

La propriété ► 50 ha exposés sud-est sur sol de micaschistes, avec quartz en surface. Cépages : melon et folle blanche.

La dégustation ► Belle bouche d'amande, en complexité et finesse, suave, un peu gras et sans insistance.

Autres choix ► gros plant sur lie 97 à 14,50 F.

Pour commander ► Domaine les Coins
Le Coin 44650 Corcoué-sur-Logne
℡ 02 40 05 95 95 - Fax 02 40 05 80 99

Le vin ► muscadet sèvre et maine sur lie château de Chasseloir. Blanc 1997. Tarif départ cave 38,60 F.

La propriété ► 20 ha sur sol de schistes argilisés. Encépagement unique : melon de bourgogne (muscadet). Vieillissement en fûts de chêne neufs.

La dégustation ► Vif, aromatique, puissant.

Autres choix ► Muscadet sèvre et maine sur lie Château l'Oisilenière de la Ramée à 39,90 F.

Pour commander ► Château de Chasseloir
44690 Saint-Fiacre-sur-Maine
℡ 02 40 54 81 15 - Fax 02 40 54 81 70

MUSCADET

Le vin ► muscadet côtes de grand lieu sur lie domaine du Buttay. Blanc 1997.
Tarif départ cave 19 F.

La propriété ► 15 ha sur sol brun sur micaschiste plus ou moins altéré et sur sol sableux à galets sur roche verte altérée. Cépage unique : melon de bourgogne.

La dégustation ► Sympathique et franc, légèrement acidulé.

Autres choix ► gros plant, gamay, grolleau gris

Pour commander ► Domaine du Buttay
44680 Saint-Mars-de-Coutais
℡ 02 40 04 83 10 - Fax 02 40 31 51 18

Le vin ► gros plant du pays nantais domaine de la Rocherie. Blanc 1997. Tarif départ cave 16 F.

La propriété ► 21 ha orientés sud sud-est sur coteaux du Landreau. Cépages : cabernet, gamay, melon et folle blanche.

La dégustation ► Amande et bonbon, un retour plaisant, une bouche typique de groseille à maquereau.

Autres choix ► muscadet sèvre et maine sur lie 97 à 20 F et gamay rosé 97 à 15,50 F.

Pour commander ► Domaine de la Rocherie
Le Landreau 44430 Le Loroux-Bottereau
℡ 02 40 06 41 55 - Fax 02 40 06 48 92

GROS PLANT

Le vin ► gros plant du pays nantais sur lie domaine de l'Aubinerie. Blanc 1997.
Tarif départ cave 18 F.

La propriété ► 11 ha sur sols silico-argileux. et de micaschiste. Cépages : melon de bourgogne, folle blanche et 0,7 ha de vin de pays rouge.

La dégustation ► Bien fait ; une surprenante longueur pour un gros plant ; du caractère.

Autres choix ► éventuellement le muscadet sèvre et maine sur lie Tradition 96 à 26 F.

Pour commander ► Domaine de l'Aubinerie
26, la Barillière 44330 Mouzillon
℡ 02 40 36 37 06 - Fax 02 40 36 37 06

Le vin ► gros plant Gadais Père et Fils. Blanc 1997. Tarif départ cave 19 F.

La propriété ► 30 ha sur sol de gneiss et d'orthogneiss. Cépages : folle blanche (gros plant) et melon bourguignon (muscadet).

La dégustation ► Un gros plant classique et iodé, qui donne envie d'huîtres.

Autres choix ► Grande Réserve du Moulin 97 à 27 F et Vieilles Vignes 97 à 34 F.

Pour commander ► Gadais Père et Fils
16 bis, rue du Coteau
44690 Saint-Fiacre-sur-Maine
℡ 02 40 54 81 23 - Fax 02 40 36 70 25

GROS PLANT

Le vin ► gros plant sur lie domaine les Coins. Blanc 1997. Tarif départ cave 14,50 F.

La propriété ► 50 ha exposés sud-est sur sol de micaschiste avec quartz en surface. Cépages : melon et folle blanche. .

La dégustation ► Bien sur une huître, plein de vigueur et de franchise. A boire avec plaisir dans sa jeunesse.

Autres choix ► muscadet côtes de grand lieu sur lie 97 à 17,50 F.

Pour commander ► Domaine les Coins Le Coin 44650 Corcoué-sur-Logne ✆ 02 40 05 95 95 - Fax 02 40 05 80 99

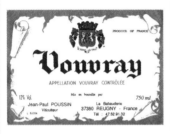

Le vin ► vouvray cave Poussin. Blanc sec 1997. Tarif départ cave 36 F.

La propriété ► 15 ha sur sol argilo-siliceux. Cépage unique : le chenin pour produire une gamme complète de vouvrays.

La dégustation ► Encore bien jeune, mais typique, tendre et vif.

Autres choix ► outre le sec, la cave produit des moelleux, des demi-secs, ainsi que des bruts méthode traditionnelle.

Pour commander ► Cave Poussin La Babauderie Reugny 37380 Monnaie ✆ 02 47 52 91 32 - Fax 02 47 52 25 02

VOUVRAY

Le vin ► vouvray demi-sec maison Mirault. Blanc 1986. Tarif départ cave 38 F.

La propriété ► L'entreprise (familiale) ne possède pas de vigne et travaille comme négociant éleveur, à partir de vin acheté en moût (cépage chenin).

La dégustation ► Typique, pas mal fait, assez classique, équilibré.

Autres choix ► vouvray sec blanc 95 à 31 F, et vouvray demi-sec blanc 95 à 32 F

Pour commander ► Maison Mirault 15, avenue Brulé 37210 Vouvray ✆ 02 47 52 71 62 - Fax 02 47 52 60 90

Le vin ► vouvray demi-sec Jean pierre Laisement. Blanc 1997. Tarif départ cave 35 F.

La propriété ► 13 ha sur sol argilo-calcaire. Cépage unique : le chenin pour le vouvray

La dégustation ► Typique, encore jeune mais sans agressivité. Intéressant par une certaine finesse et une finale abricotée.

Autres choix ► vouvray brut méthode traditionnelle, vouvray pétillant, vouvray moelleux et touraine rosé pétillant.

Pour commander ► Jean Pierre Laisement 22, rue la Vallée Coquette 37210 Vouvray ✆ 02 47 52 74 47 - Fax 02 47 52 65 03

Le vin ► vouvray demi-sec maison Mirault. Blanc 1995. Tarif départ cave 32 F.

La propriété ► L'entreprise (familiale) ne possède pas de vignes et travaille comme négociant éleveur, à partir de vin acheté en moût (cépage chenin).

La dégustation ► Une belle façon, un vouvray typique qui ne déçoit pas. Une bouche volubile, qui s'exprime dans la longueur.

Autres choix ► vouvray sec blanc 95 à 31 F.

Pour commander ► Maison Mirault
15, avenue Brulé 37210 Vouvray
✆ 02 47 52 71 62 - Fax 02 47 52 60 90

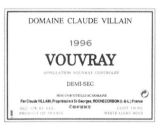

Le vin ► vouvray demi-sec domaine Claude Villain. Blanc 1996. Tarif départ cave 34 F.

La propriété ► 2 parcelles pour un total de 15 ha. Un vignoble âgé de 20 ans, dont le raisin de cépage chenin est vendangé à la main. Elevage sous bois en fûts de chêne.

La dégustation ► Du caractère, en évolution. Equilibre entre le sec et le moelleux.

Autres choix ► la gamme des vouvrays

Pour commander ► Domaine Claude Villain
30 bis, rue Saint-Georges
Rochecorbon 37210 Vouvray
✆ 02 47 52 50 72 - Fax 02 47 52 82 48

VOUVRAY

Le vin ► vouvray sec maison Mirault. Blanc 1995. Tarif départ cave 31 F.

La propriété ► L'entreprise (familiale) ne possède pas de vignes et travaille comme négociant éleveur, à partir de vin acheté en moût (cépage chenin).

La dégustation ► Un vouvray ample, bien fait, très typé, encore un peu astringent. Complexité à découvrir sur la longueur.

Autres choix ► vouvray sec blanc 96 à 30 F.

Pour commander ► Maison Mirault
15, avenue Brulé 37210 Vouvray
✆ 02 47 52 71 62 - Fax 02 47 52 60 90

Le vin ► montlouis clos du Breuil François Chidaine. Blanc 1997. Tarif départ cave 39 F.

La propriété ► 13 ha sur sol d'argile à silex (perruches et aulnis) sur base calcaire. Agé d'environ 35 ans, le vignoble est planté exclusivement de cépage chenin.

La dégustation ► Un peu trop de sucre, mais un vin bien fait assez plaisant.

Autres choix ► montlouis brut 95 à 35 F.

Pour commander ► François Chidaine
2, Grande Rue Husseau
37270 Montlouis sur Loire
✆ 02 47 45 19 14 - Fax 02 47 45 19 08

MONTLOUIS

ANJOU

Le vin ► anjou château Montbenault. Blanc 1997. Tarif départ cave 25 F.

La propriété ► 20 ha exposés au sud-est et sud-ouest.et sur sol d'argile et de schiste. Cépages : chenin et cabernet. Vignes âgées de 25 ans en moyenne.

La dégustation ► Un nez d'huîtres et de champignon, tendre et assez sympathique.

Autres choix ► un anjou rouge 97, château Montbenault, à 25 F.

Pour commander ► Château Montbenault Faye d'Anjou 49380 Thouarcé
☎ 02 41 78 31 14 - Fax 02 41 78 60 29

Le vin ► anjou le Pressoir à Cales. Rouge 1997. Tarif départ cave 20 F.

La propriété ► 27 ha sur sol schisteux et silico-argileux. Cépages : cabernet franc (3/4) et cabernet sauvignon (1/4). Vignes âgées de 25 à 35 ans selon les parcelles.

La dégustation ► Léger, plutôt agréable et souple pour un vin si jeune.

Autres choix ► anjou villages, crémant, cabernet et anjou blanc moelleux

Pour commander ► Le Pressoir à Cales Les Landes Bouillé Loretz
79290 Chalonnes-sur-Loire
☎ 05 49 67 04 85 - Fax 05 49 67 12 39

Le vin ► anjou château des Rochettes. Rouge 1997. Tarif départ cave 28,50 F.

La propriété ► 25 ha sur sol argilo-siliceux et argilo-schisteux. Cépages : cabernet franc et sauvignon.

La dégustation ► De bonnes sensations, un nez agréable, une bouche fruitée bien structurée.

Autres choix ► choix de coteaux du Layon, mais à plus de 40 F.

Pour commander ► Château des Rochettes 49700 Concourson sur Layon
☎ 02 41 59 11 51 - Fax 02 41 59 37 73

Le vin ► anjou château du Breuil. Rouge 1997. Tarif départ cave 27,50 F.

La propriété ► 35 ha sur sol argilo-schisteux sur sous sol carbonifère. Cépages : cabernet franc (70 %) et de cabernet sauvignon (30 %). Vignes âgées de 45 ans en moyenne.

La dégustation ► Beau nez, bouche tannique, bien fait.

Autres choix ► anjou cépage chardonnay 97 à 26,50 F.

Pour commander ► Château du Breuil Le Breuil 49750 Beaulieu-sur-Layon
☎ 02 41 78 32 54 - Fax 02 41 78 30 03

Le vin ► anjou château Montbenault. Rouge 1997. Tarif départ cave 25 F.

La propriété ► 20 ha exposés au sud-est et sud-ouest sur un sol d'argile et de schiste. Cépages : chenin et cabernet.

La dégustation ► Du corps et du caractère, des sensations déjà agréables. Un vin vrai et pierreux, une vinification soignée.

Autres choix ► un anjou blanc 97, château Montbenault, à 25 F.

Pour commander ► Château Montbenault GAEC Leduc, Faye d'Anjou 49380 Thouarcé ✆ 02 41 78 31 14 - Fax 02 41 78 60 29

Le vin ► anjou vieilles vignes Michel Géron. Rouge 1997. Tarif départ cave 23 F.

La propriété ► 16 ha. Cépages variés : cabernet, chenin, gamay, grolleau, merlot et sauvignon. Une tradition familiale depuis 6 générations.

La dégustation ► Un petit vin bien vif qui étonne et plaît par sa verdeur.

Autres choix ► saumur brut 97 à 34 F.

Pour commander ► Michel Géron Brion-Près-Thouet 792590 Argenton-l'Eglise ✆ 05 49 67 73 43

Le vin ► anjou vieilles vignes château de Fesles. Rouge 1997. Tarif départ cave 35 F.

La propriété ► 80 ha sur sol argilo-schisteux. Cépages : chenin blanc, cabernet franc, sauvignon, grolleau et gamay.

La dégustation ► Attaque boisée, techniquement réussi, avec la puissance, un fruit bien mûri qui plaît.

Autres choix ► un excellent savennières blanc 97, château des Varennes, à 50 F.

Pour commander ► Château de Fesles 49310 Thouarcé ✆ 02 41 68 94 00 - Fax 02 41 68 94 01

Le vin ► anjou villages le Logis de Preuil. Rouge 1996. Tarif départ cave 27 F.

La propriété ► 10 ha sur sol de schistes sous graves. Les cépages : cabernet franc, chenin, gamay, grolleau noir et grolleau gris.

La dégustation ► Jeune, déséquilibré, peu de longueur. Mais le charme de la verdeur et de la vigueur.

Autres choix ► vin de pays des Deux-Sèvres

Pour commander ► Le Logis de Preuil Bouillé Saint-Paul 79290 Argenton-l'Eglise ✆ 05 49 67 03 26 - Fax 05 49 67 03 26

Le vin ► anjou villages domaine Fardeau.
Rouge 1997.
Tarif départ cave 37,50 F.

La propriété ► 16 ha sur sol argilo-calcaire,
Cépages : chenin, cabernet franc, cabernet
sauvignon, grolleau et pinot d'Aunis.

La dégustation ► Du plaisir et de la facilité avec
un produit bien calibré, de bonne charpente.

Autres choix ► la cuvée vieilles vignes à 39 F.

Pour commander ► Domaine Fardeau
Les Hauts Perrays
49290 Chaudefonds-sur-Layon
✆ 02 41 78 04 38 - Fax 02 41 78 68 78

Le vin ► anjou villages château de Brissac.
Rouge 1997. Tarif départ cave 35 F.

La propriété ► 180 ha sur sol de limon
caillouteux sur schistes. Cépages : gamay,
cabernet franc, cabernet sauvignon et
chardonnay.

La dégustation ► Une bonne structure, dans la
lignée de l'appellation. Le fruit dans sa
simplicité. Souple et très expressif.

Autres choix ► la gamme des anjous

Pour commander ► Château de Brissac
49320 Brissac-Quincé
✆ 06 07 30 71 59 - Fax 02 41 91 25 60

Le vin ► anjou villages domaine des Saulaies.
Rouge 1997. Tarif départ cave 29 F.

La propriété ► 19 ha sur sols limono-argileux
sur sous-sol schisteux. Cépages traditionnels :
chenin, cabernet franc, sauvignon et gamay.

La dégustation ► Léger, mais à maturité, bien
structuré.

Autres choix ► anjou rouge cabernet franc 96 à
24 F ou le cabernet sauvignon 96 à 29 F.
Egalement un rosé (cabernet franc) 97 à 23,30 F.

Pour commander ► Domaine des Saulaies
Faye d'Anjou 49380 Thouarcé
✆ 02 41 54 30 66 - Fax 02 41 54 17 21

Le vin ► anjou villages brissac domaine de
Bablut. Rouge 1996. Tarif départ cave 37 F.

La propriété ► 56 ha sur sol schisteux et argilo-
calcaire. Cépages : cabernet franc, cabernet
sauvignon, chenin blanc, chardonnay et
sauvignon blanc.

La dégustation ► Attaque un peu courte,
aigrelet et pas mal fait, rustique et caramélisé,
belle robe.

Autres choix ► chardonnay 97 à 26 F

Pour commander ► Domaine de Bablut
49320 Brissac-Quincé
✆ 02 41 91 22 59 - Fax 02 41 91 24 77

Le vin ► saumur Michel Suire. Blanc 1997. Tarif départ cave 21 F.

La propriété ► 10 ha sur sol argilo-calcaire et sur tuffeau. Cépages traditionnels : chenin (50 %), cabernet franc (45 %) et chardonnay (5 %). Les vignes sont âgées de 18 ans en moyenne.

La dégustation ► Un saumur assez neutre, mais équilibré, avec une bonne attaque.

Autres choix ► saumur rouge 97 à 22 F.

Pour commander ► Michel Suire
Pouant Berrie 86120 Les Trois Moutiers
✆ 05 49 22 92 61 - Fax 05 49 22 57 56

Le vin ► saumur domaine de Nerleux. Blanc 1997. Tarif départ cave 30 F.

La propriété ► 43 ha sur sol argilo-calcaire (turonien moyen). Cépages traditionnels : chenin blanc, chardonnay et cabernet franc.

La dégustation ► Attaque agréable et neutre, vin calme et plutôt équilibré. Une bonne ampleur. En confiance pour le 98.

Autres choix ► le crémant de loire à 37 F.

Pour commander ► Domaine de Nerleux
4, rue de la Paleine, Saint-Cyr en Bourg
49260 Montreuil-Bellay
✆ 02 41 51 61 04 - Fax 02 41 51 65 34

SAUMUR

Le vin ► saumur cuvée Mélodie. Blanc 1997. Tarif départ cave 20 F.

La propriété ► 30 ha sur sol argilo-calcaire. Cépages : chenin, pinot de Loire, cabernet blanc, cabernet franc et chardonnay.

La dégustation ► Franc, très vert, un peu glycériné et bien formé, une certaine douceur dans un registre de finesse.

Autres choix ► un saumur rosé 97 à 20 F.

Pour commander ► Domaine du Moulin de l'Horizon. 1, rue du Lys Sanziers
49260 Le Puy-Notre-Dame
✆ 02 41 52 26 85 - Fax 02 41 52 48 39

Le vin ► saumur Michel Suire. Rouge 1997. Tarif départ cave 22 F.

La propriété ► 10 ha sur sol argilo-calcaire et sur tuffeau. Cépages traditionnels : chenin (50 %), cabernet franc (45 %) et chardonnay (5 %). Les vignes sont âgées de 18 ans en moyenne.

La dégustation ► Attaque ferme, mais bonne évolution en bouche : fruité et agréable.

Autres choix ► saumur blanc 97 à 21 F.

Pour commander ► Michel Suire
Pouant Berrie 86120 Les Trois-Moutiers
✆ 05 49 22 92 61 - Fax 05 49 22 57 56

SAUMUR

Le vin ► saumur domaine Langlois Château. Rouge 1996. Tarif départ cave 33 F.

La propriété ► 45 ha Cépages : cabernet franc (80 %) et cabernet sauvignon (20 %) pour les rouges, chenin (80 %) et chardonnay (20 %) pour les blancs.

La dégustation ► En douceur et velours, un loire de belle longueur, très bien fait.

Autres choix ► saumur blanc 97 à 31 F

Pour commander ► Domaine Langlois Château 3 rue Léopold Palustre, BP 57, Saint-Hilaire-Saint-Florent 49400 Saumur
℃ 02 41 40 21 40 - Fax 02 41 40 21 49

Le vin ► saumur Réserve des Vignerons cave des Vignerons de Saumur. Rouge 1997. Tarif départ cave 22 F.

La propriété ► 1350 ha sur sol calcaire. Cépages : le chenin et le cabernet franc.

La dégustation ► Une jolie matière, du fruit, de la simplicité. Dans sa jeunesse.

Autres choix ► Le saumur champigny Réserve des Vignerons 96 et 97, tous deux à 30,50 F et une gamme complète en saumurs.

Pour commander ► Vignerons de Saumur 49260 Saint-Cyr-en-Bourg
℃ 02 41 53 06 06 - Fax 02 41 53 06 10

SAUMUR CHAMPIGNY

Le vin ► saumur champigny domaine René-Noël Legrand. Rouge 1997. Tarif départ cave 36 F.

La propriété ► 15 h sur sol argilo-calcaire. Cépage unique : cabernet franc.

La dégustation ► Noyau de cerise, relativement homogène, correctement fait, concentré. Un bon exemple de l'appellation.

Autres choix ► à suivre à chaque millésime

Pour commander ► Domaine René-Noël Legrand 13, rue des Rogelins 49400 Varrains
℃ 02 41 52 94 11 - Fax 02 41 52 49 78

Le vin ► saumur champigny château de Targé. Rouge 1997. Tarif départ cave 39 F.

La propriété ► 24 ha sur sol calcaire sur plateau. Vignoble de 25 ans planté de cépage cabernet franc. Le domaine ne produit que du saumur-champigny, à travers plusieurs cuvées.

La dégustation ► Typique, noyau de cerise, mais fruité, avec des arômes et de la nuance.

Autres choix ► la cuvée Ferry à 62 F ou le Targé 96 à 42 F.

Pour commander ► Château de Targé 49730 Parnay
℃ 02 41 38 11 50 - Fax 02 41 38 16 19

Le vin ► saumur champigny les Aïeules domaine Lavigne. Rouge 1997. Tarif départ cave 38 F.

La propriété ► 27 ha sur sols de sable, de gravier, de cailloux et argilo-calcaire. Cépage unique : cabernet. Vignes âgées en moyenne de 25 à 30 ans.

La dégustation ► Nez de cerise bien marqué, vert mais construit, brique et terre, typé.

Autres choix ► le millésime 96 est également un bon choix.

Pour commander ► Domaine Lavigne
15, rue des Rogelins Varrains 49400 Saumur
℡ 02 41 52 92 57 - Fax 02 41 52 40 87

Le vin ► saumur champigny Réserve des Vignerons cave des Vignerons de Saumur. Rouge 1996. Tarif départ cave 30,50 F.

La propriété ► 1350 ha sur sol calcaire. Cépages traditionnels : chenin et cabernet franc.

La dégustation ► Joli nez, bouche intéressante, assez longue, tannins un peu fondus.

Autres choix ► également le Réserve des Vignerons cabernet franc 97 à 22 F.

Pour commander ► Cave des Vignerons de Saumur
49260 Saint-Cyr-en-Bourg
℡ 02 41 53 06 06 - Fax 02 41 53 06 10

Le vin ► touraine cuvée Prestige domaine Louet. Blanc 1996. Tarif départ cave 22 F.

La propriété ► 16 ha sur sol argilo-calcaire. Cépages : sauvignon, gamay, cot, cabernet, chardonnay et chenin.

La dégustation ► De la longueur, une belle structure : intéressant et équilibré, gras et fondu. A base de chardonnay et de sauvignon.

Autres choix ► touraine cot 97 à 18,50 F.

Pour commander ► Domaine Louet
Les Sablons Saint Romain
41140 Noyers sur Cher
℡ 02 54 71 72 83 - Fax 02 54 71 46 53

Le vin ► touraine sauvignon domaine de la Charmoise. Blanc 1997. Tarif départ cave 34 F.

La propriété ► 50 ha sur sol d'argile à silex. Cépages : sauvignon et gamay. Vignes âgées de 25 ans en moyenne.

La dégustation ► Sauvignon bien fait, bien fini, nez mentholé, finale un peu fumée.

Autres choix ► les vins de Henry Marionnet sont très réputés : gamme des touraines en confiance sur 98, sauvignon et gamay.

Pour commander ► Domaine de la Charmoise
41230 Soings
℡ 02 54 98 70 73 - Fax 02 54 98 75 66

SAUMUR CHAMPIGNY

TOURAINE

Le vin ► touraine sauvignon Cristal Paul Buisse. Blanc 1997. Tarif départ cave 26 F.

La propriété ► Sol argilo-calcaire. Paul Buisse est un négociant réputé qui ne travaille que sur la qualité.

La dégustation ► Intéressant produit, franc comme le bon pain. Un sauvignon dans sa simplicité et sa franche nature, floral et d'une certaine ampleur.

Autres choix ► également des chinons

Pour commander ► Paul Buisse
69, route de Vierzon B P 112 41402 Montrichard
✆ 02 54 32 00 01 - Fax 02 54 71 35 78

Le vin ► touraine sauvignon domaine Michaud. Blanc 1997. Tarif départ cave 21 F.

La propriété ► 20 ha sol de sable sur argile à silex et de silex sur calcaire. Vignoble âgé de 15-20 ans. Cépages sauvignon, gamay, cabernet et cot. Un peu de chardonnay et pinot noir pour le crémant.

La dégustation ► Un beau produit, sympathique, long et bien fait.

Autres choix ► touraine rouge 97 à 20 F.

Pour commander ► Domaine Michaud
Les Martinières 41140 Noyers sur Cher
✆ 02 54 32 47 23 - Fax 02 54 75 39 19

Le vin ► touraine sauvignon domaine Desroches. Blanc 1997. Tarif départ cave 19 F.

La propriété ► 12,5 ha. Cépages : gamay et cabernet cot pour le rouge, sauvignon pour le blanc. Terrains situés en premières côtes. Vignes âgées de 20 ans en moyenne.

La dégustation ► Un peu astringent, typé, assez gai, sans complexité.

Autres choix ► également des rouges

Pour commander ► Domaine Desroches
Les Raimbaudières, Saint-Georges-sur-Cher
41400 Montrichard
✆ 02 54 32 33 13 - Fax 02 54 32 56 31

Le vin ► touraine sauvignon domaine Frissant. Blanc 1997. Tarif départ cave 23 F.

La propriété ► 17 ha en AOC Touraine et Touriane Amboise, sur les coteaux dominant la Loire. Cépages ligériens, avec du chardonnay.

La dégustation ► Bien fait, agréable, typé, tendre mais personnel, avec une bonne longueur, vif et fumé en finale.

Autres choix ► touraine amboise Orée des Fresnes rouge 96 à 33 F.

Pour commander ► Domaine Frissant
4, chemin Neuf Mosnes 37530 Amboise
✆ 02 47 57 23 18 - Fax 02 47 57 23 25

Le vin ► touraine sauvignon domaine Delaunay. Blanc 1997. Tarif départ cave 25 F.

La propriété ► 21 ha sur les coteaux du Cher. Sol silico-argilo-pierreux. Cépages : gamay, cabernet franc et cot, sauvignon et un peu de chardonnay (2,5 %).

La dégustation ► Très agréable, vineux mais avec du corps et de la longueur.

Autres choix ► en rouge, touraine gamay 97 à 23 F et touraine cabernet 96 à 25 F.

Pour commander ► Domaine Delaunay
48, rue de la Tesnière Pouillé 41110 St Aignan
℡ 02 54 71 45 69 - Fax 02 54 71 55 97

Le vin ► touraine sauvignon château de Quincay. Blanc 1997. Tarif départ cave 18 F.

La propriété ► 20 ha sur sol d'argile à silex et silico-argileux. Vignoble âgé de 20 ans. Cépages : sauvignon, gamay, pinot noir, cabernet, cot, chardonnay et pineau d'Aunis.

La dégustation ► Beau petit sauvignon, floral, amusant ; de l'esprit et du plaisir.

Autres choix ► château de Quinçay rouge 97 à 27 F.

Pour commander ► Château de Quincay
Quincay 41130 Meusnes
℡ 02 54 71 00 11 - Fax 02 54 71 77 72

Le vin ► touraine sauvignon domaine des Caillots. Blanc 1997.
Tarif départ cave 23 F.

La propriété ► 17 ha sur sol silico-argileux (70 %) et argilo-calcaire (30 %), avec silex. Cépage sauvignon pour les blancs, gamay, cabernet et cot pour les rouges.

La dégustation ► Fruité et parfumé, long en bouche, bien fait, avec une charpente solide.

Autres choix ► touraine rosé 97 à 21 F

Pour commander ► Domaine des Caillots
Le Grand Mont 41140 Noyers sur Cher
℡ 02 54 32 27 07 - Fax 02 54 75 27 87

Le vin ► touraine domaine des Caillots.
Rosé 1997.
Tarif départ cave 21 F.

La propriété ► 17 ha sur sol silico-argileux (70 %) et argilo-calcaire (30 %), avec silex. Cépage sauvignon pour les blancs, gamay, cabernet et cot pour les rouges.

La dégustation ► Tendre, léger et neutre. Agréable à boire frais, équilibré.

Autres choix ► touraine blanc 97 à 23 F

Pour commander ► Domaine des Caillots
Le Grand Mont 41140 Noyers sur Cher
℡ 02 54 32 27 07 - Fax 02 54 75 27 87

TOURAINE

Le vin ► touraine cabernet franc le Clos Neuf des Archambaults Rouge 1997. Tarif départ cave 36 F.

La propriété ► 2,8 ha sur sol argilo-sableux et tuffeau. Cépage unique : cabernet franc. Un travail remarquable et sans concession.

La dégustation ► Etonnant par son ampleur, racé et rond, beau nez de cerise, superbe, beaucoup de plaisir.

Autres choix ► la gamme des « vieille vignes »

Pour commander ► Le Clos Neuf des Archambaults - Les Archambaults 37800 Sainte-Maure-de-Touraine
℡ 02 47 65 48 70

Le vin ► touraine gamay domaine Delaunay. Rouge 1997. Tarif départ cave 23 F.

La propriété ► 21 ha plantés des cépages traditionnels : cabernet franc, gamay, et sauvignon.

La dégustation ► Attaque ferme, mais bonne structure : un vin plaisant et sincère.

Autres choix ► en rouge, touraine cabernet 96 à 25 F, en blanc touraine sauvignon 97 à 25 F.

Pour commander ► Domaine Delaunay 48, rue de la Tesnière Pouillé 41110 Saint-Aignan
℡ 02 54 71 45 69 - Fax 02 54 71 55 97

Le vin ► touraine domaine Michaud. Rouge 1997. Tarif départ cave 20 F.

La propriété ► 20 ha sur sol de sable, de silex, de calcaire et d'argile. Cépages : sauvignon, gamay, cabernet, cot, chardonnay et pinot noir.

La dégustation ► Une belle robe foncée, une attaque avec un brin d'astringence, mais un beau travail et du plaisir en bouche.

Autres choix ► touraine sauvignon blanc 97 à 21 F.

Pour commander ► Domaine Michaud Les Martinières 41140 Noyers sur Cher
℡ 02 54 32 47 23 - Fax 02 54 75 39 19

Le vin ► touraine domaine de la Garrelière. Rouge 1997. Tarif départ cave 27 F.

La propriété ► 20 ha sur sol argilo calcaire, de sables éoliens et d'argile à silex. Cépages : sauvignon, chenin, cabernet franc, gamay.

La dégustation ► Boisé présent, mais un vin intéressant, bouche de noyau de fruits rouges, passe bien, assez neutre.

Autres choix ► à découvrir, touraine blanc 97 à 30 F.

Pour commander ► Domaine de la Garrelière Razines 37120 Richelieu
℡ 02 47 95 62 84 - Fax 02 47 95 67 17

Le vin ► touraine château de Quinçay. Rouge 1997. Tarif départ cave 29 F.

La propriété ► 20 ha sur sol d'argile à silex et silico-argileux. Vignes âgées de 20 ans. Cépages : sauvignon, gamay, pinot noir, cabernet (2 ha), cot (3 ha), chardonnay (1 ha) et pineau d'Aunis (1 ha).

La dégustation ► Un vin bien fait, équilibré, neutre et distrayant.

Autres choix ► sauvignon blanc 97 à 18 F.

Pour commander ► Château de Quinçay Quincay 41130 Meusnes
✆ 02 54 71 00 11 - Fax 02 54 71 77 72

Le vin ► touraine cabernet domaine Delaunay. Rouge 1996. Tarif départ cave 25 F.

La propriété ► 21 ha. Cépages : cabernet franc, gamay et sauvignon.

La dégustation ► L'attaque ferme de la jeunesse, le développement en bouche.

Autres choix ► un touraine sauvignon blanc 97, domaine Delaunay, à 25 F, un touraine gamay rouge 97, domaine Delaunay, à 23 F.

Pour commander ► Domaine Delaunay 48, rue de la Tesnière
Pouillé 41110 Saint-Aignan
✆ 02 54 71 45 69 - Fax 02 54 71 55 97

Le vin ► touraine tradition château du Petit Thouars. Rouge 1997. Tarif départ cave 22 F.

La propriété ► 14 ha sur un sol de calcaire sur une assise de tuffeau. Encépagement unique : le cabernet franc.

La dégustation ► Fruité, structuré, typé, dans sa jeunesse, avec des notes réglissées. Une vinification de qualité.

Autres choix ► touraine rouge cuvée Amiral 96 à 30 F.

Pour commander ► Château du Petit Thouars Saint-Germain-sur-Vienne 37500 Chinon
✆ 02 47 95 96 40 - Fax 02 47 95 80 27

Le vin ► Touraine cabernet château de la Presle domaine Jean-Marie Penet. Rouge 1996. Tarif départ cave 30 F.

La propriété ► 28 ha sur sol argilo-siliceux. Vignes âgées de 20 ans en moyenne. Cépages : sauvignon (14 ha) et gamay (8 ha), mais aussi cabernet, cot et chardonnay.

La dégustation ► Petit touraine sympa, franc et jeune, sans prétention.

Autres choix ► chardonnay et sauvignon

Pour commander ► Domaine Jean-Marie Penet 41700 Oisly
✆ 02 54 79 52 65 - Fax 02 54 79 08 50

TOURAINE

Le vin ► touraine amboise domaine Dutertre. Rosé 1997. Tarif départ cave 27 F.

La propriété ► 36 ha sur sol de sables argileux et d'argile à silex. Cépages variés : gamay, cot, cabernet, chenin, pinot noir, chardonnay, sauvignon et grolleau.

La dégustation ► Puissant, aimable, proche d'un pinot, assez bien structuré et charnu.

Autres choix ► touraine Amboise 95.

Pour commander ► Domaine Dutertre
20 rue d'Enfer, place du Tertre Limeray
37530 Amboise
✆ 02 47 30 10 69 - Fax 02 47 30 06 92

Le vin ► touraine amboise cuvée François Ier vignoble des Quatre roues. Rouge 1997. Tarif départ cave 18 F.

La propriété ► 10 ha sur sol d'argile à silex et de sables cailouteux. Cépages : gamay, cabernet franc, cot et chenin.

La dégustation ► Friand comme un beaujolais, jeune, fringant, produit fini.

Autres choix ► éventuellement un touraine amboise blanc 96 à 18 F.

Pour commander ► Vignoble des Quatre roues
27, Fourchette Pocé-sur-Cisse 37530 Amboise
✆ 02 47 57 26 96 - Fax 02 47 57 26 96

Le vin ► touraine amboise l'Orée des Fresnes domaine Frissant. Rouge 1996. Tarif départ cave 33 F.

La propriété ► 17 ha en AOC Touraine et Touriane Amboise, sur les coteaux dominant la Loire. Cépages ligériens, avec du chardonnay.

La dégustation ► Costaud et pas mal fait, la rusticité en exergue, une bonne structure. Fondu à attendre.

Autres choix ► un touraine sauvignon 97 à 23 F.

Pour commander ► Domaine Frissant
4, chemin Neuf Mosnes 37530 Amboise
✆ 02 47 57 23 18 - Fax 02 47 57 23 25

Le vin ► touraine amboise cuvée François Ier domaine Dutertre. Rouge 1995. Tarif départ cave 25 F.

La propriété ► 36 ha sur sol de sables argileux et argile à silex. Cépages variés : gamay, cot, cabernet, chenin, pinot noir, chardonnay, sauvignon et grolleau.

La dégustation ► Un fruit subtil, assez bien fait, d'une discrète acidité.

Autres choix ► un touraine Amboise rosé 97.

Pour commander ► Domaine Dutertre
20 rue d'Enfer, place du Tertre 37530 Limeray
✆ 02 47 30 10 69 - Fax 02 47 30 06 92

Le vin ► bourgueil maison Audebert et Fils.
Rouge 1997. Tarif départ cave 33 F.

La propriété ► 20 ha sur sols de sables pour les chinons, sables et graviers pour les saint-nicolas de bourgueil et argilo-calcaire pour le bourgueil. Cépage unique : cabernet franc.

La dégustation ► Tout jeune, tout vert, racine et rhubarbe : dans sa franchise et sa jeunesse.

Autres choix ► le saint nicolas de bourgueil 97 à 33 F et le chinon 97 à 33 F.

Pour commander ► Maison Audebert et Fils
Av. Jean Causeret 37140 Bourgueil
✆ 02 47 97 70 06

Le vin ► bourgueil cuvée domaine des Forges.
Rouge 1997. Tarif départ cave 33 F.

La propriété ► 18 ha sur sol de sables et de graviers en plaine, et argilo-calcaire et argilo-siliceux en coteaux. Cépage : cabernet franc.

La dégustation ► Soyeux, séveux, glissant et bien typé, bois rond avec de la mâche, de la franchise et du sérieux.

Autres choix ► bourgueil vieilles vignes 95 à 38 F.

Pour commander ► Domaine des Forges
28, place des Tilleuls, Restigné 37140 Bourgueil
✆ 02 47 97 32 87 - Fax 02 47 97 46 47

Le vin ► bourgueil cuvée tuffeau domaine Chasle. Rouge 1997.
Tarif départ cave 35 F.

La propriété ► 7 ha sur sol argilo-calcaire et plantés de vignes âgées de 15 ans en moyenne. Cépage unique : cabernet franc.

La dégustation ► Un bon produit, assez prometteur, avec un beau nez de fruits rouges, déjà équilibré et charmeur.

Autres choix ► millésime à suivre en confiance

Pour commander ► Domaine Chasle
28, rue Dorothée de Dino 37130 Saint-Patrice
✆ 02 47 96 95 95 - Fax 02 47 96 95 95

Le vin ► bourgueil la Gaucherie domaine de la Gaucherie. Rouge 1997. Tarif départ cave 36 F.

La propriété ► 18 ha de terrasses de graviers et de coteaux de tuffeau. Vignes âgées de 30 ans en moyenne. Cépage unique : cabernet franc.

La dégustation ► Un bourgueil typé, épais et encore ferme ; belle matière, de la profondeur.

Autres choix ► un bourgueil rouge 95, domaine Régis Mureau, à 31 F et un bourgueil rouge 95, domaine de la Gaucherie, à 37 F.

Pour commander ► Domaine de la Gaucherie
La Gaucherie 37140 Ingrandes de Touraine
✆ 02 47 96 97 60 - Fax 02 47 96 93 43

BOURGUEIL

BOURGUEIL

Le vin ► bourgueil domaine des Ouches domaine Gambier. Rouge 1997. Tarif départ cave 30 F.

La propriété ► 14 ha sur terrain argilo-siliceux en coteaux. Cépage : cabernet franc.

La dégustation ► Un joli nez framboise cassis, un vin intéressant, puissant et bien travaillé, avec la légère amertume finale. Du beau travail pour une si belle jeunesse.

Autres choix ► Clos Princé 96 à 34 F.

Pour commander ► Domaine Gambier 3, rue des Ouches 37140 Ingrandes-de-Touraine ✆ 02 47 96 98 77 - Fax 02 47 96 93 08

Le vin ► bourgueil Hubert domaine Hubert. Rouge 1996. Tarif départ cave 30 F.

La propriété ► 24 ha sur coteaux argilo-calcaires, avec alluvions siliceuses. Vignes âgées de 25 à 50 ans pour la cuvée vieilles vignes. Cépage : cabernet franc exclusivement.

La dégustation ► Une assez bonne tenue en bouche. Une bonne structure, dans une bienveillante neutralité.

Autres choix ► Vieilles vignes 93 à 35 F.

Pour commander ► Domaine Hubert La Hurolaie Benais 37140 Bourgueil ✆ 02 47 97 30 59 - Fax 02 47 97 45 46

Le vin ► bourgueil vieilles vignes domaine des Chesnaies. Rouge 1993. Tarif départ cave 38 F.

La propriété ► 33 ha sur sol argilo-calcaire, de graviers jeunes et de graviers vieux. Vignes âgées de 25 ans en moyenne. Cépage unique: cabernet.

La dégustation ► Bon exemple de l'appellation, épanoui, typé et bien fait.

Autres choix ► bourgueil Lucien Lamé rouge 97 à 28 F.

Pour commander ► Domaine des Chesnaies Ingrandes de Touraine 37140 Bourgueil ✆ 02 47 96 98 54 - Fax 02 47 96 92 31

Le vin ► bourgueil cuvée Lucien Lamé domaine des Chesnaies. Rouge 1997. Tarif départ cave 28 F.

La propriété ► 33 ha sur sol argilo-calcaire et graviers. Cépage unique: cabernet.

La dégustation ► Une jolie robe, des arômes marqués, truffe et sous-bois, une amertume intéressante, une bouche développée.

Autres choix ► le même vin millésime 96 à 33 F, le vieilles vignes 93 à 38 F.

Pour commander ► Domaine des Chesnaies Ingrandes de Touraine 37140 Bourgueil ✆ 02 47 96 98 54 - Fax 02 47 96 92 31

Le vin ► bourgueil domaine des Vallettes. Rouge 1997. Tarif départ cave 29 F.

La propriété ► 18 ha sur sol argilo-calcaire pour le bourgueil et de graviers pour le saint-nicolas de bourgueil. Vignes âgées de 30 ans. Encépagement : cabernet franc exclusivement.

La dégustation ► Bouche sympathique et loyale, du fruit qui demande à s'épanouir.

Autres choix ► saint-nicolas de bourgueil rouge 97 à 29 F, 96 à 31 F.

Pour commander ► Domaine des Vallettes Saint Nicolas de Bourgueil 37140 Bourgueil ℰ 02 41 52 05 99 - Fax 02 41 52 87 52

Le vin ► bourgueil vieilles vignes domaine des Forges. Rouge 1995. Tarif départ cave 38 F.

La propriété ► 18 ha sur sol de sables et graviers en plaine, sol argilo-calcaire et argilo-siliceux sur les coteaux. Cépage unique : cabernet franc.

La dégustation ► Attaque ferme et boisée, une certaine profondeur qui laisse espérer.

Autres choix ► bourgueil cuvée domaine des Forges 97 à 33 F.

Pour commander ► Domaine des Forges 28, place des Tilleuls, Restigné 37140 Bourgueil ℰ 02 47 97 32 87 - Fax 02 47 97 46 47

BOURGUEIL

Le vin ► bourgueil vieilles vignes domaine Hubert. Rouge 1993. Tarif départ cave 35 F.

La propriété ► 24 ha sur coteaux argilo-calcaires, avec alluvions siliceuses. Vignes âgées de 25 à 50 ans pour la cuvée vieilles vignes. Cépage : cabernet franc exclusivement.

La dégustation ► Un bourgueil bien fait, un peu vert, typique de l'appellation. Une vinification soignée.

Autres choix ► domaine Hubert 96 à 30 F.

Pour commander ► Domaine Hubert La Hurolaie Benais 37140 Bourgueil ℰ 02 47 97 30 59 - Fax 02 47 97 45 46

Le vin ► saint-nicolas de bourgueil maison Audebert et Fils. Rouge 1997. Tarif départ cave 33 F.

La propriété ► 20 ha sur sols de sables pour les chinons, sables et graviers pour les saint-nicolas de bourgueil et argilo-calcaire pour le bourgueil. Cépage unique : cabernet franc.

La dégustation ► Une gentille petite cerise, un fruit équilibré, agréable.

Autres choix ► un bourgueil 97 à 33 F

Pour commander ► Maison Audebert et Fils Avenue Jean Causeret 37140 Bourgueil ℰ 02 47 97 70 06

ST NICOLAS DE BOURGUEIL

Le vin ► saint nicolas de bourgueil jeunes vignes Joël Taluau. Rouge 1997. Tarif départ cave 35 F.

La propriété ► 20 ha sur sol argilo-calcaire et silico-calcaire. Encépagement : cabernet franc.

La dégustation ► Attaque fougueuse, bel équilibre, bouche ample et friande. La maîtrise d'un des touts meilleurs de l'appellation.

Autres choix ► goûtez à la Cuvée du domaine et aux cuvées vieilles vignes.

Pour commander ► Taluau et Foltzenlogel RN 17 37140 Saint-Nicolas de Bourgueil
℆ 02 47 97 78 79 - Fax 02 47 97 95 60

Le vin ► saint nicolas de bourgueil Le Vau Jaumier domaine de la Cotelleraie. Rouge 1996. Tarif départ cave 32 F.

La propriété ► 20 ha sur sol de graviers en terrasse et argilo-calcaire en coteaux. Cépages : cabernet franc et cabernet sauvignon.

La dégustation ► Une vraie réussite, une bonne mâche, un arôme qui emplit la bouche de groseilles et cerises, de la complexité.

Autres choix ► cuvée domaine rouge 97 à 28 F.

Pour commander ► Domaine de la Cotelleraie 37140 Saint-Nicolas de Bourgueil
℆ 02 47 97 75 53 - Fax 02 47 97 85 90

Le vin ► saint nicolas de bourgueil domaine des Vallettes. Rouge 1997. Tarif départ cave 29 F.

La propriété ► 18 ha sur sol argilo-calcaire pour le bourgueil et de graviers pour le saint nicolas de Bourgueil. Vignes âgées de 30 ans. Cépage unique : cabernet franc.

La dégustation ► Encore un peu fermé, mais la structure est bonne. Le fruit en tête, la matière est prometteuse.

Autres choix ► le même en 96 à 31 F.

Pour commander ► Domaine des Vallettes Saint-Nicolas de Bourgueil 37140 Bourgueil
℆ 02 41 52 05 99 - Fax 02 41 52 87 52

Le vin ► saint nicolas de bourgueil clos du Vigneau. Rouge 1997. Tarif départ cave 30 F.

La propriété ► 21 ha sur sol de graviers. Vignes âgées de 25 ans. Cépages : cabernet franc (99 %) complété de cabernet sauvignon.

La dégustation ► Robe sombre, arôme déjà agréable, attaque franche et typée. Une bouche douce et parfumée, avec une finale ferme.

Autres choix ► Le même vin millésimé 96 est également un bon choix (31 F).

Pour commander ► Clos du Vigneau B P 6 37140 Saint-Nicolas de Bourgueil
℆ 02 47 97 75 10 - Fax 02 47 97 98 98

Le vin ► saint nicolas de bourgueil cuvée Réserve cave Bruneau-Dupuy. Rouge 1996. Tarif départ cave 34 F.

La propriété ► 14 ha sur coteaux argilo-calcaires et sur terrasses sableuses. Cépage unique : cabernet franc.

La dégustation ► Sympathique et typique après une attaque qui peut surprendre. Fruits rouges bien présents.

Autres choix ► le vieilles vignes 97 à 28 F

Pour commander ► Cave Bruneau-Dupuy La Martellière 37140 Saint-Nicolas de Bourgueil ℰ 02 47 97 75 81 - Fax 02 47 97 43 25

Le vin ► saint-nicolas de bourgueil vieilles vignes G. Godefroy. Rouge 1997. Tarif départ cave 30 F.

La propriété ► 7 ha de graviers et de graviers sableux. Cépage unique : cabernet franc. Vinification traditionnelle.

La dégustation ► Franc et souple, une certaine personnalité, en évolution. Peut encore s'affiner en gagnant de la maturité.

Autres choix ► les jeunes vignes

Pour commander ► G et M-C Godefroy 37, rue de La Taillle 37140 Saint-Nicolas de Bourgueil ℰ 02 47 97 77 43 - Fax 02 47 97 48 23

Le vin ► chinon domaine du Raifault. Blanc 1997. Tarif départ cave 35 F.

La propriété ► 28 ha en terrasses sur sols argilo-calcaires et argilo-graveleux. Vignes âgées en moyenne de 30 ans. Cépages : cabernet franc (98 %) et chenin (2 %).

La dégustation ► L'esprit du chenin ; un vin plaisant, plein de bouquet et de personnalité.

Autres choix ► un chinon rouge 97.

Pour commander ► Domaine du Raifault 23-25, route de Candes 37420 Savigny-en-Véron ℰ 02 47 58 44 01 - Fax 02 47 58 92 02

Le vin ► chinon maison Audebert et Fils. Rouge 1997. Tarif départ cave 33 F.

La propriété ► 20 ha sur sols de sables pour les chinons, de sables et graviers pour les saint-nicolas de bourgueil et argilo-calcaire pour le bourgueil. Cépage unique : cabernet franc.

La dégustation ► Un chinon jeune en évolution, structuré, au fruit marqué, bien placé ; une vinification soignée.

Autres choix ► bourgueil rouge 97 à 33 F.

Pour commander ► Maison Audebert et Fils Avenue Jean Causeret 37140 Bourgueil ℰ 02 47 97 70 06

CHINON

Le vin ► chinon domaine de la Poterne. Rouge 1997. Tarif départ cave 26 F.

La propriété ► 16,5 ha sur sol de graves profond et graves sur sous-sol calcaire. Vignes âgées de 20 ans. Encépagement : cabernet franc exclusivement.

La dégustation ► Tendre, bien fait, avec beaucoup de souplesse. Du fruit, une bouche de groseille, avec une acidité bien dosée.

Autres choix ► à suivre sur les autres millésimes

Pour commander ► Domaine de la Poterne Montet 37220 L'Ile-Bouchard
✆ 02 47 58 67 99 - Fax 02 47 58 67 99

Le vin ► chinon domaine du Raifault. Rouge 1997. Tarif départ cave 32 F.

La propriété : 28 ha en terrasses sur sols argilo-calcaires et argilo-graveleux. Vignes âgées en moyenne de 30 ans. Cépage : cabernet franc (98 %) et chenin (2 %).

La dégustation ► Un chinon plaisant, bien tracé, avec du corps.

Autres choix ► le chinon blanc 97.

Pour commander ► Domaine du Raifault 23-25, route de Candes
37420 Savigny-en-Véron
✆ 02 47 58 44 01 - Fax 02 47 58 92 02

Le vin ► chinon Pierre Prieur. Rouge 1996. Tarif départ cave 32 F.

La propriété ► 13 ha sur sol de sable et de graviers. Encépagement : cabernet franc exclusivement.

La dégustation ► Plutôt bien fait, fondu, agréable, avec du caractère.

Autres choix ► le chinon 97 à 30 F. Egalement des rosés de touraine.

Pour commander ► Pierre Prieur 1, rue des Mariniers Bertignolles
37420 Savigny-en-Véron
✆ 02 47 58 45 08 - Fax 02 47 58 94 56

Le vin ► chinon domaine du Roncée. Rouge 1997. Tarif départ cave 32 F.

La propriété ► 30 ha sur sol de graves argilo-sableuses et sur coteaux calcaire. Vignes âgées de 25 ans. Cépage : cabernet franc (95 %) complété d'un peu de cabernet sauvignon (5 %).

La dégustation ► Fruits rouges présents et mixés, vin de caractère, déjà évolué, prometteur, un peu sec en finale.

Autres choix ► un chinon le Clos des folies.

Pour commander ► Domaine du Roncée La Morandière 37220 Panzoult
✆ 02 47 58 53 01 - Fax 02 47 58 64 06

Le vin ► chinon tradition Pierre Sourdais. Rouge 1996. Tarif départ cave 32 F.

La propriété ► 23 ha sur sol de sables et de graviers en terrasse et d'argilo-calcaire et siliceux en coteaux. Cépage : 100 % cabernet franc.

La dégustation ► De la verdeur et de l'enthousiasme, une bonne tenue. Les qualités du chinon sans les défauts.

Autres choix ► Le même en 97 à 28 F.

Pour commander ► Pierre Sourdais
Le Moulin à Tan 37500 Cravant-les-Coteaux
℡ 02 47 93 31 13 - Fax 02 47 98 30 48

Le vin ► chinon château de la Bonnelière maison Pierre Plouzeau. Rouge 1996. Tarif départ cave 39 F.

La propriété ► 12 ha de sol argilo-calcaire et de graviers profonds. Cépage unique : cabernet franc.

La dégustation ► Typé, encore ferme mais élégant, avec de la vigueur.

Autres choix ► éventuellement le chinon Rive Gauche 97 à 32 F.

Pour commander ► Maison Pierre Plouzeau
94, rue Haute Saint-Maurice 37500 Chinon
℡ 02 47 93 16 34 - Fax 02 47 98 48 23

Le vin ► chinon domaine de la Perrière. Rouge 1997. Tarif départ cave 32 F.

La propriété ► 49 ha sur des terrasses graveleuses, exposées nord-sud, plantées de vignes âgées de 30 ans en moyenne (60 ans pour les plus vieilles). Encépagement : cabernet franc exclusivement.

La dégustation ► Tendre et souple, bien fait et avenant. Un bon potentiel de séduction.

Autres choix ► à suivre sur le millésime 98.

Pour commander ► Domaine de la Perrière
Cravant-les-Coteaux 37500 Chinon
℡ 02 47 93 15 99 - Fax 02 47 98 34 57

Le vin ► chinon cuvée tradition domaine Gouron et Fils. Rouge 1996. Tarif départ cave 32 F.

La propriété ► 22 ha sur sol argilo-calcaire, argilo-siliceux et de graviers (exposition sud et est-ouest). Vignes âgées de 30 ans. Cépages : cabernet franc uniquement.

La dégustation ► Du fruit, une certaine rondeur, pas mal fait. Une vinification soignée qui conserve la typicité.

Autres choix ► cuvée prestige rouge 96 à 38 F

Pour commander ► Domaine Gouron et Fils
La Croix de Bois 37500 Cravant-les-Coteaux
℡ 02 47 93 15 33 - Fax 02 47 93 96 73

Le vin ▶ cour-cheverny Daniel Tévenot. Blanc 1997. Tarif départ cave 25 F.

La propriété ▶ 10 ha sur sol silico-argileux. Cépages : sauvignon, chardonnay, gamay, pinot noir, cabernet franc et cot.

La dégustation ▶ Vif argent, à l'attaque comme en bouche. Un bel accompagnement ou un apéritif.

Autres choix ▶ cheverny rouge 97 à 25 F.

Pour commander ▶ Daniel Tévenot
4, rue du Moulin Vent Madon
Candé sur Beuvron 41120 Les Montils
℡ 02 54 79 44 24 - Fax 02 54 79 44 24

Le vin ▶ cour-cheverny domaine du Portail. Blanc 1996. Tarif départ cave 26 F.

La propriété ▶ 25 ha d'un sol argilo-siliceux. Vignes âgées de 15 ans environ. Cépages 100 % romorantin pour le cour-cheverny blanc, mélange de gamay (50 %), pinot noir (40 %) et cabernet (10 %) pour le cheverny rouge.

La dégustation ▶ Assez agréable, un peu fumé, avec des arômes sous-bois et gibier.

Autres choix ▶ cheverny rouge 97

Pour commander ▶ Domaine du Portail
Le Portail Cheverny 41700 Contres
℡ 02 54 79 91 25 - Fax 02 54 79 28 03

Le vin ▶ cheverny domaine des Huards. Blanc 1997. Tarif départ cave 33 F.

La propriété ▶ 28 ha sur sol à dominante calcaire, avec une couche silico-argileuse en surface. Cépages : sauvignon, chardonnay, romorantin, gamay, pinot noir, cabernet franc.

La dégustation ▶ Agréable équilibre entre le fruit et le sec, bouche de fruit exotique, bien fait.

Autres choix ▶ crémant de loire brut 96 à 45 F et cheverny rouge 97 à 35 F.

Pour commander ▶ Domaine des Huards
Les Huards 41700 Cour-Cheverny
℡ 02 54 79 97 90 - Fax 02 54 79 26 82

Le vin ▶ cheverny cuvée Louis de la Saussaye domaine de Montcy. Rouge 1997.
Tarif départ cave 30 F.

La propriété ▶ 17,5 ha de sols argilo-siliceux et argilo-calcaires. Cépages : sauvignon chardonnay, pinot noir, gamay et cabernet.

La dégustation ▶ Sympathique, beau nez de framboise, rustique, finale neutre.

Autres choix ▶ cheverny blanc clos des Cendres 96 à 30 F.

Pour commander ▶ Domaine de Montcy
Route de Fougères 41700 Cheverny
℡ 02 54 44 20 00 - Fax 02 54 44 21 00

Le vin ► cheverny domaine du Portail. Rouge 1997. Tarif départ cave 24 F.

La propriété ► 25 ha d'un sol argilo-siliceux. Vignes âgées de 15 ans environ. Cépages : romorantin pour le cour-cheverny blanc, gamay, pinot noir et cabernet pour le cheverny rouge.

La dégustation ► Frais, friand et bien fait, c'est un petit bonheur simple en bouche. Tout en rondeur et légèreté.

Autres choix ► cour-cheverny blanc 96.

Pour commander ► Domaine du Portail
Le Portail Cheverny 41700 Contres
✆ 02 54 79 91 25 - Fax 02 54 79 28 03

Le vin ► cheverny domaine des Huards. Rouge 1997. Tarif départ cave 35 F.

La propriété ► 28 ha sur sol à dominante calcaire, avec une couche silico-argileuse en surface. Cépages : sauvignon, chardonnay, romorantin, gamay, pinot noir, cabernet franc.

La dégustation ► Une matière bien établie, du fruit et de la friandise, un gamay tendre comme dans un beaujolais, gai et fringant.

Autres choix ► crémant de loire brut 96 à 45 F.

Pour commander ► Domaine des Huards
Les Huards 41700 Cour-Cheverny
✆ 02 54 79 97 90 - Fax 02 54 79 26 82

Le vin ► cheverny Daniel Tévenot. Rouge 1997. Tarif départ cave 25 F.

La propriété ► 10 ha sur sol silico-argileux. Cépages : sauvignon, chardonnay, gamay, pinot noir, cabernet franc et cot.

La dégustation ► Arôme cerise cassis bien tourné, intéressant sur la longueur avec une persistance griotte.

Autres choix ► cour-cheverny blanc 97 à 25 F.

Pour commander ► Daniel Tévenot
4, rue du Moulin Vent Madon, Candé sur Beuvron 41120 Les Montils
✆ 02 54 79 44 24 - Fax 02 54 79 44 24

Le vin ► cheverny domaine du Salvard. Rouge 1997. Tarif départ cave 26 F.

La propriété ► 28 ha sur un sol de sable et d'argile. Vignes âgées de 25 ans. Cépages : sauvignon (85 %), chardonnay et chenin (15 %). En rouge, cépages gamay (40 %), pinot noir (40 %) et cabernet (20 %).

La dégustation ► Tendre, typique, groseille et réglisse. Bien fait.

Autres choix ► cheverny Les monts clairs 97

Pour commander ► Domaine du Salvard
41120 Fougères-sur-Bièvre
✆ 02 54 20 28 21 - Fax 02 54 20 22 54

CHEVERNY

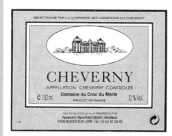

Le vin ► cheverny domaine du Croc du Merle. Rouge 1997. Tarif départ cave 23 F.

La propriété ► 8 ha sur sols sableux de Sologne. Cépages : gamay et pinot noir pour les rouges, sauvignon et chardonnay pour les blancs ainsi que chenin.

La dégustation ► Un standard assez bien réussi, plaisant et qui passe bien sûr tout un repas. Dans sa jeunesse.

Autres choix ► cheverny blanc 97 à 23 F.

Pour commander ► Domaine du Croc du Merle 38, rue de la Chaumette 41500 Muides-sur-Loire ✆ 02 54 87 58 65 - Fax 02 54 87 02 85

Le vin ► orléanais cabernet clos Saint-Fiacre. Rouge 1996. Tarif départ cave 25 F.

La propriété ► 20 ha sur des sols siliceux, sous-sol calcaire. Cépages : chardonnay, pinot noir, pinot gris et pinot meunier.

La dégustation ► Franc, loyal, rustique et bien typé, avec sa bouche de petits fruits rouges. Tout jeune, avec une belle robe.

Autres choix ► orléanais rouge pinot 97 à 25 F.

Pour commander ► GAEC Clos Saint-Fiacre 560, rue de Saint Fiacre, Mareau-aux-Prés 45370 Cléry-Saint-André ✆ 02 38 45 61 55 - Fax 02 38 45 66 58

Le vin ► orléanais clos Saint-Fiacre. Rouge 1997. Tarif départ cave 25 F.

La propriété ► 20 ha sur des sols siliceux, sous-sol calcaire. Cépages : chardonnay, pinot noir, pinot gris et pinot meunier.

La dégustation ► loire classique, du corps avec un bon nez de fruits rouges, bien agréable avec un petit mâchon.

Autres choix ► orléanais rouge 96 à 25 F.

Pour commander ► GAEC Clos Saint-Fiacre 560 rue de Saint Fiacre Mareau-aux-Prés 45370 Cléry-Saint-André ✆ 02 38 45 61 55 - Fax 02 38 45 66 58

Le vin ► coteaux du giennois caves de Pouilly-sur-Loire. Blanc 1997. Tarif départ cave 36 F.

La propriété ► 150 ha d'un sol fait d'argile à silex et de marnes du Kimmeridgien. Cépages sauvignon blanc et pinot noir pour les coteaux du giennois, chasselas pour le pouilly.

La dégustation ► Une cerise aigrelette, du fruit, sympathique et léger, de la personnalité.

Autres choix ► pouilly-sur-loire blanc 97 à 39 F.

Pour commander ► Caves de Pouilly-sur-Loire Caveau des Moulins à Vent 58150 Pouilly-sur-Loire ✆ 03 86 39 10 99 - Fax 03 86 39 02 28

Le vin ► coteaux du giennois domaine Balland-Chapuis. Blanc 1997. Tarif départ cave 34 F.

La propriété ► 40 ha sur sol argilo-calcaire et siliceux. Cépages : sauvignon, gamay et pinot.

La dégustation ► Une belle bouche avec un soupçon d'acidité. Notes d'abricot et de fruit sec. Fait comme il convient pour ressembler à un sancerre sans le tarif.

Autres choix ► coteau du giennois rouge 96 à 34 F, sancerre le Châtillet blanc 97 à 43 F.

Pour commander ► Domaine Balland-Chapuis BP 24 18300 Bué
℀ 02 48 54 06 67 - Fax 02 48 54 07 97

Le vin ► coteaux du giennois domaine Balland-Chapuis. Rouge 1996. Tarif départ cave 34 F.

La propriété ► 40 ha sur sol argilo-calcaire (sancerre, coteaux du giennois) et siliceux (coteaux du giennois). Vignes âgées de 20 ans. Cépages : sauvignon, gamay et pinot.

La dégustation ► Vif, simple et enjoué. Une vraie friandise, tendre et sans complication.

Autres choix ► coteaux du giennois blanc 97 à 34 F, sancerre le Châtillet blanc 97 à 43 F.

Pour commander ► Domaine Balland-Chapuis BP 24 18300 Bué
℀ 02 48 54 06 67 - Fax 02 48 54 06 97

Le vin ► reuilly Claude Lafond. Blanc 1997. Tarif départ cave 36 F.

La propriété ► 15 ha sur plateau siliceux pour les pinots gris, coteaux argilo-calcaires pour les sauvignons, sablo-limoneux pour les pinots noirs.

La dégustation ► Très joli reuilly, profond, marqué par son terroir, facile et friand.

Autres choix ► à suivre dans les millésimes suivants.

Pour commander ► Claude Lafond Le Bois-Saint-Denis 36260 Reuilly
℀ 02 54 49 22 17 - Fax 02 54 49 26 64

Le vin ► reuilly domaine Sorbe. Blanc 1997. Tarif départ cave 32 F.

La propriété ► 9,5 ha sur sol sableux pour le quincy, argilo-sableux pour le reuilly. Cépages : sauvignon, sauvignon et pinot noir.

La dégustation ► Un reuilly rustique, bien construit, artisanal, avec un fond fermier et miellé, légèrement perlé, empli de typicité et de séduction.

Autres choix ► le reuilly rouge

Pour commander ► Domaine Sorbe 9, route de Cerbois 18120 Lury-sur-Arnon
℀ 02 48 51 30 17 - Fax 02 48 51 35 47

COTEAUX DU GIENNOIS

REUILLY

REUILLY

1997

Reuilly
APPELLATION CONTRÔLÉE

75 cl.   12.3 % vol.

Mis en bouteille par :
Jacques VINCENT, propriétaire-récoltant à LAZENAY 18120 - Tél. 02 48 51 73 55
PRODUIT DE FRANCE

Le vin ► reuilly domaine Jacques Vincent. Blanc 1997. Tarif départ cave 30 F.

La propriété ► 6 ha sur un sol sableux et argilo-calcaire, plantées en cépages pinot (noir et gris) pour le rouge (exposition sud) et sauvignon pour le blanc (ouest). Âge moyen du vignoble 10 ans.

La dégustation ► Fin, sec sans excès, avec une finale florale.

Autres choix ► reuilly pinot noir 97.

Pour commander ► Domaine Jacques Vincent
11, chemin des Caves
Les Chaumes 18120 Lazenay
℡ 02 48 51 73 65 - Fax 02 48 51 94 16

1997

Reuilly
APPELLATION CONTRÔLÉE

75 cl.   12.3 % vol.

Mis en bouteille par :
Jacques VINCENT, propriétaire-récoltant à LAZENAY 18120 - Tél. 02 48 51 73 55
PRODUIT DE FRANCE

Le vin ► reuilly domaine Jacques Vincent. Rouge 1997. Tarif départ cave 30 F.

La propriété ► 6 ha sur un sol sableux et argilo-calcaire, plantées en cépages pinot (noir et gris) pour le rouge (exposition sud) et sauvignon pour le blanc (ouest). Âge moyen du vignoble 10 ans.

La dégustation ► Très framboise, agréable dans sa jeunesse.

Autres choix ► reuilly sauvignon blanc 97.

Pour commander ► Domaine Jacques Vincent
11, chemin des Caves
Les Chaumes 18120 Lazenay
℡ 02 48 51 73 65 - Fax 02 48 51 94 16

QUINCY

DOMAINE MEUNIER

Vin   *Noble*

Quincy
APPELLATION QUINCY CONTRÔLÉE

Vieilles Vignes

Alc. 12.5 % Vol.   75 cl

Mis en bouteille à la Propriété
P. MEUNIER-LAPHA, PROPRIÉTAIRE-VITICULTEUR - QUINCY CHER - Tél. 48.51.31.16
Produce of France   Fax 48.51.35.37

Le vin ► quincy domaine Meunier. Blanc 1996. Tarif départ cave 33 F.

La propriété ► 12 ha sur un terrain sableux sur plateau. Vignes âgées de 40 ans en moyenne. Cépages sauvignon, pinot noir et gamay. Un propriétaire de juste renommée.

La dégustation ► Un des meilleurs de l'appellation. Typé, long et puissant, beaucoup de caractère.

Autres choix ► quincy blanc 97 à 30 F.

Pour commander ► Domaine Meunier
49, Grande Rue, Quincy 18120 Lury-sur-Arnon
℡ 02 48 51 31 16 - Fax 02 48 51 35 37

SANCERRE

MIS EN BOUTEILLE   PRODUIT DE
À LA PROPRIÉTÉ   FRANCE

Domaine du P'tit Roy

Sancerre
APPELLATION SANCERRE CONTRÔLÉE BY

12.9% Vol.   75 cl

Pierre et Alain DEZAT
Propriétaires-Viticulteurs à
MAIMBRAY - Sury-en-Vaux - Sancerre - Cher - France

Le vin ► sancerre domaine du P'tit Roy. Blanc 1997. Tarif départ cave 38 F.

La propriété ► 9,5 ha. Terrains argilo-calcaires et caillottes. Cépage : sauvignon et pinot noir pour produire sancerre blanc et sancerre rouge.

La dégustation ► Un sancerre assez discret, sans explosion de fruit, avec une finale qui montre le caractère du produit, plaisant et facile à boire.

Autres choix ► sancerre rosé 97 à 38 F.

Pour commander ► Domaine du P'tit Roy
Maimbray Sury en Vaux 18300 Sancerre
℡ 02 48 79 34 16 - Fax 02 48 79 35 81

Le vin ► sancerre domaine du P'tit Roy. Rosé 1997. Tarif départ cave 38 F.

La propriété ► 9,5 ha. Terrains argilo-calcaires et caillottes. Cépage : sauvignon et pinot noir pour produire sancerre blanc et sancerre rouge.

La dégustation ► Un beau nez, une bouteille agréable, du caractère ; assez vineux, bien structuré. Un bon exemple de rosé bien tourné dans l'appellation

Autres choix ► sancerre blanc 97 à 38 F.

Pour commander ► Domaine du P'tit Roy Maimbray Sury en Vaux 18300 Sancerre
✆ 02 48 79 34 16 - Fax 02 48 79 35 81

Le vin ► pouilly-sur-loire chasselas domaine Redde et Fils. Blanc 1997. Tarif départ cave 42 F.

La propriété ► 35 ha sur un sol argilo-calcaire et argilo-siliceux. Thierry Redde assure la continuité familiale, toujours dans la qualité.

La dégustation ► Un très joli vin, bien équilibré, fait du typique chasselas aux senteurs sensuelles et douces.

Autres choix ► chasselas blanc 97 à 42 F.

Pour commander ► Domaine Redde et Fils La Moynerie Saint-Andelain
58150 Pouilly-sur-Loire
✆ 03 86 39 14 72 - Fax 03 86 39 04 36

Le vin ► pouilly sur loire les Moulins à Vent caves de Pouilly-sur-Loire. Blanc 1997. Tarif départ cave 39 F.

La propriété ► 150 ha sur sol d'argile à silex et de marnes. Cépages : sauvignon blanc, pinot noir et chasselas.

La dégustation ► Bien constitué, assez gras, vinifié pour séduire, tout ce qu'on aime dans le pouilly, avec une finale bien placée.

Autres choix ► giennois blanc 97 à 36 F.

Pour commander ► Caves de Pouilly-sur-Loire
58150 Pouilly-sur-Loire
✆ 03 86 39 10 99 - Fax 03 86 39 02 28

Le vin ► blanc cépage chardonnay domaine des Matines. Blanc 1996. Tarif départ cave 28 F.

La propriété ► 54 ha sur un sol d'origine jurassique. Vignes âgées de 35 ans. Cépages cabernet franc, chenin et chardonnay.

La dégustation ► Agréable, sec, un peu fumé, bouche ample, assez original.

Autres choix ► saumur champigny 97 à 32 F et une gamme très complète à partir des crémants

Pour commander ► Domaine des Matines
31, rue de la Mairie Brossay
49700 Doué-la-Fontaine
✆ 02 41 52 25 36 - Fax 02 41 52 25 50

SANCERRE

POUILLY SUR LOIRE

VIN DE PAYS

Le vin ► vin de pays jardin de la France gamay domaine de la Rocherie. Rosé 1997. Tarif départ cave 15,50 F.

La propriété ► 21 ha de coteaux. Cépages : cabernet, gamay, melon et folle blanche.

La dégustation ► Amusant comme un muscadet en rosé, avec même un peu de pierre à fusil et un léger picotement. Vif et frais pour l'apéro, bien meilleur qu'un mousseux.

Autres choix ► gros plant sur lie 97 à 16 F.

Pour commander ► Domaine de la Rocherie Le Landreau 44430 Le Loroux-Bottereau
✆ 02 40 06 41 55 - Fax 02 40 06 48 92

Le vin ► vin de pays jardin de la France cabernet domaine de la Rocherie. Rouge 1996. Tarif départ cave 16,50 F.

La propriété ► 21 ha de coteaux. Cépages : cabernet, gamay, melon et folle blanche.

La dégustation ► Un monocépage juste et correct. Pour tous les jours.

Autres choix ► muscadet sèvre et maine sur lie 97 à 20 F, gros plant sur lie 97 à 16 F, gamay rosé 97 à 15,50 F.

Pour commander ► Domaine de la Rocherie Le Landreau 44430 Le Loroux-Bottereau
✆ 02 40 06 41 55 - Fax 02 40 06 48 92

Le vin ► gamay de loire Moulin de Saint-Hilaire cuvée Tradition château de la Preuille. Rouge 1996. Tarif départ cave 22,40 F.

La propriété ► 38 ha sur sous-sol de granit. Cépages : melon de bourgogne (muscadet), folle blanche, chardonnay et gamay.

La dégustation ► Net, propre, une simplicité de bon aloi ; un bon représentant des gamays.

Autres choix ► muscadet sur lie Grande Tradition château de Saint-Hilaire 96 à 29,50 F.

Pour commander ► Château de la Preuille 85600 Saint-Hilaire-de-Loulay
✆ 02 51 46 32 32 - Fax 02 51 46 48 98

Ils ne figurent pas dans notre sélection, mais on ne les oublie pas :

Yannick Amirault. Route du Moulin 37140 Bourgueil

Domaine Richou. Chauvigné 49610 Mozé-sur-Louet

Domaine Druet. Rue de la Croix Rouge 37140 Benais

Domaine Couly-Dutheil. Rue Diderot 37500 Chinon

Olga Raffault. 1, rue des Caillis 37420 Savigny-en-Véron

Henry Pellé. 18220 Morogues

PROVENCE/CORSE

Provence

Cette dénomination unique regroupe en fait de nombreuses appellations, liées à des réalités géographique bien différentes. A cette première diversité répond l'utilisation de cépages très divers, qui permet de proposer des vins de toutes les couleurs et, d'un assemblage à l'autre, des saveurs variées.

Les coteaux d'Aix, à dominante argilo-calcaire, produisent des rosés fruités, des blancs distingués, des rouges charpentés. Autour de Saint-Rémy-de-Provence et des Baux, se trouvent les vignes des b aux-de-provence, une petite AOC recherchée qui ne s'étend que sur 300 ha. Autre petite appellation provençale, les vins de cassis sont produits autour de ce charmant port et fournissent des blancs très appréciés. Dans le Var, le cépage mourvèdre entre en majorité dans les rouges et rosés de l'appellation bandol. Le Var accueille également les coteaux varois et la majorité des côtes de provence, qui ont accompli ces dernières années des efforts qualitatifs considérables. Le territoire des coteaux varois a son épicentre près de Brignoles; On y produit d'excellents rosés de saignée (extraction du jus après une très courte cuvaison) tout en fruit, en finesse et en fraîcheur. Les cépages sont régionaux : grenache, cinsault, avec un peu de carignan, de cabernet-sauvignon et de syrah. L'appellation côtes de provence, une des principales en terme de production, déborde sur les départements des Bouches-du-Rhône et des Alpes-Maritimes. Un travail important a permis d'harmoniser au mieux les sols, très variés, et les cépages. Ainsi se sont dessinées des spécialisations au cœur de l'appellation : la côte de Toulon à Saint-Raphaël produit d'excellents rosés ; à l'intérieur des terres, dans cette même zone, on complète par des vins rouges généreux tandis qu'au nord se trouvent les terres les plus adaptées à la production de blancs joliment parfumés. Aujourd'hui, l'utilisation de cépages variés, de techniques de pointe et de vinifications modernes (un peu de surmaturité sur les rouges donnent des résultats remarquables sur certain vins déjà gorgés de soleil). On peut juger du bilan des dernières années en visitant la Maison des Vins des Côtes de Provence, installée aux Arcs-sur-Argens.

Corse

Le vignoble corse a une histoire agitée. Connus dès l'Antiquité, très populaire en Europe jusqu'au XIXe siècle, les vins corses sont durement frappés par le phylloxéra. Dans les années soixante et soixante-dix, sous l'impulsion d'exploitants rapatriés d'Afrique du Nord, le vignoble renaît et voit sa surface quadrupler pour atteindre 28 000 ha, avant de rechuter à moins de 20 000 ha suite à des arrachages massifs. La Corse restructure donc encore son vignoble, autour des appellations vins de corse (essentiellement la côte ouest de l'île), vins de corse village (Calvi, Cap Corse, Porto-Vecchio et Sartène) et de deux crus, ajaccio et patrimonio. Là aussi, de nombreux vignerons ont perfectionné leur vinification pour aller bien au-delà du petit rosé d'été. les patrimonios rouges sont souvent profonds et subtils ; on trouve au nord du Cap, autour de Sartène et de Figari, des blancs étonnants et aromatiques, et le riche terroir ajaccien donne des rouges capiteux et pour certains remarquablement travaillés.

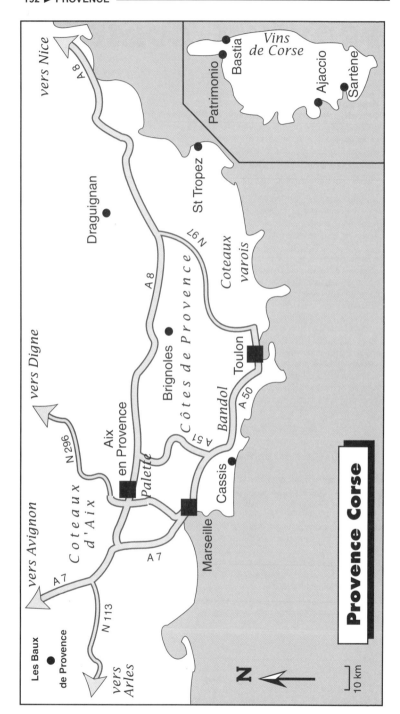

Provence Corse

N
10 km

Le vin ► côtes de provence Domaine Sorin.
Blanc 1997. Tarif départ cave 35 F.

La propriété ► 12 ha. Terroir de grès calcarifère.
Cépages : ugni blanc, rolle, syrah, grenache,
mourvèdre, carignan.

La dégustation ► Un blanc bien fait, floral,
séduisant, qui fonctionne en toutes circonstances.

Autres choix ► le même en 98 à 35 F et un
AOC bandol rouge élevé en barrique.

Pour commander ► Domaine Sorin
Route de la Cadière d'Azur
83270 Saint Cyr sur Mer
℡ 04 94 26 62 28 - Fax 04 94 26 40 06

Le vin ► côtes de provence Domaine de
Curebéasse. Blanc 1997.
Tarif départ cave 39 F.

La propriété ► 18 ha sur sol d'origine
volcanique. Les cépages : mourvèdre, grenache,
cinsault, rolle, syrah.

La dégustation ► Beau provence équilibré, en
finesse, délicat et coloré. Elevage sur lies
pendant 6 mois, en cuves.

Autres choix ► le même en rosé (97) à 31 F.

Pour commander ► Domaine de Curebéasse
Route de Bagnols 83600 Fréjus
℡ 04 94 40 87 90 - Fax 04 94 40 75 18

Le vin ► côtes de provence Château d'Esclans
Rabiega Vin. Blanc 1997. Tarif départ cave 35 F.

La propriété ► 35 ha argilo-calcaires,
sablonneux. Cépages : grenache, ugni, cabernet
sauvignon, syrah, cinsault, mourvèdre,
tibouren, rolle.

La dégustation ► Bien dosé, joliment fait,
équilibré, en longueur et harmonie.

Autres choix ► un côtes de provence rouge de
97 à 40 F et un rosé de 96.

Pour commander ► Rabiega Château d'Esclans
Route de Callas 83920 Lamotte
℡ 04 94 60 40 40 - Fax 04 94 70 28 61

Le vin ► côtes de provence Domaine de la
Lauzade. Blanc 1997.
Tarif départ cave 30 F.

La propriété ► 70 ha sur éboulis calcaires.
La plupart des cépages régionaux sont
représentés, en blanc et en rouge.

La dégustation ► Franc, souple et velouté. Un
agrément certain.

Autres choix ► domaine de la lauzade rouge de
97 à 30 F également.

Pour commander ► Domaine de la Lauzade
Route de Toulon 83340 Le Luc en Provence
℡ 04 94 60 72 50 - Fax 04 94 60 96 26

COTES DE PROVENCE BLANC

Le vin ► côtes de provence Croix du Prieur châteaux Elie Sumeire. Blanc 1997. Tarif départ cave 27 F.

La propriété ► 300 ha de terroir argilo-calcaire. Cépages traditionnels : rolle, clairette, ugni blanc, grenache, cinsault, syrah, mourvèdre.

La dégustation ► Bien fait et délicat, avec une finale amande et pin originale.

Autres choix ► un côtes de provence Croix du Prieur rouge 95 à 27 F.

Pour commander ► Châteaux Elie Sumeire Coussin Sainte-Victoire 13530 Trets en Provence
✆ 04 42 61 20 00 - Fax 04 42 61 20 01

Le vin ► côtes de provence Saint-Baillon. Rosé 1997. Tarif départ cave 33,50 F.

La propriété ► 27 ha sur terroir argilo-calcaire sur marnes bleues. Cépages : syrah, grenache, cabernet sauvignon, cinsault, rolle, ugni blanc.

La dégustation ► Un rosé au caractère bien trempé, assez puissant mais en légèreté et finesse. Bel équilibre entre saveur et longueur.

Autres choix ► château Saint-Baillon rouge 95 à 38 F et la cuvée du Roudaï autour de 70 F.

Pour commander ► Château Saint-Baillon RN 7 83340 Flassans sur Issole
✆ 04 94 69 74 60 - Fax 04 94 69 80 29

Le vin ► côtes de provence Bastide des Bertrands. Rosé 1997.
Tarif départ cave 33 F.

La propriété ► 200 ha. Cépages : mourvèdre, syrah, cabernet sauvignon, carignan, grenache, cinsault, tibouren, rolle, ugni blanc, etc.

La dégustation ► Un rosé puissant, linéaire et franc, honnête et efficace.

Autres choix ► le même en rouge à 33 F.

Pour commander ► Domaine des Bertrands Route de la Garde-Freinet Le Cannet des Maures 83340 Le Luc en Provence
✆ 04 94 73 02 94 - Fax 04 94 73 17 63

Le vin ► côtes de provence cuvée Prunelle Domaine de la Cressonnière. Rosé 1997.
Tarif départ cave 34 F.

La propriété ► 18 ha sur sol argilo-calcaire sableux et calcaire dur. Cépages : ugni blanc, rolle, semillon, mourvèdre, carignan, cinsault, grenache, syrah, cabernet sauvignon.

La dégustation ► Un joli rosé, belle couleur pâle, suave, neutre avec de la finesse et du corps.

Autres choix ► cuvée Monestel rouge 97 à 33 F.

Pour commander ► Domaine de la Cressonnière 83790 Pignans
✆ 04 94 48 81 22 - Fax 04 94 48 81 25

Le vin ► côtes de provence Domaine de Curebéasse. Rosé 1997.
Tarif départ cave 31 F.

La propriété ► 18 ha sur sol d'origine volcanique. Les cépages : mourvèdre, grenache, cinsault, rolle, syrah. Vinification soignée, avec macération pelliculaire.

La dégustation ► Bien tourné, de la structure, de la mâche, une certaine complexité.

Autres choix ► le même en blanc (97) à 39 F.

Pour commander ► Domaine de Curebéasse
Route de Bagnols 83600 Fréjus
℡ 04 94 40 87 90 - Fax 04 94 40 75 18

Le vin ► côtes de provence Château Grand'Boise. Rosé 1997.
Tarif départ cave 34 F.

La propriété ► 43 ha sur sol argilo-calcaire. Les cépages : grenache, cinsault, syrah, cabernet sauvignon, rolle, ugni blanc, semillon.

La dégustation ► Bon équilibre acide-alcool, sympathique et ample, légèrement anisé.

Autres choix ► un côtes de provence rouge 95, château Grand'Boise, à 39 F.

Pour commander ► Château Grand'Boise
Route de Grisole 13530 Trets en Provence
℡ 04 42 29 22 95 - Fax 04 42 61 38 71

Le vin ► côtes de provence Saint André de Figuière cuvée des princes. Rosé 1997.
Tarif départ cave 40 F.

La propriété ► 20 ha de schistes. Cépages : rolle, semillon, ugni, mourvèdre, grenache, cinsault.

La dégustation ► Qualité et profondeur, plus qu'un simple rosé, avec une attaque marquée.

Autres choix ►Saint-André de Figuière rouge 97, cuvée des marquis, à 44 F.

Pour commander ► Domaine Saint André de Figuière - BP 47
83250 La Londe les Maures
℡ 04 94 66 92 10 - Fax 04 94 35 04 46

Le vin ► côtes de provence Rabiega Château d'Esclans. Rouge 1997. Tarif départ cave 40 F.

La propriété ► 35 ha de sols argilo-calcaires et sablonneux. Cépages : grenache, cinsault, syrah, cabernet sauvignon, tibouren, rolle, mourvèdre.

La dégustation ► Bien fait, bien tourné, étudié pour plaire, bouche charmeuse.

Autres choix ► un côtes de provence blanc de 97 à 35 F et un côtes de provence rosé de 96.

Pour commander ► Rabiega Vin
Château d'Esclan
Route de Callas 83920 Lamotte
℡ 04 94 60 40 40 - Fax 04 94 70 28 61

COTES DE PROVENCE ROSE

COTES DE PROVENCE ROUGE

Le vin ▶ côte de provence château grand boise
Château Grand'Boise. Rouge 1995.
Tarif départ cave 39 F.

La propriété ▶ 43 ha. Sol argilo-calcaire.
Cépages : grenache, cinsault, syrah, cabernet
sauvignon, rolle, ugni blanc, semillon.

La dégustation ▶ Joliment étudié, profond,
puissant, assez persuasif. Un vin qui allie
méthodes traditionnelles et modernisme.

Autres choix ▶ un rosé 97 à 34 F.

Pour commander ▶ Château Grand'Boise
Route de Grisole 13530 Trets en Provence
℡ 04 42 29 22 95 - Fax 04 42 61 38 71

Le vin ▶ côtes de provence Château des
Gavelles. Rouge 1997. Tarif départ cave 28 F.

La propriété ▶ 25 ha sur terroir argilo-calcaire
cailloutex. Cépages : grenache, syrah, cabernet
sauvignon pour les rouges, rolle, ugni, clairette
pour les blancs.

La dégustation ▶ Agréable, bien fait, profond et
soyeux comme un cabernet ; beau nez.

Autres choix ▶ vin de pays des bouches-du-
rhône rouge 97 domaine des gavelles à 18 F.

Pour commander ▶ Château des Gavelles
165, chemin de Maliverny 13540 Puyricard
℡ 04 42 92 06 83 - Fax 04 42 92 24 12

Le vin ▶ côtes de provence cuvée tradition
Domaine Sainte Marie. Rouge 1996. Tarif départ
cave 24,50 F.

La propriété ▶ 42 ha sur sol micaschiste.
Cépages : rolle clairette, ugni, sémillon,
grenache, cinsault, syrah, tibouren, cabernet
sauvignon, carignan.

La dégustation ▶ Une certaine souplesse, une
douce amertume finale.

Autres choix ▶ plusieurs rouges et rosés.

Pour commander ▶ Domaine Sainte Marie
Vallée de la Môle 83230 Bormes les Mimosas
℡ 04 94 49 57 15 - Fax 04 94 49 58 57

Le vin ▶ côtes de provence Domaine de la
Lauzade. Rouge 1997.
Tarif départ cave 30 F.

La propriété ▶ 70 ha sur éboulis calcaires.
Cépages régionaux classiques : rolle, cinsault
grenache, syrah, carignan, tibouren, etc.

La dégustation ▶ Bien joli, tout jeune, comme
du raisin croquant. Dans sa simplicité.

Autres choix ▶ le même en blanc de 97 à 30 F,
également disponible en rosé.

Pour commander ▶ Domaine de la Lauzade
Route de Toulon 83340 Le Luc en Provence
℡ 04 94 60 72 50 - Fax 04 94 60 96 26

Le vin ► côtes de provence château Saint-Baillon. Rouge 1995. Tarif départ cave 38 F.

La propriété ► 27 ha. Terroir argilo-calcaire sur marnes bleues. Cépages : cabernet sauvignon, syrah, grenache, cinsault, rolle, ugni blanc.

La dégustation ► Remarquable dans sa vinification : propre, équilibré, souple, du caractère.

Autres choix ► le saint-baillon rosé de 97 à 33,50 F et la cuvée du Roudaï autour de 70 F.

Pour commander ► Château Saint-Baillon RN 7 83340 Flassans sur Issole
℅ 04 94 69 74 60 - Fax 04 94 69 80 29

Le vin ► côtes de provence cuvée Monestel Domaine de la Cressonnière. Rouge 1997. Tarif départ cave 33 F.

La propriété ► 18 ha argilo-calcaires et calcaires dusr. Cépages : ugni blanc, rolle, mourvèdre, carignan, cinsault, grenache, etc.

La dégustation ► Plaisant nez de griotte, équilibré et costaud dans la douceur.

Autres choix ► un côtes de provence rosé 97, cuvée prunelle, à 34 F.

Pour commander ► Domaine de la Cressonnière 83790 Pignans
℅ 04 94 48 81 22 - Fax 04 94 48 81 25

Le vin ► côtes de provence Bastide des Bertrands. Rouge 1997. Tarif départ cave 33 F.

La propriété ► 200 ha. Cépages : cabernet sauvignon, syrah, mourvèdre, carignan, grenache, cinsault, rolle, ugni, sémillon, etc.

La dégustation ► De la présence. Une bouche intéressante et persistante.

Autres choix ► le même en rosé (97) à 33 F.

Pour commander ► Domaine des Bertrands Route de la Garde-Freinet, Le Cannet des Maures 83340 Le Luc en Provence
℅ 04 94 73 02 94 - Fax 04 94 73 17 63

Le vin ► côtes de provence cuvée les roches Domaine de la Navarre. Rouge 1996. Tarif départ cave 35,30 F.

La propriété ► 54 ha sur sol argilo-calcaire. Les Cépages : grenache, cinsault, syrah, rolle, clairette, cabernet, merlot.

La dégustation ► Puissance et droiture. Un bon vin d'accompagnement.

Autres choix ► voir pour les amateurs le vieux marc de provence (42°).

Pour commander ► Domaine de la Navarre Fondation La Navarre BP 24 83260 La Crau
℅ 04 94 66 04 08 - Fax 04 94 35 10 66

COTES DE PROVENCE ROUGE

COTES DE PROVENCE ROUGE

Le vin ► côtes de provence Croix du Prieur châteaux Elie Sumeire. Rouge 1995.
Tarif départ cave 27 F.

La propriété ► 300 ha sur terroir argilo-calcaire. Cépages traditionnels : rolle, clairette, ugni, grenache, cinsault, syrah, mourvèdre.

La dégustation ► Finesse et race, nez de truffe et de rocaille, avec un léger boisé.

Autres choix ► un côtes de provence croix de prieur blanc de 97 à 27 F.

Pour commander ► Châteaux Elie Sumeire Coussin Sainte-Victoire 13530 Trets en Provence
℡ 04 42 61 20 00 - Fax 04 42 61 20 01

Le vin ► coteaux d'aix tradition Château Virant. Blanc 1997. Tarif départ cave 29 F.

La propriété ► 100 ha exposition sud. Cépages : rolle, clairette, bourboulenc, ugni, chardonnay, grenache, cabernet sauvignon, syrah, carignan, cinsault.

La dégustation ► Une belle allure, sec, efficace avec une jolie bouche iodée.

Autres choix ► le même en rosé à 29 F et en rouge 95 à 29 F.

Pour commander ► Château Virant
CD 10 13680 Lançon de Provence
℡ 04 90 42 44 47 - Fax 04 90 42 54 81

COTEAUX D'AIX

Le vin ► coteaux d'aix cuvée spéciale château de Fonscolombe. Blanc 1997. Tarif départ cave 30 F.

La propriété ► 150 ha sur sol caillouteux et argileux. Cépages : ugni blanc, clairette, grenache blanc et sauvignon pour les blancs.

La dégustation ► Joli vin, un fruit en évidence avec une finale distinguée et flûtée.

Autres choix ► un coteaux d'aix rouge 97, cuvée spéciale, à 30 F et la cuvée spéciale vieillie en fût de chêne à 45 F.

Pour commander ► Château de Fonscolombe
13610 Le Puy Sainte Réparade
℡ 04 42 61 89 62 - Fax 04 42 61 93 95

Le vin ► coteaux d'aix Château Revelette. Rosé 1997. Tarif départ cave 35 F.

La propriété ► 25 ha argilo-calcaires. Cépages : cinsault, syrah, cabernet sauvignon, grenache, carignan, ugni, sauvignon, chardonnay, rolle.

La dégustation ► Fin, structuré, plein d'équilibre et bien ciselé. belle robe, bouche assez vineuse mais dans la légèreté.

Autres choix ► coteaux d'aix et les grands bleu, blanc et rouge de Revelette.

Pour commander ► Château Revelette
13490 Jouques
℡ 04 42 63 75 43 - Fax 04 42 67 62 04

Le vin ► coteaux d'aix-en-provence cuvée Jas d'Amour Château Barbebelle. Rosé 1997. Tarif départ cave 24 F.

La propriété ► 38 ha sur coteaux argilo-calcaires. Cépages : cabernet et syrah.

La dégustation ► Jolie robe pastel orangée, de la force dans la bouche, tout en efficacité. Une certaine élégance.

Autres choix ► AOC coteaux d'aix château barbebelle réserve blanc, rosé et rouge.

Pour commander ► Château Barbebelle 13840 Rognes
℡ 04 42 50 22 12 - Fax 04 42 50 10 20

Le vin ► coteaux d'aix cuvée fût de chêne Château Beauferan. Rouge 1993.
Tarif départ cave 39 F.

La propriété ► 72 ha argilo-calcaires. Cépages : syrah, grenache, cabernet sauvignon, carignan, grenache blanc, vermentino et sauvignon.

La dégustation ► Sympathique, une belle robe, bien fait. Une attaque fruitée, une bouche plaisante, une finale thé de Chine.

Autres choix ► Un coteau d'Aix de 1995 à 33 F.

Pour commander ► Château Beauferan 870, chemin de la Degaye 13880 Velaux
℡ 04 42 87 92 88 - Fax 04 42 87 42 96

Le vin ► coteaux d'aix Commanderie de la Bargemone. Rouge 1996. Tarif départ cave 28 F.

La propriété ► 60 ha sur sol argilo-calcaire. Cépages : grenache, cinsault, syrah, cabernet sauvignon, carignan, ugni, sauvignon.

La dégustation ► bien fait, assez subtil et gras, de la souplesse.

Autres choix ► domaine de la Bargemone AOC coteaux d'aix blanc, rosé et rouge.

Pour commander ► Commanderie de la Bargemone - RN 7
BP 3 13760 Saint Cannat
℡ 04 42 57 22 44 - Fax 04 42 57 26 39

Le vin ► coteaux d'aix cuvée traditionnelle Château Beauferan. Rouge 1995.
Tarif départ cave 33 F.

La propriété ► 72 ha argilo-calcaires. Cépages : syrah, grenache, cabernet sauvignon, carignan, grenache blanc, vermentino et sauvignon.

La dégustation ► Un rouge du Sud, aux arômes de maquis. Une certaine finesse, fruit d'une bonne vinification.

Autres choix ► Un coteaux d'aix de 1993 à 39 F.

Pour commander ► Château Beauferan 870, chemin de la Degaye 13880 Velaux
℡ 04 42 87 92 88 - Fax 04 42 87 42 96

COTEAUX D'AIX

Le vin ▶ coteaux d'aix Fonscolombe cuvée spéciale. Rouge 1997. Tarif départ cave 30 F.

La propriété ▶ 150 ha caillouteux et argileux. Cépages : grenache, cinsault, cabernet sauvignon, syrah et carignan pour les rouges.

La dégustation ▶ Bien et honnêtement fait, sans fioritures et avec une certaine délicatesse ; bien pour son jeune âge.

Autres choix ▶ blanc 97 cuvée spéciale à 30 F et cuvée spéciale vieillie en fût de chêne à 45 F.

Pour commander ▶ Château de Fonscolombe Rte de St-Canadet 13610 Le Puy Ste-Réparade ✆ 04 42 61 89 62 - Fax 04 42 61 93 95

Le vin ▶ coteaux d'aix tradition Château Virant. Rouge 1995. Tarif départ cave 29 F.

La propriété ▶ 100 ha exposition sud. Cépages : rolle, clairette, bourboulenc, ugni blanc, chardonnay, grenache, cabernet sauvignon, syrah, carignan, cinsault.

La dégustation ▶ Jeune et vigoureux, avec un boisé léger. Prometteur, à attendre.

Autres choix ▶ le même (coteaux d'aix tradition) en rosé et en blanc 97 à 29 F.

Pour commander ▶ Château Virant CD 10 13680 Lançon de Provence ✆ 04 90 42 44 47 - Fax 04 90 42 54 81

Le vin ▶ coteaux d'aix collection du Château de Beaupré. Rouge 1996. Tarif départ cave 35 F.

La propriété ▶ 42 ha sur un terroir argilo-calcaire. Cépages : grenache, syrah, cabernet, carignan, cinsault, ugni blanc, sauvignon et rolle.

La dégustation ▶ Agréable et puissant, de bonne structure derrière des tanins encore bien présents. Beau fruit. Vendangé manuellement et élevé en fût de chêne.

Autres choix ▶ coteaux d'aix blanc et rosé 97.

Pour commander ▶ Château de Beaupré RN 7 13760 Saint Cannat ✆ 04 42 57 33 59 - Fax 04 42 57 27 90

Le vin ▶ cassis Mas de Boudard. Rosé 1997. Tarif départ cave 38 F.

La propriété ▶ 5,5 ha sur sol argilo-calcaire. Les cépages : marsanne, clairette, ugni blanc, sauvignon blanc, grenache, mourvèdre, cinsault.

La dégustation ▶ Vineux et bien fait, avec une bouche florale, une finale typique qui marque son territoire.

Autres choix ▶ également en blanc.

Pour commander ▶ Mas de Boudard Clos Canteclerc 7, route de la Ciotat 13260 Cassis ✆ 04 42 01 72 66 - Fax 04 42 01 72 66

Le vin ► coteaux varois domaine du Loou. Rosé 1997. Tarif départ cave 25 F.

La propriété ► 60 ha sur sol argilo-calcaire. Les cépages : grenache, syrah, mourvèdre, cabernet sauvignon, cinsault, rolle, semillon.

La dégustation ► Bien tourné, assez floral, assez puissant et fruité. Un rosé de bonne expression, avec de la profondeur.

Autres choix ► un coteaux varois domaine du Loou clos des Blaquières rouge de 93 à 28 F.

Pour commander ► Domaine du Loou
83136 La Roquebrussanne
℡ 04 94 86 94 97 - Fax 04 94 86 80 11

Le vin ► coteaux varois clos du Bécassier Domaine du Deffends. Rouge 1995. Tarif départ cave 35 F.

La propriété ► 14 ha sur sol pauvre et caillouteux argilo-calcaire. Les cépages : rolle, grenache, cinsault, syrah, cabernet sauvignon.

La dégustation ► Du vrai vin, sympathique et profond, un fruit bien ouvert, de la tendreté.

Autres choix ► le clos de la truffière rouge et le champ du sesterce blanc 96.

Pour commander ► Domaine du Deffends
83470 Saint Maximin
℡ 04 94 78 03 91 - Fax 04 94 59 42 69

Le vin ► baux de provence cuvée tradition Mas Ste-Berthe. Rouge 1996. Tarif départ cave 30 F.

La propriété ► 37 ha sur sol argilo-calcaire. Les cépages : grenache, syrah, cabernet sauvignon, mourvèdre, cinsault, carignan, grenache blanc, rolle, sauvignon, ugni blanc.

La dégustation ► Concentré, tannique, intéressant et de belle longueur.

Autres choix ► large gamme dans l'AOC baux de provence, en blancs comme en rouges.

Pour commander ► Mas Sainte-Berthe
13520 Les Baux de Provence
℡ 04 90 54 39 01 - Fax 04 90 54 46 17

Le vin ► VDP des bouches-du-rhône chasan Mas de Rey. Blanc 1996. Tarif départ cave 32 F.

La propriété ► 65 ha sur sables d'alluvions. Cépages classiques et nouveaux cépages méditerranéens : caladoc, chasan, marselan.

La dégustation ► Ciselé, vif argent, personnel et en même temps familier. Pas si facile d'abord, nez floral, bouche rustique, mais bien intéressant.

Autres choix ► cuvée Van Gogh rouge 97 à 25 F et caladoc rouge (ou rosé) 93 à 32 F.

Pour commander ► SCA Mas de Rey
Route de St Gilles 13200 Arles
℡ 04 90 96 11 84 - Fax 04 90 96 59 44

COTEAUX VAROIS

BAUX DE PROVENCE

VDP BOUCHES DU RHONE

Le vin ► vin de pays des bouches-du-rhône cuvée Van Gogh Mas de Rey. Rosé 1997. Tarif départ cave 25 F.

La propriété ► 65 ha sur alluvions. Cépages classiques et nouveaux (caladoc, chasan, etc).

La dégustation ► Le rosé dans la noblesse : attaque vive, bouche qui s'épanouit, finale explosive et riche. Complexe et équilibré.

Autres choix ► le même en rouge, caladoc rouge (ou rosé) 93 à 32 F ou chasan 96 à 32 F

Pour commander ► SCA Mas de Rey Route de Saint Gilles 13200 Arles ✆ 04 90 96 11 84 - Fax 04 90 96 59 44

Le vin ► VDP des bouches du rhône Domaine des Gavelles. Rouge 1997. Tarif départ cave 18 F.

La propriété ► 25 ha sur sol argilo-calcaire cailouteux. Cépages : grenache, syrah, cabernet sauvignon, rolle, ugni, clairette.

La dégustation ► Une bouche enjôleuse et soyeuse derrière un nez très franc. Etonnante réussite pour un vin de pays ; de l'ampleur, du gras et un petit bonheur d'équilibre non frelaté.

Autre choix ► côtes de provence rouge 97, 28 F.

Pour commander ► Château des Gavelles 165, chemin de Maliverny 13540 Puyricard ✆ 04 42 92 06 83 - Fax 04 42 92 24 12

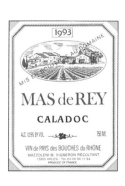

Le vin ► VDP des bouches-du-rhône caladoc Mas de Rey. Rouge 1993. Tarif départ cave 32 F.

La propriété ► 65 ha sur alluvions. Cépages classiques et nouveaux (caladoc, chasan, etc).

La dégustation ► Amusant, pétri de caractère, tannins secs, âpre et pourtant velouté comme un cabernet.

Autres choix ► cuvée Van Gogh rouge 97 à 25 F, chasan 96 à 32 F, caladoc rosé 97 à 32 F et cuvée Van Gogh rosé 97 à 25 F.

Pour commander ► SCA Mas de Rey Route de St Gilles 13200 Arles ✆ 04 90 96 11 84 - Fax 04 90 96 59 44

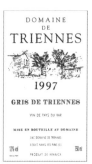

Le vin ► vin de pays du var gris de Triennes. Rosé 1997. Tarif départ cave 30 F.

La propriété ► 46 ha sur sol argilo-calcaire, exposition sud. Cépages : viognier, chardonnay, cinsault, cabernet sauvignon, syrah, merlot.

La dégustation ► Belle attaque, fluide, charmeur, présent en bouche, avec une attaque ferme et virile. Belle robe pâle et lumineuse.

Autres choix ► rouge 93 les Auréliens à 40 F et la réserve rouge de 95 à 55 F.

Pour commander ► Domaine de Triennes N 560 83860 Nans les Pins ✆ 04 94 78 91 46 - Fax 04 94 78 65 04

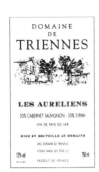

Le vin ► vin de pays du var les Auréliens cabernet sauvignon Domaine de Triennes. Rouge 1993. Tarif départ cave 40 F.

La propriété ► 46 ha sur sol argilo-calcaire, exposition sud. Cépages : viognier, chardonnay, cinsault, cabernet sauvignon, syrah, merlot.

La dégustation ► Belle attaque d'amande, douceur et soyeux en bouche. Une réussite.

Autres choix ► un rosé 97 gris de triennes à 30 F et la réserve rouge de 95 à 55 F.

Pour commander ► Domaine de Triennes N 560 83860 Nans les Pins
℡ 04 94 78 91 46 - Fax 04 94 78 65 04

VIN DE PAYS DU VAR

Le vin ► vin de corse sartène domaine Fiumicicoli. Blanc 1997. Tarif départ cave 29 F.

La propriété ► Domaine de 45 ha. Cépages traditionnels corses : nielluccio, sciaccarello et grenache pour les rouges, vermentino (ou malvoisie) pour les blancs.

La dégustation ► neutre mais fort bien fait et typé, avec les cépages locaux : de la finesse, du corps sans lourdeur.

Autres choix ► Un vin rouge de 97 à 29 F.

Pour commander ► Domaine Fiumicicoli Marina II 20110 Propriano
℡ 04 95 76 14 08 - Fax 04 95 76 24 24

VIN DE CORSE SARTENE

Le vin ► vin de corse sartène domaine Fiumicicoli. Rouge 1997. Tarif départ cave 29 F.

La propriété ► Domaine de 45 ha. Cépages traditionnels corses : nielluccio, sciaccarello et grenache pour les rouges, vermentinu (ou malvoisie en Corse) pour les blancs.

La dégustation ► Une belle réussite, un vin puissant et long mais pas trop capiteux, de la distinction, des arômes épanouis.

Autres choix ► Un vin blanc de 97 à 29 F.

Pour commander ► Domaine Fiumicicoli Marina II 20110 Propriano
℡ 04 95 76 14 08 - Fax 04 95 76 24 24

Le vin ► AOC ajaccio domaine Péraldi. Blanc 1997. Tarif départ cave 46 F.

La propriété ► 40 ha sur sol d'arènes granitiques. Cépages : sciaccarello, vermentino, grenache, carignan et cinsault.

La dégustation ► Un beau nez, plein d'élégance, un vermentino puissant et équilibré, floral et complexe.

Autres choix ► un domaine Peraldi rouge de 97 à 42 F.

Pour commander ► Domaine Péraldi Chemin du Stiletto 20167 Mezzavia
℡ 04 95 22 37 30 - Fax 04 95 20 92 91

AOC AJACCIO

Le vin ▶ AOC ajaccio capitoro Clos Capitoro. Blanc 1997. Tarif départ cave 40 F.

La propriété ▶ 50 ha sur sol argilo-siliceux et arènes granitiques. Les Cépages : sciaccarello et vermentino.

La dégustation ▶ Bouché évoluée, de la complexité, de la longueur, fruits secs, amande grillée, finale fumée un peu âpre.

Autres choix ▶ un clos capitoro rouge 96 à 38 F et un clos capitoro rosé 97 à 38 F également.

Pour commander ▶ Clos Capitoro Pisciatella rte de Sartène 20166 Porticcio ✆ 04 95 25 19 61 - Fax 04 95 25 19 99

Le vin ▶ AOC ajaccio blanc de blancs Clos d'Alzeto. Blanc 1997. Tarif départ cave 35 F.

La propriété ▶ 42 ha sur sol d'arènes granitiques. Cépages : vermentino, sciaccarello, grenache (pour les rouges).

La dégustation ▶ Intéressant et complexe, sec et floral, belle tenue avec du développement en bouche. A boire aujourd'hui, mais il peut encore évoluer.

Autres choix ▶ le rosé d'Alzeto 97 à 33 F.

Pour commander ▶ Clos d'Alzeto 20151 Sari d'Orcino ✆ 04 95 52 24 67 - Fax 04 95 52 27 27

Le vin ▶ AOC ajaccio rosé d'Alzeto Clos d'Alzeto. Rosé 1997. Tarif départ cave 33 F.

La propriété ▶ 42 ha sur sol d'arènes granitiques. Cépages : vermentino, sciaccarello, grenache.

La dégustation ▶ Les qualités du terroir, avec de la présence ; arômes de maquis, de la profondeur. Elevage en cuve inox.

Autres choix ▶ le clos d'alzeto blanc de blanc 97 à 35 F.

Pour commander ▶ Clos d'Alzeto 20151 Sari d'Orcino ✆ 04 95 52 24 67 - Fax 04 95 52 27 27

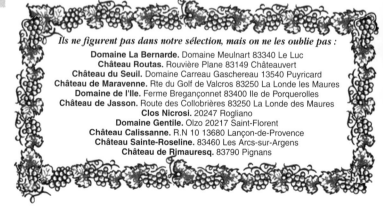

Ils ne figurent pas dans notre sélection, mais on ne les oublie pas :

Domaine La Bernarde. Domaine Meulnart 83340 Le Luc
Château Routas. Rouvière Plane 83149 Châteauvert
Château du Seuil. Domaine Carreau Gaschereau 13540 Puyricard
Château de Maravenne. Rte du Golf de Valcros 83250 La Londe les Maures
Domaine de l'Ile. Ferme Bregançonnet 83400 Ile de Porquerolles
Château de Jasson. Route des Collobrières 83250 La Londe des Maures
Clos Nicrosi. 20247 Rogliano
Domaine Gentile. Olzo 20217 Saint-Florent
Château Calissanne. R.N 10 13680 Lançon-de-Provence
Château Sainte-Roseline. 83460 Les Arcs-sur-Argens
Château de Rimauresq. 83790 Pignans

VALLEE DU RHONE

Derrière l'unité de nom commandée par le fleuve qui a dessiné les coteaux du vignoble, on trouve ne multitude de terroirs et d'influences climatiques, même si le cépage roi, la syrah, reste un dénominateur commun toujours puissant. Les spécialistes parlent d'ailleurs des côtes-du-rhône du Nord et du Sud pour distinguer, derrière des qualités communes, la terre d'un côte-rôtie par exemple, et le soleil d'un châteauneuf-du-pape. La plupart des vins du Rhône ont en commun une longue histoire, puisque la culture de la vigne dans la région remonte à la colonisation grecque, 600 ans avant J.-C.

De Vienne - plus exactement Ampuis et Condrieu - à Valence, des vins de haute qualité utilisent syrah, viognier, marsanne et roussanne. Ce sont les côtes-du-rhône septentrionales avec, du Nord au Sud, les nobles appellations côte rotie, condrieu, hermitage et crozes-hermitage, saint-joseph, cornas ou hermitage. Le saint-péray, à l'ouest de Valence, jouxtant les coteaux ardéchois, est plus accessible.

Au sud, et à l'écart de la vallée du Rhône proprement dite, la région de Die produit deux vins blancs effervescents de qualité, le crémant et la clairette.

Toujours plus au sud, au delà de Montélimar, commencent les appellations (nombreuses) des côtes du rhône méridionales, des plateaux et des petites collines d'alluvions, plantés de grenache, cinsault, syrah, mourvèdre, carignan, clairette, bourboulenc et ugni. Une variété qui ne facilite pas le travail d'assemblage, mais permet d'offrir une riche palette de goûts.

On rencontre tout d'abord les appellations côtes du vivarais et coteaux du tricastin. La première appellation produit, sur des sols argilo-calcaires, les vins les plus réputés d'Ardèche, classés en VDQS et produits principalement à partir de grenache, cinsault et carignan (rouges), grenache blanc, clairette et marsanne (blanc). La seconde appellation, que de nombreux vignerons voudraient voir changer de nom à cause de sa connotation "nucléaire", possède une réelle personnalité et un excellent rendement.

Les vins les plus cotés de ces côtes du rhône méridionales sont probablement les AOC châteauneuf-du-pape, vacqueyras et gigondas, mais qui ont aujourd'hui fort à faire avec les 16 appellations de côtes-du-rhône-villages qui les entourent (cairanne, rasteau, vinsobres, séguret...). Répondant à des normes de qualité strictes, cette appellation revendique clairement sa diversité : les 16 villages ont chacun leurs spécificités et découragent les regroupements, par exemple par département. Au cœur de cette zone, on trouve deux appellations de vins doux naturels, le rasteau et le beaumes de venise.

Prolongement naturel des côtes du rhône vers le sud-est, les côtes-du-ventoux forment une zone variée de terrains calcaires, plantés surtout de cépages grenache, syrah, cinsault, mourvèdre, carignan, clairette et bourboulenc. L'essentiel de la production concerne les vins rouges, à un niveau de qualité intéressant.

Au sud des côtes du ventoux, les côtes du luberon voient pousser la vigne depuis 2 000 ans, grâce entre autres à un sol bien équilibré et à un climat frais permettant des vendanges tardives. On retrouve les grands classiques rhodaniens : grenache, cinsault, carignan et syrah composent l'essentiel du vignoble pour le rouge, grenache blanc, clairette, bourboulenc et surtout ugni pour le blanc.

Constante de cette région, les producteurs, même les plus prestigieux, ont toujours dans leur chai un "générique", un "CDR" qui est la base de l'édifice, et qui vaut parfois un bon "villages" ou même un AOC. Un exemple : la maison la plus réputée des Côtes du Rhône, E. Guigal, qui produit les merveilles que se disputent les Américains (entre autres les côte-rôtie La Landonne, La Turque et La Mouline), nous a adressé son CDR générique : à peine plus cher que les autres, mais entrant dans le critère et tout simplement grandiose...

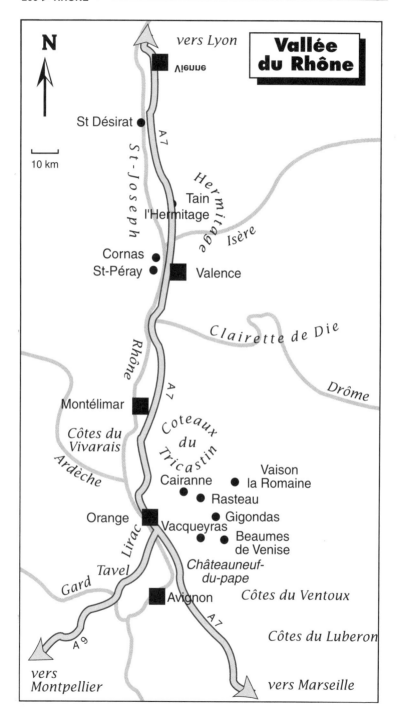

Le vin ► clairette de Die Vincent, domaine de Magord. Blanc 1997. Tarif départ cave 37,50 F.

La propriété ► 10 ha sur sol argilo-calcaire. Les cépages : clairette (70 %) pour la Clairette de Die (méthode dioise ancestrale) et les 30 % restants sont utilisés pour le crémant de Die.

La dégustation ► Une bulle fine, un fruit discret. Bonne vinification qui sent le travail soigné et artisanal.

Autres choix ► un AOC coteaux de die 96 à 28 F.

Pour commander ► Domaine de Magord
Barsac 26150 Die
✆ 04 75 21 71 43 - Fax 04 75 21 72 41

Le vin ► clairette de die Domaine Jacques Faure. Blanc 1997. Tarif départ cave 35 F.

La propriété ► 25 ha sur sol argilo-calcaire et de marnes schisteuses. Les cépages : muscat blanc et clairette blanche. Vigne âgée en moyenne de 25 ans. Fabrication suivant la méthode dioise ancestrale.

La dégustation ► du fruit, de la jeunesse et de la gaieté : les qualités typiques de la clairette.

Autres choix ► goûtez également le crémant.

Pour commander ► Domaine Jacques Faure
R D 93 26340 Vercheny
✆ 04 75 21 72 22 - Fax 04 75 21 71 14

Le vin ► clairette de die Pierre Salabelle et Fils. Blanc 1997. Tarif départ cave 32 F.

La propriété ► 7 ha en polyculture où sont cultivés les cépages indispensables à la production des vins du domaine : clairette, muscat, chardonnay.

La dégustation ► Tendre, muscaté, une belle bouche de fruits mûrs compotés.

Autres choix ► un crémant de die à 36 F et un chardonnay à 20 F.

Pour commander ► Pierre Salabelle
Barsac 26150 Die
✆ 04 75 21 72 21 - Fax 04 75 21 70 78

Le vin ► vin de pays de l'ardèche cépage marsanne SCEA Cave de Sarras. Blanc 1997. Tarif départ cave 17 F.

La propriété ► 200 ha regroupant 180 propriétaires. Les cépages rhodaniens (syrah, marsanne, viognier) ainsi que du gamay.

La dégustation ► Simple, vif, bien composé, un marsanne dans sa typicité, bien cambré.

Autres choix ► côtes-du-rhône rouge 97 à 22,50 F et saint-joseph rouge 96 tradition à 40 F

Pour commander ► SCEA Cave de Sarras
Place Jean Moulin 07370 Sarras
✆ 04 75 23 14 81 - Fax 04 75 23 38 36

CLAIRETTE DE DIE

VIN DE PAYS DE L'ARDECHE

Le vin ► vin de pays de l'ardèche Mas de la Bégude. Blanc 1997. Tarif départ cave 26 F.

La propriété ► 9 ha sur sol argilo-calcaire. Cépages : merlot, grenache, syrah, roussanne et viognier.

La dégustation ► robe paille, brillante, dense. Nez très fruit sur abricot, pêche puis floral sur la violette, et en fin vanille discrète. Bouche grasse, franche, puissante et longue sur le fruit.

Autres choix ► côtes du Vivarais rouge.

Pour commander ► Domaine Mas de la Bégude Les Sallèdes Saint Maurice d'Ibic
✆ 04 75 94 70 10

Le vin ► vin de pays de l'ardèche merlot Domaine de Combelonge. Rouge 1998. Tarif départ cave 18 F.

La propriété ► 24 ha sur coteaux et sol argilo-calcaire très caillouteux.

La dégustation ► belle robe, limpide. Nez de fruits noirs réglissé, épices douces. Bouche fruitée, puissante. Finale épicée et réglissée.

Autres choix ► le rosé de syrah 98 très fin, le côtes du Vivarais rouge 98.

Pour commander ► Domaine de Combelonge Quartier les Freydières 07110 Vinezac
✆ 04 75 36 92 54

Le vin ► vin de pays de l'ardèche cuvée richard Domaine de Chazalis. Rouge 1997. Tarif départ cave 25 F.

La propriété ► 12 ha sur les mamelons de Beaulieu. Elevage soigné en fût.

La dégustation ► robe sombre aux reflets violets, brillante. Nez vanille, fruits rouges. Bouche bien structurée, tannique mais finale assouplie. Epices douces et les fruits rouges.

Autres choix ► VDP merlot et VDP viognier

Pour commander ► Domaine de Chazalis Beaulieu
✆ 04 75 52 45 66

Le vin ► vin de pays de l'ardèche Domaine du Mazel. Rouge 1997. Tarif départ cave 30 F.

La propriété ► 24 ha sur le terroir de Valvignières. Cépages : merlot, grenache, syrah, cabernet sauvignon, viognier et chardonnay.

La dégustation ► robe grenat foncée. Nez de fruits noirs (mûre, myrtille, cassis). Bouche ample, puissante, tanins enrobés, finale très longue sur la réglisse et les épices.

Autres choix ► un prometteur viognier.

Pour commander ► Domaine de Mazel Valvignières
✆ 04 75 52 51 02

Le vin ▶ vin de pays de la drôme chardonnay GAEC Aubert Frères. Blanc 1997. Tarif départ cave 20,50 F.

La propriété ▶ 180 ha. Cépages : syrah, grenache, clairette, bourboulenc, chardonnay.

La dégustation ▶ Puissant, typé dans son cépage, avec cette finale un peu âcre et pas déplaisante ; bien joli, facile à marier.

Autres choix ▶ Egalement en millésime 1996, au même prix.

Pour commander ▶ GAEC Aubert Frères La Bathelière Le Devoy 26290 Donzère ✆ 04 75 51 63 01 - Fax 04 75 51 63 01

Le vin ▶ vin de pays de la drôme syrah Domaine des Remizières. Rouge 1996. Tarif départ cave 20 F.

La propriété ▶ 27 ha sur lesquels on produit les nobles hermitages, mais aussi crozes-hermitage et saint-joseph.

La dégustation ▶ Franc, friand, assez linéaire et bien correct. Beau nez droit, assez léger.

Autres choix ▶ crozes-hermitage rouge 97 à 34 F et crozes-hermitage blanc 97 à 34 F.

Pour commander ▶ Domaine des Remizières Route de Romans 26600 Mercurol ✆ 04 75 07 44 28 - Fax 04 75 07 45 87

Le vin ▶ vin de pays des collines rhodaniennes marsanne Cave de Saint Désirat. Blanc 1997. Tarif départ cave 17,50 F.

La propriété ▶ 339 ha (coopérative de 200 propriétaires). Cépages rhodaniens classiques, syrah, marsanne, gamay et viognier.

La dégustation ▶ Un marsanne blanc très simple, agréable en première bouche, à apprécier sans complication.

Autres choix ▶ un viognier à 51 F.

Pour commander ▶ Cave de Saint Désirat 07340 Saint Désirat ✆ 04 75 34 22 05 - Fax 04 75 34 30 10

Le vin ▶ vin de pays des collines rhodaniennes marsanne Domaine Faury. Blanc 1997. Tarif départ cave 40 F.

La propriété ▶ 10 ha de collines. Cépages : syrah, gamay, marsanne et chardonnay.

La dégustation ▶ Un monocépage ample et profond, très près des saint-joseph. Vinification de grande qualité, de l'équilibre et de la tonicité.

Autres choix ▶ saint-joseph, blanc ou rouge (55 F et 53 F), condrieu, sec ou moelleux (110 F).

Pour commander ▶ Domaine Faury La Ribaudy Chavanay 42410 Pélussin ✆ 04 74 87 26 00 - Fax 04 74 87 05 01

VINS DE PAYS DE LA DROME

VINS DE PAYS DES COLLINES RHODANIENNES

COLLINES RHODANIENNES

Le vin ▶ vin de pays des collines rhodaniennes Domaine Farjon. Rouge 1996
Tarif départ cave 25 F.

La propriété ▶ 14 ha sur sols granitiques. Les cépages rhodaniens classiques.

La dégustation ▶ Agréable, bien fait, gouleyant et coloré. Tendreté et gourmandise, une gaieté soyeuse et communicative.

Autres choix ▶ un AOC saint-joseph rouge 96 à 45 F.

Pour commander ▶ Domaine Farjon
Morzelas 42520 Malleval
℡ 04 74 87 16 84 - Fax 04 74 97 15 30

PRINCIPAUTE D'ORANGE

Le vin ▶ vin de la principauté d'orange viognier domaine de la cigalette EARL Dionysos. Blanc 1997. Tarif départ cave 35 F.

La propriété ▶ 17 ha sur sol de galets roulés. Cépages : mourvèdre, clairette, cinsault, syrah grenache noir et viognier.

La dégustation ▶ De la longueur, le cépage présent sans être trop marqué (la violette discrète), friand et sympathique pour l'apéritif.

Autres choix ▶ le viognier 98 et le cairanne 97.

Pour commander ▶ EARL Dionysos
84290 Cairanne
℡ 04 90 34 06 07 - Fax 04 90 34 79 85

COTEAUX DU TRICASTIN

Le vin ▶ coteaux du tricastin domaine du Devoy GAEC Aubert Frères. Rouge 1994.
Tarif départ cave 26 F.

La propriété ▶ 180 ha. Cépages : syrah, grenache, clairette, bourboulenc, et chardonnay.

La dégustation ▶ Un vin profond, élevé en fût de chêne, intéressant et musqué ; de l'ampleur et de l'aisance avec une bouche persistante.

Autres choix ▶ Le coteaux-du-tricastin 95, version de base, sans passage en fût, à 16,50 F.

Pour commander ▶ GAEC Aubert Frères
La Bathelière Le Devoy 26290 Donzère
℡ 04 75 51 63 01 - Fax 04 75 51 63 01

Le vin ▶ coteaux du tricastin cuvée tradition Domaine de Grangeneuve. Rouge 1997.
Tarif départ cave 26 F.

La propriété ▶ 65 ha sur sol calcaire plantés de carignan, grenache, syrah et de cinsault.

La dégustation ▶ Un petit goût de bonbon, un beau fruit acidulé, friand, gentil.

Autres choix ▶ également un coteau du tricastin rosé, cuvée vieilles vignes, millésimé 97.

Pour commander ▶ Domaine de Grangeneuve
26230 Roussas
℡ 04 75 98 50 22 - Fax 04 75 98 51 09

Le vin ► côtes du vivarais Domaine de Vigier. Rouge 1997. Tarif départ cave 15 F.

La propriété ► 75 ha sur sol argilo-calcaire. Cépages : grenache et syrah et merlot, cabernet-sauvignon, chardonnay et viognier.

La dégustation ► Agréable nez de rocaille, belle bouche de cerise, tendre et facile, un bonbon frais avec sa finale poivrée.

Autres choix ► cuvée Mathilde (viognier) blanc à 45 F.

Pour commander ► Domaine de Vigier
07150 Lagorce
℡ 04 75 88 01 18 - Fax 04 75 37 18 79

Le vin ► côtes du rhône terroir des farisiens chardonnay Vignerons de Beaumes-de-Venise. Blanc 1997. Tarif départ cave 40 F.

La propriété ► 1 200 ha pour produire côtes-du-rhône, côtes-du-ventoux, vin de pays et muscat.

La dégustation ► Un vin très élaboré, profond et long, avec une finale de xérès très subtile, derrière une bouche aux arômes bien concentrés.

Autres choix ► château Juvénal côtes-du-ventoux 96 à 26 F.

Pour commander ► Cave des Vignerons
Route de Vacqueyras 84190 Beaumes de Venise
℡ 04 90 62 94 45 - Fax 04 90 65 02 05

Le vin ► côtes du rhône Domaine du Moulin. Blanc 1997. Tarif départ cave 23 F.

La propriété ► 20 ha sur sol argilo-calcaire et caillouteux. Les cépages : grenache et syrah, cinsault, clairette, bourboulenc et viognier.

La dégustation ► Un vin de terroir, bien fait, sérieux, tendre et très avenant.

Autres choix ► côtes du rhône rouge vinsobres 96 à 31 F, côte du rhône vinsobres blanc 97 à 34 F et côtes du rhône rouge 97 à 23 F.

Pour commander ► Domaine du Moulin
26110 Vinsobres
℡ 04 75 27 65 59 - Fax 04 75 27 63 92

Le vin ► côtes du rhône chardonnay GAEC Aubert Frères. Blanc 1997.
Tarif départ cave 18,50 F.

La propriété ► 180 ha. Cépages : syrah, grenache, clairette, bourboulenc, et chardonnay.

La dégustation ► Une bouche complexe et profonde, typée syrah, de châtaigne et de légume vert avec un nez réglissé et musqué.

Autres choix ► un côtes-du-rhône Visan 96, cuvée Saint-André, à 25 F.

Pour commander ► GAEC Aubert Frères
La Bathelière Le Devoy 26290 Donzère
℡ 04 75 51 63 01 - Fax 04 75 51 63 01

Le vin ► côtes du rhône Domaine de Barry. Blanc 1997. Tarif départ cave 24 F.

La propriété ► 45 ha sur collines. Cépages : grenache, syrah, mourvèdre, cinsault, carignan, clairette, grenache blanc, bourboulenc et ugni.

La dégustation ► Attaque neutre, bouche équilibrée, joviale, avec une finale plaisante, épice et fleurs méridionales.

Autres choix ► Goûter le rosé, médaillé à Uzès et le rouge 97 (22 F).

Pour commander ► Domaine de Barry Propriété Stève 30330 Tresques
℡ 04 66 82 43 19 - Fax 04 66 82 43 19

Le vin ► côtes du rhône Domaine Saint Vincent. Blanc 1997. Tarif départ cave 23 F.

La propriété ► 70 ha plantés des principaux cépages rhodaniens. Vinification traditionnelle de qualité, avec passage en barrique.

La dégustation ► Robe ambrée, attaque originale, amande douce, un poil perlant, velouté et caressant avec une belle texture.

Autres choix ► côtes du rhône rouge 97 à 23 F, côtes du rhône villages vinsobres 97 à 30 F.

Pour commander ► Domaine Saint-Vincent 26110 Vinsobres
℡ 04 75 27 61 10 - Fax 04 75 27 60 55

Le vin ► cotes du rhône Domaine Moulin du Pourpré. Blanc 1997. Tarif départ cave 23 F.

La propriété ► 21 ha sur sol silico-calcaire. Les cépages : syrah et grenache, carignan, cinsault, mourvèdre, bourboulenc, viognier.

La dégustation ► Franc, linéaire et vigoureux, à boire très frais à l'ombre ; de la matière, une bouche de fruit sec.

Autres choix ► côte du rhône rouge 95 à 25 F.

Pour commander ► Domaine Moulin du Pourpré
Sabran 30200 Bagnols sur Cèze
℡ 04 66 89 73 98 - Fax 04 66 89 92 26

Le vin ► côtes du rhône Château Joanny. Blanc 1997. Tarif départ cave 29 F.

La propriété ► 1117 ha sur sol argilo-calcaire à galets. Cépages classiques du Rhône : grenache (60 %), syrah (15 %) mais aussi cinsault (10 %), carignan (10 %) et mourvèdre (5 %).

La dégustation ► Un blanc viril et alcoolisé. Des qualités en évolution.

Autres choix ► un côtes du rhône rouge 1995 à 29 F et un côte du rhône rouge 96 à 38 F.

Pour commander ► Château Joanny
Route de Piolenc 84830 Sérignan du Comtat
℡ 04 90 70 00 10 - Fax 04 90 70 09 21

Le vin ► côtes du rhône Cave coopérative La Vinsobraise. Blanc 1997. Tarif départ cave 21 F.

La propriété ► 2 000 ha en coteaux et terrasses sur marnes caillouteuses, sableuses. Cépages : cinsault, carignan, mourvèdre et cépages blancs.

La dégustation ► Belle attaque, nez agréable, de la simplicité sur un produit bien maîtrisé pour une séduction bien menée.

Autres choix ► un côtes du rhône rouge vinsobres 97, cuvée des terroirs, à 32 F.

Pour commander ► Cave La Vinsobraise 26110 Vinsobres
℡ 04 75 27 64 22 - Fax 04 75 27 66 59

Le vin ► côtes du rhône Domaine des Grands Devers. Blanc 1997. Tarif départ cave 35 F.

La propriété ► 25 ha au sud de Valréas. Cépages rhodaniens classiques, vinification élaborée ; de très bons monocépages.

La dégustation ► De l'ampleur, de la présence, et une densité aromatique remarquable. Beaucoup de plaisir en concentration

Autres choix ► un côtes du rhône rouge (syrah) 96 à 42 F et un côtes du rhône rouge 97 à 22 F.

Pour commander ► Domaine des Grands Devers - 84600 Valréas
℡ 04 90 35 15 98 - Fax 04 90 37 49 56

Le vin ► côtes du rhône blanc de blancs sur lies fines Domaine Saint - Apollinaire. Blanc 1996. Tarif départ cave 33 F.

La propriété ► Vignes âgées en moyen de 50 ans. Cépages : grenache blanc et rouge, cinsault, syrah, viognier, grenache et clairette.

La dégustation ► Enveloppant, charmeur, avec une puissance maîtrisée, une finale de noisette. Plaisant et équilibré.

Autres choix ► cuvée prestige rouge 96 à 33 F.

Pour commander ► Domaine Saint - Apollinaire Route de Faucon 84110 Puymeras
℡ 04 90 46 41 09 - Fax 04 90 46 44 16

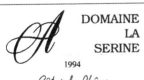

Le vin ► côtes du rhône domaine de la sérine GAEC Aubert Frères. Blanc 1994. Tarifs départ cave 18,50 F.

La propriété ► 180 ha. Cépages : syrah, grenache, clairette, bourboulenc, et chardonnay.

La dégustation ► De la personnalité, des arômes iodés, un peu gras, mariés à des parfums du Sud. Issu de clairette, grenache blanc et bourboulenc.

Autres choix ► côtes-du-rhône la sérine à 28 F.

Pour commander ► GAEC Aubert Frères La Bathelière Le Devoy 26290 Donzère
℡ 04 75 51 63 01 - Fax 04 75 51 63 01

CÔTES DU RHONE ROSE

Le vin ► côtes du rhône Château Saint-Estève d'Uchaux. Rosé 1997. Tarif départ cave 34 F.

La propriété ► 30 ha sur sol de sables grossiers et de cailloux. Cépages : grenache, syrah, cinsault, viognier, roussanne.

La dégustation ► Très bien structuré, agréable, riche et souple.

Autres choix ► un côtes du rhône Château Saint Estève d'Uchaux rouge 97 à 34 F.

Pour commander ► Château Saint-Estève d'Uchaux - Route de Sérignan
84100 Uchaux
℡ 04 90 40 32 38 - Fax 04 90 40 63 49

Le vin ► cotes du rhône Domaine Moulin du Pourpré. Rosé 1997. Tarif départ cave 23 F.

La propriété ► 21 ha sur sol silico-calcaire. Cépages : syrah et grenache, carignan, cinsault, mourvèdre, bourboulenc, viognier.

La dégustation ► Un fruit discret, un vin agréable, un peu floral, assez présent, fringant et poivré en finale.

Autres choix ► côtes du rhône blanc 97 à 23 F.

Pour commander ► Domaine Moulin du Pourpré
Sabran 30200 Bagnols sur Cèze
℡ 04 66 89 73 98 - Fax 04 66 89 92 26

Le vin ► côtes du rhône Domaine Paul Autard. Rosé 1997. Tarif départ cave 34 F.

La propriété ► 30 ha sur sol caillouteux. Cépages : grenache, cinsault, syrah, mourvèdre, récoltés entièrement à la main.

La dégustation ► De la belle ouvrage avec une technique sûre. Finale agréable, rosé classique, de la force et du tonus.

Autres choix ► côtes du rhône rouge 96 à 36 F.

Pour commander ► Domaine Paul Autard
2389, route de Châteauneuf du Pape
84350 Courthezon
℡ 04 90 70 73 15 - Fax 04 90 70 29 59

Le vin ► côtes du rhône Domaine de Beaurenard. Rosé 1998. Tarif départ cave 32 F.

La propriété ► 30 ha. Cépages : grenache, syrah, mourvèdre, cinsault, clairette, bourboulenc, grenache blanc, roussanne, picpoul et picardan.

La dégustation ► Bien composé, assez fort, du métier, structuré et floral.

Autres choix ► côtes du rhône rouges et rosés, les villages rasteau et les châteauneuf-du-pape.

Pour commander ► Domaine de Beaurenard
Route d'Avignon 84230 Châteauneuf du Pape
℡ 04 90 83 71 79 - Fax 04 90 83 78 06

Le vin ► côtes du rhône syrah Domaine des Grands Devers. Rouge 1996.
Tarif départ cave 42 F.

La propriété ► 25 ha au sud de Valréas. Cépages rhodaniens, vinification élaborée, avec de très bons monocépages.

La dégustation ► Superbe syrah, long, puissant, à la finale poivrée.

Autres choix ► un côtes du rhône blanc 97 à 35 F et un côtes du rhône rouge 97 à 22 F.

Pour commander ► Domaine des Grands Devers 84600 Valréas
✆ 04 90 35 15 98 - Fax 04 90 37 49 56

Le vin ► côtes du rhône Domaine de Barry. Rouge 1997. Tarif départ cave 22 F.

La propriété ► 45 ha sur collines. Cépages : grenache, syrah, mourvèdre, cinsault, carignan, clairette, grenache blanc, bourboulenc, ugni blanc.

La dégustation ► Tout simple, assez rustique, et franc, qui peut évoluer en 2 ou 3 ans.

Autres choix ► Goûter le rosé, médaillé à Uzès et le blanc 97 (24 F).

Pour commander ► Domaine de Barry Propriété Stève 30330 Tresques
✆ 04 66 82 43 19 - Fax 04 66 82 43 19

Le vin ► côtes du rhône Château Joanny. Rouge 1996. Tarif départ cave 38 F.

La propriété ► 117 ha sur sol argilo-calcaire à galets. Cépages : grenache (60 %), syrah (15 %) mais aussi cinsault (10 %), carignan (10 %) et mourvèdre (5 %) pour finir.

La dégustation ► Une tête de cuvée franche, avec de la matière, rustique et sympathique.

Autres choix ► côtes du rhône blanc 97 à 29 F et un côte du rhône rouge 95 à 29 F.

Pour commander ► Château Joanny Route de Piolenc 84830 Sérignan du Comtat
✆ 04 90 70 00 10 - Fax 04 90 70 09 21

Le vin ► côtes du rhône Domaine Moulin du Pourpré. Rouge 1995. Tarif départ cave 25 F.

La propriété ► 21 ha sur sol silico - calcaire. Les cépages : syrah et grenache, carrignan, cinsault, mourvèdre, bourboulenc ,vignier.

La dégustation ► Un rhône classique, bien construit, simple et charnu.

Autres choix ► un côtes du rhône blanc 97 à 23 F et un côtes du rhône rosé 97 à 23 F.

Pour commander ► Domaine Moulin du Pourpré - Sabran
30200 Bagnols sur Cèze
✆ 04 66 89 73 98 - Fax 04 66 89 92 26

Le vin ► côtes du rhône Château Joanny. Rouge 1995. Tarif départ cave 29 F.

La propriété ► 117 ha sur sol argilo-calcaire à galets. Cépages classiques : grenache (60 %), syrah (15 %) mais aussi cinsault (10 %), carignan (10 %) et mourvèdre (5 %).

La dégustation ► Equilibré, franc et sympathique.

Autres choix ► un côtes du rhône blanc 97 à 29 F. et un côtes du rhône rouge 96 à 38 F.

Pour commander ► Château Joanny
Route de Piolenc 84830 Sérignan du Comtat
✆ 04 90 70 00 10 - Fax 04 90 70 09 21

Le vin ► côtes du rhône Domaine Lafond - Roc - Epine. Rouge 1997. Tarif départ cave 26 F.

La propriété ► 65 ha sur sol caillouteux, sablonneux et argilo-calcaire. Cépages : grenache, cinsault, syrah, carignan et le reste clairette picpoul, bourboulenc et mourvèdre.

La dégustation ► Bien équilibré, encore en évolution, du répondant sur la longueur.

Autres choix ► un lirac rouge 97 à 36 F et un tavel rosé 97 à 39 F.

Pour commander ► Domaine Lafond - Roc - Epine - Route des Vignobles 30126 Tavel
✆ 04 66 50 24 59 - Fax 04 66 50 12 42

Le vin ► côtes du rhône Domaine du Moulin. Rouge 1997. Tarif départ cave 23 F.

La propriété ► 20 ha sur sol argilo-calcaire et caillouteux. Cépages : grenache (rouge et rosé), syrah, cinsault, clairette, bourboulenc et viognier.

La dégustation ► Franchise, jeunesse, une bonne texture, de la simplicité, avec une bouche épicée.

Autres choix ► un côtes du rhône blanc 97 à 23 F, un côtes du rhône vinsobres 97 à 34 F.

Pour commander ► Domaine du Moulin
26110 Vinsobres
✆ 04 75 27 65 59 - Fax 04 75 27 63 92

Le vin ► côtes du rhône Domaine de la Taurelle. Rouge 1995. Tarif départ cave 25 F.

La propriété ► 20 ha d'un terroir privilégié situé au cœur des collines des Baronnies. Encépagement classique du Rhône.

La dégustation ► Un beau nez typé, une bouche plaisante, sans complication, franche et bien tournée.

Autres choix ► un côtes du rhône rouge 94, cuvée des terroirs, à 25 F.

Pour commander ► Domaine de la Taurelle
26110 Mirabel aux Baronnies
✆ 04 75 27 12 32 - Fax 04 75 27 18 00

Le vin ► côtes du rhône E. Guigal. Rouge 1996. Tarif départ cave 32,10 F.

La propriété ► 160 ha. Cépages classiques du Rhône : grenache, syrah, mourvèdre, autres.

La dégustation ► Bien fait, agréable et en finesse, avec une bouche lisse et sans âpreté. Le talent d'un des maîtres de côtes-du-rhône.

Autres choix ► bien sûr, toute la gamme est recommandable, mais les tarifs grimpent vite pour les crus plus prestigieux.

Pour commander ► Guigal château d'Ampuis 69420 Ampuis
✆ 04 74 56 10 22 - Fax 04 74 56 18 76

Le vin ► côtes du rhône Château Cabrières. Rouge 1996. Tarif départ cave 34 F.

La propriété ► 35 ha sur sol argilo-calcaire. Cépages classiques du Châteauneuf-du-Pape.

La dégustation ► Tendre, nerveux, tout jeune ; encore en évolution, avec un nez agréable violette réglisse.

Autres choix ► tous les châteauneuf-du-pape avec, en porte-drapeau, la cuvée prestige.

Pour commander ► Château Cabrières Route d'Orange CD 68 B P 14 84231 Châteauneuf du Pape
✆ 04 90 83 73 58 - Fax 04 90 83 75 55

Le vin ► côtes du rhône Château Mont-Redon. Rouge 1997. Tarif départ cave 35 F.

La propriété ► 27 heures sur plateau argilo-calcaire de galets roulés sur la rive droite du Rhône. Les cépages : grenache (70 %), cinsault (20 %), syrah (10 %).

La dégustation ► Un raisin bien présent : bien placé sur le fruit, mais aussi de la matière, une vinification propre.

Autres choix ► en attendant le prometteur 98.

Pour commander ► Château Mont - Redon B P 10 84231 Châteauneuf du Pape Cedex
✆ 04 90 83 72 75 - Fax 04 90 83 77 20

Le vin ► côtes du rhône Domaine Rabasse - Charavin. Rouge 1997. Tarif départ cave 30 F.

La propriété ► 60 ha sur sols argilo-calcaires. Cépages : grenache, cinsault et syrah.

La dégustation ► Tannins marqués, déjà un peu fondus ; l'approche est bonne : il n'y a plus qu'à attendre l'évolution, sur une structure nette et prometteuse.

Autres choix ► un côtes du rhône cairanne 97 rouge à 35 F.

Pour commander ► Domaine Rabasse-Charavin La Font d'Estevenas 84290 Cairanne
✆ 04 90 30 70 05 - Fax 04 90 30 74 42

COTES DU RHONE ROUGE

Le vin ▶ côtes du rhône Domaine Brun - Hupay. Rouge 1995. Tarif départ cave 28 F.

La propriété ▶ 18 ha sur sol argilo-calcaire en partie caillouteux et plantés à 70 % de grenache, à 20 % de syrah et à 10 % de mourvèdre et de cinsault.

La dégustation ▶ Une bête de compétition : un vin bien élaboré, carré et épicé, puissant, proche d'un châteauneuf.

Autres choix ▶ côtes du rhône rouge 97 à 22 F.

Pour commander ▶ Domaine Brun - Hupay Les Grès 84430 Mondragon
℡ 04 90 40 82 95 - Fax 04 90 40 89 67

Le vin ▶ côtes du rhône cuvée prestige Domaine Saint - Apollinaire. Rouge 1996. Tarif départ cave 33 F.

La propriété ▶ Vignes âgées de 50 ans en moyenne. Cépages : grenache, cinsault, syrah, viognier, grenache blanc et clairette.

La dégustation ▶ Vineux et flatteur, du nez et du palais, une certaine originalité.

Autres choix ▶ un blanc de blanc sur lie 96 à 33 F.

Pour commander ▶ Domaine Saint - Apollinaire Route de Faucon 84110 Puymeras
℡ 04 90 46 41 09 - Fax 04 90 46 44 16

Le vin ▶ côtes du rhône Domaine Saint - Claude. Rouge 1995. Tarif départ cave 36 F.

La propriété ▶ 60 ha sur sol argilo-sableux. Cépages : grenache (60 %), la syrah (30 %) et le cinsault (10 %). Vignes âgées de 30 ans.

La dégustation ▶ Rond et ample, beaucoup de séduction, équilibré sur toute la longueur.

Autres choix ▶ le rosé fruit de l'assemblage de grenache et de cinsault, le blanc de blanc ou encore le vin blanc de la Principauté d'Orange.

Pour commander ▶ Domaine Saint - Claude Le Palis 84110 Vaison la Romaine
℡ 04 90 36 23 68 - Fax 04 90 36 09 16

Le vin ▶ côtes du rhône Domaine du Grand Veneur. Rouge 1997. Tarif départ cave 29 F.

La propriété ▶ 38 ha en plateaux sur sol argilo-ferrique. Cépages traditionnels : grenache, syrah et cinsault. La vinification, avec éraflage, est réalisée de manière traditionnelle.

La dégustation ▶ Bien sympa, gras et jeune. Une bouche en évolution.

Autres choix ▶ domaine du Grand Veneur rosé millésime 97.

Pour commander ▶ Domaine du Grand Veneur Route de Châteauneuf du Pape 84100 Orange
℡ 04 90 34 68 70 - Fax 04 90 34 43 71

Le vin ► côtes du rhône Domaine Paul Autard. Rouge 1997. Tarif départ cave 36 F.

La propriété ► 30 ha sur sol caillouteux pour produire châteauneuf-du-pape et côtes-du-rhône. Cépages : grenache, cinsault, syrah, mourvèdre.

La dégustation ► Une bouche tendre, une belle réussite à la robe presque rose ; la typicité, mais aussi la personnalité.

Autres choix ► côtes du rhône rosé 97 à 34 F.

Pour commander ► Domaine Paul Autard 2389, route de Châteauneuf du Pape 84350 Courthezon
℡ 04 90 70 73 15 - Fax 04 90 70 29 59

Le vin ► côtes du rhône Château Saint-Estève d'Uchaux. Rouge 1997. Tarif départ cave 34 F.

La propriété ► 30 ha sur sol de sables grossiers et de cailloux. Cépages : grenache, syrah, cinsault, viognier, et roussanne.

La dégustation ► Du beau travail, un vin déjà épanoui, plein de sève.

Autres choix ► un saint estève d'Uchaux rosé 97 à 34 F.

Pour commander ► Château Saint - Estève d'Uchaux
Route de Sérignan 84100 Uchaux
℡ 04 90 40 32 38 - Fax 04 90 40 63 49

Le vin ► côtes du rhône La Chartreuse de Bonpas. Rouge 1997. Tarif départ cave 28 F.

La propriété ► 16 ha implantés sur des coteaux au sol de galets roulés. Cépages : grenache (60 %), cinsault (25 %), syrah (15 %).

La dégustation ► une bonne attaque franche, de la légèreté pour un bon équilibre.

Autres choix ► encore disponibles les millésimes 95 et 96 (28 F), et le côtes du rhône rosé 97 à 29 F.

Pour commander ► La Chartreuse de Bonpas 84510 Caumont sur Durance
℡ 04 90 23 09 59 - Fax 04 90 23 19 97

Le vin ► côtes du rhône Domaine de Verquière. Rouge 1997. Tarif départ cave 26 F.

La propriété ► 40 ha sur sol argilo-calcaire caillouteux. Vignes âgées en moyenne de 25 ans. Cépages traditionnels rhodaniens : grenache, syrah, cinsault et mourvèdre

La dégustation ► Dans la légèreté, un rhône simple et franc.

Autres choix ► un rasteau rouge 95 à 30 F et un sablet blanc 96 à 35 F.

Pour commander ► Domaine de Verquière 84110 Sablet
℡ 04 90 46 90 11 - Fax 04 90 46 99 69

COTES DU RHONE ROUGE

Le vin ► côtes du rhône Domaine Alary. Rouge 1997. Tarif départ cave 25 F.

La propriété ► 24,5 ha sur sols argilo-calcaire. Cépages : grenache, syrah, mourvèdre, cinsault, carignan, lounoise, roussanne, viognier, bourboulenc, clairette.

La dégustation ► Une bouteille solide, dans le classique, bien tournée.

Autres choix ► un cairanne rouge 97 réserve des vignerons à 34 F et un cairanne 96 à 34 F.

Pour commander ► Domaine Alary
La Font d'Estevenas 84290 Cairanne
☎ 04 90 30 82 32 - Fax 04 90 30 74 71

Le vin ► côtes du rhône les chèvrefeuilles Domaine La Réméjeanne. Rouge 1997. Tarif départ cave 24 F.

La propriété ► 32 ha en collines. Une propriété en vue dans les génériques du Sud.

La dégustation ► Issu de grenache et syrah, un vin jeune et fruité, aux tanins déjà bien fondus, qui affiche souplesse et loyauté.

Autres choix ► les autres cuvées, les églantiers, les genévriers et les arbousiers.

Pour commander ► Domaine La Réméjeanne
Cadignac 30200 Sabran
☎ 04 66 89 44 51 - Fax 04 66 89 64 22

Le vin ► côtes du rhône Domaine du Vieux Chêne. Rouge 1997. Tarif départ cave 29 F.

La propriété ► 43 ha sur sol argilo-calcaire et de cailloux. Cépages : grenache, syrah, viognier, grenache, roussanne, picpoul et clairette.

La dégustation ► Bonne attaque de fruits rouges, bouche bien présente, jeunesse et arôme. Equilibré et charnu, déjà long.

Autres choix ► un côtes du rhône rouge de 97, cuvée des capucines, à 25 F.

Pour commander ► Domaine du Vieux Chêne
Rte de Vaison la Romaine 84850 Camaret/Aigues
☎ 04 90 37 25 07 - Fax 04 90 37 76 84

Le vin ► côtes du rhône Domaine Brun - Hupay. Rouge 1997. Tarif départ cave 22 F.

La propriété ► 18 ha sur sol argilo-calcaire en partie cailouteux. Cépages traditionnels du Rhône : grenache (70 %), syrah (20 %), mourvèdre et cinsault (10 %).

La dégustation ► Rond, typique, séduisant pour tous les jours.

Autres choix ► un côtes du rhône rouge 95 à 28 F.

Pour commander ► Domaine Brun - Hupay
Les Grès 84430 Mondragon
☎ 04 90 40 82 95 - Fax 04 90 40 89 67

Le vin ► côtes du rhône Domaine des Grands Devers. Rouge 1997. Tarif départ cave 22 F.

La propriété ► 25 ha au sud de Valréas. Cépages rhodaniens, vinification élaborée et des cuvées très personnelles.

La dégustation ► Typé grenache, plein de fraîcheur et de tendreté, avec une matière travaillée en finesse.

Autres choix ► un côtes du rhône blanc 97 à 22 F et un côtes du rhône rouge syrah 96 à 42 F.

Pour commander ► Domaine des Grands Devers
84600 Valréas
℡ 04 90 35 15 98 - Fax 04 90 37 49 56

Le vin ► côtes du rhône cuvée amphore Cave la Romaine. Rouge 1996. Tarif départ cave 24 F.

La propriété ► 430 propriétaires pour 1 700 ha et une production de 90 à 100 000 hl.

La dégustation ► Franc et jeune, un vin de soif, lisse et agréable, fruits rouges et finale poivrée.

Autres choix ► un rouge 97 à 19 F, un rouge 95, cuvée des choralies, à 28 F, un rouge 95, cuvée saint-quenin, à 27 F et un villages rouge 97 à 36 F.

Pour commander ► Cave la Romaine
84110 Vaison la Romaine
℡ 04 90 36 00 43 - Fax 04 90 36 24 52

Le vin ► côtes du rhône Domaine Saint Vincent. Rouge 1997. Tarif départ cave 23 F.

La propriété ► 70 ha plantés des cépages rhodaniens traditionnels (grenache, syrah, mourvèdre et cinsault). Vinification traditionnelle de qualité, avec passage en barrique.

La dégustation ► Poivre et vanille, bien fait, du plaisir sans remords, soyeux et cordial.

Autres choix ► un côtes du rhône blanc 97 à 23 F et un vinsobres 97 à 30 F.

Pour commander ► Domaine Saint Vincent
26110 Vinsobres
℡ 04 75 27 61 10 - Fax 04 75 27 60 55

Le vin ► côtes du rhône cuvée de saint-quenin Cave la Romaine. Rouge 1995. Tarif départ cave 27 F.

La propriété ► 430 propriétaires pour 1 700 ha et une production de 90 à 100 000 hl.

La dégustation ► Bien fait, lourd et tenace, note d'agrumes et de fruits rouges.

Autres choix ► un rouge 96, cuvée amphore, à 24 F, un rouge 97 à 19 F, un rouge 95, cuvée des choralies, à 28 F.

Pour commander ► Cave la Romaine
84110 Vaison la Romaine
℡ 04 90 36 00 43 - Fax 04 90 36 24 52

COTES DU RHONE ROUGE

Le vin ► côtes du rhône syrah Domaine de Lumian. Rouge 1997. Tarif départ cave 28 F.

La propriété ► 27 ha. Tous les cépages rhodaniens sauf le mourvèdre.

La dégustation ► Un monocépage rafraîchissant et plein d'arôme, tout en souplesse, qui fait le dos rond sous la caresse.

Autres choix ► enclave des Papes rouge 97 à 20 F et un côtes du rhône villages valréas 95, vieilli en fût de chêne, à 52 F.

Pour commander ► Domaine de Lumian 84600 Valréas
℡ 04 90 35 09 70 - Fax 04 90 35 18 38

Le vin ► côtes du rhône cuvée du terroir Domaine de la Taurelle. Rouge 1994. Tarif départ cave 25 F.

La propriété ► 20 ha d'un terroir privilégié situé au cœur des collines des Baronnies. Encépagement classique du Rhône.

La dégustation ► Ample et racé, des arômes fougueux et des tanins bien enveloppés, dans la puissance.

Autres choix ► côtes du rhône rouge 95 à 25 F.

Pour commander ► Domaine de la Taurelle 26110 Mirabel aux Baronnies
℡ 04 75 27 12 32 - Fax 04 75 27 18 00

Le vin ► côtes du rhône Cave la Romaine. Rouge 1997. Tarif départ cave 19 F.

La propriété ► 430 propriétaires pour 1 700 ha et une production de 90 à 100 000 hl.

La dégustation ► Fort, direct, sympathique, du tonus avec une maturité étonnante pour un 97.

Autres choix ► un rouge 96, cuvée amphore, à 24 F, un rouge 95, cuvée des choralies, à 28 F, un rouge 95, cuvée saint-quenin, à 27 F et villages rouge 97 à 36 F.

Pour commander ► Cave la Romaine 84110 Vaison la Romaine
℡ 04 90 36 00 43 - Fax 04 90 36 24 52

Le vin ► côtes du rhône cuvée bienveillante Domaine des Girasols. Rouge 1994. Tarif départ cave 40 F.

La propriété ► 50 ha en terrasses sur coteaux. Encépagement rhodanien classique : grenache, cinsault, syrah, carignan et mourvèdre.

La dégustation ► Une belle structure, un vin épanoui, au nez de fruits rouges marqué, avec une finale poivrée.

Autres choix ► la cuvée vieilles vignes 93 à 48 F.

Pour commander ► Domaine des Girasols 84110 Rasteau
℡ 04 90 46 11 70 - Fax 04 90 46 16 82

Le vin ► côtes du rhône côtes du rhône SCEA Cave de Sarras. Rouge 1997.
Tarif départ cave 22,50 F.

La propriété ► 200 ha (180 propriétaires). Cépages rhodaniens (syrah, marsanne, viognier) et gamay.

La dégustation ► Très plaisant, simple et franc, de la tenue, une belle robe et une élégance notable pour un générique.

Autres choix ► saint-joseph 96 tradition à 40 F.

Pour commander ► SCEA Cave de Sarras Place Jean Moulin 07370 Sarras
☎ 04 75 23 14 81 - Fax 04 75 23 38 36

Le vin ► côtes du rhône carte blanche Domaine Mazurd et Fils. Rouge 1995. Tarif départ cave 33,50 F.

La propriété ► 100 ha à Tulette. Cépages : grenache, syrah, carignan, cinsault, viognier.

La dégustation ► Typé rhône, grenache et syrah, une lourde charpente et une bouche linéaire plaisante.

Autres choix ► un côtes-du-rhône villages rouge 90 à 37,50 F.

Pour commander ► Domaine Mazurd et Fils 26790 Tulette
☎ 04 75 98 32 71 - Fax 04 75 98 38 66

Le vin ► côtes du rhône vieilles vignes Domaine de Combebelle. Rouge 1995.
Tarif départ cave 33 F.

La propriété ► 35 ha Cépages traditionnels rhodaniens. Partie importante de vieilles vignes.

La dégustation ► Un vin agréable et profond, de la matière et une certaine souplesse derrière le terroir. Une vinification traditionnelle soignée.

Autres choix ► Le même en 96, encore un peu plus souple, très plaisant (31 F).

Pour commander ► Domaine de Combebelle RD 938 26110 Piégon
☎ 04 75 27 11 30 - Fax 04 75 27 18 96

Le vin ► côtes du rhône les arbousiers Domaine de la Réméjeanne. Rouge 1997. Tarif départ cave 30 F.

La propriété ► 32 ha en collines. Une propriété en vue dans les génériques du Sud.

La dégustation ► Fraîcheur et vivacité. Bouche poivre épice enjôleuse ; peut encore attendre jusqu'à épanouissement complet mais déjà beau.

Autres choix ► les autres cuvées, les Eglantiers, les Genévriers et les Chèvrefeuilles.

Pour commander ► Domaine de la Réméjeanne Cadignac 30200 Sabran
☎ 04 66 89 44 51 - Fax 04 66 89 64 22

COTES DU RHONE ROUGE

Le vin ► côtes du rhône terres d'aigues Domaine Marcel Richaud. Rouge 1997. Tarif départ cave 22 F.

La propriété ► Un domaine les plus cotés de la région. Vins racés et équilibrés, même dans les plus petites appellations.

La dégustation ► Un très beau petit : de la complexité dans la simplicité, du soleil, du terroir, de la rondeur et beaucoup de plaisir

Autres choix ► cairanne 97 à 37 F

Pour commander ► Domaine Marcel Richaud Route de Rasteau 84290 Cairanne
℅ 04 90 30 85 25 - Fax 04 90 30 71 12

Le vin ► côtes du rhône cuvée des choralies Cave la Romaine. Rouge 1995. Tarif départ cave 28 F.

La propriété ► 430 propriétaires pour 1 700 ha et une production de 90 à 100 000 hl.

La dégustation ► Du bon travail, nez de biscotte et de pain d'épice, avec une attaque franche. Sans défaut, séduisant.

Autres choix ► un rouge 96, cuvée amphore, à 24 F et un villages rouge 97 à 36 F.

Pour commander ► Cave la Romaine BP 47 84110 Vaison la Romaine
℅ 04 90 36 00 43 - Fax 04 90 36 24 52

Le vin ► côtes du rhône cuvée du cardinal Caveau Chantecôtes. Rouge 1994. Tarif départ cave 28 F.

La propriété ► Sol argilo-calcaire. Cépages : grenache, carignan, syrah, mourvèdre, cinsault, grenache blanc, marsanne, viognier.

La dégustation ► Un vin déjà adulte, tannique et ample, gras et s'épanouissant sur la longueur en déroulant ses arômes poivrés et fauves.

Autres choix ► côtes du rhône rouge 95 à 19 F.

Pour commander ► Caveau Chantecôtes Cours Trintignant 84290 Sainte Cécile les Vignes
℅ 04 90 30 83 25 - Fax 04 90 30 74 53

Le vin ► côtes du rhône Enclave des papes Domaine de la Prévosse. Rouge 1992. Tarif départ cave 28 F.

La propriété ► 40 ha sur sol argilo-calcaire caillouteux. Cépages classiques du Rhône.

La dégustation ► Rustique et puissant, un rhône bien marqué, encore dans la fleur de l'âge. Du tonus, un travail soigné.

Autres choix ► un côtes du rhône rouge 95, Château Montplaisir, à 26 F.

Pour commander ► Domaine de la Prévosse 84600 Valréas
℅ 04 90 35 05 87 - Fax 04 90 35 61 81

Le vin ► côtes du rhône cuvée des coteaux Domaine de Lumian. Rouge 1996. Tarif départ cave 28 F.

La propriété ► 27 ha où sont présents les principaux cépages rhodaniens à l'exception du mourvèdre.

La dégustation ► Vif et agréable, dans la prime jeunesse, issu de grenache et de cinsault.

Autres choix ► enclave des papes rouge 97 à 20 F et côtes du rhône villages valréas 95 à 52 F.

Pour commander ► Domaine de Lumian 84600 Valréas
℡ 04 90 35 09 70 - Fax 04 90 35 18 38

Le vin ► côtes du rhône château de Montplaisir Domaine de la Prévosse. Rouge 1995. Tarif départ cave 26 F.

La propriété ► 40 ha sur sol argilo-calcaire caillouteux. Cépages classiques du Rhône.

La dégustation ► Un terroir à côté de Valréas et d'excellentes sensations avec ce générique marqué grenache. Robuste, équilibré, tenace.

Autres choix ► un côtes du rhône rouge 92, Enclave des papes, à 28 F.

Pour commander ► Domaine de la Prévosse 84600 Valréas
℡ 04 90 35 05 87 - Fax 04 90 35 61 81

Le vin ► côtes du rhône les garrigues Domaine Marcel Richaud. Rouge 1997. Tarif départ cave 26 F.

La propriété ► Un domaine les plus cotés de la région. Vins racés et équilibrés, même dans les plus petites appellations.

La dégustation ► Du beau travail, une charpente solide, et des arômes épicés, poivre, cumin, coriandre. Bouche ample, longueur moyenne.

Autres choix ► un cairanne blanc à 40 F.

Pour commander ► Domaine Marcel Richaud Route de Rasteau 84290 Cairanne
℡ 04 90 30 85 25 - Fax 04 90 30 71 12

Le vin ► côtes du rhône cuvée des Capucines Domaine du Vieux Chêne. Rouge 1997. Tarif départ cave 25 F.

La propriété ► 43 ha sur sol argilo-calcaire et cailloux. Cépages : grenache, syrah, viognier, grenache, roussanne, picpoul et clairette.

La dégustation ► Bien structuré, sympathique, bien placé dans l'appellation.

Autres choix ► un côtes du rhône rouge 97 à 29 F et un côtes du rhône village 97 à 35 F.

Pour commander ► Domaine du Vieux Chêne Rte de Vaison la Romaine 84850 Camaret/Aigues
℡ 04 90 37 25 07 - Fax 04 90 37 76 84

COTES DU RHONE ROUGE

Le vin ► côtes du rhône cuvée des coteaux Domaine de Lumian. Rouge 1991. Tarif départ cave 40 F.

La propriété ► 27 ha. Tous les cépages rhodaniens sauf le mourvèdre.

La dégustation ► Puissant, tout en longueur, une bouche aromatique persistante ; un vin encore nerveux, bien mûr, issu de carignan et de syrah.

Autres choix ► côtes du rhône villages valréas 95 à 52 F, et un syrah à 28 F.

Pour commander ► Domaine de Lumian 84600 Valréas
✆ 04 90 35 09 70 - Fax 04 90 35 18 38

Le vin ► côtes du rhône Château de Gourdon 96 Domaine Mazurd et Fils. Rouge 1996. Tarif départ cave 30 F.

La propriété ► 100 ha. Cépages : grenache, syrah, carignan, cinsault, viognier.

La dégustation ► Une certaine distinction. Du fruit et de la force, mais sans excès. Déjà épanoui.

Autres choix ► côtes-du-rhône carte blanche 95 à 33,50 F et côtes-du-rhône villages 90 à 37,50 F

Pour commander ► Domaine Mazurd et Fils 26790 Tulette
✆ 04 75 98 32 71 - Fax 04 75 98 38 66

Le vin ► côtes du rhône villages saint-maurice Domaine de Deurre. Rouge 1996. Tarif départ cave 32 F.

La propriété ► 24,5 ha sur sol argilo-calcaire et galets. Cépages : grenache, syrah, mourvèdre, cinsault, carignan, roussanne, viognier, bourboulenc et clairette.

La dégustation ► Bien fait, équilibré et linéaire, sur un beau fruit.

Autres choix ► un vinsobres rouge 96 à 34 F.

Pour commander ► Domaine de Deurre Caves du château de Deurre 26110 Vinsobres
✆ 04 75 27 62 66 - Fax 04 75 27 67 24

Le vin ► côtes du rhône villages Domaine Saladin. Rouge 1997. Tarif départ cave 27 F.

La propriété ► Sol d'alluvions très caillouteux, profonds et bien drainés. Cépages : grenache, cinsault, syrah, roussanne, grenache blanc, bourboulenc et viognier.

La dégustation ► Très bien fait, beaucoup de tonus, de la précision dans la vinification et une charpente bien solide, sans déception en finale.

Autres choix ► le même en blanc millésime 97.

Pour commander ► Domaine Saladin La Tour 07700 Saint-Marcel d'Ardèche
✆ 04 75 04 63 20

Le vin ► côtes du rhône villages Caveau Chantecôtes. Rouge 1996. Tarif départ cave 30 F.

La propriété ► Sol argilo-calcaire. Cépages : grenache, carignan, syrah, mourvèdre, cinsault, grenache blanc, marsanne et viognier.

La dégustation ► Bien travaillé, belle attaque, bouche poivrée bien nette.

Autres choix ► côtes du rhône rouge 95 à 19 F et une cuvée du cardinal rouge 94 à 28 F.

Pour commander ► Caveau Chantecôtes Cours Maurice Trintignant 84290 Sainte Cécile les Vignes
℡ 04 90 30 83 25 - Fax 04 90 30 74 53

Le vin ► côtes du rhône villages Domaine Mazurd et Fils. Rouge 1990. Tarif départ cave 37,50 F.

La propriété ► 100 ha. Cépages : grenache, syrah, carignan, cinsault, viognier.

La dégustation ► Une force qui traverse les années sans sourciller. Agréable et costaud, à boire pas trop chambré.

Autres choix ► château de Gourdon, côtes du rhône rouge 96 à 30 F.

Pour commander ► Domaine Mazurd et Fils 26790 Tulette
℡ 04 75 98 32 71 - Fax 04 75 98 38 66

Le vin ► côtes du rhône villages Cuvée des Seigneurs Domaine du Vieux Chêne. Rouge 1997. Tarif départ cave 35 F.

La propriété ► 43 ha sur sol argilo-calcaire et cailloux. Cépages : grenache, syrah, viognier, grenache, roussanne, picpoul et clairette.

La dégustation ► Une attaque avenante, un nez de cerise : de la franchise, un bonbon rouge qui fond dans la bouche.

Autres choix ► côtes du rhône rouge 97 à 29 F

Pour commander ► Domaine du Vieux Chêne Rte de Vaison la Romaine 84850 Camaret/Aigues
℡ 04 90 37 25 07 - Fax 04 90 37 76 84

Le vin ► côtes du rhône villages Domaine de la Renjarde. Rouge 1996. Tarif départ cave 33 F.

La propriété ► 51 ha en terrasses sur sol sablonneux. Cépages : grenache (60 %), syrah (20 %), cinsault (10 %), mourvèdre (5 %) et carignan (5 %).

La dégustation ► Beau, puissant, fondu, un bon vin tendre, fruits rouge et équilibre.

Autres choix ► côtes du rhône villages 97 à 33 F également.

Pour commander ► Domaine de la Renjarde Route d'Uchaux 84830 Sérignan du Comtat
℡ 04 90 83 70 11 - Fax 04 90 70 12 66

COTES DU RHONE VILLAGES

Le vin ▶ côtes du rhône villages Cave la Romaine. Rouge 1997. Tarif départ cave 36 F.

La propriété ▶ 430 propriétaires pour 1 700 ha et une production de 90 à 100 000 hl.

La dégustation ▶ C'est bien fait, sans reproche. Souple et bien travaillé.

Autres choix ▶ un rouge 96, cuvée amphore, à 24 F, un rouge 97 à 19 F, un rouge 95, cuvée des choralies, à 28 F et un rouge 95, cuvée saint-quenin, à 27 F.

Pour commander ▶ Cave la Romaine
84110 Vaison la Romaine
✆ 04 90 36 00 43 - Fax 04 90 36 24 52

Le vin ▶ côtes du rhône villages cairanne Domaine Marcel Richaud. Rouge 1997. Tarif départ cave 37 F.

La propriété ▶ Un domaine les plus cotés de la région. Vins racés et équilibrés, même dans les plus petites appellations.

La dégustation ▶ Une vraie gourmandise rouge, toute en tendresse et en finesse. Superbe, long et élégant, soyeux et fruité.

Autres choix ▶ un côtes-du-rhône rouge à 22 F.

Pour commander ▶ Domaine Marcel Richaud
Route de Rasteau 84290 Cairanne
✆ 04 90 30 85 25 - Fax 04 90 30 71 12

Le vin ▶ côtes du rhône villages cairanne Domaine de l'Ameillaud. Rouge 1997. Tarif départ cave 35 F.

La propriété ▶ 55 ha. Cépages : grenache, syrah, mourvèdre, carignan.

La dégustation ▶ Très bien fait, poivré, assez profond après une attaque boisée. Se montre charmeur au fil de la dégustation.

Autres choix ▶ un village cairanne blanc 98, Domaine de l'Ameillaud, à 38 F.

Pour commander ▶ Domaine de l'Ameillaud
84290 Cairanne
✆ 04 90 30 82 02 - Fax 04 90 30 74 66

Le vin ▶ côtes du rhône villages cairanne Domaine des Buisserons. Rouge 1995. Tarif départ cave 38 F.

La propriété ▶ Terroir sur coteaux ensoleillés, à mi-chemin entre les villages de Cairanne et de Rasteau.

La dégustation ▶ Une attaque neutre, un vin bien fait ; une belle bouche profonde et typée.

Autres choix ▶ à suivre sur les autres millésimes.

Pour commander ▶ Domaine des Buisserons
84290 Cairanne
✆ 04 90 46 13 39

Le vin ► côtes du rhône villages cairanne Domaine Rabasse - Charavin. Rouge 1997. Tarif départ cave 35 F.

La propriété ► 60 ha sur sols argilo-calcaires. Cépages : grenache, cinsault et syrah.

La dégustation ► La marque maison : le phrasé, la suavité, en finesse ; un vin immédiatement familier.

Autres choix ► un côtes du rhône rouge 97 à 30 F.

Pour commander ► Domaine Rabasse-Charavin La Font d'Estevenas 84290 Cairanne
✆ 04 90 30 70 05 - Fax 04 90 30 74 42

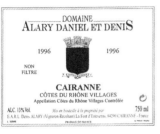

Le vin ► côtes du rhône villages cairanne non filtré Domaine Alary. Rouge 1996. Tarif départ cave 34 F.

La propriété ► 24,5 ha sur sol argilo-calcaire de galets. Cépages traditionnels du Rhône.

La dégustation ► Très beau vin, franc, sympathique et un peu rocailleux, avec une bonne longueur et déjà la maturité.

Autres choix ► un cairanne rouge 97 à 34 F.

Pour commander ► Domaine Alary La Font d'Estevenas Route de Rasteau 84290 Cairanne
✆ 04 90 30 82 32 - Fax 04 90 30 74 71

Le vin ► côtes du rhône villages cairanne réserve du vigneron Domaine Alary. Rouge 1997. Tarif départ cave 34 F.

La propriété ► 24,5 ha sur sol argilo-calcaire. Cépages : grenache, syrah, mourvèdre, cinsault, carignan pour les plus principaux.

La dégustation ► Bien tourné, un nez original, un peu camphré. Une bonne longueur.

Autres choix ► un cairanne non filtré 96 à 34 F.

Pour commander ► Domaine Alary La Font d'Estevenas Route de Rasteau 84290 Cairanne
✆ 04 90 30 82 32 - Fax 04 90 30 74 71

Le vin ► côtes-du-rhône villages cairanne Domaine Brusset. Rouge 1997.
Tarif départ cave 38 F.

La propriété ► Sol argilo-calcaire (Miocène). Cépages : grenache (60 %), syrah (20 %), mourvèdre (15 %), et cinsault (5 %).

La dégustation ► Une belle structure, un nez de fruits rouges, une bouche ample et complexe, tabac et griotte.

Autres choix ► toute une production de qualité.

Pour commander ► Domaine Brusset Le Village 84290 Cairanne
✆ 04 90 30 82 16 - Fax 04 90 30 73 31

CAIRANNE

CAIRANNE

Le vin ▶ côtes du rhône villages cairanne réserve des seigneurs Domaine de l'Oratoire Saint-Martin. Rouge 1997. Tarif départ cave 36 F.

La propriété ▶ 23 ha sur sol argilo-calcaire. Cépages : grenache, mourvèdre, syrah, lounoise, marsanne, roussanne, clairette et viognier.

La dégustation ▶ Une jolie robe, une bouche plaisante et légère, et pourtant persistante.

Autres choix ▶ côtes du rhône et côtes du rhône villages rouges et blancs.

Pour commander ▶ Oratoire Saint-Martin Route de Saint-Roman 84290 Cairanne
℗ 04 90 30 82 07 - Fax 04 90 30 74 27

Le vin ▶ côtes du rhône villages laudun Château de Fabre. Rouge 1996. Tarif départ cave 30 F.

La propriété ▶ 32 ha près de la vallée de la Cèze (accès par la route de Bagnols à Remoulins).

La dégustation ▶ De la profondeur, une certaine élégance qui ne gomme pas le terroir et la typicité ; issu de mourvèdre (80 %).

Autres choix ▶ attendre le 98 qui est très prometteur.

Pour commander ▶ Château de Fabre 30330 Tresques
℗ 04 66 82 42 67 - Fax 04 66 82 42 67

LAUDUN

Le vin ▶ côtes du rhône villages laudun Les Vignerons de Laudun. Rouge 1995. Tarif départ cave 25,30 F.

La propriété ▶ 820 ha sur sol argilo-calcaire. Les cépages : syrah, grenache, mourvèdre, cinsault, carignan et grenache blanche.

La dégustation ▶ Un produit simple qui remplit son office au jour le jour, bien typé.

Autres choix ▶ un côtes du rhône rouge 93, cuvée grand vin du camp romain, à 28,20 F.

Pour commander ▶ Les Vignerons de Laudun Route de l'Ardoise 30290 Laudun
℗ 04 66 79 49 97 - Fax 04 66 79 35 22

Le vin ▶ côtes du rhône villages laudun grand vin du camp romain Les Vignerons de Laudun. Rouge 1993. Tarif départ cave 28,20 F.

La propriété ▶ 820 ha sur sol argilo-calcaire. Les cépages : syrah, grenache, mourvèdre, cinsault, carignan et grenache blanche.

La dégustation ▶ Rusticité et personnalité ; un vin évolué et puissant, plein de franchise.

Autres choix ▶ un côtes du rhône rouge 95 à 25,30 F.

Pour commander ▶ Les Vignerons de Laudun Route de l'Ardoise 30290 Laudun
℗ 04 66 79 49 97 - Fax 04 66 79 35 22

Le vin ► côtes du rhône villages rasteau cuvée marine GAEC Charavin. Blanc 1997. Tarif départ cave 40 F.

La propriété ► 18 ha sur sols argilo-calcaires et de garrigues. Cépages : grenache (60 %), syrah (25 %) et mourvèdre (15 %).

La dégustation ► Très bien tourné, complexe, bonbon rose et violette, gras et enveloppant.

Autres choix ► un rasteau rouge 97, domaine des coteaux des travers, à 34 F.

Pour commander ► GAEC Charavin
Grand Jas 84110 Rasteau
℡ 04 90 46 13 69 - Fax 04 90 46 15 81

Le vin ► côtes du rhône villages rasteau Domaine des Girasols. Rosé 1997. Tarif départ cave 38 F.

La propriété ► 50 ha en terrasses. Cépages : grenache, cinsault, syrah, carignan, mourvèdre.

La dégustation ► Un rosé très bien composé, un talent évident. Vineux, puissant, de la belle matière, ciselée en finesse.

Autres choix ► côtes du rhône rouge 94, cuvée bienveillante, à 40 F.

Pour commander ► Domaine des Girasols
84110 Rasteau
℡ 04 90 46 11 70 - Fax 04 90 46 16 82

Le vin ► côtes du rhône village rasteau cuvée prestige Domaine Charavin. Rouge 1997. Tarif départ cave 36 F.

La propriété ► 50 ha sur sol argilo-calcaire. Les cépages : grenache et syrah.

La dégustation ► De la vigueur et de l'ampleur, qui annonce une évolution favorable par l'assouplissement.

Autres choix ► un rasteau vin doux naturel 96 à 39 F et un rasteau village 97 à 30 F.

Pour commander ► Domaine Charavin
Route de Vaison 84110 Rasteau
℡ 04 90 46 15 63 - Fax 04 90 46 16 22

Le vin ► côtes du rhône village rasteau Domaine de Verquière. Rouge 1995.
Tarif départ cave 30 F.

La propriété ► 40 ha sur sol argilo-calcaire et cailouteux. Vignes âgées de 25 ans en moyenne. Cépages traditionnels rhodaniens : grenache, syrah, cinsault et mourvèdre.

La dégustation ► Franc, puissant, bien fini.

Autres choix ► un côtes du rhône rouge 97 à 26 F et un sablet blanc 96 à 35 F.

Pour commander ► Domaine de Verquière
84110 Sablet
℡ 04 90 46 90 11 - Fax 04 90 46 99 69

RASTEAU

Le vin ► côtes du rhônes villages rasteau Cave de Rasteau. Rouge 1994.
Tarif départ cave 39,90 F.

La propriété ► 700 ha (180 adhérents). Cépages du Rhône : grenache, syrah, et mourvèdre.

La dégustation ► Un bel équilibre entre arôme et puissance. Du beau travail. Le 94 est presque épuisé, le 95 est dans la même lignée.

Autres choix ► Les vins doux naturels, parmi lesquel un très bon rouge à 38,30 F.

Pour commander ► Cave de Rasteau
Route des Princes d'Orange 84110 Rasteau
☎ 04 90 10 90 10 - Fax 04 90 46 16 65

Le vin ► côtes du rhône villages rasteau Domaine Charavin. Rouge 1997. Tarif départ cave 30 F.

La propriété ► 50 ha sur sol argilo-calcaire. Les cépages : grenache et syrah.

La dégustation ► De belles sensations après une attaque à la hussarde. Bien orienté.

Autres choix ► un rasteau 96, vin doux naturel, à 39 F et un rasteau village, cuvée prestige, de 97 à 36 F.

Pour commander ► Domaine Charavin
Route de Vaison 84110 Rasteau
☎ 04 90 46 15 63 - Fax 04 90 46 16 22

Le vin ► côtes du rhône villages rasteau domaine des coteaux des travers GAEC Charavin. Rouge 1997. Tarif départ cave 34 F.

La propriété ► 18 ha sur sols argilo-calcaires. Cépages : grenache, syrah et mourvèdre.

La dégustation ► Bien tourné, complexe et franc : les cépages rhodaniens donnent le meilleur. Un vin rond et déjà pansu.

Autres choix ► un rasteau blanc 97, cuvée marine, à 40 F.

Pour commander ► GAEC Charavin
Route de Vaison 84110 Rasteau
☎ 04 90 46 13 69 - Fax 04 90 46 15 81

Le vin ► rasteau vin doux naturel Domaine Didier Charavin. Doré 1996. Tarif départ cave 39 F.

La propriété ► 50 ha sur sol argilo-calcaire. Cépages traditionnels de la vallée du Rhône : grenache et syrah.

La dégustation ► Léger goût de noix, plaisant, assez sec, avec un fruit discret.

Autres choix ► un rasteau village rouge 97, cuvée prestige, à 36 F et un village rouge 97 à 30 F.

Pour commander ► Domaine Charavin
Route de Vaison 84110 Rasteau
☎ 04 90 46 15 63 - Fax 04 90 46 16 22

Le vin ► côtes du rhône villages vin doux naturel rasteau Cave de Rasteau. Rouge 1994. Tarif départ cave 38,30 F.

La propriété ► 700 ha (180 adhérents). Cépages du Rhône : grenache, syrah et mourvèdre.

La dégustation ► Belle facture, de la profondeur et de la séduction. Un apéritif, mais aussi un vin de dessert, à rapprocher du vino santo italien.

Autres choix ► le rasteau prestige 95 à 39,90 F.

Pour commander ► Cave de Rasteau
Route des Princes d'Orange 84110 Rasteau
✆ 04 90 10 90 10 - Fax 04 90 46 16 65

VDN RASTEAU

Le vin ► côtes du rhône villages sablet Domaine de Verquière. Blanc 1996. Tarif départ cave 35 F.

La propriété ► 40 ha sur sol argilo-calcaire et caillouteux. Vignes âgées de 25 ans. Cépages : grenache, syrah, cinsault et mourvèdre.

La dégustation ► Velouté, suave, assez fin, dans la nuance, avec du fruit et un arôme de pomme granny.

Autres choix ► un côtes du rhône rouge 97 à 26 F et un rasteau village rouge 95 à 35 F.

Pour commander ► Domaine de Verquière
84110 Sablet
✆ 04 90 46 90 11 - Fax 04 90 46 99 69

Le vin ► côtes du rhône villages sablet Domaine de Piaugier. Rouge 1997. Tarif départ cave 36 F.

La propriété ► 26 ha sur un sol de sables argilo-limoneux. Cépages traditionnels de la vallée du Rhône : grenache pour 65 % et syrah pour 35 %.

La dégustation ► Déjà accompli, un beau vin, charpenté et épanoui, avec des notes poivrées et épicées, finale de thé fumé.

Autres choix ► goûtez également au gigondas produit sur 8,5 ha du domaine.

Pour commander ► Domaine de Piaugier
3, route de Gigondas 84110 Sablet
✆ 04 90 46 96 49 - Fax 04 90 46 99 48

SABLET

Le vin ► côtes du rhône villages séguret Cave des Vignerons de Roaix Séguret. Rouge 1996. Tarif départ cave 25 F.

La propriété ► La cave rassemble le meilleur de la production locale en diverses cuvées

La dégustation ► Bien fait, assez long, efficace, un beau fruit, agréable et franc.

Autres choix ► vin de pays de la principauté d'orange à 10 F et la cuvée vieilles vignes 93, vieilli en fût de chêne à 45 F.

Pour commander ► Cave des Vignerons de Roaix Séguret - Roaix 84110 Séguret
✆ 04 90 46 91 13 - Fax 04 90 46 94 59

SEGURET

Le vin ► côtes du rhône villages séguret réserve des bergers. Rouge 1996.
Tarif départ cave 32 F.

La propriété ► La cave rassemble le meilleur de la production locale.

La dégustation ► De la puissance et de la longueur, un vin entouré de soins, profond et discret, avec des arômes de truffe.

Autres choix ► un côtes du rhône villages séguret rouge 96 à 25 F.

Pour commander ► Cave des Vignerons de Roaix Séguret - Roaix 84110 Séguret
℡ 04 90 46 91 13 - Fax 04 90 46 94 59

Le vin ► côtes du rhône villages vinsobres Domaine du Moulin. Blanc 1997. Tarif départ cave 34 F.

La propriété ► 20 ha sur sol argilo-calcaire caillouteux. Cépages : grenache, syrah, cinsault, grenache, clairette, bourboulenc, viognier.

La dégustation ► Neutre, sec et bien fait, développe une matière franche.

Autres choix ► côtes du rhône rouge 97 à 23 F et un côtes du rhône vinsobres rouge 96 à 31 F.

Pour commander ► Domaine du Moulin
26110 Vinsobres
℡ 04 75 27 65 59 - Fax 04 75 27 63 92

Le vin ► côtes du rhône vinsobres cuvée des terroirs Cave coopérative La Vinsobraise. Rouge 1997. Tarif départ cave 32 F.

La propriété ► 2 000 ha sur marnes caillouteuses et sableuses. Cépages : cinsault, carignan, mourvèdre et cépages blancs.

La dégustation ► Du fruit, de la matière, souple et homogène, sans défaut.

Autres choix ► la cuvée rustica 95 à 39 F et une gamme très complète en rhône.

Pour commander ► Cave La Vinsobraise
26110 Vinsobres
℡ 04 75 27 64 22 - Fax 04 75 27 66 59

Le vin ► côtes du rhône vinsobres Domaine du Moulin. Rouge 1996. Tarif départ cave 31 F.

La propriété ► 20 ha sur sol argilo-calcaire et caillouteux. Cépages : grenache, syrah, cinsault, clairette, bourboulenc et viognier.

La dégustation ► Une certaine richesse, une bonne évolution prévisible, une belle constitution.

Autres choix ► un côtes du rhône blanc 97 à 23 F, un côtes du rhône rouge 97 à 23 F.

Pour commander ► Domaine du Moulin
26110 Vinsobres
℡ 04 75 27 65 59 - Fax 04 75 27 63 92

Le vin ► côtes du rhône villages vinsobres Domaine Saint Vincent. Rouge 1997. Tarif départ cave 30 F.

La propriété ► 70 ha. Cépages rhodaniens classiques. Vinification traditionnelle de qualité, avec passage en barrique.

La dégustation ► Remarquable en longueur et en amplitude. Un vin droit, à la finale poivrée, qui éveille la gourmandise.

Autres choix ► côtes du rhône rouge 97 à 23 F.

Pour commander ► Domaine Saint Vincent 26110 Vinsobres
℡ 04 75 27 61 10 - Fax 04 75 27 60 55

Le vin ► côtes du rhône villages vinsobres Domaine de Deurre. Rouge 1996. Tarif départ cave 34 F.

La propriété ► 24,5 ha sur sol argilo-calcaire et galets. Cépages : grenache, syrah, mourvèdre, cinsault, carignan, roussanne, viognier, bourboulenc et clairette.

La dégustation ► Nez et bouche poivrés, un vin bien fait, une bonne matière, de la netteté.

Autres choix ► village saint-maurice 96 à 32 F.

Pour commander ► Domaine de Deurre Caves du château de Deurre 26110 Vinsobres
℡ 04 75 27 62 66 - Fax 04 75 27 67 24

VINSOBRES

Le vin ► côtes du rhône villages vinsobres cuvée rustica. Rouge 1995. Tarif départ cave 39 F.

La propriété ► 2 000 ha sur marnes caillouteuses et sableuses. Cépages : cinsault, carignan, mourvèdre et cépages blancs.

La dégustation ► Vinification soignée, un vin qui a des qualités, puissant et alcoolisé. De la matière, en évolution.

Autres choix ► la cuvée des terroirs 97 à 32 F.

Pour commander ► Cave coopérative La Vinsobraise
26110 Vinsobres
℡ 04 75 27 64 22 - Fax 04 75 27 66 59

Le vin ► lirac domaine Castel Oualou Domaine Assémat. Rosé 1997. Tarif départ cave 37 F.

La propriété ► 52 ha sur sol silico-argileux et galets roulés. Cépages rhodaniens : syrah, grenache, mourvèdre et cinsault.

La dégustation ► Une bonne longueur, une bouche bien ronde, persistante. Equilibre entre alcool et fruit, belle finale.

Autres choix ► un lirac rouge 97, domaine des Causses - Saint-Eynes, à 31 F.

Pour commander ► Domaine Castel Oualou 30150 Roquemaure
℡ 04 66 82 65 65 - Fax 04 66 82 86 76

LIRAC

Le vin ► lirac Domaine Lafond - Roc - Epine. Rouge 1997. Tarif départ cave 36 F.

La propriété ► 65 ha sur sols caillouteux, sablonneux et argilo-calcaire. Cépages : grenache, cinsault, syrah, carignan, clairette picpoul, bourboulenc et mourvèdre.

La dégustation ► Tannique et puissant, un vin équilibré, bien vinifié, avec une bonne longueur.

Autres choix ► un tavel 97 à 39 F.

Pour commander ► Domaine Lafond - Roc - Epine
Route des Vignobles 30126 Tavel
✆ 04 66 50 24 59 - Fax 04 66 50 12 42

Le vin ► lirac Domaine des Causses - Saint Eynes Domaine Assémat. Rouge 1997. Tarif départ cave 31 F.

La propriété ► 32 ha sur sol silico-argileux. Cépages : syrah, grenache, cinsault, mourvèdre.

La dégustation ► De bon ton, en puissance et avec une certaine suavité.

Autres choix ► un lirac rosé 96, domaine Castel-Oualou, à 37 F.

Pour commander ► Domaine des Causses - Saint Eynes
St Laurent des Arbres 30150 Roquemaure
✆ 04 66 82 65 52 - Fax 04 66 82 86 76

Le vin ► lirac Les Queyrades. Rouge 1996. Tarif départ cave 35 F.

La propriété ► 37 ha pour produire lirac rouge, mais aussi tavel, côtes-du-rhône villages et génériques. Une exploitation artisanale, dans la simplicité et le savoir-faire.

La dégustation ► Typique et rustique, bien tourné, déjà agréable et assez long, poivre et épice avec une rondeur qui va s'affermir.

Autres choix ► tavel et côtes-du-rhône villages.

Pour commander ► Les Queyrades
Place Près Le Roy 30126 Tavel
✆ 04 66 50 04 02 - Fax 04 66 50 21 72

Le vin ► lirac Domaine de la Rocalière. Rouge 1996. Tarif départ cave 32 F.

La propriété ► 55 ha. Cépages classiques du Rhône : grenache, mourvèdre, syrah qu'accompagnent grenache blanc et clairette.

La dégustation ► Un lirac de puissance et d'équilibre. Charmeur, soyeux et sans agressivité ; de la vivacité.

Autres choix ► lirac blanc à 32 F et un vin de pays coteaux de cèze à 19 F.

Pour commander ► Domaine de la Rocalière
Le palais Nord 30126 Tavel
✆ 04 66 50 12 60 - Fax 04 66 50 23 45

Le vin ► lirac Domaine Maby. Rouge 1997. Tarif départ cave 38 F.

La propriété ► 56 ha sur un sol de galets roulés. Encépagement classique de la vallée du Rhône : grenache et cinsault.

La dégustation ► Vigoureux, aux tanins très présents, puissant et ensoleillé. A attendre.

Autres choix ► également un tavel rosé 97 à 38 F.

Pour commander ► Domaine Maby
rue St Vincent BP 8 30126 Tavel
✆ 04 66 50 03 40 - Fax 04 66 50 43 12

LIRAC

Le vin ► tavel Domaine de Tourtouil. Rosé 1997. Tarif départ cave 40 F.

La propriété ► 20 ha au sol diversifié de galets roulés, de sable et de pierres. Encépagement : grenache, cinsault, carignan, syrah, mourvèdre et clairette.

La dégustation ► De la personnalité et de la puissance, sympathique et vineux, très franc, pour connaisseur.

Autres choix ► un 98 prometteur à 43 F.

Pour commander ► Domaine de Tourtouil
30126 Tavel
✆ 04 66 50 05 68 - Fax 04 66 50 21 11

Le vin ► tavel Domaine Maby. Rosé 1997. Tarif départ cave 38 F.

La propriété ► 56 ha sur un sol de galets roulés. Encépagement classique : grenache, cinsault.

La dégustation ► Assez floral, dans la nuance. Tavel agréable et distrayant, qui s'adapte aux circonstances.

Autres choix ► également le lirac rouge 97 à 38 F.

Pour commander ► Domaine Maby
Rue St Vincent BP 8 30126 Tavel
✆ 04 66 50 03 40 - Fax 04 66 50 43 12

TAVEL

Le vin ► tavel Domaine Lafond - Roc - Epine. Rosé 1997. Tarif départ cave 39 F.

La propriété ► 65 ha sur sol argilo-calcaire. Cépages : grenache, cinsault, syrah, carignan, clairette picpoul, bourboulenc et mourvèdre.

La dégustation ► Attaque rustique, fruit sans insistance, et pourtant une certaine finesse, de la personnalité et une finale en douceur.

Autres choix ► côtes du rhône rouge 97 presque épuisé à 26 F (le 98 à 28 F)

Pour commander ► Domaine Lafond Roc-Epine
Route des Vignobles 30126 Tavel
✆ 04 66 50 24 59 - Fax 04 66 50 12 42

Le vin ▶ vacqueyras Château des Hautes Ribes Cave des Vignerons de Vacqueyras. Rouge 1997. Tarif départ cave 31,50 F.

La propriété ▶ 1 200 ha (80 propriétaires) pour produire vacqueyras, gigondas et muscat.

La dégustation ▶ De la personnalité, de la souplesse, et de la vigueur, déjà construit et bien tourné.

Autres choix ▶ un bon rosé à 30,40 F.

Pour commander ▶ Cave des Vignerons de Vacqueyras - Route de Vaison la Romaine 84190 Vacqueyras
✆ 04 90 65 84 54 - Fax 04 90 65 81 32

Le vin ▶ vacqueyras Domaine de la Colline Saint Jean. Rouge 1996. Tarif départ cave 34 F.

La propriété ▶ 25 ha au pied des Dentelles de Montmirail. Cépages rhodaniens pour produire gigondas et vacqueyras, rouge et rosé.

La dégustation ▶ Un vacqueyras typé, bien charpenté, linéaire et plaisant.

Autres choix ▶ il reste peut-être encore du vacqueyras 95 à 36 F.

Pour commander ▶ Domaine de la Colline Saint Jean - Quartier du Parc 84190 Vacqueyras
✆ 04 90 65 85 50 - Fax 04 90 65 89 49

Le vin ▶ vacqueyras Domaine de la Fourmone. Rouge 1996. Tarif départ cave 38 F.

La propriété ▶ 37 ha sur sol argilo-calcaire. Les cépages : grenache, syrah, mourvèdre.

La dégustation ▶ Riche et tannique, au parfum équilibré de griotte. Tout en fraîcheur.

Autres choix ▶ muscat de beaumes-de-venise 97, cuvée soulèu, à 55 F et côtes du rhône rouge 96, cuvée des muses, à 27 F.

Pour commander ▶ Domaine de la Fourmone Route de Bollène Vacqueyras 84190 Beaumes de Venise
✆ 04 90 65 86 05 - Fax 04 90 65 87 84

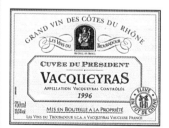

Le vin ▶ vacqueyras cuvée du président. Rouge 1996. Tarif départ cave 36 F.

La propriété ▶ 1 200 ha (80 propriétaires) pour produire vacqueyras, gigondas et muscat.

La dégustation ▶ Un joli produit, de belle profondeur, aux notes de sous-bois et de truffes, au bois discret, avec la longueur et l'équilibre.

Autres choix ▶ muscat de beaumes-de-venise à 52 F.

Pour commander ▶ Cave des Vignerons de Vacqueyras - Route de Vaison la Romaine 84190 Vacqueyras
✆ 04 90 65 84 54 - Fax 04 90 65 81 32

Le vin ► côtes du ventoux Domaine des Anges. Blanc 1997. Tarif départ cave 35 F.

La propriété ► 21 ha. Cépages : grenache, cinsault, syrah, marsanne, roussanne, bourboulenc, chardonnay, grenache blanc et cabernet sauvignon.

La dégustation ► La puissance et le titre (13,5°), mais aussi la longueur d'un vin bien fait, sans défaut et d'un certain éclat.

Autres choix ► côtes du ventoux rouge 94 à 29 F.

Pour commander ► Domaine des Anges SCA Domaine des Anges 84570 Mormoiron ✆ 04 90 61 88 78 - Fax 04 90 61 98 05

Le vin ► côtes du ventoux Domaine Le Murmurium. Blanc 1997. Tarif départ cave 39 F.

La propriété ► 9 ha sur sol de graves argilo-calcaires. Cépages : syrah, grenache, carignan, cinsault pour les rouges, clairette, grenache blanc, bourboulenc et ugni pour les blancs.

La dégustation ► Prometteur, bien installé, cordial et dans la finesse.

Autres choix ► un côtes du ventoux rouge 96 à 35 F.

Pour commander ► Domaine Le Murmurium Route de Flassans 84570 Mormoiron ✆ 04 90 61 73 74 - Fax 04 90 61 74 51

Le vin ► côtes du ventoux prestige Château Pesquié. Rosé 1997. Tarif départ cave 27,25 F.

La propriété ► 72 ha sur sol de graves argilo-calcaires. Cépages : grenache et syrah, cinsault, clairette, roussanne, viognier, chardonnay.

La dégustation ► Nez de bonbon et de fruits rouges, agréable, souple, assez tannique.

Autres choix ► un vin de pays du vaucluse 97, le viognier du pesquié, à 38,80 F

Pour commander ► Château Pesquié Route de Flassan 84570 Mormoiron ✆ 04 90 61 94 08 - Fax 04 90 61 94 13

Le vin ► côtes du ventoux Domaine des Anges. Rouge 1994. Tarif départ cave 29 F.

La propriété ► 21 ha. Cépages : grenache, cinsault, syrah, marsanne, roussanne, bourboulenc, chardonnay, grenache blanc et cabernet sauvignon.

La dégustation ► Un produit bien construit, assez gras, tannique et bien adapté pour plaire

Autres choix ► un côtes du ventoux blanc 97 (marsanne et roussanne) à 35 F.

Pour commander ► Domaine des Anges SCA Domaine des Anges 84570 Mormoiron ✆ 04 90 61 88 78 - Fax 04 90 61 98 05

COTES DU VENTOUX

Le vin ► côtes du ventoux Domaine Le Murmurium. Rouge 1996. Tarif départ cave 35 F.

La propriété ► 9 ha sur sol de graves argilo-calcaires. Cépages : syrah, grenache, carignan, cinsault pour les rouges, clairette, grenache blanc, bourboulenc et ugni pour les blancs.

La dégustation ► Joli, franc au nez et à la bouche. Sympathique et ensoleillé.

Autres choix ► un côtes du ventoux blanc 97 à 39 F.

Pour commander ► Domaine Le Murmurium Route de Flassans 84570 Mormoiron
✆ 04 90 61 73 74 - Fax 04 90 61 74 51

Le vin ► côtes du ventoux château Juvénal Cave des Vignerons. Rouge 1996.
Tarif départ cave 26 F.

La propriété ► 1 200 ha (230 propriétaires) pour produire côtes du rhône, côtes du ventoux et vin de pays et muscat de Beaumes de Venise.

La dégustation ► Du caractère et de la personnalité, un vin particulièrement charpenté, solide au poste mais aussi séduisant.

Autres choix ► beaumes de venise 97 à 29 F.

Pour commander ► Cave des Vignerons Route de Vacqueyras 84190 Beaumes de Venise
✆ 04 90 62 94 45 - Fax 04 90 65 02 05

Le vin ► côtes du ventoux cuvée masa Domaine Le Van. Rouge 1997. Tarif départ cave 32 F.

La propriété ► Un vignoble de 25 ans d'âge moyen, situé sur un terroir argilo-calcaire exposé plein sud. Les cépages principaux sont le grenache, le carignan et la syrah.

La dégustation ► Un nez profond, une bouche réglissée, des tannins bien fondus, une belle longueur.

Autres choix ► à suivre le millésime 98.

Pour commander ► Domaine Le Van Route de Carpentras 84410 Bédoin
✆ 04 90 12 82 56 - Fax 04 90 12 82 57

Le vin ► côtes du ventoux Château Pesquié-Leyrac. Rouge 1994.
Tarif départ cave 38,50 F.

La propriété ► 72 ha sur sol de graves argilo-calcaires. Cépages : grenache et syrah, cinsault, clairette, roussanne, viognier, chardonnay.

La dégustation ► Puissant et séduisant, bien tourné, avec du fruit et de l'ampleur.

Autres choix ► un côtes du rhône rosé château Pesquié prestige de 97 à 27,50 F.

Pour commander ► Château Pesquié Route de Flassan 84570 Mormoiron
✆ 04 90 61 94 08 - Fax 04 90 61 94 13

Le vin ► côtes du luberon Mas de la Citadelle Domaine de la Citadelle. Blanc 1997. Tarif départ cave 36 F.

La propriété ► 40 ha sur un sol argilo-calcaire. Cépages : syrah et grenache forment l'essentiel des vignes cultivées.

La dégustation ► Sec et bien structuré, vif et de caractère. Du tonus.

Autres choix ► un côtes du luberon rouge 97, Mas de la Citadelle, à 35 F.

Pour commander ► Domaine de la Citadelle 84560 Ménerbes
✆ 04 90 72 41 58 - Fax 04 90 72 41 59

Le vin ► côtes du luberon Château de Clapier. Blanc 1997. Tarif départ cave 27 F.

La propriété ► 40 ha sur sol argilo-calcaire cailouteux. Cépages : grenache, syrah, cinsault, pinot, grenache blanc, roussanne.

La dégustation ► Structure souple et agréable, du fondu avec une légère acidité, un retour soyeux, beaucoup d'arôme, du talent de vinificateur.

Autres choix ► côtes du luberon rouge 96 à 24 F.

Pour commander ► Château de Clapier Route de Manosque Mirabeau 84120 Pertuis
✆ 04 90 77 01 03 - Fax 04 90 77 03 26

Le vin ► côtes du luberon Domaine de Fontenille Lévêque et Fils. Rouge 1997. Tarif départ cave 36 F.

La propriété ► 18 ha au sol cailouteux en coteaux. Cépages : grenache, cinsault et syrah.

La dégustation ► Une belle robe rubis, un vin sain, non filtré, de l'arôme, de la douceur et de la franchise. Charmeur, habile.

Autres choix ► un côtes du luberon rouge 96 à 33 F et la cuvée tradition rouge 95 à 47 F.

Pour commander ► Domaine de Fontenille 84360 Lauris
✆ 04 90 08 23 36 - Fax 04 90 08 45 05

Le vin ► côtes du luberon Mas de la Citadelle Domaine de la Citadelle. Rouge 1997. Tarif départ cave 35 F.

La propriété ► 40 ha sur un sol argilo-calcaire. Cépages : syrah et grenache.

La dégustation ► De la vivacité, ferme et bien structuré, une jolie bouche poivrée, muscade et garrigue, bien équilibré.

Autres choix ► un vin de pays de vaucluse 96 à 38 F et la cuvée le châtaignier à 35 F.

Pour commander ► Domaine de la Citadelle 84560 Ménerbes
✆ 04 90 72 41 58 - Fax 04 90 72 41 59

COTES DU LUBERON

Le vin ► côtes du luberon cuvée spéciale Domaine de la Royère. Rouge 1997. Tarif départ cave 35 F.

La propriété ► 30 ha sur sol léger de sable et de cailloutis consacré aux 2/3 à l'AOC Côtes du Luberon et pour 1/3 au vin de pays du Vaucluse. Cépages : syrah, grenache, ugni, clairette, rolle.

La dégustation ► Franc, sympathique et rond. Une bonne bouche, de la persistance.

Autres choix ► le même en blanc à 37 F.

Pour commander ► Domaine de la Royère 84580 Oppède
✆ 04 90 76 87 76 - Fax 04 90 20 85 37

Le vin ► côtes du luberon Château de Clapier. Rouge 1996. Tarif départ cave 24 F.

La propriété ► 40 ha sur sol argilo-calcaire caillouteux. Cépages traditionnels rhodaniens : grenache, syrah, cinsault, pinot pour les rouges, grenache blanc, et roussanne pour les blancs.

La dégustation ► Franc, simple, assez féminin et un peu poivré.

Autres choix ► un côtes du luberon blanc 97 à 27 F.

Pour commander ► Château de Clapier Route de Manosque Mirabeau 84120 Pertuis
✆ 04 90 77 01 03 - Fax 04 90 77 03 26

Le vin ► côtes du luberon Château Val - Joanis. Rouge 1995. Tarif départ cave 35 F.

La propriété ► 200 ha d'un seul tenant Vignes âgées de 20 ans en moyenne. Cépages : grenache et la syrah pour les principaux.

La dégustation ► Très structuré, bonne acidité, bouche soutenue, costaud avec de la matière. À boire, mais peut encore évoluer.

Autres choix ► un côtes du luberon blanc 97 à 37 F également.

Pour commander ► Château Val - Joanis Route de Cavaillon 84120 Pertuis
✆ 04 90 79 20 77 - Fax 04 90 09 69 52

Le vin ► côtes du luberon Cuvée le Châtaignier Domaine de la Citadelle. Rouge 1997. Tarif départ cave 35 F.

La propriété ► 40 ha sur sol argilo-calcaire. Cépages classiques : syrah et grenache.

La dégustation ► Les qualités du domaine, beaucoup de présence, du corps, un vin encore jeune mais épanoui, poivre et réglisse.

Autres choix ► un côtes du luberon blanc 97 à 36 F, un vin de pays de vaucluse 96 à 38 F.

Pour commander ► Domaine de la Citadelle 84560 Ménerbes
✆ 04 90 72 41 58 - Fax 04 90 72 41 59

Le vin ► vin de pays de vaucluse le viognier du pesquié Château Pesquié. Blanc 1997. Tarif départ cave 38,80 F.

La propriété ► 72 ha sur sol de graves argilo-calcaires. Cépages : grenache, syrah, cinsault, clairette, roussanne, viognier et chardonnay.

La dégustation ► Pour le cépage, rare à ce prix. Une belle réussite.

Autres choix ► un côtes du ventoux rosé 97, château pesquié, à 27,25 F.

Pour commander ► Château Pesquié Route de Flassan 84570 Mormoiron ℡ 04 90 61 94 08 - Fax 04 90 61 94 13

Le vin ► vin de pays de vaucluse cabernet sauvignon (domaine de la citadelle) Domaine de la Citadelle. Rouge 1996. Tarif départ cave 38 F.

La propriété ► 40 ha sur sol argilo-calcaire. Cépages : syrah et grenache forment l'essentiel des vignes cultivées.

La dégustation ► Bien structuré, tendre, se laisse boire en facilité.

Autres choix ► un côtes du luberon rouge 97, cuvée le châtaignier, à 35 F.

Pour commander ► Domaine de la Citadelle 84560 Ménerbes ℡ 04 90 72 41 58 - Fax 04 90 72 41 59

Le vin ► vin de pays des coteaux des baronnies viognier Domaine du Rieu Frais. Blanc 1997. Tarif départ cave 39 F.

La propriété ► 3 ha argilo-calcaires. Cépages : merlot, syrah, cabernet, chardonnay, viognier.

La dégustation ► Rustique, charmeur avec une finale fumée et une bouche rode bien équilibrée. Ce viognier dromois garde sa personnalité.

Autres choix ► un rouge syrah 96 à 26 F, un cabernet sauvignon rouge 96 à 18,50 F.

Pour commander ► Domaine du Rieu Frais 26110 Sainte-Jalle ℡ 04 75 27 31 54 - Fax 04 75 27 34 47

Le vin ► crozes-hermitage Domaine des Remizières. Blanc 1997. Tarif départ cave 34 F.

La propriété ► 27 ha sur lesquels on produit les nobles hermitages, mais aussi crozes-hermitage et saint-joseph.

La dégustation ► Gras, bien fait, équilibré, sans reproche. Une bouche en finesse, un peu de minéralité, une finale typée.

Autres choix ► vin de pays de la drôme rouge (syrah) 96 à 20 F.

Pour commander ► Domaine des Remizières Route de Romans 26600 Mercurol ℡ 04 75 07 44 28 - Fax 04 75 07 45 87

Le vin ▶ crozes-hermitage Domaine Collonge. Blanc 1997. Tarif départ cave 38 F.

La propriété ▶ 42 ha sur un sol caillouteux. Cépages : marsanne et syrah.

La dégustation ▶ Un vin vif et frais, typique marsanne avec son nez d'aubépine et de feuille de noisetier. Agréable et franc.

Autres choix ▶ saint-joseph rouge (47 F) et blanc (40 F) et un crozes-hermitage rouge de 97 à 37 F.

Pour commander ▶ Domaine Collonge
La Négociale 26600 Mercurol
✆ 04 75 07 44 32 - Fax 04 75 07 44 06

Le vin ▶ crozes-hermitage Domaine des Remizières. Rouge 1997. Tarif départ cave 34 F.

La propriété ▶ 27 ha sur lesquels sont produits les nobles hermitages, mais aussi crozes-hermitage et saint-joseph.

La dégustation ▶ Intéressant et élégant, de la finesse, avec des qualités techniques. L'évolution est favorable.

Autres choix ▶ vin de pays de la drôme rouge 96 à 20 F et crozes-hermitage blanc 97 à 34 F.

Pour commander ▶ Domaine des Remizières
Route de Romans 26600 Mercurol
✆ 04 75 07 44 28 - Fax 04 75 07 45 87

Le vin ▶ crozes-hermitage Domaine Collonge. Rouge 1997. Tarif départ cave 37 F.

La propriété ▶ 42 ha sur un sol caillouteux. Cépages : marsanne et syrah.

La dégustation ▶ Déjà très évolué, profond, sympathique et bien fait, avec des notes d'épices, de racines, de fruits rouges. Sympathique et bien fait.

Autres choix ▶ saint-joseph rouge (47 F) et blanc (48 F) et crozes-hermitage blanc 97 à 38 F.

Pour commander ▶ Domaine Collonge
La Négociale 26600 Mercurol
✆ 04 75 07 44 32 - Fax 04 75 07 44 06

Le vin ▶ crozes-hermitage les nobles rives Cave de Tain l'Hermitage. Rouge 1997. Tarif départ cave 36 F.

La propriété ▶ 1 000 ha (562 adhérents). Encépagement : syrah pour le rouge, et la marsanne pour le blanc.

La dégustation ▶ Un crozes facile et bien placé, une certaine finesse, typé syrah.

Autres choix ▶ un saint-péray blanc 97 à 37 F.

Pour commander ▶ Cave de Tain l'Hermitage
22, route de Larnage BP3
26601 Tain l'Hermitage Cedex
✆ 04 75 08 20 87 - Fax 04 75 07 15 16

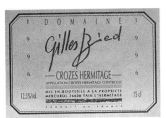

Le vin ► crozes-hermitage Domaine Gilles Bied. Rouge 1996. Tarif départ cave 32 F.

La propriété ► 6 ha sur lesquels sont produits, hermitage, crozes-hermitage mais aussi saint-joseph.

La dégustation ► Un nez subtil, une bouche équilibrée et poivrée, un crozes bien vu, flatteur, bouche longue de cerise et de groseille.

Autres choix ► goûtez au saint-joseph 93 et 95 à 42 F ainsi qu'à l'hermitage 90.

Pour commander ► Domaine Gilles Bied
Les malfondières 26600 Mercurol
✆ 04 75 07 44 47 - Fax 04 75 07 48 58

Le vin ► saint joseph GAEC Boucher. Blanc 1997. Tarif départ cave 42 F.

La propriété ► 6 ha. Cépage : syrah. Une vinification soignée, dans la tradition, avec des tarifs sages.

La dégustation ► Une attaque de noisette, une bouche ample, avec du gras et du suave, un vin plaisant sans anicroches.

Autres choix ► millésimes à suivre sans problème.

Pour commander ► GAEC Boucher
Vintabrin 42410 Chavanay
✆ 04 74 87 23 38 - Fax 04 74 87 08 36

Le vin ► saint joseph Cave Sauzay. Rouge 1996. Tarif départ cave 40 F.

La propriété ► 1,5 ha dévouée au cépage roi, la syrah. Roger Sauzay produit ici, de façon traditionnelle, son saint joseph rouge.

La dégustation ► Rustique et d'une certaine typicité, de ces vins à l'ancienne comme on en boit de moins en moins : un vrai travail d'artisan, sans concession.

Autres choix ► un prometteur saint joseph 98.

Pour commander ► Cave Sauzay
Les Eguets 42410 Chavanay
✆ 04 74 87 21 44

Le vin ► saint-joseph Cave Betton. Rouge 1997. Tarif départ cave 45 F.

La propriété ► 34 ha en syrah et viognier. Le saint-joseph passe un an en fût de chêne.

La dégustation ► Une vinification de qualité pour produire ce saint-joseph profond, avec un nez très plaisant et une belle matière, aux tanins déjà expressifs.

Autres choix ► On trouve également chez Laurent Betton un excellent condrieu à 105 F.

Pour commander ► Cave Betton
La Côte 42410 Chavanay
✆ 04 74 87 08 23

Le vin ▶ saint-péray Cave de Tain l'Hermitage. Blanc 1997. Tarif départ cave 37 F.

La propriété ▶ 1 000 ha (562 adhérents). Encépagement : le syrah et la marsanne.

La dégustation ▶ Bien travaillé, en exploitant au mieux le terroir et les possibilités de l'appellation. franc, bien tourné, très plaisant.

Autres choix ▶ un crozes-hermitage rouge 97, cuvée les nobles rives, à 36 F.

Pour commander ▶ Cave de Tain l'Hermitage
22, route de Larnage BP 3
26601 Tain l'Hermitage Cedex
☎ 04 75 08 20 87 - Fax 04 75 07 15 16

Le vin ▶ saint péray GAEC Darona Père et Fils. Blanc 1996. Tarif départ cave 36 F.

La propriété ▶ Un domaine de 11 ha, propriété familiale sur laquelle on élève roussanne pour les blancs et syrah pour les rouges.

La dégustation ▶ Un saint-péray typique et agréable, à la bouche évoluée, encore vif et inspiré, issu de roussanne.

Autres choix ▶ également le saint-péray blanc 97 ou 98.

Pour commander ▶ GAEC Darona Père et Fils
Les Faures 07130 St Péray
☎ 04 75 40 34 11 - Fax 04 75 81 05 70

*Les meilleures notes
de notre sélection*

*Quelques vins à plus de 40 F.
au très bon rapport qualité-prix*

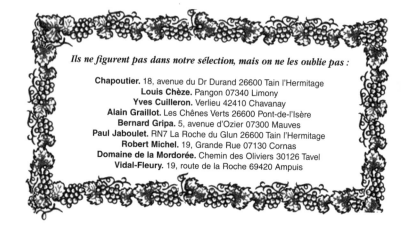

Ils ne figurent pas dans notre sélection, mais on ne les oublie pas :

Chapoutier. 18, avenue du Dr Durand 26600 Tain l'Hermitage
Louis Chèze. Pangon 07340 Limony
Yves Cuilleron. Verlieu 42410 Chavanay
Alain Graillot. Les Chênes Verts 26600 Pont-de-l'Isère
Bernard Gripa. 5, avenue d'Ozier 07300 Mauves
Paul Jaboulet. RN7 La Roche du Glun 26600 Tain l'Hermitage
Robert Michel. 19, Grande Rue 07130 Cornas
Domaine de la Mordorée. Chemin des Oliviers 30126 Tavel
Vidal-Fleury. 19, route de la Roche 69420 Ampuis

SUD-OUEST

Comme de nombreuses zones viticoles françaises, les vignobles du sud-ouest ont failli disparaître au XIXe siècle à cause du phylloxéra. Ce patrimoine au long passé a été reconstruit patiemment depuis 1945 et retrouve aujourd'hui qualité et diversité.

Autour de Bergerac, dans le Périgord, une vaste zone, plantée de cépages variés (merlot, cabernet-sauvignon, cabernet-franc, malbec, sémillon, sauvignon, muscadelle), regroupe plusieurs appellations et produit aussi bien des blancs que des rouges : bergerac, côtes de bergerac, pécharmant, monbazillac, haut-montravel…

Un peu plus au sud, en Lot-et-Garonne, les vins des côtes de duras et des côtes du marmandais apportent leur typicité et leur bon rapport qualité-prix. Le marmandais présente au niveau du sol des similitudes avec deux régions bordelaises voisines (entre-deux mers et graves) et produit des rouges très marqués (cépages merlot, cabernet franc, cabernet sauvignon, malbec, etc).

Un petit crochet vers l'est nous amène dans les célèbres vignobles de cahors. Les alluvions du Lot et les terrasses calcaires du Causse forment le terroir sur lequel s'épanouit le cépage cot (ou auxerrois), auquel s'ajoutent parfois le merlot et le tannat. Le résultat est un vin typé et de très bonne garde, en évolution jusqu'à 20 ans. En appellation vin de pays les coteaux du quercy utilisent entre autres les cépages cabernet franc, cot, merlot et gamay.

Retour vers Agen et les vignobles de buzet. Ils utilisent le cabernet sauvignon sur sols de galets et le cabernet franc sur sols argilo-calcaires ; il en résulte un vin corsé et charnu, en constante amélioration. Les côtes du brulhois, établies sur un sol argilo-calcaire autour de Donzac, dans la vallée de la Garonne, donnent d'intéressants rouges et rosés en VDQS. Autour du village de Saint-Sardos, à l'ouest de Toulouse, on produit sur sols caillouteux un vin de pays méconnu et très friand, à base de cabernet, de tannat, mais aussi de syrah. Autour de Montauban, les terrasses portent les cépages variés (y compris jurançon et syrah), pour un vin de pays frais et léger. Vers l'est, les côtes du frontonnais sont les seules à utiliser le cépage négrette en France. Ce sont des vins vifs et profonds, d'un excellent rapport prix - plaisir.

L'appellation gaillac, la plus orientale du sud-ouest, propose une grande variété de sols pour des vins, en particulier les blancs, d'une belle personnalité, des perlants au vin de voile. Quelques vignerons de haute qualité y ont relancé l'appellation et sa renommée.

A la limite du Gers et du Béarn, le madiran et le pacherenc du vic bihl sont aussi typés et incontournables. Longtemps l'affaire des moines, le madiran utilise aujourd'hui essentiellement les cépages tannat, qui lui donne tout son caractère, et cabernet. Le pacherenc est quant à lui un vin blanc original, issu du cépage raffiat et hérité d'une longue tradition.

Les côtes de gascogne sont presque exclusivement des vins blancs secs, à boire dans leur jeunesse, issus des cépages colombard, ugni et gros manseng.

Toujours plus à l'ouest, on trouve les appellations jurançon et béarn. Le jurançon utilise des cépages petit manseng, gros manseng et courbu, récoltés en vendanges traditionnelles ou tardives, pour aboutir à des vins blancs, secs ou moelleux, de grande réputation. L'appellation béarn concerne des vins de caractère, francs et agréables, issus de tannat, cabernets franc et sauvignon, petit et gros manseng et le plus rare raffiat de moncade. On y trouve entre autres de jolis rosés.

Le Pays Basque, autour de Saint-Jean-Pied-de-Port et de Saint-Etienne-de-Baïgorry, nou offre l'irouléguy. Les cépages cabernet et tannat sont plantés dans une zone montagneuse où des influences du sud et de l'océan permettent une belle évolution du raisin.

Nous avons inclus dans ce chapitre l'aveyronnais Marcillac, à base du cépage mansois (qui s'appelle ailleurs fer servadou ou braucol). Il trouve sur ces rudes terres des causses une expression très plaisante, là aussi à un tarif très intéressant pour le consommateur.

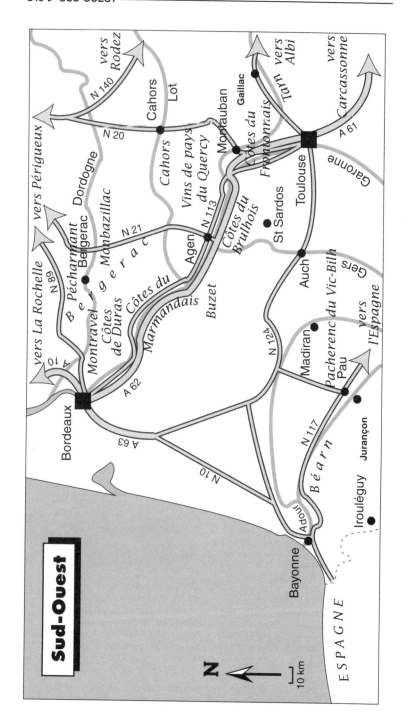

Le vin ► bergerac château le Paradis. Blanc 1997. Tarif départ cave 25 F.

La propriété ► 33 hectares sur un sol argilo-calcaire. Les cépages principaux sont le merlot (45 %), le cabernet sauvignon (40 %) ; également cabernet franc et sémillon.

La dégustation ► De la personnalité, du corps, une vinification très réussie.

Autres choix ► Le même en 96. Agréable, avec une bonne structure.

Pour commander ► Château le Paradis Les Mayets 24560 Saint-Perdoux ✆ 05 53 61 92 00 - Fax 05 53 73 16 16

Le vin ► bergerac sec domaine Moulins de Boisse. Blanc 1997. Tarif départ cave 20 F.

La propriété ► Le domaine est situé à 20 de km au sud de Bergerac. Le sol est de nature argilo-calcaire.

La dégustation ► Très surprenant par sa longueur en bouche. Miel, amande et mirabelle, un très beau nez.

Autres choix ► éventuellement le bergerac rosé non millésimé à 20 F.

Pour commander ► Moulins de Boisse 24560 Boisse ✆ 05 53 24 12 01 - Fax 05 53 24 12 01

Le vin ► bergerac sec barrique château Tourmentine. Blanc 1997. Tarif départ cave 32 F.

La propriété ► Seuls deux cépages sont cultivés sur cette propriété de 38 ha : le sauvignon et le merlot.

La dégustation ► Suave, une bouche de fruit doré, avec la note fumée boisée et finale noix. Original et complexe.

Autres choix ► bergerac barrique rouge 97 à 32 F.

Pour commander ► Château Tourmentine Monestier 24240 Sigoulès ✆ 05 53 58 41 41 - Fax 05 53 63 40 52

Le vin ► bergerac sauvignon château de la Mallevieille. Blanc 1997. Tarif départ cave 25 F.

La propriété ► 27 ha sur sol argilo-limoneux, exposition sud sud-ouest. Cépages : sauvignon, sémillon, merlot, cabernet.

La dégustation ► Un bon fruit boisé, assez intéressant, bien composé avec une finale un peu amère.

Autres choix ► côtes de bergerac rouge, le 96 à 35 F ou le 97 à 25 F.

Pour commander ► Château de la Mallevieille 24130 Monfaucon ✆ 05 53 24 64 66 - Fax 05 53 58 69 91

BERGERAC

Le vin ► bergerac château de Bélingard. Rouge 1997. Tarif départ cave 29 F.

La propriété ► 87 ha de terres argilo-calcaires et siliceuses. Cépages : sémillon, sauvignon, muscadelle, merlot, cabernet franc et cabernet sauvignon.

La dégustation ► Du beau travail, des tanins bien mêlés, de la structure, en évolution.

Autres choix ► Un bergerac sec à 27 F et un abbaye de Saint Mayme blanc à 28 F.

Pour commander ► Château de Bélingard 24240 Pomport
☎ 05 53 58 28 03 - Fax 05 53 58 38 39

Le vin ► bergerac cuvée prestige château La Borderie. Rouge 1993. Tarif départ cave 33 F.

La propriété ► 71 hectares sur un sol argilo-calcaire. Les cépages du vignoble sont le sauvignon, le sémillon, le merlot, le cabernet sauvignon et le cabernet franc.

La dégustation ► Une réussite remarquable. Fondu, long, avec de la matière.

Autres choix ► Un bergerac blanc sec de 1997 à 25F.

Pour commander ► Château La Borderie 24240 Monbazillac
☎ 05 53 57 00 36 - Fax 05 53 63 00 94

Le vin ► bergerac barrique château Tourmentine. Rouge 1997. Tarif départ cave 32 F.

La propriété ► 38 ha. Cépages : merlot, sauvignon.

La dégustation ► Un nez complexe, assez alcooleux, mais franc et assez plaisant, avec une bouche musquée.

Autres choix ► bergerac barrique blanc sec 97 à 32 F.

Pour commander ► Château Tourmentine Monestier 24240 Sigoulès
☎ 05 53 58 41 41 - Fax 05 53 63 40 52

Le vin ► bergerac château Tour Montbrun. Rouge 1997. Tarif départ cave 24 F.

La propriété ► Ce vignoble 8 ha sur un coteau exposé au sud. Le sol est de nature argilo-limono-calcaire. Les cépages utilisés sont le merlot et le cabernet franc.

La dégustation ► attaque assez dure, mais des atouts : un vin tannique et équilibré qui va s'épanouir.

Autres choix ► la gamme des bergeracs

Pour commander ► Château Tour Montbrun Montravel 24230 Montcaret
☎ 05 53 58 66 93 - Fax 05 53 58 66 93

Le vin ► bergerac cuvée Ulysse Vallette château Roque-Peyre. Rouge 1997. Tarif départ cave 30 F.

La propriété ► Sur 45 ha, sol argilo-limoneux et sous-sol argileux. Cépages merlot, cabernet sauvignon, sémillon.

La dégustation ► Belle bouche gourmande, du volume, de l'équilibre, des fruits rouges mêlés aux tannins.

Autres choix ► haut-montravel blanc 97 à 28 F.

Pour commander ► Château Roque-Peyre Fougueyrolles 33220 Sainte-Foy-la-Grande ℂ 05 53 24 78 17 - Fax 05 53 61 36 87

Le vin ► bergerac château de la Mallevieille. Rouge 1996. Tarif départ cave 35 F.

La propriété ► 27 ha sur sol argilo-limoneux, exposition sud sud-ouest. Cépages : sauvignon et sémillon, merlot et cabernet.

La dégustation ► Sympathique et bien vinifié, avec un bois à la présence avantageuse. Bonne longueur en bouche.

Autres choix ► le même en 97 à 25 F ou le bergerac sauvignon blanc 97 à 25 F.

Pour commander ► Château de la Mallevieille 24130 Monfaucon ℂ 05 53 24 64 66 - Fax 05 53 58 69 91

Le vin ► bergerac château de la Vaure Union Vinicole Bergerac-Le Fleix. Rouge 1994. Tarif départ cave 25 F.

La propriété ► près de 20 ha exposés au sud, sur des terrains argilo-calcaires et silico-argileux.

La dégustation ► De la vigueur, de l'âpreté bien maîtrisée et un bois avantageux. Il peut encore évoluer.

Autres choix ► bordeaux rouge les Trois Clochers 93 à 28 F

Pour commander ► Union Vinicole Bergerac-Le Fleix - 24130 Le Fleix ℂ 05 53 24 64 32 - Fax 05 53 24 65 46

Le vin ► pécharmant domaine du Vieux Sapin. Rouge 1996. Tarif départ cave 37 F.

La propriété ► 10 ha de plateau en sables et graviers du Périgord, orientés nord-est.

La dégustation ► attaque franche et séduisante, des tanins fondus et une expression déjà nette ; rondeur et plaisir.

Autres choix ► bordeaux rouge les Trois Clochers 93 à 28 F.

Pour commander ► Union Vinicole Bergerac-Le Fleix 24130 Le Fleix ℂ 05 53 24 64 32 - Fax 05 53 24 65 46

Le vin ► haut-montravel château Roque-Peyre. Blanc 1997. Tarif départ cave 28 F.

La propriété ► Sur 45 ha, sol argilo-limoneux et sous-sol argileux. Cépages merlot, cabernet sauvignon, sémillon.

La dégustation ► Un très joli vin, sans trop de sucre, avec beaucoup de typicité, tendre et floral.

Autres choix ► bergerac cuvée Ulysse Vallette rouge 97 à 30 F.

Pour commander ► Château Roque-Peyre Fougueyrolles 33220 Sainte-Foy-la-Grande ✆ 05 53 24 78 17 - Fax 05 53 61 36 87

Le vin ► côtes de duras moelleux domaine des Cours. Blanc 1997. Tarif départ cave 21 F.

La propriété ► 17 ha de coteaux argilo-calcaires et argilo-silieux. Cépages : merlot, cabernet franc, cabernet sauvignon et sauvignon.

La dégustation ► Agréablement floral, beau fruit miellé macéré, long et pas trop sucré.

Autres choix ► duras rouge 95 à 21 F ou côtes de duras sauvignon blanc 97 à 21 F.

Pour commander ► Domaine des Cours Sainte-Colombe-de-Duras 47120 Duras ✆ 05 53 83 74 35 - Fax 05 53 83 63 18

Le vin ► côtes de duras sauvignon domaine de Laulan. Blanc 1997. Tarif départ cave 22,50 F.

La propriété ► 20 ha. Cépages : sauvignon, merlot, cabernet franc, cabernet sauvignon et malbec.

La dégustation ► Nez intéressant, pin, térébenthine et armagnac. Jolie bouche et une certaine longueur.

Autres choix ► côtes de duras rouge 95 à 34 F.

Pour commander ► Domaine de Laulan 47120 Duras ✆ 05 53 83 73 69 - Fax 05 53 83 81 54

Le vin ► côtes de Duras Duc de Laulan. Rouge 1995. Tarif départ cave 34 F.

La propriété ► 20 ha. Cépages : sauvignon, merlot, cabernet franc, cabernet sauvignon et malbec. La totalité du chai est climatisée.

La dégustation ► Du bois et du noyau, bien agréable, avec de la longueur. Une structure bien établie, une finale ferme.

Autres choix ► côtes de duras sauvignon blanc 97 à 22,50 F.

Pour commander ► Domaine de Laulan 47120 Duras ✆ 05 53 83 73 69 - Fax 05 53 83 81 54

Le vin ► buzet domaine du Pech. Rouge 1994. Tarif départ cave 35 F.

La propriété ► Les 20 hectares du domaine reposent sur un sol argilo-graveleux et argilo-calcaire. Cépages : merlot, cabernet-franc, cabernet-sauvignon et sauvignon.

La dégustation ► Un bon buzet, aux tanins fondus, bien ample, de bonne concentration. Tout en franchise.

Autres choix ► la gamme des buzets

Pour commander ► EARL Domaine du Pech Sainte-Colombe-en-Bruilhois 47310 Laplume
℡ 05 53 67 84 20 - Fax 05 53 67 88 99

Le vin ► buzet château Larché Vignerons de Buzet. Rouge 1995. Tarif départ cave 28 F.

La propriété ► Sols de boulbènes limoneuses, graveleux et argilo-calcaires. Cépages bordelais, avec cot et malbec.

La dégustation ► Assez boisé, typique, jolie bouche, une évolution favorable.

Autres choix ► buzet château de Bougigues rouge 1995 à 29 F et buzet domaine de la Tuque rouge 1995 à 30,40 F.

Pour commander ► Vignerons de Buzet BP 17 47160 Buzet-sur-Baise
℡ 05 53 84 74 30 - Fax 05 53 84 74 24

Le vin ► buzet château de Bougigues Vignerons de Buzet. Rouge 1995. Tarif départ cave 29 F.

La propriété ► Sols de boulbènes limoneuses, graveleux et argilo-calcaires. Cépages bordelais, avec cot et malbec.

La dégustation ► Attaque champignon et sous-bois, sympa, franc et encore assez rude.

Autres choix ► buzet domaine de la Tuque rouge 1995 à 30,40 F.

Pour commander ► Vignerons de Buzet BP 17 47160 Buzet-sur-Baise
℡ 05 53 84 74 30 - Fax 05 53 84 74 24

Le vin ► buzet domaine de la Tuque Vignerons de Buzet. Rouge 1995. Tarif départ cave 30,40 F.

La propriété ► Sols de boulbènes limoneuses, graveleux et argilo-calcaires. Cépages bordelais, avec cot et malbec.

La dégustation ► Bonne structure de fruit rouge, assez ferme, sympathique et propre.

Autres choix ► buzet château Larché rouge 1995 à 28 F et buzet château de Bougigues rouge 1995 à 29 F.

Pour commander ► Vignerons de Buzet BP 17 47160 Buzet-sur-Baise
℡ 05 53 84 74 30 - Fax 05 53 84 74 24

BUZET

CÔTES DU MARMANDAIS

Le vin ▶ côtes du marmandais Tersac cave coopérative de Cocumont. Rouge 1996. Tarif départ cave 28 F.

La propriété ▶ 987 ha d'un sol argilo-graveleux. Cépages bordelais, avec cot (13 %), abouriou (8 %), fer servadou, syrah et gamay.

La dégustation ▶ Dans sa jeunesse, un joli nez, une bouche équilibrée, des tannins déjà fondus, tout en verdeur et en fraîcheur.

Autres choix ▶ Tap d'E Perbos 96 à 35F.

Pour commander ▶ Cave de Cocumont La Vieille Eglise 47250 Cocumont ℡ 05 53 94 50 21 - Fax 05 53 94 52 84

Le vin ▶ côtes du marmandais Tap d'E Perbos cave coopérative de Cocumont. Rouge 1996. Tarif départ cave 35 F.

La propriété ▶ 987 ha d'un sol argilo-graveleux. Cépages bordelais, avec cot (13 %), abouriou (8 %), fer servadou, syrah et gamay.

La dégustation ▶ Une certaine longueur, une belle structure, nez d'épices, du plaisir avec de la matière. Très bien fait.

Autres choix ▶ tersac 96 à 38F.

Pour commander ▶ Cave de Cocumont La Vieille Eglise 47250 Cocumont ℡ 05 53 94 50 21 - Fax 05 53 94 52 84

CAHORS

Le vin ▶ cahors château Lamartine. Rouge 1995. Tarif départ cave 40 F.

La propriété ▶ 28 ha. Sol argilo-calcaire (60%), calcaire (25%) et argilo-siliceux (15 %). Cépages : cot 90 %, merlot 7 % et tannat 3 %.

La dégustation ▶ La rudesse du terroir, ce qui n'exclut pas une certaine finesse et le début de la rondeur. Evidemment de garde.

Autres choix ▶ autres millésimes à suivre

Pour commander ▶ Château Lamartine 46700 Soturac ℡ 05 65 36 54 14 - Fax 05 65 24 65 31

Le vin ▶ cahors domaine Pineraie. Rouge 1995. Tarif départ cave 39 F.

La propriété ▶ 37 ha sur sol calcaire enrichi d'alluvions des terrasses du Lot. Cépages : cot (85 %) et merlot (15 %). Une entreprise familiale qui allie avec bonheur tradition et modernité.

La dégustation ▶ Le cépage et le terroir en évidence, une bouche puissante, de la profondeur. Tonique et long.

Autres choix ▶ la gamme des cahors

Pour commander ▶ Domaine Pineraie Leygues 46700 Puy-l'Evêque ℡ 05 65 30 82 07 - Fax 05 65 21 39 65

Le vin ► cahors clos de Gamot. Rouge 1996. Tarif départ cave 40 F.

La propriété ► 10 ha sur sol argilo-siliceux. Cépages régionaux.

La dégustation ► Bien fait, un fruit bien concentré qui se développe en bouche. Tendre, beau noyau, doit encore s'épanouir.

Autres choix ► un domaine réputé dont les cahors sont toujours réussis au fil des millésimes.

Pour commander ► Clos de Gamot 46220 Prayssac ✆ 05 65 22 40 26 - Fax 05 65 22 45 44

Le vin ► cahors château Eugénie. Rouge 1996. Tarif départ cave 30 F.

La propriété ► 30 ha sur un sol argilo-calcaire et argilo-siliceux. Cépages auxerrois, additionné de merlot et d'un peu de tannat.

La dégustation ► Attaque fruitée, belle longueur. Une bouteille de caractère, à attendre.

Autres choix ► la gamme des cahors dans ce domaine de bonne renommée géré par Jean et Vincent Couture.

Pour commander ► Château Eugénie Rivière Haute 46140 Albas ✆ 05 65 30 73 51 - Fax 05 65 20 19 81

Le vin ► cahors château du Cèdre. Rouge 1994. Tarif départ cave 38 F.

La propriété ► 25 ha. de vignes d'un âge moyen de 20 ans sur un sol argilo-calcaire et à galets roulés. Cépages : malbec (90 %) et merlot (10 %).

La dégustation ► Noyau de cerise, pas inintéressant, assez plaisant et facile. Un cahors classique, élevé en foudre de chêne.

Autres choix ► la gamme des cahors

Pour commander ► Château du Cèdre Bru 46700 Vire-sur-Lot ✆ 05 65 36 53 87 - Fax 05 65 24 64 36

Le vin ► cahors château la Caminade. Rouge 1996. Tarif départ cave 35 F.

La propriété ► 35 ha sur sols graves, sablo-limoneux et argilo-calcaire. Cépages : cot (70 %), merlot (25 %) et tannat (5 %). Vieillissement en fûts de chêne.

La dégustation ► Un peu d'amertume en fin, mais une texture agréable, une bouche rustique bien marquée.

Autres choix ► la gamme des cahors

Pour commander ► Château la Caminade Parnac 46140 Luzech ✆ 05 65 30 73 05 - Fax 05 65 20 17 04

CAHORS

Le vin ► cahors château Lacapelle-Cabanac.
Rouge 1995. Tarif départ cave 38 F.

La propriété ► 12 ha sur sol argilo-calcaire du
causse caillouteux dominant Puy-l'Evêque.
Cépages : auxerrois (80 %) et merlot (20 %).

La dégustation ► Une vinification élaborée,
légère surmaturité. Un vin mafflu, vaporeux et
enveloppant, de la présence.

Autres choix ► la gamme des cahors

Pour commander ► Château Lacapelle-
Cabanac
Le Château 46700 Lacapelle-Cabanac
✆ 05 65 36 51 92 - Fax 05 65 26 66 18

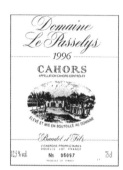

Le vin ► cahors domaine le Passelys. Rouge
1996. Tarif départ cave 25 F.

La propriété ► 7 ha d'un terrain argilo-siliceux.
Cépages classiques du Quercy : cot et malbec à
90 %, merlot à 10 %.

La dégustation ► La typicité, la vérité du
terroir : bonne attaque, vin rond, facile à boire et
pourtant pas banal. Il est composé de cot et
malbec pour 80 % et d'un peu de merlot (20 %).

Autres choix ► autres années en confiance

Pour commander ► Domaine le Passelys
Douelle 46140 Luzech
✆ 05 65 20 05 76 - Fax 05 65 30 99 31

Le vin ► cahors Vassal de Mercuès. Rouge
1996. Tarif départ cave 29 F.

La propriété ► 40 hectares sur un sol de nature
argilo-calcaire à croupes graveleuses.
Encépagement : cot, merlot et tannat.

La dégustation ► Un cahors d'étude, fait
comme un bordeaux léger, simple et sans façon.
Une réussite, un vin très plaisant.

Autres choix ► une très vaste gamme parmi les
vins de Georges Vigouroux.

Pour commander ► Vassal de Mercuès
Château de Mercuès 46090 Mercuès
✆ 05 65 20 80 80 - Fax 05 65 20 80 81

Le vin ► cahors château la Gineste. Rouge
1995. Tarif départ cave 39 F.

La propriété ► 15 hectares de vignobles sur
une boucle du Lot. Sol graviers et de galets. Les
cépages : auxerrois (70 %), merlot (30 %).

La dégustation ► Jeune sans être vraiment dur,
assez rond en bouche : surmaturité et volupté,
déjà évolué, du beau travail.

Autres choix ► le même en millésime 96 à 39 F
également.

Pour commander ► Château la Gineste
46700 Duravel
✆ 05 65 30 37 00 - Fax 05 65 30 37 01

Le vin ► cahors château La Reyne. Rouge 1996. Tarif départ cave 30 F.

La propriété ► Un vignoble exploité sur les seconde et troisième terrasses du Lot. 20 hectares sur un sol argilo-siliceux. L'encépagement est distribué entre cot (70 %), merlot (20 %) et tannat (10 %).

La dégustation ► Une certaine souplesse, une bouche équilibrée, pas décevant sur la longueur.

Autres choix ► Le cahors rouge 91 à 40 F

Pour commander ► Château La Reyne Leygues 46700 Puy-l'Evêque
℃ 05 65 30 82 53 - Fax 05 65 21 39 83

Le vin ► cahors château La Reyne. Rouge 1991. Tarif départ cave 40 F.

La propriété ► Un vignoble exploité sur les seconde et troisième terrasses du Lot. 20 hectares sur un sol argilo-siliceux. L'encépagement est distribué entre cot (70 %), merlot (20 %) et tannat (10 %).

La dégustation ► Belle structure, tanins fondus, le cahors dans son expression la plus typique.

Autres choix ► La cuvée Prestige 96 à 30 F.

Pour commander ► Château La Reyne Leygues 46700 Puy-l'Evêque
℃ 05 65 30 82 53 - Fax 05 65 21 39 83

CAHORS

Le vin ► cahors fût de chêne domaine du Prince. Rouge 1995. Tarif départ cave 35 F.

La propriété ► 25 ha sur terrain argilo-calcaire. Cépages : cot, merlot, tannat. Une vinification traditionnelle bien conduite.

La dégustation ► Un peu de bois, bien construit, assez plaisant. Un produit honnête. et équilibré avec une matière bien tournée, et des perspectives d'évolution.

Autres choix ► la gamme des cahors

Pour commander ► Domaine du Prince Cournou 46140 Saint-Vincent-Rive-d'Olt
℃ 05 65 20 14 09 - Fax 05 65 30 78 94

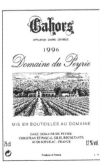

Le vin ► cahors domaine du Peyrie. Rouge 1996. Tarif départ cave 24 F.

La propriété ► 16 ha sur terrasses graveleuses du Lot. Cépages : auxerrois (90 %), tannat (6 %), merlot (4 %).

La dégustation ► Du bigarreau en bouche : souplesse et tendresse. Un vin joliment puissant, qui tient la route en finale. Typique de l'appellation et pourtant personnel.

Autres choix ► la gamme des cahors

Pour commander ► Domaine du Peyrie 46700 Soturac
℃ 05 65 36 57 15 - Fax 05 65 36 57 15

Le vin ► cahors domaine de Caunezil cave des Côtes d'Olt. Rouge 1992. Tarif départ cave 26 F.

La propriété ► La coopérative regroupe divers domaines et châteaux en cahors. Les cépages sont les traditionnels auxerrois, principalement, merlot et un peu de tannat.

La dégustation ► Encore plein de vigueur, une verdeur plaisante sans agressivité.

Autres choix ► cahors Comte André de Montpezat rouge 1995 à 30 F.

Pour commander ► Cave Coopérative des Côtes d'Olt - 46140 Parnac
✆ 05 65 30 71 86 - Fax 05 65 30 35 28

Le vin ► cahors Moulin Lagrezette cuvée du Printemps. Rouge 1997. Tarif départ cave 38 F.

La propriété ► 65 ha sur sol argilo-calcaire. L'encépagement se divise entre cot (72 %), merlot (26 %) et de tannat (2 %). Vendanges manuelles, cuvaison en cuves inox.

La dégustation ► Un produit amusant, fait pour séduire, dans la fraîcheur et la jovialité. Pas tout à fait typique mais charmeur.

Autres choix ► la gamme des cahors

Pour commander ► Domaine de Lagrezette 46140 Caillac
✆ 05 65 20 07 42 - Fax 05 65 20 06 95

Le vin ► cahors Chevalier de Malecroste château Camp del Saltre. Rouge 1996. Tarif départ cave 35 F.

La propriété ► 18 ha d'un sol argilo-calcaire. Cépages : cot (75 %), merlot (20 %) et tannat (5 %). Vieillissement en fût de chêne neuf.

La dégustation ► Bien fait, typique et tannique, encore un peu astringent mais déjà assez rond, bien charpenté et agréable sur la longueur.

Autres choix ► la gamme des cahors

Pour commander ► Château Camp del Saltre Route de Cazals 46220 Prayssac
✆ 05 65 22 42 40 - Fax 05 65 30 67 41

Le vin ► cahors les Hauts de Chambert. Rouge 1996. Tarif départ cave 28 F.

La propriété ► 60 ha de vignes en A.O.C. cahors, âgées de 8 à 25 ans. Ce vignoble s'étend sur des hauts-coteaux argilo-calcaires. Cépages auxerrois (75%), merlot et tannat.

La dégustation ► Un cahors souple, bien construit, déjà adulte, en rondeur et bonhomie.

Autres choix ► les cahors du château de Chambert ont une très grande réputation.

Pour commander ► Château de Chambert Les Hauts-Côteaux 46700 Floressas
✆ 05 65 31 95 75 - Fax 05 65 31 93 56

Le vin ► coteaux de quercy cuvée Tradition domaine de la Combarade. Rouge 1992. Tarif départ cave 24 F.

La propriété ► 5 ha d'un sol argilo-calcaire. Cépages : cabernet franc, cot, merlot et gamay. Cuvaison traditionnelle à la bordelaise et thermo-régulation par pompe à chaleur.

La dégustation ► Encore plein de jeunesse, de la fougue et du plaisir. Tout en franchise.

Autres choix ► vins du quercy et bergerac

Pour commander ► Domaine de la Combarade 46170 Castelnau-Montratier
℡ 05 65 21 95 95 - Fax 05 65 21 95 95

Le vin ► côtes du frontonnais Villaudric Baron de D vin gris château la Colombière. Rosé 1997. Tarif départ cave 26 F.

La propriété ► 32 ha. Sol : boulbènes et graves siliceuses. Cépages : négrette, gamay, cabernet franc et sauvignon, syrah et cot.

La dégustation ► Beau rosé, suave et subtil, une bouche de bonbon, fraîche et voluptueuse.

Autres choix ► Villaudric rouge 95 à 27 F et Villaudric Baron de D rouge 95 à 32 F.

Pour commander ► Château la Colombière Villaudric 31620 Fronton
℡ 05 61 82 44 05 - Fax 05 61 82 57 56

Le vin ► côtes du frontonnais domaine de Baudare. Rosé 1998. Tarif départ cave 23 F.

La propriété ► 25 hectares de vignes sur un sol argilo-calcaire. Le domaine est situé aux portes de Toulouse. Cépages : négrette, cabernet sauvignon et syrah.

La dégustation ► La douceur de la rose, l'équilibre. Pas mal du tout.

Autres choix ► côtes du frontonnais rouge 96 à 23 F.

Pour commander ► Domaine de Baudare 82370 Labastide-Saint-Pierre
℡ 05 63 30 51 33 - Fax 05 63 64 07 24

Le vin ► côtes du frontonnais château Cahuzac. Rosé 1997. Tarif départ cave 25 F.

La propriété ► La propriété se trouve sur la commune de Fabas et s'étend sur environ 65 hectares, dont 57 sont réservés au vignoble.

La dégustation ► Un bonbon fruité, intéressant et bien fait. Le type de rosé qui gagne à être connu.

Autres choix ► côtes du frontonnais rouge l'Authentique 96 à 25 F.

Pour commander ► Château Cahuzac Les Peyronnets 82170 Fabas
℡ 05 63 64 10 18 - Fax 05 63 67 36 97

Le vin ► côtes du frontonnais Villaudric Baron de D château la Colombière. Rouge 1995. Tarif départ cave 32 F.

La propriété ► 32 ha. en négrette, gamay, cabernet franc et sauvignon, syrah et cot.

La dégustation ► Les qualités du fronton, avec celles d'une vinification très soignée : de la texture, du style et du volume, avec un original noz de cardamome.

Autres choix ► la gamme des frontonnais.

Pour commander ► Château la Colombière Villaudric 31620 Fronton
℡ 05 61 82 44 05 - Fax 05 61 82 57 56

Le vin ► côtes du frontonnais domaine de Baudare. Rouge 1996. Tarif départ cave 23 F.

La propriété ► 25 hectares de vignes sur un sol argilo-calcaire. Le domaine est situé aux portes de Toulouse. Cépages : négrette, cabernet sauvignon et syrah.

La dégustation ► Joli nez rond, un beau fruit, de la puissance et de la verve qui exprime bien son terroir.

Autres choix ► frontonnais rosé 98 à 23 F.

Pour commander ► Domaine de Baudare 82370 Labastide-Saint-Pierre
℡ 05 63 30 51 33 - Fax 05 63 64 07 24

Le vin ► côtes du frontonnais château Plaisance. Rouge 1997. Tarif départ cave 25 F.

La propriété ► 22 ha sur les terrasses alluviales du Tarn, sols de cailloux et de sable, orientés sud sud-est. Cépages négrette et syrah.

La dégustation ► Cerises et groseilles sur le pont, de la sincérité et du plaisir. Déjà très agréable à consommer dès maintenant.

Autres choix ► côtes du frontonnais Thibault de Plaisance rouge 97 à 37 F.

Pour commander ► Château Plaisance Place de la Mairie 31340 Vacquiers
℡ 05 61 84 97 41 - Fax 05 61 84 14 05

Le vin ► côtes du frontonnais prestige château La Palme. Rouge 1996. Tarif départ cave 35 F.

La propriété ► 37 ha. Sol boulbène et graveleux. Cépages : 50 % négrette, 20 % gamay, 20 % cabernet, ainsi que cot et syrah.

La dégustation ► Charpenté, juste boisé comme il faut, un bel équilibre fruit-tannin, très rond. Une réussite.

Autres choix ► côtes du frontonnais château la Palme rouge 97 à 35 F.

Pour commander ► Château La Palme 31340 Villemur-sur-Tarn
℡ 05 61 09 02 82 - Fax 05 61 09 27 01

Le vin ► côtes du frontonnais domaine de Callory. Rouge 1995. Tarif départ cave 26 F.

La propriété ► 27 hectares sur un sol de boulbènes sablonneuses. Cépages : négrette, syrah, cabernet, gamay, sémillon et sauvignon.

La dégustation ► Souple et sympathique. Un bon représentant de l'appellation. Une vinification bien conduite.

Autres choix ► frontonnais rouge et rosé

Pour commander ► SCEA Perez Montels
Domaine de Callory
82370 Labastide-Saint-Pierre
✆ 05 63 30 50 30 - Fax 05 63 30 16 77

Le vin ► côtes du frontonnais château Joliet. Rouge 1996. Tarif départ cave 31 F.

La propriété ► Un domaine de 20 hectares sur sols pauvres de boulbène. Vinification traditionnelle.

La dégustation ► Typique fronton, framboise, groseille ; très sympathique et friand, épices et fruits secs.

Autres choix ► comté tolosan blanc Dernière cueillette 97 à 32 F.

Pour commander ► Château Joliet
Route de Grisolles 31620 Fronton
✆ 05 61 82 46 02 - Fax 05 61 82 34 56

Le vin ► côtes du frontonnais château La Palme. Rouge 1997. Tarif départ cave 35 F.

La propriété ► 37 ha. Sol boulbène et graveleux. Cépages : 50 % négrette, 20 % gamay, 20 % cabernet, ainsi que cot et syrah.

La dégustation ► Dans sa jeunesse, une bouche typique de bigarreau acidulé, très charmeur, bien tourné.

Autres choix ► côtes du frontonnais Prestige château La Palme rouge 96 à 35 F.

Pour commander ► Château La Palme
31340 Villemur-sur-Tarn
✆ 05 61 09 02 82 - Fax 05 61 09 27 01

Le vin ► côtes de frontonnais Thibaut de Plaisance château Plaisance. Rouge 1997. Tarif départ cave 37 F.

La propriété ► 22 ha sur les terrasses alluviales du Tarn, sols de cailloux et de sable, orienté sud sud-est. Cépages négrette et syrah.

La dégustation ► Rustique et typé, proche d'un castillon, demande à attendre un peu.

Autres choix ► côtes du frontonnais rouge 97 à 25 F.

Pour commander ► Château Plaisance
Place de la Mairie 31340 Vacquiers
✆ 05 61 84 97 41 - Fax 05 61 84 14 05

COTES DU FRONTONAIS

Le vin ► côtes du frontonnais l'Authentique château Cahuzac. Rouge 1996. Tarif départ cave 25 F.

La propriété ► La propriété se trouve sur la commune de Fabas. Cépages négrette (50%), gamay, syrah et cot.

La dégustation ► La cerise bien apparente, la bouche fraîche et franche, comme une confiserie peu sucrée. Joli et agréable.

Autres choix ► frontonnais rosé 97 à 25 F.

Pour commander ► Château Cahuzac
Les Peyronnets 82170 Fabas
℡ 05 63 64 10 18 - Fax 05 63 67 36 97

Le vin ► côtes du frontonnais Villaudric château la Colombière. Rouge 1995. Tarif départ cave 27 F.

La propriété ► 32 ha. Sol : boulbènes et graves siliceuses. Cépages : négrette, gamay, cabernet franc et sauvignon, syrah et cot.

La dégustation ► Assez complexe, finement boisé, de la belle étoffe en gardant sa typicité, anis réglissé et garrigue, finale poivrée.

Autres choix ► côtes du frontonnais Villaudric Baron de D vin gris rosé 97 à 26 F.

Pour commander ► Château la Colombière
Villaudric 31620 Fronton
℡ 05 61 82 44 05 - Fax 05 61 82 57 56

Le vin ► coteaux de montauban cuvée Prestige domaine de Montels. Rouge 1997. Tarif départ cave 18 F.

La propriété ► 27,5 ha. cépages : sauvignon, jurançon, cabernet franc, syrah.

La dégustation ► Bouche framboise-cassis, frais et sans prétention, soyeux et équilibré. Un vin de plaisir immédiat.

Autres choix ► coteaux de montauban cuvée Tradition rouge 1996 à 23 F.

Pour commander ► Domaine de Montels
82350 Albias
℡ 05 63 31 02 82 - Fax 05 63 31 07 94

Le vin ► coteaux de montauban cuvée Tradition domaine de Montels. Rouge 1996. Tarif départ cave 23 F.

La propriété ► 27,5 ha. cépages : sauvignon, jurançon, cabernet franc, syrah.

La dégustation ► Rustique et typé. Du caractère, de la franchise et de la puissance tirée du terroir.

Autres choix ► coteaux de montauban cuvée Prestige rouge 1997 à 18 F.

Pour commander ► Domaine de Montels
82350 Albias
℡ 05 63 31 02 82 - Fax 05 63 31 07 94

Le vin ► côtes du brulhois château Grand Chêne élevé en fûts de chêne. Rouge 1994. Tarif départ cave 33,90 F.

La propriété ► 221 ha de terrasses et coteaux graveleux, dont 122 en appellation côtes du brulhois. Cépages : cabernet franc et sauvignon, tannat, merlot et muscat de hambourg.

La dégustation ► Bien fait, boisé, un vin d'homme avec une jolie bouche.

Autres choix ► muscat de hambourg à 20,90 F.

Pour commander ► Caves de Donzac
82340 Donzac
✆ 05 63 39 91 92 - Fax 05 63 39 82 83

Le vin ► côtes du brulhois domaine de Coujétou-Peyret. Rosé 1997. Tarif départ cave 18,50 F.

La propriété ► 19 ha de terrains boulbène sur sous-sol de terre rouge. Cépages variés : merlot, syrah, cabernet franc et sauvignon, cot, tannat et fer servadou.

La dégustation ► Un brulhois frais, léger et friand, plein de santé.

Autres choix ► rouge et muscat à connaître

Pour commander ► Domaine de Coujétou-Peyret - 82340 Donzac
✆ 05 63 39 90 89 - Fax 05 63 39 05 96

Le vin ► côtes du brulhois Tradition caves de Donzac. Rosé 1997. Tarif départ cave 18,30 F.

La propriété ► 221 ha de terrasses et coteaux graveleux, dont 122 en appellation côtes du brulhois. Cépages : cabernet franc et sauvignon, tannat, merlot et muscat de hambourg.

La dégustation ► De la fraîcheur et du raisin, va s'arrondir mais déjà sympathique.

Autres choix ► muscat de hambourg rosé à 20,90 F et château grand chêne 94 à 33,90 F.

Pour commander ► Caves de Donzac
82340 Donzac
✆ 05 63 39 91 92 - Fax 05 63 39 82 83

Le vin ► muscat de hambourg caves de Donzac. Rosé. Tarif départ cave 20,90 F.

La propriété ► 221 ha de terrasses et coteaux graveleux, dont 122 en appellation côtes du brulhois. Cépages : cabernet franc et sauvignon, tannat, merlot et muscat de hambourg.

La dégustation ► Du rouge à lèvres, de la prune et du bonbon : intéressant et charmeur

Autres choix ► côtes du brulhois château grand chêne 94 à 33,90 F et tradition rosé à 18,30 F.

Pour commander ► Caves de Donzac
82340 Donzac
✆ 05 63 39 91 92 - Fax 05 63 39 82 83

COTES DU BRULHOIS

Le vin ► vin de pays de saint-sardos domaine de Tucayne. Rouge 1994.
Tarif départ cave 30,50 F.

La propriété ► 180 ha sur un sol caillouteux.
Cépages : syrah, tannat, cabernets.

La dégustation ► Nez d'amande et bouche poivrée, assez intéressant, bois pas trop présent. Parfait sur les plats régionaux.

Autres choix ► domaine de la Gravette rosé 97 à 15,90 F, domaine de Cadis rouge 95 à 31,50 F.

Pour commander ► Cave de Saint-Sardos
Le bourg 82600 Saint-Sardos
℅ 05 63 02 52 44 - Fax 05 63 02 62 19

Le vin ► vin de pays de saint-sardos domaine de la Gravette. Rosé 1997.
Tarif départ cave 15,90 F.

La propriété ► 180 ha sur un sol caillouteux.
Cépages : syrah, tannat, cabernets franc et sauvignon.

La dégustation ► Velouté, sympathique, douceur et fraîcheur.

Autres choix ► domaine de Cadis rouge 95 à 31,50 F, cuvée Gilles de Morban rouge 96 à 17,50 F et domaine de Tucayne 94 à 30,50 F.

Pour commander ► Cave de Saint-Sardos
Le bourg 82600 Saint-Sardos
℅ 05 63 02 52 44 - Fax 05 63 02 62 19

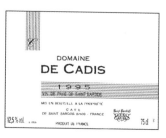

Le vin ► vin de pays de saint-sardos domaine de Cadis. Rouge 1995. Tarif départ cave 31,50 F.

La propriété ► 180 ha sur un sol caillouteux.
Cépages : syrah, tannat, cabernets franc et sauvignon.

La dégustation ► De la finesse sur le rustique. Etonnant de longueur, séduisant et facile.

Autres choix ► domaine de la Gravette rosé 97 à 15,90 F, cuvée Gilles de Morban rouge 96 à 17,50 F et domaine de Tucayne 94 à 30,50 F.

Pour commander ► Cave de Saint-Sardos
Le bourg 82600 Saint-Sardos
℅ 05 63 02 52 44 - Fax 05 63 02 62 19

Le vin ► vin de pays de saint-sardos Gilles de Morban. Rouge 1996. Tarif départ cave 17,50 F.

La propriété ► 180 ha sur un sol caillouteux.
Cépages : syrah, tannat, cabernets franc et sauvignon.

La dégustation ► Une belle texture, de la fraîcheur, une bouche déjà ample.

Autres choix ► domaine de la Gravette rosé 97 à 15,90 F, domaine de Cadis rouge 95 à 31,50 F et domaine de Tucayne rouge 94 à 30,50 F.

Pour commander ► Cave de Saint-Sardos
Le bourg 82600 Saint-Sardos
℅ 05 63 02 52 44 - Fax 05 63 02 62 19

Le vin ► gaillac le Duras domaine de la Ramaye. Rouge 1997. Tarif départ cave 25 F.

La propriété ► 5,2 ha (9 parcelles) sur des coteaux argilo-calcaires, exposés sud sud-ouest. Cépages : duras, fer savadou (braucol) et merlot, mauzac, en de l'el et sauvignon.

La dégustation ► Un vin tendre et léger, fruité et assez facile. Finale agréable, sans déplaisir.

Autres choix ► de belles réussites en gaillac, dont la cuvée Quintessence.

Pour commander ► Domaine de la Ramaye Le Duras Sainte-Cécile-d'Avès 81600 Gaillac ✆ 05 63 57 06 64 - Fax 05 63 57 35 54

Le vin ► gaillac cuvée Saint-Laurent domaine des Terrisses. Blanc 1997. Tarif départ cave 40 F.

La propriété ► 35 ha sur un sol argilo-calcaire, exposition sud sud-ouest. Cépages typiques du Gaillacois : braucol (fer servadou), duras, syrah, loin de l'œil, mauzac, sauvignon.

La dégustation ► Très agréable ; nez un peu fumé, châtaigne-noisette, complexe, fait pour plaire et réussi.

Autres choix ► rouge Saint-Laurent 96 à 40 F.

Pour commander ► Domaine des Terrisses Saint-Laurent 81600 Gaillac ✆ 05 63 57 16 80 - Fax 05 63 41 05 87

Le vin ► gaillac les Gravels domaine Rotier. Rouge 1996. Tarif départ cave 31 F.

La propriété ► 28 ha d'un terroir composé de graves et terrasses du Béarn. Cépages locaux : duras, brancol, syrah et loin-de-l'œil.

La dégustation ► Ample, complexe et réussi. Des fruits et des épices grillées à déguster sur la longueur.

Autres choix ► la gamme des gaillacs, dont les cuvées Renaissance.

Pour commander ► Domaine Rotier Petit Nareye 81600 Cadalen ✆ 05 63 41 75 14 - Fax 05 63 41 54 56

Le vin ► gaillac cuvée Saint-Laurent domaine des Terrisses. Rouge 1996. Tarif départ cave 40 F.

La propriété ► 35 ha sur un sol argilo-calcaire, exposition sud sud-ouest. Cépages typiques du Gaillacois : braucol (fer servadou), duras, syrah, loin de l'œil, mauzac, sauvignon

La dégustation ► Le bois domine, la bouche est moyenne. des qualités d'équilibre mais un manque de sapidité.

Autres choix ►Saint-Laurent blanc 97 à 40 F.

Pour commander ► Domaine des Terrisses Saint-Laurent 81600 Gaillac ✆ 05 63 57 16 80 - Fax 05 63 41 05 87

GAILLAC

MADIRAN

Le vin ► madiran Cœur de tannat château de Perron. Rouge 1995. Tarif départ cave 39 F.

La propriété ► 11 ha sur cailloux roulés et gravette. Cépages : tannat (60 %), cabernet franc (30 %) et cabernet sauvignon (10 %).

La dégustation ► Un madiran de base, loyal, sans explosion mais tenace. Tout en franchise, avec des perspectives.

Autres choix ► madiran château de Perron rouge 1996 à 27 F.

Pour commander ► Château de Perron
10, route de Perron 65700 Madiran
✆ 05 62 31 93 27 - Fax 05 62 31 90 40

Le vin ► madiran domaine Barréjat. Rouge 1996. Tarif départ cave 37 F.

La propriété ► 17 hectares sur un sol de limons sableux avec graves noires. Cépages tannat, cabernet franc et sauvignon. Vinification traditionnelle.

La dégustation ► Tout en franchise, un madiran typé, au nez de venaison, qui respecte le caractère et le terroir.

Autres choix ► gamme de madirans

Pour commander ► Domaine Barréjat
Maumusson 32400 Riscle
✆ 05 62 69 74 92 - Fax 05 62 69 77 54

Le vin ► madiran Folie de Roi cave de Crouseilles. Rouge 1995. Tarif départ cave 30 F.

La propriété ► 540 ha sur terroirs argilo-calcaires, galets roulés et gravettes. Cépages : tannat, cabernet franc, arrufiac courbu, gros et petit manseng.

La dégustation ► Charpenté et rond, séduisant, bien fait.

Autres choix ► pacherenc de vic-bihl blanc moelleux 96 à 35 F.

Pour commander ► Château et Cave de Crouseilles - 64350 Crouseilles
✆ 05 59 68 10 93 - Fax 05 59 68 14 33

Le vin ► madiran château de Perron. Rouge 1996. Tarif départ cave 27 F.

La propriété ► 11 ha sur cailloux roulés et gravette. Cépages : tannat (60 %), cabernet franc (30 %) et cabernet sauvignon (10 %).

La dégustation ► Un madiran de qualité, souple, de bonne structure, aux tannins concentrés.

Autres choix ► madiran Cœur de tannat château de Perron rouge 1995 à 39 F.

Pour commander ► Château de Perron
10, route de Perron 65700 Madiran
✆ 05 62 31 93 27 - Fax 05 62 31 90 40

Le vin ► madiran vieilles vignes domaine Capmartin. Rouge 1996. Tarif départ cave 32 F.

La propriété ► 8 ha d'un sol argilo-limoneux à grappes et argilo-calcaire. Cépages : tannat, cabernet franc et cabernet sauvignon, manseng et arrufiac.

La dégustation ► Un madiran assez typé, bien fait, bonne structure ; encore ferme, mais à boire dès à présent avec plaisir.

Autres choix ► la gamme des madirans

Pour commander ► Domaine Capmartin Le Couvent 32400 Maumusson
℡ 05 62 69 87 88 - Fax 05 62 69 93 07

Le vin ► madiran domaine Labranche-Laffont. Rouge 1996. Tarif départ cave 26 F.

La propriété ► 11,5 ha sur sol argilo-calcaire. Cépages typiques : tannat, cabernet franc, cabernet sauvignon.

La dégustation ► Jeune, vigoureux,déjà agréable, mais encore loin de la maturité.

Autres choix ► la gamme des madirans, à suivre en confiance dans cette exploitation à la qualité suivie.

Pour commander ► Domaine Labranche-Laffont - 32400 Maumusson
℡ 05 62 69 74 90 - Fax 05 62 69 76 03

Le vin ► pacherenc du vic-bihl domaine Damiens. Blanc 1996. Tarif départ cave 28 F.

La propriété ► 14,50 ha (3 parcelles) sur un sol d'argile et de galets. Vignoble âgé de 25 ans avec des cépages variés.

La dégustation ► Typé, un beau vin, arômatique et floral, une acidité bien dosée, beaucoup de matière et de l'équilibre, avec une finale de datte.

Autres choix ► également les madirans

Pour commander ► Domaine Damiens 64330 Aydie
℡ 05 59 04 03 13 - Fax 05 59 04 02 74

Le vin ► pacherenc du vic-bihl moelleux cave de Crouseilles. Rouge 1996.
Tarif départ cave 35 F.

La propriété ► 540 ha sur terroirs argilo-calcaires, galets roulés et gravettes. Cépages : tannat, cabernet franc, arrufiac courbu, gros et petit manseng.

La dégustation ► Sympathique et franc, du fruit bien dosé, arômes de datte et de figue.

Autres choix ► madiran Folie de Roi rouge 95 à 30 F.

Pour commander ► Château et Cave de Crouseilles - 64350 Crouseilles
℡ 05 59 68 10 93 - Fax 05 59 68 14 33

MADIRAN

PACHERENC DU VIC BIHL

Le vin ► vin de pays des terroirs landais domaine de Laballe Sables Fauves. Blanc 1997. Tarif départ cave 16,50 F.

La propriété ► Une petite propriété de 16 ha dans les sables fauves de la terre landaise. Noël Laudet, revenu sur le domaine familial, a dirigé pendant 16 ans le Château Beychevelle.

La dégustation ► Un vin guilleret et plein d'esprit, assemblage des cépages traditionnels.

Autres choix ► également de l'armagnac.

Pour commander ► Domaine de Laballe Parlebosq 40310 Gabarret
℡ 05 58 44 33 39 - Fax 05 58 44 92 61

Le vin ► vin de pays des côtes de gascogne domaine du Rey. Blanc 1997.
Tarif départ cave 13 F.

La propriété ► 36 ha d'une propriété familiale sur sol argilo-calcaire. Cépages : colombard principalement, gros-manseng et ugni blanc.

La dégustation ► Note de fruit sec et d'abricot, agréable et bien structuré. Du plaisir.

Autres choix ► les sympathiques vins de Gascogne

Pour commander ► Domaine du Rey 32330 Gondrin
℡ 05 62 29 11 85 - Fax 05 62 29 12 81

Le vin ► vin de pays côtes de gascogne "La Gascogne d'Alain Brumont". Blanc 1997. Tarif départ cave 19 F.

La propriété ► 160 hectares d'un sol de nature majoritairement argilo-calcaire. Cépages tannat, cabernets sauvignon et franc, fer-servadou.

La dégustation ► Sympa, très beau nez, bouche friande, un peu perlant.

Autres choix ► la gamme des vins d'Alain Brumont est mondialement réputée.

Pour commander ► Château Bouscassé 32400 Maumusson
℡ 05 62 69 74 67 - Fax 05 62 69 70 46

Le vin ► béarn Baron de Leu vignerons de Bellocq. Rouge 1995. Tarif départ cave 31 F.

La propriété ► 157 ha sur sol argilo-calcaire. Les cépages sont classiques du sud-ouest et du bordelais, tannat, cabernet sauvignon, mais aussi fer servadou et manseng.

La dégustation ► Un béarn tout simple, franc et souple, bien épanoui, assez léger.

Autres choix ► béarn domaine Oumprès rouge 96 à 23 F et une gamme complète et multicolore

Pour commander ► Vignerons de Bellocq 64270 Bellocq
℡ 05 59 65 10 71 - Fax 05 59 65 12 34

Le vin ► béarn domaine Lapeyre. Rosé 1997.
Tarif départ cave 32 F.

La propriété ► 11 ha de sols argilo-calcaire
exposés au sud. Encépagement : gros et petit
manseng, raffiat de moncade, tannat et les
cabernets, franc et sauvignon.

La dégustation ► Plaisant, bien tourné et
vineux, en fruit et fleur, avec de la personnalité.

Autres choix ► Guilhemas rouge 96 à 34 F.

Pour commander ► Domaine Lapeyre-
Guilhemas - 52, avenue des Pyrénées
64270 Salies-de-Béarn
℡ 05 59 38 10 02 - Fax 05 59 38 03 98

Le vin ► béarn domaine Guilhemas. Rouge
1996. Tarif départ cave 34 F.

La propriété ► 11 ha de sols argilo-calcaire
exposés au sud. Encépagement : gros et petit
manseng, raffiat de moncade, tannat, et les
cabernets, franc et sauvignon.

La dégustation ► Simplicité et franchise, avec
l'ampleur et la structure adéquate. Nez franc,
bouche équilibrée, du bonheur.

Autres choix ► domaine Lapeyre rosé 97 à 31 F

Pour commander ► Domaine Lapeyre-
Guilhemas - 52, avenue des Pyrénées
64270 Salies-de-Béarn
℡ 05 59 38 10 02 - Fax 05 59 38 03 98

BEARN

Le vin ► béarn domaine Oumprès vignerons de
Bellocq. Rouge 1996. Tarif départ cave 23 F.

La propriété ► 157 ha sur sol argilo-calcaire.
Les cépages sont classiques du sud-ouest et du
bordelais, tannat, cabernet sauvignon, mais
aussi fer servadou et manseng.

La dégustation ► Joli friand, du fruit à l'état
pur ; un vin de soif pas si naïf que cela.

Autres choix ► béarn Baron de Leu rouge 95 à
31 F et une gamme complète et multicolore

Pour commander ► Vignerons de Bellocq
64270 Bellocq
℡ 05 59 65 10 71 - Fax 05 59 65 12 34

Le vin ► jurançon sec clos de la Vierge Barrère.
Blanc 1997.
Tarif départ cave 31 F.

La propriété ► 16 ha sur terroir silico-argileux.
Cépage : gros manseng.

La dégustation ► Sec mais pas trop, un beau
fruit mis en valeur, une vinification soignée,
beaucoup de plaisir.

Autres choix ► jurançon Cancaillau blanc 97
à 31 F.

Pour commander ► EARL Barrère
64150 Lahourcade
℡ 05 59 60 08 15 - Fax 05 59 60 07 38

JURANCON

Le vin ► jurançon domaine Nigri. Blanc 1995. Tarif départ cave 40 F.

La propriété ► 10 hectares de vignoble sur un sol silico-argileux. Cépages : petit manseng (50 %), gros manseng (45 %) et lauzet camaralot (5 %).

La dégustation ► Un beau fruit, une douceur bien filtrée, de la finesse ; arôme de fruit sec avec une légère acidité bienvenue.

Autres choix ► Le Jurançon sec de 1997 à 32 F

Pour commander ► Domaine Nigri Candeloup 64360 Monein
℃ 05 59 21 42 01 - Fax 05 59 21 42 59

Le vin ► jurançon sec domaine de Larredya. Blanc 1997. Tarif départ cave 32 F.

La propriété ► 8 hectares sur un sol argilo-siliceux divisé en 7 parcelles. 50 % des vignes sont plantées en terrasses. Les cépages : petit manseng pour 60 % et gros manseng.

La dégustation ► Attaque neutre, mais une bouche qui s'épanouit, avec du fruit. A boire dans les 2 ans.

Autres choix ► de très bons moelleux

Pour commander ► Domaine de Larredya Chapelle-de-Rousse 64110 Jurançon
℃ 05 59 21 74 42 - Fax 05 59 21 76 72

Le vin ► jurançon sec domaine Nigri. Blanc 1997. Tarif départ cave 40 F.

La propriété ► 10 hectares de vignoble sur un sol silico-argileux. Cépages : petit manseng (50 %), gros manseng (45 %) et lauzet camaralot (5 %).

La dégustation ► Très sec, peu typé, bien vinifié, avec un fruit bien présent. Va gagner en s'assouplissant un peu.

Autres choix ► Jurançon moelleux 95 à 40 F.

Pour commander ► Domaine Nigri Candeloup 64360 Monein
℃ 05 59 21 42 01 - Fax 05 59 21 42 59

Le vin ► irouleguy premia les vignerons du Pays Basque. Rouge 1996. Tarif départ cave 26 F.

La propriété ► 140 hectares sur un sol fait de grès, d'argile et de calcaire. Cépages : tannat, cabernet franc et cabernet sauvignon.

La dégustation ► Tout le charme de l'irouleguy, une cerise boisée, un peu d'amertume, la force du tannat et la douceur du cabernet. Parfait avec un fromage frais de brebis.

Autres choix ► la gamme des irouléguy

Pour commander ► Vignerons du Pays Basque CD 15 - 64430 Saint-Etienne-de-Baïgorry
℃ 05 59 37 41 33 - Fax 05 59 37 47 76

JURANÇON

IROULEGUY

Le vin ► marcillac cuvée tradition Les Vignerons du Vallon. Rosé 1997. Tarif départ cave 20 F.

La propriété ► 90 ha en terrasses sur sol argilo-calcaire rouge. Cépage unique: le mansois.

La dégustation ► Classique, un peu astringent, agréable avec de la mâche. Robe rose rouge, bouche rustique.

Autres choix ► marcillac fût de chêne rouge 95 à 38 F et un marcillac rouge 97, cuvée réserve, à 26,50 F.

Pour commander ► Les Vignerons du Vallon
N 140 12330 Valady
℡ 05 65 72 70 21 - Fax 05 65 72 68 39

Le vin ► marcillac Domaine du Cros. Rouge 1997. Tarif départ cave 27 F.

La propriété ► 21 ha en coteaux sur sol de permien. Cépage : mansois (fer servadou).

La dégustation ► Bien structuré, friand, rond, bouche de fruits rouges. A boire, mais peut attendre un an.

Autres choix ► goûtez aux cuvées spéciales issues de vignes âgées pour certaines de 80 ans.

Pour commander ► Domaine du Cros
12390 Goutrens
℡ 05 65 72 71 77 - Fax 05 65 72 68 80

MARCILLAC

Le vin ► marcillac fût de chêne Les Vignerons du Vallon. Rouge 1995. Tarif départ cave 38 F.

La propriété ► 90 ha en terrasses sur sol argilo-calcaire rouge (oxyde de fer). Cépage unique: le mansois.

La dégustation ► Une vraie réussite : une bouche ample, du fruit et une certaine souplesse tout en gardant de la rusticité.

Autres choix ► marcillac rosé 97, cuvée tradition, à 20 F et un marcillac rouge 97, cuvée réserve, à 26,50 F.

Pour commander ► Les Vignerons du Vallon
N 140 12330 Valady
℡ 05 65 72 70 21 - Fax 05 65 72 68 39

Ils ne figurent pas dans notre sélection, mais on ne les oublie pas :

Château de Haute-Serre. Georges Vigouroux 46230 Cieurac
Domaine de Bachen 40800 Duhort-Bachen
Château Bellevue La Forêt. Route de Grisolles D49 31620 Fronton
Domaine Brana. Avenue du Jai Alaï 64220 Saint-Jean Pied de Port
Château d'Aydie 64330 Aydie
Robert Plageoles. Domaine des Très Cantous 81140 Cahuzac sur Vère
Cave de Plaimont 32400 Saint-Mont
Cave de Técou. Técou 81600 Gaillac
Clos Triguédina 46700 Puy-l'Evêque

L'EGRENOIR

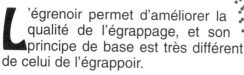

Détail de la cage et du hérisson de l'Egrenoir «Grand Cru».

L'égrenoir permet d'améliorer la qualité de l'égrappage, et son principe de base est très différent de celui de l'égrappoir.

La grille de l'**EGRENOIR** est munie de déflecteurs andaineurs, dont le rôle est d'entraîner la vendange au-dessus du hérisson, pour qu'elle puisse s'égrener, pendant sa retombée, et faire évacuer rapidement ce qui en reste.

Ce dispositif breveté a l'avantage de dégager complètement la parie basse de la grille.

Ce dispositif, où 70 à 95% des grains sont intacts après l'égrenage, est celui qui, de tous les égrappoirs existants "**maltraite le moins la vendange**" (Rapport officiel I.T.V. RODILHAN).

Il n'est plus besoin d'utiliser une table de tri, car l'**EGRENOIR** rejette les verjus et les pourris secs.

Les feuilles ne sont pas dilacérées et restent attachées aux pétioles. Une telle qualité autorise des macérations très longues, sans le moindre risque de goût astringent.

Parmi les célèbres réalisations, la collecte et la réception de la vendange

EGRETIER S.A.

Route d'Espagne - B.P. 301 - 11103 NARBONNE CEDEX
Tél. 04 68 41 15 15 - Fax. 04 68 41 10 27
E-mail : co.egretier@wanadoo.fr

AUTRES REGIONS

Nous avons rassemblé dans ce chapitre diverses régions qui ne constituent peut-être pas un ensemble viticole très cohérent, mais qui ont à coup sûr une place très légitime dans ce guide.

Il convient en effet de saluer les vins d'Auvergne, que les amateurs connaissent pour leurs petits gamays bien rafraîchissants, et qui nous ont étonnés par les efforts qualitatifs des vignerons. Si l'histoire de la vigne en Auvergne remonte à l'époque gallo-romaine, le phylloxéra a, comme dans de nombreuses régions, fait d'énormes dégâts au XIXe siècle. A force d'acharnement, les vignerons ont fait renaître cette tradition et travaillent aujourd'hui d'autres cépages que le gamay (le pinot noir par exemple), sur des terroirs typiques, issus des célèbres volcans. Ils font appel à des techniques évoluées pour produire des vins à la fois équilibrés et originaux, fruit d'un climat plutôt montagnard. Revisitons donc pour s'en convaincre le boudes, le corent, le madargue ou le chanturgue, le vin officiel du coq au vin, et dans leur ensemble ces côtes-d'auvergne qui ne manquent pas d'enthousiasme.

En marge de l'appellation côtes d'auvergne, le saint-pourçain mérite également l'attention. Ce vignoble produit aussi bien des blancs (à partir de cépages tressallier et chardonnay) que des rouges et des rosés (cépage gamay principalement). Les premiers sont un assemblage séduisant et fruité, un fruité que l'on retrouve chez les rouges, pourtant francs et équilibrés, et les rosés, plus légers.

Nous continuerons ce rapide tour de France par les vins du Haut-Poitou (sauvignon mais aussi chardonnay pour les blancs, cabernet et gamay pour les rouges) et de la Vienne, frétillants vins charentais, de Vix en particulier, (essentiellement des blancs, à partir d'ugni, voire de colombard et de sauvignon) et puis ces vins devenus à la mode dans les bistrots parisiens - mais nous ne serons pas les derniers à en profiter - des côtes roannaises (à base de gamay noir à jus blanc) et des côtes du Forez (cépage gamay majoritaire également) ; de la légèreté, de l'esprit, de la gourmandise : tout ce qu'on aime dans les vins jeunes. Cette apparente unité de ,souplesse et de «friandise» cache une riche et intéressante diversité. En Poitou, ce sont les rouges qui répondent surtout à cette définition, les blancs étant plus typés et plus charpentés. Les vins de Charente ajoutent à la légèreté un parfum issu des cépages de cognac voisins. Les côtes roannaises sont appréciés pour leur parfum fruité (fruits rouges dominants) et leur souplesse, tandis que les côtes du forez possède une structure bien marquée.

L'étape suivante nous conduit en Franche-Comté. Le Jura étant ici associé à la Savoie, il ne fallait pas oublier de signaler la réhabilitation (après, là encore, les dégâts du phylloxéra) des coteaux-de-champlitte et des charcennes, grâce au dynamisme de quelques vignerons bien inspirés. Le résultat de ce travail, tourné vers la production de blancs, rosés et rouges, donnent des vins légers et fort agréables, faciles à boire.

Vous ignoriez peut-être l'existence de vignes en Haute-Marne. Pourtant le vin du Montsaugeonnais, même s'il utilise des cépages bien connus des Bourguignons, chardonnay et pinot noir, constitue une très agréable surprise. Charpenté, il dégage une forte personnalité, une profondeur qui mérite le détour. Un terroir qui devrait bientôt trouver une juste reconnaissance. Nous n'oublions pas les vins de Coiffy, que nous espérons bien voir apparaître en sélection dans une prochaine édition.

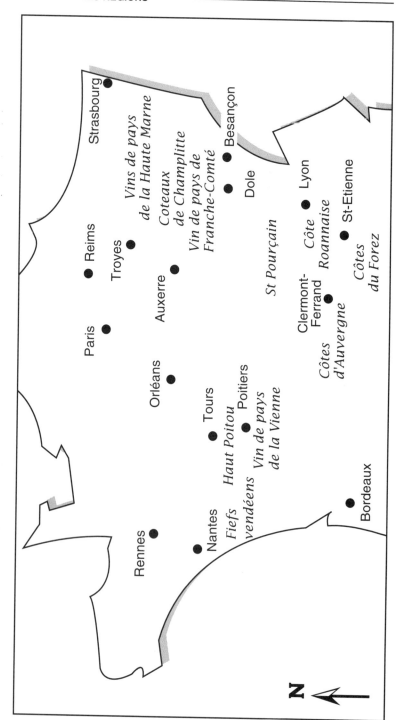

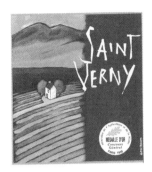

Le vin ► côtes d'auvergne Cave Saint Verny.
Blanc 1997. Tarif départ cave 36 F.

La propriété ► 160 ha sur sol argilo-calcaire et
résidus basaltiques (basalte et pouzzolane).
Cépages : gamay, pinot noir et chardonnay.

La dégustation ► Un agréable chardonnay,
fermier, sympathique et travaillé : la franchise de
l'artisanat.

Autres choix ► un côtes d'auvergne rouge 97,
première cuvée, à 25 F.

Pour commander ► Cave Saint Verny
BP 2 63960 Veyre Monton
℃ 04 73 69 60 11 - Fax 04 73 69 65 22

Le vin ► côtes d'auvergne Domaine
Bressoulaly. Rosé 1997. Tarif départ cave 23 F.

La propriété ► 4 ha sur sols argilo-calcaires.
Cépages : pinot, gamay pour les rouges et rosé,
chardonnay pour le blanc.

La dégustation ► Méritant, de bonne tenue, de
bonne facture. Un rosé typé qui fait plaisir, à
apprécier dans sa jeunesse.

Autres choix ►un côtes d'auvergne rouge 97,
domaine Bressoulaly, à 21 F.

Pour commander ► Domaine Bressoulaly
Chemin des Palles 63114 Authezat
℃ 04 73 24 18 01/04 73 39 50 20

Le vin ► côtes d'auvergne Jean Maupertuis.
Rosé 1997. Tarif départ cave 20 F.

La propriété ► 4 ha divisés en parcelles sur sol
argilo-calcaire avec éboulis basaltiques, marno-
calcaire pour le chanturgue. Les cépages :
gamay à 95 % et le reste en pinot noir.

La dégustation ► Nez d'agrume, fruit bien
fondu ; un bon dans son appellation.

Autres choix ► côtes d'auvergne chanturgue
rouge 97 à 30 F.

Pour commander ► Jean Maupertuis
Rue de la Garenne 63800 St-Georges sur Alllier
℃ 04 73 77 31 84 - Fax 04 73 77 31 84

Le vin ► côtes d'auvergne Domaine
Bressoulaly. Rouge 1997. Tarif départ cave 21 F.

La propriété ► 4 ha sur sols argilo-calcaires.
Les cépages : pinot, gamay pour les rouges et
rosé, chardonnay pour le blanc.

La dégustation ► Du cassis mâché,
intéressant, avec de la vivacité. A apprécier en
connaisseur pour sa typicité.

Autres choix ► un côtes d'auvergne blanc 97,
domaine Bressoulay, à 23 F.

Pour commander ► Domaine Bressoulaly
Chemin des Palles 63114 Authezat
℃ 04 73 24 18 01/04 73 39 50 20

COTES D'AUVERGNE

Le vin ► côtes d'auvergne vercingétorix Domaine Gilles Persilier. Rouge 1997. Tarif départ cave 25 F.

La propriété ► 6 ha sur le plateau de Gergovie sur sols argilo-calcaires et volcaniques. Cépages : chardonnay, gamay, pinot pinot blanc

La dégustation ► Vert, assez plaisant, pour tous les jours avec la charcuterie.

Autres choix ► côtes d'auvergne rouge 97, Gergovia, à 20 F.

Pour commander ► Domaine Gilles Persilier. 27, rue Jean-Jaurès 63670 Gergovie
℅ 04 73 79 44 42 - Fax 04 73 87 56 95

Le vin ► côtes d'auvergne Première cuvée cave Saint Verny. Rouge 1997. Tarif départ cave 25 F.

La propriété ► 160 ha sur sol argilo-calcaire et résidus basaltiques (basalte et pouzzolane). Cépages : gamay, pinot noir et chardonnay.

La dégustation ► Sain, fringant, une bouche virile et plaisante. Un gamay de comptoir bien friand.

Autres choix ► un côtes d'auvergne blanc 97 à 36 F.

Pour commander ► Cave Saint Verny BP 2 63960 Veyre Monton
℅ 04 73 69 60 11 - Fax 04 73 69 65 22

Le vin ► côtes d'auvergne Gergovia domaine Gilles Persilier. Rouge 1997. Tarif départ cave 20 F.

La propriété ► 6 ha sur le plateau de Gergovie sur sols argilo-calcaires et volcaniques. Cépages : chardonnay, gamay, pinot pinot blanc

La dégustation ► Léger, bien fait, un fruit jeune et vigoureux. A déguster dans sa fraîcheur.

Autres choix ► côtes d'auvergne rouge 97, Vercingétorix, à 20 F.

Pour commander ► Domaine Gilles Persilier. 27, rue Jean-Jaurès 63670 Gergovie
℅ 04 73 79 44 42 - Fax 04 73 87 56 95

Le vin ► côtes d'auvergne boudes chardonnay collection prestige Domaine Sauvat. Blanc 1997. Tarif départ cave 38 F.

La propriété ► 10 ha sur sol argilo-calcaire. Cépages : gamay, pinot noir et chardonnay.

La dégustation ► Une belle matière, une bouche complexe, de mangue et de kiwi, une vinification moderne. Très séduisant.

Autres choix ► côtes d'auvergne boudes rouge 97, collection prestige, à 38 F.

Pour commander ► Domaine Sauvat 63340 Boudes
℅ 04 73 96 41 42 - Fax 04 73 96 58 34

Le vin ► côtes d'auvergne boudes Domaine Jacques Abonnat. Rouge 1997. Tarif départ cave 23 F.

La propriété ► 4 ha sur sol argilo-calcaire et roches volcaniques. Cépages : chardonnay et gamay.

La dégustation ► Sympathique nez de cerise framboisée. Simple mais carré, gourmand et accessible.

Autres choix ► goûtez au blanc chardonnay.

Pour commander ► Domaine Jacques Abonnat 63340 Chalus
℡ 04 73 96 45 95

Le vin ► côtes d'auvergne boudes collection prestige Domaine Sauvat. Rouge 1997. Tarif départ cave 38 F.

La propriété ► 10 ha sur sol argilo-calcaire. Cépages : gamay, pinot noir et chardonnay.

La dégustation ► Un vin très bien élaboré, dominé par le bois mais très plaisant, ample comme un grand ; très équilibré. A suivre.

Autres choix ► le même en blanc à 38 F et le rouge 97 collection terroir, à 22 F.

Pour commander ► Domaine Sauvat 63340 Boudes
℡ 04 73 96 41 42 - Fax 04 73 96 58 34

Le vin ► côtes d'auvergne boudes les demoiselles oubliées collection terroir Domaine Sauvat. Rouge 1997. Tarif départ cave 22 F.

La propriété ► 10 ha sur sol argilo-calcaire. Cépages : gamay, pinot noir et chardonnay.

La dégustation ► Tout facile, fruit plaisir, le vin jeune et simple tel qu'on l'attend, avec une pointe d'originalité.

Autres choix ► côtes d'auvergne boudes blanc 97, collection prestige, à 38 F.

Pour commander ► Domaine Sauvat 63340 Boudes
℡ 04 73 96 41 42 - Fax 04 73 96 58 34

Le vin ► côtes d'auvergne chanturgue Jean Maupertuis. Rouge 1997. Tarif départ cave 30 F.

La propriété ► 4 ha sur sol argilo-calcaire avec éboulis basaltiques et marno-calcaire. Les cépages : gamay (95 %) et pinot noir (5 %).

La dégustation ► agréable, bien constitué, avec ce petit nez de volaille et de foin. Bien pour le début de repas.

Autres choix ► côtes d'auvergne rosé 97 à 20 F.

Pour commander ► Jean Maupertuis Rue de la Garenne
63800 Saint-Georges sur Alllier
℡ 04 73 77 31 84 - Fax 04 73 77 31 84

Le vin ▶ côtes d'auvergne châteaugay domaine Rougeyron. Rouge 1997. Tarif départ cave 22 F.

La propriété ▶ 18 ha sur cendres volcaniques sur sous-sol calcaire. Les cépages : 16 ha réservés au gamay, 2 ha au chardonnay.

La dégustation ▶ Très bien fait, rustique, près des champs et des animaux, toute la franchise d'un terroir.

Autres choix ▶ côtes d'auvergne châteaugay gris 98 à 22 F.

Pour commander ▶ Domaine Rougeyron 27, rue de la Crouzette 63119 châteaugay
✆ 04 73 87 24 45 - Fax 04 73 87 23 55

Le vin ▶ côtes d'auvergne madargue Domaine Michel Constant. Rouge 1996.
Tarif départ
cave 32 F.

La propriété ▶ 2,5 ha en coteaux sur sol de sables argileux. Cépages : gamay et pinot noir.

La dégustation ▶ Une originalité certaine, un vin à découvrir, une saveur rustique.

Autres choix ▶ vin de pays rouge 93, cuvée vieilles vignes, à 15 F.

Pour commander ▶ Domaine Michel Constant 2, avenue de Riom
63200 Saint-Bonnet-près-Riom
✆ 04 73 63 34 34

Le vin ▶ côtes d'auvergne madargue Domaine Michel Constant. Rouge 1997.
Tarif départ cave 32 F.

La propriété ▶ 2,5 ha en coteaux sur sol de sables argileux. Cépages : gamay et pinot noir.

La dégustation ▶ Tout léger, neutre et franc, une belle matière de fruits des bois.

Autres choix ▶ vin de pays, cuvée vieilles vignes, à 15 F.

Pour commander ▶ Domaine Michel Constant 2, avenue de Riom
63200 Saint-Bonnet-près-Riom
✆ 04 73 63 34 34

Le vin ▶ saint pourçain Jean et François Ray. Blanc 1997. Tarif départ cave 26 F.

La propriété ▶ 11,4 ha sur sol argilo-calcaire et argilo-granitique. Cépages : chardonnay, sauvignon, tressalier, pinot noir et gamay noir à jus blanc.

La dégustation ▶ Un saint-pourçain original, travaillé, profond et floral.

Autres choix ▶ saint pourçain rouge 97 à 22 F et un rouge 97, cuvée des gaumes, à 28 F.

Pour commander ▶ Jean et François Ray Venteuil Saulcet 03500 St Pourçain sur Sioule
✆ 04 70 45 35 46 - Fax 04 70 45 64 96

Le vin ► saint pourçain réserve spéciale Union des Vignerons de Saint Pourçain. Rouge 1997. Tarif départ cave 19,50 F.

La propriété ► 360 ha sur sol argilo-calcaire et sables du Bourbonnais. Cépages : gamay et pinot noir, tressalier, chardonnay et sauvignon.

La dégustation ► Gamay typique, amusant et simple, pour plaire.

Autres choix ► le même, cuvée tradition, à 22 F.

Pour commander ► Union des Vignerons de Saint Pourçain
Quai de la ronde B P 27 03500 Saint Pourçain
✆ 04 70 45 42 82 - Fax 04 70 45 99 34

Le vin ► saint pourçain Jean et François Ray. Rouge 1997. Tarif départ cave 22 F.

La propriété ► 11,4 ha sur sol argilo-calcaire et argilo-granitique. Cépages : chardonnay, sauvignon, tressalier, pinot noir et gamay noir à jus blanc.

La dégustation ► Jeune et tendre, très sympathique petit vin de comptoir.

Autres choix ► saint pourçain blanc 97 à 26 F et un rouge 97, cuvée des Gaumes, à 28 F.

Pour commander ► Jean et François Ray
Venteuil Saulcet 03500 St Pourçain sur Sioule
✆ 04 70 45 35 46 - Fax 04 70 45 64 96

Le vin ► saint pourçain cuvée des Gaumes Jean et François Ray. Rouge 1997. Tarif départ cave 28 F.

La propriété ► 11,4 ha sur sol argilo-calcaire et argilo-granitique. Cépages : chardonnay, sauvignon, tressalier, pinot noir et gamay noir.

La dégustation ► Framboise cassis en abondance, un vin bien fait, une jolie bouche sans arômes superflus. Une belle petite affaire.

Autres choix ► saint pourçain blanc 97 à 26 F.

Pour commander ► Jean et François Ray
Venteuil Saulcet 03500 St Pourçain sur Sioule
✆ 04 70 45 35 46 - Fax 04 70 45 64 96

Le vin ► saint pourçain cuvée tradition Union des Vignerons de Saint Pourçain. Rouge 1996. Tarif départ cave 22 F.

La propriété ► 360 ha sur sol argilo-calcaire et sables du Bourbonnais. Les cépages : gamay et pinot noir, tressalier, chardonnay et sauvignon.

La dégustation ► Simple, agréable, fruité, dans une jolie robe vermeille ; convivial et rustique.

Autres choix ► la réserve spéciale 97, à 19,50 F.

Pour commander ► Union des Vignerons de Saint Pourçain
Quai de la Ronde B P 27 03500 Saint Pourçain
✆ 04 70 45 42 82 - Fax 04 70 45 99 34

SAINT POURCAIN

Le vin ► vin de pays de franche-comté chardonnay Vignoble Guillaume Père et Fils. Blanc 1997. Tarif départ cave 28 F.

La propriété ► 21 ha sur sol argilo calcaire. Cépages : chardonnay, pinot noir et gamay.

La dégustation ► Une bonne constitution, un arôme qui se dégage lentement, du velouté, de la légèreté.

Autres choix ► un pinot rouge 96 à 28 F.

Pour commander ► Vignoble Guillaume Père & Fils
Charcenne 70700 Gy
✆ 03 84 32 80 55 - Fax 03 84 32 84 06

Le vin ► vin de pays de Franche-Comté Vignoble Guillaume Père et Fils. Rosé. Tarif départ cave 20 F.

La propriété ► 21 ha sur sol argilo-calcaire. Cépages : chardonnay, pinot noir et gamay.

La dégustation ► Un produit sympathique à nez d'agrumes, original et amusant, à base de pinot et de gamay.

Autres choix ► vin de pays de franche-comté blanc chardonnay 97 à 28 F.

Pour commander ► Vignoble Guillaume Charcenne 70700 Gy
✆ 03 84 32 80 55 - Fax 03 84 32 84 06

Le vin ► vin de pays de Franche-Comté pinot Vignoble Guillaume Père et Fils. Rouge 1996. Tarif départ cave 28 F.

La propriété ► 21 ha sur sol argilo-calcaire. Cépages : chardonnay, pinot noir et gamay.

La dégustation ► Un franc pinot, tendre et friand, qui se boit tout seul. Un petit plaisir sans retenue.

Autres choix ► un rouge gamay 96 à 23 F.

Pour commander ► Vignoble Guillaume Père et Fils
Charcenne 70700 Gy
✆ 03 84 32 80 55 - Fax 03 84 32 84 06

Le vin ► coteaux de champlitte Domaine Henriot. Rosé 1997. Tarif départ cave 24 F.

La propriété ► 5 ha Cépages : pinot noir, gamay, auxerrois et chardonnay et pinot gris.

La dégustation ► Original, goût fruité fumé, agréable et particulier. Un vin nature (issu d'agrobiologie) qui fait son effet.

Autres choix ► un pinot noir, cuvée Saint-Vincent, et une méthode traditionnelle, cuvée des florains.

Pour commander ► Domaine Henriot
89, rue de la République 70600 Champlitte
✆ 03 84 67 68 85

Le vin ► côte roannaise Alain Demon.
Rouge 1997. Tarif départ cave 30 F.

La propriété ► 4 ha sur sol sablonneux
granitique, plantés de gamay.

La dégustation ► Un vin guilleret, souple et
fruité, à déguster dans sa jeunesse et
sa simplicité.

Autres choix ► Le même, cuvée réserve, plus
apte au vieillissement et une côte roannaise,
cuvée tradition, de 96.

Pour commander ► Alain Demon
La Perrière 42820 Ambierle
℡ 04 77 65 65 49 - Fax 04 77 65 65 49

COTE ROANNAISE

Le vin ► côtes du forez cuvée des gourmets
Cave Verdier Logel. Rouge 1997. Tarif départ
cave 22 F.

La propriété ► 14 ha sur sol granitique et
basaltique. Cépage unique : le gamay.

La dégustation ► Joli fruit rouge au nez, un vin
rond et friand : de la mâche et du plaisir dans
la simplicité.

Autres choix ► côtes du forez rouge 97, cuvée
amasis, à 19 F.

Pour commander ► Cave Verdier Logel
La Côte 42130 Marcilly le Chatel
℡ 04 77 97 41 95

Le vin ► côtes du forez cuvée Amasis cave
Verdier Logel. Rouge 1997.
Tarif départ cave 19 F.

La propriété ► 14 ha sur sol granitique et
basaltique. Cépage unique : le gamay.

La dégustation ► Friand, tout en naturel et
sincérité, bouche tendre, très sympathique ;
léger et fruité.

Autres choix ► côtes du forez rouge 98, cuvée
la volcanique, à 27 F (disponible en avril 99).

Pour commander ► Cave Verdier Logel
La Côte 42130 Marcilly le Chatel
℡ 04 77 97 41 95

COTES DU FOREZ

Le vin ► fiefs vendéens pissotte la petite groie
Domaine La Petite Groie. Blanc 1996.
Tarif départ cave 29 F.

La propriété ► 20 ha sur sol argilo-siliceux.
Cépages : chenin, melon et chardonnay ; gamay,
pinot noir et cabernet.

La dégustation ► Le petit vin de vacances,
sympathique et minéral. Tout en simplicité
et franchise.

Autres choix ► le rouge 97, cuvée mélusine.

Pour commander ► Domaine La Petite Groie
85200 Pissotte
℡ 02 51 69 40 98 - Fax 02 51 69 74 15

FIEFS VENDEENS

Le vin ► fiefs vendéens vix Domaine de la Chaignée. Blanc 1997. Tarif départ cave 24 F.

La propriété ► 38 ha sur sol très caillouteux de graves et calcaires. Cépages : sauvignon, chenin, chardonnay, gamay, cabernet, pinot noir.

La dégustation ► Nez floral, une petite âcreté plaisante, une bouche très droite, du tempérament et le particularisme du terroir.

Autres choix ► fiefs vendéens vix fût de chêne rouge 97 à 32 F.

Pour commander ► Domaine de la Chaignée 85770 Vix
✆ 02 51 00 65 14 - Fax 02 51 00 67 60

Le vin ► fiefs vendéens vix fût de chêne Domaine de la Chaignée. Rouge 1997. Tarif départ cave 32 F.

La propriété ► 38 ha sur sol très caillouteux de graves et calcaires. Cépages : sauvignon, chenin, chardonnay, gamay, cabernet, pinot noir.

La dégustation ► Du bois sympathique, qui tient sur la longueur. Un oisillon plein de vigueur et de volonté, avec des notes anis-réglisse.

Autres choix ► un vix blanc 97 à 24 F.

Pour commander ► Domaine de la Chaignée 85770 Vix
✆ 02 51 00 65 14 - Fax 02 51 00 67 60

Le vin ► haut poitou château de périgny sauvignon Domaine Girault. Blanc 1995. Tarif départ cave 22 F.

La propriété ► 12 ha sur sol argilo-calcaire. Cépages classiques de l'appellation : sauvignon, chardonnay, cabernet et gamay.

La dégustation ► Marqué fruit sec, vif et travaillé, avec une finale moelleuse, abricotée.

Autres choix ► haut poitou chardonnay 96, domaine Girault, à 20 F.

Pour commander ► Château de Périgny 10, rue du Muguet 86170 Neuville de Poitou
✆ 05 49 51 26 56 - Fax 05 49 51 34 37

Le vin ► vin de pays de la vienne Cédille Domaine Ampélidae. Blanc 1997. Tarif départ cave 30 F.

La propriété ► 12 ha sur les collines du Poitou, Encépagement : pinot noir, cabernet, gamay, sauvignon, chardonnay.

La dégustation ► Complexe et bien travaillé, nez de café et de tabac, bouche souple, équilibrée, en légèreté.

Autres choix ► un rouge 97, cuvée bac, à 30 F.

Pour commander ► Domaine Ampélidae 14, allée René Caillié 86000 Poitiers
✆ 05 49 88 18 18 - Fax 05 49 52 02 64

Le vin ► vin de pays de la vienne bac Domaine Ampélidae. Rouge 1997. Tarif départ cave 30 F.

La propriété ► 12 ha sur les collines du Poitou, Encépagement : pinot noir, cabernet, gamay, sauvignon, chardonnay.

La dégustation ► Une curiosité technique, de la puissance et de l'ampleur, en légère surmaturité, avec une finale épicée. Un tour de force, avec l'originalité et la réussite.

Autres choix ► un blanc 97, cédille, à 30 F.

Pour commander ► Domaine Ampélidae 14, allée René Caillié 86000 Poitiers
✆ 05 49 88 18 18 - Fax 05 49 52 02 64

VDP DE LA VIENNE

Le vin ► vin de pays charentais Jacques Brard Blanchard. Rouge 1997. Tarif départ cave 18 F.

La propriété ► 18,5 ha sur coteaux sol argilo-calcaire. Cépages : ugni blanc, merlot, cabernet franc, sauvignon, colombard, chenin, sauvignon.

La dégustation ► Tout léger, linéaire, franc et sain, avec un fruit présent sans acidité, dans son naturel.

Autres choix ► le même en 98 et aussi le pineau des charentes rosé ou blanc.

Pour commander ► Jacques Brard Blanchard Chemin de Routreau 16100 Boutiers St Trojan
✆ 05 45 32 19 58 - Fax 05 45 32 19 58

VIN DE PAYS CHARENTAIS

Le vin ► vin de pays de la haute-marne chardonnay Le Muid Montsaugeonnais. Blanc 1997. Tarif départ cave 29,50 F.

La propriété ► 12 ha. Cépages : chardonnay (6 ha), pinot noir (5 ha) et auxerrois (1 ha).

La dégustation ► Un chardonnay droit et différent, marqué par un terroir peu connu, bien fait.

Autres choix ► une méthode traditionnelle, les bulles de muid, à 38 F.

Pour commander ► Le Muid Montsaugeonnais 2, avenue de Bourgogne 52190 Vaux /s Aubigny
✆ 03 25 90 04 65 - Fax 03 25 90 04 65

Le vin ► vin de pays de la haute-marne pinot noir Le Muid Montsaugeonnais. Rouge 1997. Tarif départ cave 38 F.

La propriété ► 12 ha. Cépages : chardonnay (6 ha), pinot noir (5 ha) et auxerrois (1 ha).

La dégustation ► Un pinot de très bonne constitution, profond et charmeur, avec un boisé qui lui donne une belle charpente.

Autres choix ► vin de pays de la haute-marne blanc (chardonnay) 97 à 29,50 F.

Pour commander ► Le Muid Montsaugeonnais 2, avenue de Bourgogne 52190 Vaux /s Aubigny
✆ 03 25 90 04 65 - Fax 03 25 90 04 65

VIN DE PAYS DE LA HAUTE MARNE

TONNELLERIE
FRANÇOIS FRÈRES

Fabrication et vente de fûts neufs et d'occasion.
Fournisseur en France et à l'étranger
des domaines les plus prestigieux.

TONNELLERIE FRANÇOIS FRÈRES - 21190 SAINT ROMAIN
℡ : 03 80 21 23 33 - Fax. 03 80 21 29 09

Index